数字经济法论

席月民 等著

法律出版社 | LAW PRESS
北京

图书在版编目（CIP）数据

数字经济法论／席月民等著. -- 北京：法律出版社，2024(2025.7 重印). -- ISBN 978 - 7 - 5197 - 9687 - 7

Ⅰ. D922.290.4

中国国家版本馆 CIP 数据核字第 2024QT6434 号

数字经济法论
SHUZI JINGJIFA LUN

席月民　等著

责任编辑 张　岩　解　锟
装帧设计 贾丹丹

出版发行 法律出版社
编辑统筹 重大项目办公室
责任校对 王　丰
责任印制 吕亚莉
经　　销 新华书店

开本 710 毫米×1000 毫米　1/16
印张 25.75　　**字数** 428 千
版本 2024 年 12 月第 1 版
印次 2025 年 7 月第 3 次印刷
印刷 北京建宏印刷有限公司

地址：北京市丰台区莲花池西里 7 号(100073)
网址：www.lawpress.com.cn
投稿邮箱：info@lawpress.com.cn
举报盗版邮箱：jbwq@lawpress.com.cn

销售电话：010 - 83938349
客服电话：010 - 83938350
咨询电话：010 - 63939796

书号：ISBN 978 - 7 - 5197 - 9687 - 7　　**定价**：148.00 元

凡购买本社图书，如有印装错误，我社负责退换。电话：010 - 83938349

序

PREFACE

数字经济变革正在全方位地深刻改变当今社会的生产生活方式和资源配置，以数据资本为代表的新兴市场力量正在重塑公共权力执行和市场结构秩序。本书系中国社会科学院研究所创新工程项目“数字经济法治创新研究”的最终成果，项目组以习近平新时代中国特色社会主义思想为指导，尤其是以习近平经济思想和法治思想为指导，重点围绕国家“十四五”规划关于数字经济发展的规划任务和生动实践，统筹推进国内数字经济法治与涉外法治，在理论、制度和实践三个层面对数字经济法治创新问题展开了一系列研究。本书有助于提升经济法基础理论对数字经济的适应力、解释力和指导力，依法规范数字竞争并保护消费者权益，依法推进数字产业化和产业数字化转型，依法推动数字经济和实体经济深度融合，依法促进平台经济和共享经济健康发展。对法治政府建设而言，本书有利于加强数字政府建设与法治政府建设的同步与统一，推动我国积极参与数字领域国际规则和标准制定，为数字经济创新发展的市场化、法治化和国际化提供法理支持和法律建议。

“数字经济法治创新研究”项目共历时三年（2021—2023 年），我们在研究过程中克服了新冠疫情带来的种种阻力与困难，及时发现新问题，确定新选题，跟进新立法。项目成果以我国数字经济法治的基本理念、原则与法律价值研究等为基础，重点研究分析了平台经济中的竞争政策与竞争法治、数据主体与数据控制人的权义结构安排、数字经济特殊领域税收优惠、数字货币与金融科技监管、数字产业化与产业数字化的法律激励、电商行业发展和区域经济法治等法律问题，阶段性研究成果丰硕。在积极倡导和引领学术前沿理论研究过程中，我们注重发挥法治在数字经济治理现代化中的引导、规范和保障功能，进一步增强我国经济法学科的学术话语权和社会影响力。

本书对项目组的部分重要阶段性成果进行了系统加工与整合，共分为六章内容。其中，第一章“数字经济发展与发展型经济法的积极应对”是全书的立论基础，重点从经济法总论角度展开了理论研究，通过四节，分别探讨了数据、共同富裕与经济法理论更新，新时代亲清政商关系的科学构建，呼唤中的数字经济促进法以及京津冀经济发展中的经济法变革等问题。第二章“反不正当竞争法的制度完善”从竞争法治创新视角进行了法律原则和反不正当竞争法的制度研究，通过四节安排，重点聚焦于互联网领域反不正当竞争的权利基石、反不正当竞争法架构下的区别性原则研究、公平竞争政策与市场公平竞争审查制度、网络直播营销模式与消费者权益保护等问题。第三章“迈向数字时代的反垄断法规制”同样从竞争法治创新视角展开，但研究内容则转向反垄断法的制度研究，该章具体包括五节，即第一节“平台经济反垄断监管的挑战及其应对”、第二节“平台经济领域反垄断的恢复性救济”、第三节“垄断协议类型序列的立法完善”、第四节“数字市场滥用市场支配地位行为的反垄断法规制”以及第五节“从传统经济到数字经济：差别待遇反垄断规则的改进”。第四章“数字经济中的税法激励”切换到了财税法治创新领域，通过两节，重点探究了新一轮房地产税试点改革的转型逻辑和REITs税收激励机制与税收优惠。第五章“数字经济中的金融法保障”则立足于金融法治创新，分三节对数字金融法律问题进行了专门研究。分别是，第一节“数据安全与数据信托制度建构”、第二节“社会资本下乡的风险处置”以及第三节“校园贷的异变、成因与治理”。第六章“我国电子商务业发展及其法律保护”选取电商行业为例，集中研究了电子商务贸易发展中出现的新问题。该章通过四节内容，重点探讨了科技、规划与数字经济法，电商快递业持续低价竞争的危害、成因与法律防治，电商商品与快递服务分离定价机制的困境与出路，以及电商平台自治规制体系的反思与重构等。

本书致力于深刻领会和诠释党的十八大以来党和国家的大政方针政策与治国理政方略，尤其是对党的十九大、党的二十大会议精神中的新思想、新理念、新方法、新部署给予了高度关注。就数字经济法治创新理论而言，本书从“良法”与“善治”两个维度，结合数字经济法领域法治建设的突出问题，重点揭示了数字经济法治创新中新时代亲清政商关系构建的底层逻辑以及分类推进的法治化路径，对数据治理和数据体制机制改革中“党管数据”问题进行了科学阐释。我们认为，数字经济法治的立法理论具体表现为“法律优化理论”，其关系到数字经济立法的合理性、合法性和包容性，是构建数字经济法治创新理论的基础；而“法律遵从理论”和“法律秩序理论”，则关系到数字经济法的普遍遵从与良好秩序的形成，是构建数字经济法治创新理论的关键。书中提出，我国数字经济法治需要适应数字社会治理逻辑，并在具体制度上作出必要调适和回应。当今信息革命和数字经济社会的加速发展，使得国家治理体系和治理能力现代化进程已被赋予了“现代性”与“超现代性”的双重面向，同时形成了“技术赋权”与“权义结构平衡”的价值理念、“去中心化”与“再中心化”的体系构架、平台引领与软硬协同的治理模式、算法决策与代码规制的秩序形态、纠纷解决机制的可视化趋向等数字社会治理逻辑。书中强调，数字经济法治创新必须基于上述逻辑而展开，在数字竞争、数字税收、数字金融、数字产业、数字贸易等领域，科学优化现有经济体制、机制和制度。本书在内容上广泛涉及数字经济时代经济法总论和分论研究的一般性理论问题和特殊领域的专业性问题，对数字经济法研究中的总论问题和分论问题均作出了积极有效的回应性研究。

感谢项目组所有成员以及相关老师和同学在项目研究中的深度参与和积极贡献！感谢中国社会科学院法学研究所莫纪宏所长对本书出版的大力支持！感谢解锟老师的辛勤付出和宝贵建议！

本书写作分工如下：

第一章：席月民

第二章：第一、二、四节：吴峻；第三节：吴桐、席月民

第三章：第一节：金善明；第二、三、四、五节：郝俊淇

第四章：席月民

第五章：第一、二节席月民；第三节：郝俊淇、席月民

第六章：第一节：席月民；第二、三节：郝俊淇；第四节：金善明

在项目研究中，我们虽然力争尽可能多地覆盖研究数字经济发展中经济法的突出问题和重要问题，但鉴于项目周期和研究精力等因素的限制，最终仍有一些重要问题未能涉猎，也有一些问题仍待继续深入探讨。书中存在的不当之处或错误之处，敬请广大读者批评指正！

中国社会科学院法学研究所经济法室主任：
研究员、博士生导师：

二〇二四年六月二十日

目录

CONTENTS

第一章

数字经济发展与发展型经济法的积极应对

“十四五”时期推动高质量发展，必须立足新发展阶段、贯彻新发展理念、构建新发展格局。本章作为数字经济法的立论基础，从经济法总论角度分别探讨数据、共同富裕与经济法理论更新，新时代亲清政商关系的科学构建，呼唤中的数字经济促进法以及京津冀经济发展中的经济法变革等问题。政府与市场、政府与企业之间关系的法治化，长期以来始终是我国经济法学研究和经济法治建设的核心命题。数字经济法的理论创新仍需围绕该命题展开，在理论创新过程中为其提供一套体系化的正式规则。这些正式规则所构建的制度体系在性质上是否具有逻辑的同一性、在价值取向上是否有内在的一致性，是“十四五”时期深入推动数字经济发展与发展型经济法必须加以阐明的重要理论问题。

第一节　数据、共同富裕与经济法理论更新

一、科学认识和把握“党管数据”

党的二十大报告强调，要坚持和加强党的全面领导，把党的领导落实到党和国家事业各领域各方面各环节，强化经济、重大基础设施、金融、网络、数据、生物、资源、核、太空、海洋等安全保障体系建设。[①] 2022 年 11 月 7 日，

① 参见习近平：《高举中国特色社会主义伟大旗帜 为全面建设社会主义现代化国家而团结奋斗——在中国共产党第二十次全国代表大会上的报告》，载《求是》2022 年第 21 期。

国务院新闻办公室发布了《携手构建网络空间命运共同体》白皮书，全面展示了新时代我国互联网发展成果、治理理念与治理实践，指出构建网络空间命运共同体是信息时代的必然选择。科学认识和把握“党管数据”的本质与重点，有利于在坚持总体国家安全观的基础上，深度参与全球互联网与数据治理体系深刻变革，确保我国网络与数据安全。

（一）“党管数据”的本质：坚持和加强党的全面领导

当前，在数字化、网络化、智能化发展中，我国社会主义市场经济正迎来新一轮发展机遇。旗帜鲜明地坚持和加强党的全面领导，是数字经济时代实施网络强国战略和大数据战略必须始终遵循的重要原则，也是“党管数据”的本质所在。习近平总书记在关于《中共中央关于全面深化改革若干重大问题的决定》的说明中指出，网络和信息安全牵涉到国家安全和社会稳定，是我们面临的新的综合性挑战。从世界范围看，当今的网络安全是整体的而不是割裂的，是动态的而不是静态的，是开放的而不是封闭的，是相对的而不是绝对的，是共同的而不是孤立的。“党管数据”意味着把党的领导贯穿在网络与数据治理以及法治政府建设的全过程，贯彻在网络与数据安全以及制度创新的各领域各方面各环节。通过认真落实党中央、国务院的各项重大决策部署，确保数字经济发展和数字政府建设的正确方向。

具体来说，一方面，只有坚持“党管数据”，才能充分发挥党总揽全局、协调各方的领导核心作用，不断推进国家治理体系和治理能力现代化、法治化。另一方面，只有坚持“党管数据”，才能全面落实总体国家安全观，在与世界各国的互联互通中主动探讨和参与制定全球数字治理规则，共同构建和平、安全、开放、合作、有序的网络空间，建立多边、民主、透明的国际互联网治理体系，进而有效推动网络空间命运共同体建设并有效保护我国网络和信息安全。总之，我们只有正确认识和把握“党管数据”的实质，才能在数字经济发展和数字政府建设中牢固树立正确的网络安全观与数据安全观，完善国家安全法治体系，更好发挥我国的制度优势和市场优势，形成数据驱动型的创新体系和发展模式，让数字经济发展成果更多、更公平地惠及全体人民。

（二）在法治轨道上充分发挥“关键少数”作用

领导机关与领导干部带头冲在前、干在先，以上率下，以身作则，是当前网络与数据治理的常态化管理模式。

经验表明，“党管数据”必须从各级领导干部抓起，重点是充分发挥领导干部的“关键少数”作用。从当前实践看，这方面的工作仍然任重道远。这是因为，有的领导干部因年龄等原因对我国经济社会发展的数字化与信息化特性“无感”，在主观观念中固守不学网、不懂网、不用网的习惯，甚至有意抵触新技术、新业态、新模式；有的则刚好相反，热衷于追热点、赶时髦、炒概念，不知不觉在一知半解中盲目上项目、投资金，由于对数字经济风险缺乏应有预判，因此遇到问题后往往束手无策，给党和国家造成重大损失。尽管现实中的问题表现不一而足，但显而易见，领导干部在数据治理中既可以起到关键推动作用，也可能产生阻碍或破坏作用。

为此，“党管数据”需要依托党管干部这一纽带，在“关键少数”身上多下功夫。对于各级领导干部而言，需要重点做好以下工作：一是要认真学习以习近平同志为核心的党中央对党的领导作用的新认知、新理念、新论断，认真学习党的二十大精神，主动适应信息化要求，强化互联网思维，时刻把增进人民福祉作为数据治理工作的出发点和落脚点。二是要正确处理安全与发展、开放与自主、管理与服务之间的关系，不断提高自身数字素养，提高对数字经济发展和数字政府建设规律的认识把握能力、对数字产业化和产业数字化的推进执行能力以及对数字技术创新应用和网络安全保障的保驾护航能力。三是要积极学法懂法用法，践行权责一致的法治理念，善于结合实际开展富有创造性的数据合规与治理工作，不断增强数字经济时代的改革创新发展本领。任何党员干部，一旦涉嫌违法犯罪，都需按照国家有关法律规定处理，坚决防止把“党的领导”作为个人以言代法、以权压法、徇私枉法的“挡箭牌”。

（三）积极推动“党的领导”入法

这些年来，《电子签名法》《网络安全法》《电子商务法》《数据安全法》《个人信息保护法》等基础性、综合性、全局性法律出台之后，我国在网络与数据治理方面已经逐步形成规模化的专门法律群，有关数字经济促进立法、公共数据开放共享立法等旨在实现数字经济法律体系化的立法也正在持续跟进中，法治国家、法治政府、法治社会建设取得了诸多重大立法成果。其中，《数据安全法》第 5 条将中央国家安全领导机构的职责写入其中，为“坚持和加强党的全面领导”入法提供了鲜活的立法样本。

习近平总书记在2018年全国网络安全和信息化工作会议上的讲话中指出，要把依法治网作为基础性手段，继续加快制定完善互联网领域法律法规，推动依法管网、依法办网、依法上网，确保互联网在法治轨道上健康运行。在2020年中央依法治国委员会第三次会议上，习近平总书记进一步指出，要进一步推进党的领导入法入规，善于使党的主张通过法定程序成为国家意志、转化为法律法规，推进党的领导制度化、法治化、规范化。从政策治网向制度治网转变，是“党管数据”的题中应有之义。在数字经济法治创新中，坚持“党管数据”，必须坚持习近平法治思想的指导地位，通过将“党的领导”入法，使党的领导及其执政能力在数字经济立法实践中变得更加具体，更加符合宪法中“党的领导”的规范意蕴，并借由具体制度设计来保障党在网络治理与数据治理中的领导地位，不断促进党的领导活动在法治框架内获得充分展开。

在立法技术上，既可以采用概括入法方法，即在法律条文中表明党领导某项具体工作，也可以采用具体入法方法，即直接规定党的机构所承担的具体职责。必要时，还可以采用间接入法方法，将拥护党的领导作为相关主体的法律义务或其任职条件。依法治国与依规治党的有机统一是我国法治建设的鲜明特色，能否正确处理好国家法律与党内法规、依法治国与依规治党的关系，对“党管数据”来说，同样是从政治宣示到制度保障所面对的重要理论课题。

2023年，中共中央、国务院印发了《数字中国建设整体布局规划》，着力于夯实数字基础设施和数据资源体系“两大基础”，推进数字技术与经济、政治、文化、社会、生态文明建设“五位一体”深度融合，强化数字技术创新体系和数字安全屏障“两大能力”，优化数字化发展国内与国际“两个环境”。到2025年，我国要基本形成横向打通、纵向贯通、协调有力的一体化推进格局，数字中国建设取得重要进展。众所周知，未来五年是全面建设社会主义现代化国家开局起步的关键时期。我国《“十四五”数字经济发展规划》以科学的专项规划和专项数字工程激发出数字经济发展新动能，我国数字经济正迎来深化应用、规范发展、普惠共享的新阶段。只有在法治轨道上坚持和加强党的全面领导，发挥“关键少数”作用，才能把数字经济转化为未来发展的关键增量，并动员全国各族人民，调动各方面积极性，依法有效弥合各种数字鸿沟，加强重要领域数据资源、重要网络和信息系统的安全保障。同时，也才能在构建网上网下“同心圆”的过程中形成社会合力，共同打造数字经济发展和数字政府建设新格局，不断开创网络与数据治理新局面，为推进全球网络空间发展和治理体系变革贡献中国方案。

二、推进公共数据开放共享的立法进路

加强公共数据开放共享是国家“十四五”规划所确定的重点任务之一，对提高数字法治政府建设水平、促进数字经济创新发展意义重大。全面建设数字法治政府，是新时期党和国家对政府管理模式、运行机制和治理方式等提出的新要求，核心在于通过政府信息化平台建设，推进公共数据的有序共享并提升政府运行的数字化和智能化水平。

（一）“公共数据”一词的精准内涵

在数据的概念谱系中，“公共数据”这一概念比“政府数据”“政务数据”的内涵更丰富，外延也更广，使用“公共数据”一词更为恰当和科学。它不但与国家“十四五”规划用语保持一致，有利于建立健全国家公共数据资源体系，而且通过预置公共服务的概念要素，更有利于推动公共数据开放共享及其实际应用创新。

相比较而言，“政府数据”着眼于数据主体视角，通常将主体局限为行政机关，是行政机关在依法履职中制作或获取的各类数据。“政务数据”则突出了数据内容，是政务服务实施机构在履职中采集和获取的或者通过特许经营、购买服务等方式开展信息化建设和应用所产生的数据。除行政机关外，该概念将其他国家机关以及法律法规授权的具有管理公共事务职能的组织包含其中。虽然“政务数据”一词与我国《数据安全法》的用语保持了一致，且已被用于国家政务服务平台建设，但“政务”一词行政色彩太浓，与该法指称的国家机关无法实现完全对应关系，在涵摄范围方面稍显“词不达意”，故仍具有一定局限性。“公共数据”则强调的是数据性质，是国家机关、法律法规规章授权的具有管理公共事务职能的组织以及供水、供电、供气、公共交通等公共服务运营单位在依法履职或提供公共服务过程中收集、产生的数据。该概念包含了上述“政府数据”和“政务数据”的所有内容，并在外延上继续扩展至公共服务数据，有助于提升全国一体化政府服务平台功能，使国家数据共享交换和开

发利用更富有精准表达的意义脉络关联和内在理性标准，因而在立法概念的选择上更严谨更科学。

（二）制定统一的《公共数据开放共享条例》

数字经济立法必须适应信息社会法律变革新趋势。面对当前数字经济和数字法治政府发展中“先地方、后中央”立法进路中的“地方主导”问题，我们需要克服地方立法的固有局限性，积极回应统一建构公共数据开放共享法律制度的现实需求，及时制定统一的《公共数据开放共享条例》。

首先，这是正确处理“政策引领”与“法治保障”关系的需要。2021 年中共中央、国务院印发的《法治政府建设实施纲要（2021—2025 年）》确立了“十四五”时期我国法治政府建设总体目标和基本路径，进一步突出了全面建设数字法治政府和提高人民群众满意度的要求，成为当前从技术与法治两个维度深入推进政府理念、机构、职能、流程等制度续造的新纲领文件。实践中，作为全流程一体化在线服务平台，国家政务服务平台的建成上线和试运营开启了我国数字政府建设新的里程碑，一体化政务服务和监管效能大幅提升，在统一政务服务门户、服务事项管理、身份认证、电子印章、电子证照、数据共享等方面发挥了公共入口、公共通道、公共支撑三大作用。

然而，2022 年 6 月国务院发布的《关于加强数字政府建设的指导意见》明确指出，数字政府建设仍存在一些突出问题，政府治理数字化水平与国家治理现代化要求还存在较大差距。为此，该意见强调，要推动及时修订和清理现行法律法规中与数字政府建设不相适应的条款，将经过实践检验行之有效的做法及时上升为制度规范，加快完善与数字政府建设相适应的法律法规框架体系。制定《公共数据开放共享条例》，既是全面实施依法治国方略的内在要求，也有助于清理和完善我国数字经济法律体系、为数字法治政府发展提供体系化制度性保障，还有利于切实回应问题导向的“政策引领”，依法防范和处置安全风险，维护个人和企业的数据权益。

其次，这是统筹处理“中央立法”与“地方立法”关系的需要。目前，贵州、山西和浙江三省分别有针对性地出台了《贵州省政府数据共享开放条例》（2020 年）、《山西省政务数据管理与应用办法》（2020 年）、《浙江省公共数据条例》（2022 年），贵阳市、沈阳市则分别制定了《贵阳市政府数据共享开放条例》

(2017年)、《沈阳市政务数据资源共享开放条例》(2020年)。这些专门的地方性法规是依法推进和保障公共数据开放共享的重要立法成果，在积极落实国家规划任务方面产生了一定的示范立法效果。另外，上海、重庆等地制定了综合性的数据条例，其中上海市对公共数据的共享开放、授权运营等作了专章规定，重庆市则将政务数据和公共服务数据纳入了公共数据资源体系，强调对其实行目录管理和分类管理等制度。虽然两地立法技术有所不同，但同样达到了地方示范立法效果。问题是，上述地方立法在法规名称、立法体例、规制目标、适用范围、制度设计等层面仍表现出明显差异，反映出各地在该问题上的不同认识。制定统一的《公共数据开放共享条例》，有利于澄清认识误区，科学使用法律概念与立法模式，克服“地方主导”立法中在思想认识、立法理念、利益保护、空间效力等方面的固有局限。

再次，这是实现公共数据开放共享立法理念转型的需要。全面推进政府履职和政务运行的数字化转型，必须依法构建协同高效的政府数字化履职能力体系和数字政府全方位安全保障体系，以数字化改革与创新促进法律制度变革，助力政府职能转变。理论上，对于公共数据开放共享性质的不同理解，决定了不同的立法理念与观念生成，也直接影响到立法后的制度实施及其效果。

在立法进路上，以下两种思路并不足取：一是将公共数据开放共享视为现有政府信息公开制度的自然延伸，认为通过修改现行《政府信息公开条例》，即可在体制机制上完成有关政府数据的对接扩展。这种认识在立法理念上表现为对政府信息公开法律义务的过度解读，导致缺乏对公共服务数字化与智能化发展的现实观照，不利于政府职能转变。二是引入国有财产理论，认为通过修改现行《政务信息资源共享管理暂行办法》，在其中增加开放内容，将政务信息资源共享开放纳入国有资产管理框架，实行保值增值目标管理。这种认识在立法理念上表现为对国有资产评估与市场交易规则的结构化续造，因此容易虚化政府的“管理者”角色，强化“所有者”角色，在财产规则的构建中侵蚀政府公共服务职能。利用公共数据资源全面提升公共服务水平和质量，是我国积极推进公共数据开放共享的初衷。数据开放共享过程有其自身演进逻辑，从各个部门和各个地方自建信息公开网站到打造全流程一体化在线服务平台，依法规制平台政府及其公共服务履职已经成为数字法治政府建设新的重心。确立以平台政府公共服务职能为核心的立法理念，是合目的性的立法理念转型目标，有利于形成基于公共数据开放共享的数字政府责任规则。

最后，这是现行有关行政法规更新迭代的需要。虽然信息与数据两个词经常被混用，可以互为解释，但这并不能成为维持现有《政府信息公开条例》《政务信息资源共享管理暂行办法》并行立法模式的理由。现行《政府信息公开条例》着重规定了政府信息公开的体制机制、原则、主体和范围、主动公开和依申请公开、监督保障等内容，虽然通过增强政府透明度在一定程度上解决了政府数据的"开放"问题，但无法适应公共数据开放共享所面临的全新一体化发展要求，无论是在适用范围上还是在体制机制制度建设上都明显力有不逮。《政务信息资源共享管理暂行办法》着眼于"共享"，用于规范政务部门之间政务信息资源共享行为，实行政务信息资源目录管理和分类管理，对共享信息的提供与使用、监督与保障提出了明确要求。虽然该办法为公共数据共享打下了一定法律基础，但因其割裂了数据开放问题，同样力有不逮。制定统一的《公共数据开放共享条例》事实上是为国家政务服务平台及其运行进行专门立法。从立法进路看，与其对过去并行立法模式"打补丁"，不如与时俱进"合二为一"统一立法，进而完成公共数据的收集、归集、存储、归档、共享、开放、应用以及安全保护等平台政府责任规则的系统制度安排。

三、实现共同富裕的经济立法保障

在新的历史发展阶段，充分认识实现共同富裕的必要性、长期性、艰巨性和复杂性至关重要。全面推进依法治国是一个系统工程，是国家治理领域一场广泛而深刻的革命，是促进经济社会高质量发展、实现全体人民共同富裕的根本保障。科学拟定经济立法规划，系统完善我国经济立法，体系化重构旨在实现共同富裕的经济法律体系，对分步实现共同富裕的跨阶段目标意义重大。

（一）实现共同富裕需要经济法治的系统保障

习近平总书记指出，共同富裕是社会主义的本质要求，是中国式现代化的重要特征。正确认识和把握共同富裕的性质、方向、目标以及实现路径等重大问题，既需要习近平新时代中国特色社会主义思想的科学指引，也需要扎实推动我国经济法治的系统性变革与制度创新。

共同富裕的阶段性目标定位需要科学的经济立法规划跟进。坚持以人民为中心，就必须坚持共同富裕方向，这是我国“十四五”时期经济社会发展必须遵循的重要原则。关于共同富裕的目标，党中央确立了两个重要的时间节点，即2035年和2050年。具体说来，第一个阶段性目标即2035年远景目标，该目标着力于我国基本实现社会主义现代化，提出全体人民共同富裕要取得更为明显的实质性进展并迈出坚实步伐；第二个阶段性目标是到2050年，要基本实现共同富裕。显然，基本实现共同富裕并不是一个终极目标，而只是一个中间目标，逐步实现共同富裕的最终目的是全面实现共同富裕，使全体人民共享高质量发展所带来的现代化成果。由此可见，共同富裕目标的分阶段性划分事实上基于对我国国情的现实考量，在定性分析基础上，确立了未来相当长的一段时期内我国经济改革与经济法治的目标进阶。这为我国经济立法规划工作提出了新的任务，即如何借助经济法律的体系化设计全面保障共同富裕目标的进阶价值，从富裕与共享两个维度深入推进共同富裕的历史进程。

实现共同富裕需要经济法治提供长期而稳定的制度性保障。实现共同富裕是一个长期而艰难的社会实践过程，中央选定浙江省作为当前高质量发展实现共同富裕示范区，意味着开启了这一历史进程所必经的国家实验准备。在设定的上述时间节点上逐步实现共同富裕目标，仍需要一系列深层次的体制机制改革与理念制度创新，形成新的发展模式、增长机制和分配机制，仍需要深刻认识我国社会主要矛盾变化所带来的新特征、新要求，解决好经济发展的不平衡、不充分、不协调、不可持续等各类发展问题。经济法在维护竞争秩序、保障公平分配、促进产业发展等方面具有自身所特有的不可替代的部门法功能，基于有关竞争理论、分配理论、发展理论和风险理论等所构建的经济法律体系虽已形成数量可观的“法律群”规模，但在实现共同富裕方面仍存在一些制度空白或法律缺漏。因此，我们必须通过经济法的科学化和体系化建设，清晰阐释其中所蕴含的富裕与共享的规律性，利用经济法的规范表达和规则续造，为实现共同富裕的进阶目标提供可靠保障。

（二）针对我国现行经济法律体系的问题检视

经济法的特有功能，主要体现在政府与市场之间关系的法治化方面。从“限定市场、余外政府”模式到“限定政府、余外市场”模式的结构翻转，经济法始终与改革开放以来的经济体制改革展开良性互动，主动适应改革取向，适时破除改革障碍，确认巩固改革成果。社会主义市场经济体制的建立和完善，是我国四十余年来经济转型发展的最突出改革成果。尤其是实施依法治国以来，经济法通过依法厘定政府的经济职能，最终强化了市场机制在资源配置中的决定性作用，并在法治政府建设中更好地调动和发挥政府对经济的监管、服务和调控作用。

我国现已建立较为完整的经济法律体系，经济立法成果在很大程度上折射出20世纪80年代以来市场化与全球化的交织进程。通过规模化的经济立法，一是平等保护市场主体，二是切实维护自由公平竞争，三是有效规制市场监管，四是不断完善经济调控。但随着国内外市场环境的重大变化，现行经济法律体系已然不能完全满足实现共同富裕的长期目标要求：一方面，如何为数字经济和区域协调发展提供有效保障力所不逮；另一方面，在鼓励和保护社会投资、乡村振兴、农民工进城、居民消费升级等方面，未能实质增进长期发展信心。

当前，我国经济法治面临的主要问题有：第一，数字经济时代的法律变革日益紧迫，企业数据权益和个人信息保护均需展开技术哲学层面的深刻反思，经济立法需要积极回应和宣示技术的人文本质，重建因应新技术应用所引起的新型权利、义务乃至责任的分配逻辑，进而重构能够反映新发展趋势的现代性的经济法律体系。第二，算法社会的自主与控制、扩展与限缩的交换平衡，彻底打破了经济转型后政府与市场、干预与自由的边界，人的信息存在方式赋予了人权以数字属性，全新的数据资源生态推动了人权的数字化演变和迭代勃兴，应运而生的“第四代人权”亟待经济立法进行确认并建立系统的保护标准。第三，从全球范围看，我国经济总量自2010年以来虽然一直稳居全球第二，但很多人均指标只略高于全球平均值，无论是富裕程度还是共享程度其实都并不高，经济立法需要有效破解经济发展不充分、不平衡问题，进一步深化土地、资本、劳动力乃至数据等生产要素市场改革，持续改善全体人民的个人与集体福利，促进人的全面发展，依法保障各类市场主体公平参与竞争、发展、分配与共享。

（三）重构实现共同富裕的经济法律体系

实现共同富裕是由我国社会主义制度的本质特征所决定的，需要一代又一代人的长期努力和共同奋斗，更需要经济法治在统筹全局、求真务实、守正创新中的立法引领和制度保障。习近平总书记指出，坚持以人民为中心的发展思想，在高质量发展中促进共同富裕，正确处理效率和公平的关系，构建初次分配、再分配、三次分配协调配套的基础性制度安排，加大税收、社保、转移支付等调节力度并提高精准性。这为当前和今后一段时期经济法与社会法的协同发力指出了明确方向。重构实现共同富裕的经济法律体系，需要从以下四方面入手。

首先，在市场规制法领域，系统修订《计量法》和《标准化法》，以可控理性筑牢实现共同富裕的“幸福条件”。《计量法》为建立计量基准器具、计量标准器具，进行计量检定，制造、修理、销售、使用计量器具等提供了行为准则，《标准化法》为制定标准、组织实施标准以及对标准的制定和实施进行监督确立了基本准则。前者涉及国家计量单位制的统一和量值的准确可靠问题，后者涉及产品和服务质量的技术要求问题，这些问题都事关人们衣食住行等方方面面追求幸福生活权利的判定依据和共享标准。为此，系统修订这两部法律，重视发挥“技治主义”中的专家作用，并通过经济民主监督对数字技术专家所确立的各类泛在的计量标准、产品标准以及服务标准进行必要约束，支持“百科全书式”数字技术的自由进化和平等发展，才能实现从“纯粹正义”到“共享正义”的跨越，并真正获得“以消费者为本”的数字技术可控理性。

其次，在税法领域，统筹修订《企业所得税法》和《个人所得税法》，深化收入分配制度改革。这些年来，我国税制改革重点主要集中在流转税和资源税上，所得税制改革进展偏缓，所得税的收入分配调节功能尚未得到显著改善。由于企业所得税与个人所得税的实际纳税人与税种名称并不完全相符，而且前者实行综合所得税制，后者实行分类综合所得税制，导致二者在纳税人、征税对象、税目、税率、法定扣除标准、税收优惠等方面差异较大，事实上造成法人型企业与非法人型企业之间、投资型个人与劳动型个人之间、已婚已育家庭与已婚不育家庭以及单亲家庭之间所得税负明显不公，进而对投资、储蓄、教育、捐赠、生育、养老以及劳动供给等产生不利影响。通过系统修法，重建所得税的人本主义观、公平效率观以及科学发展观，是逐步实现共同富裕目标的收入再分配之税收调节路径。所得税法需要在税基整合、税目税率整合、纳税单位和费用扣除的调整与合并等方面重新进行科学而缜密的制度设计，以缓和实践中资本与劳动之间的紧张关系，促进更多的人自主创业和充分就业，有效推动国家慈善事业和养老事业的健康发展。

再次，在财政法领域，积极制定《公债法》、《转移支付法》和《政府投资法》，切实保障和改善基本公共服务的提供，并有力推动全社会基本公共服务均等化的实现。目前，《预算法》和《政府采购法》在规范政府收支行为和政府采购活动、强化预算约束、提高政府采购资金使用效益等方面发挥着重要作用，但相比之下，中央和地方政府的债券发行规模不断扩大，围绕国债规模控制、风险预警防控、债务预算审批、债务信息披露、债券发行流通、资金使用偿还、政府信用评级等基本法律制度的缺失弊病丛生，政府债务管理和治理仍待专门立法的扎实跟进。至于公共服务均等化问题，尽管《预算法》2014 年修改时在第 16 条中加入了国家实行财政转移支付制度的内容，但该条文的文本表述简疏而原则，可操作性不强，当时入法实非长远之计。为实现共同富裕目标，我们仍应制定专门的《转移支付法》，系统建立公平、公开、透明的财政转移支付管理制度，使转移支付的目标、形式、资金来源、核算标准、分配方法、支付规模、支付程序以及机构监管等有法可依，确保贫困地区通过“输血”达到全国基本公共服务水准，真正缓解地区差异化发展中的公平与效率矛盾。另外，我国投资调控立法也明显滞后于投资体制改革。虽然在投资体制改革中完成了由“全能政府”向“有限政府”的渐进转变，而且，2019 年颁行的《政府投资条例》确认了最新改革成果，明确界定了政府投资范围、投资决策程序、投资年度计划、投资项目实施以及监督管理等内容，但是，如何不断优化政府投资方向和结构，让更多人从中脱贫获益，如何发挥政府投资的引导带动作用，进而激发社会投资活力，还需要继续提升政府投资的立法级次，进一步强化政府投资预期责任，以专门法律形式规范政府投资行为，提高政府投资效益，促进政府投资和民间投资的互补互动，推动各种所有制企业的高质量发展。

最后，在产业法领域，研究制定《数字经济促进法》和《区域经济一体化发展法》，用法律手段科学推动数字产业化和产业数字化发展，推动区域经济协调发展。党的十八大以来，党和国家高度重视数字经济和区域经济，将其上升为国家战略。2020 年至今，浙江省、广东省、河南省等省率先相继制定了省级《数字经济促进条例》，另外，广州市等市也出台了市级《数字经济促进条例》，这些地方性法规在内容上广泛涉及数字基础设施、数据资源开发利用保护、数字产业化、产业数字化、数字化治理和服务、数字技术创新、激励和保障措施等诸多方面，借以推动地方经济社会的高质量发展。数字经济是我国《国民经济和社会发展第十四个五年规划和2035年远景目标纲要》突出强调的重点之一，该规划专章规定了打造数字经济新优势，提出充分发挥海量数据和丰富应用场景优势，促进数字技术与实体经济深度融合，赋能传统产业转型升级，催生新产业、新业态、新模式，壮大经济发展新引擎。当前，我国数字经济正迎来深化应用、规范发展、普惠共享的新阶段。《“十四五”数字经济发展规划》作为专项规划，进一步提出了“十一个”专项数字工程和“八大”总体任务，其整体设计引人注目，政策措施环环相扣。上述规划与浙粤豫等省地方立法的彼此呼应表明，制定专门的《数字经济促进法》是保障数字经济健康发展的必由之路。数字经济的规范化发展，不仅有利于推动构建新发展格局、增强经济发展动能并畅通经济循环，而且有利于推动构建现代化经济体系、构筑国家竞争新优势。只有统一立法，加强关键核心技术攻关，加快新型基础设施建设，推动数字经济与实体经济深度融合发展，推进重点领域数字产业发展，完善数字经济治理体系，积极参与数字经济国际合作，才能有机协调中央立法与地方立法的关系，在全国范围把数字经济转化为未来发展的关键增量，在促进经济增长的同时，保障数字经济开放、普惠、共享、公平与正义，使全体人民真正迈入共同富裕。就《区域经济一体化发展法》的制定而言，实际上是适应优化区域经济布局、促进区域协调发展的立法举措，对依法深入实施国家区域重大战略、区域协调发展战略、主体功能区战略以及实现共同富裕，无疑会产生重大促进作用。在这一方面，可以借鉴2021年《乡村振兴促进法》的立法经验，正确处理好长期性任务和阶段性目标的关系，依法巩固京津冀、长三角、粤港澳大湾区等区域经济发展成果，把行之有效的区域经济政策入法并使之制度化、法定化、专业化，系统建立全社会共建、共享、共富的社会整体调节机制。

第二节 新时代亲清政商关系的科学构建

一、引言

自建立社会主义市场经济体制以来，国家干预主义成为我国经济法学的重要理论基础。政府与市场、政府与企业之间关系的法治化，始终是我国经济法学研究和经济法治建设的核心命题。这些年来，围绕着使市场在资源配置中起“决定性作用”所进行的一系列市场化改革，不仅指向解决政府对资源配置干预过多问题，而且指向解决市场体系不健全、真正形成公平竞争的市场环境问题，以及解决对非公有制经济的一些歧视性规定，包括消除各种隐性壁垒设置等问题。[①] 习近平总书记指出，在市场作用和政府作用的问题上，要讲辩证法、两点论，“看不见的手”和“看得见的手”都要用好，努力形成市场作用和政府作用有机统一、相互补充、相互协调、相互促进的格局，推动经济社会持续健康发展。[②] 如何提高政府与市场的适配性水平，[③] 推动二者更好结合，是数字经济法治创新中促进经济高质量发展的重大课题。

党的二十大报告强调指出，全面构建亲清政商关系，促进非公有制经济健康发展和非公有制经济人士健康成长。这说明，亲清政商关系的全面构建，对民营企业、外资企业以及企业家群体而言意义非凡。2016 年，习近平总书记首次用“亲”“清”两字精辟概括了新时代新型政商关系，为领导干部和企业家的交往提出了新要求。[④] 此后，构建亲清政商关系受到党和国家的高度重视。2017 年党的十九大报告提出，构建亲清新型政商关系，促进非公有制经济健康发展和非公有制经济人士健康成长。2019 年党的十九届四中全会要求，完善构建亲清政商关系的政策体系。2020 年党中央和国务院印发的《关于新时代加快完善社会主义市场经济体制的意见》强调，完善构建亲清政商关系的政策体系，建立规范化机制化政企沟通渠道，鼓励民营企业参与实施重大国家战略。同时提出，巩固党风廉政建设成果，推动构建亲清政商关系。2022 年党的二十大报告把全面构建亲清政商关系作为新的部署，为优化非公有制企业营商发展环境指明了根本方向。2023 年 7 月 14 日，党中央和国务院在《关于促进民营经济发展壮大的意见》中反复强调全面构建亲清政商关系，指出要把构建亲清政商关系落到实处，党政干部和民营企业家要双向建立亲清统一的新型政商关系。

---

① 参见张卓元：《提出市场在资源配置中起决定性作用的重大意义》，载《财贸经济》2013 年第 12 期。

② 参见习近平：《论坚持全面深化改革》，中央文献出版社 2018 年版，第 104 页。

③ 参见方福前：《高质量发展中的政府与市场关系》，载《中国社会科学报》2023 年 1 月 4 日，第 3 版。

④ 参见《习近平：构建“亲”“清”新型政商关系》，载《共产党员（河北）》2016 年第 12 期。

政商关系作为国人“关系”文化的组成部分，是领导干部和企业家在日常经济交往中普遍重视的一种独特类型，长期影响着经济法的实施机制及其后果。近年来，理论界对亲清政商关系的研究给予了越来越多的关注，但研究成果主要集中在政治学、经济学、社会学等领域。其中，既有针对政商关系研究的理论综述评析，[①] 也有针对亲清政商关系对企业、企业家行为影响力的专门问题探讨，[②] 还有关于如何构建亲清政商关系的对策性建议研究。[③] 法学领域研究成果不多，学者所关注的问题主要是营商环境法治化。需要说明的是，尽管也有一些学者深刻认识到“关系”对法律运作的影响，并对“人情”“面子”“关系”在当代中国法律实践中的作用乃至其与冤案之间的重要关联等问题展开了一些实证分析，但目前为止对亲清政商关系与法律机制运作尚缺乏一般性、系统性研究。

本节主要围绕亲清政商关系在法学发展中的底层逻辑以及在当代中国经济法治实践中的推进路径展开研究。研究认为，基于法治政府建设与数字政府建设的双重理念，经济法必须为理想中的亲清政商关系构建持续提供体系化的正式规则。厘清其中的逻辑进路，深刻认识分类推进亲清政商关系的基本模式与控制机制，是全面推进依法治国、不断改革完善我国经济法律制度体系、依法推动数字经济时代数字政府和清廉社会生态建设的治本基础。

二、严格区分“权力”与“资本”两条底层逻辑主线

（一）基于“管理者”的规制调控及其权力控制

经济法是大陆法系国家特有的法律概念，是专门解决市场失灵与政府失灵问题的重要法律部门。在我国经济法学发展史上，不同理论学说虽然在揭示和解释经济法的过程中产生了一些分歧，但共同点在于，都着眼于政府与市场的对立统一关系，以社会整体利益为本位，更加关注市场的局限性以及政府的能动性，同时把“控权”即限制政府权力作为经济法制度体系构建的内核，承认

---

① 参见胡凤乔、叶杰：《新时代的政商关系研究：进展与前瞻》，载《浙江工商大学学报》2018 年第 3 期。

② 参见王雯：《弘扬企业家精神 构建“亲”“清”政商关系》，载《人民论坛》2018 年第 14 期。

③ 参见陈璟、刘俊生：《四维度政绩考核促“亲”“清”型政商关系的建立》，载《中国党政干部论坛》2016 年第 6 期。

经济法作为法律部门的独立性。

经济法作为社会整体利益保护法，其所要解决的基本矛盾与传统部门法是不同的。这些矛盾既包括个体营利性与社会公益性之间的矛盾，也包括相对应的效率与公平之间的矛盾等。它们不仅存在于市场配置资源的领域，也存在于政府配置资源的领域。① 在经济法中，政府与市场是有机统一的，无论是市场规制法还是宏观调控法，经济法的制度构成始终围绕着政府对市场、企业的监管、调控以及服务职能而展开，而不是把政府与市场割裂起来、对立起来。政商关系中的领导干部与企业家概念所表达的主体特质在实践中经常性地成为政府与市场关系的“代表人”，进而在政府与企业之间的关联结构分析时形成特定的人格化具象，必要时被用来解构责任主体的制度性嵌套。在经济法制度体系中，有关竞争、价格、财税、金融、规划、产业、外贸等方面的制度改革发展史，无不清晰地呈现出政商关系分析框架中的“权力”属性一面，政府对市场的规制与调控，身份均是“管理者”。其中，国家权力配置的功能主义进路，重视国家权力行使的正确性以及国家的权能和效率。② 比较宪法研究为此提供了解释，即相对于西方宪法的一元权力结构，社会主义宪法的权力与职权复合结构是一种范式转型，将权力转化为职权体现了权力与职权复合结构的正向功能。从权力责任的角度来考察，管理者的权力责任主要是指其经济职权和职责。③ 在经济法上，管理者严格实行职权法定主义，依据法定的“权力清单”行事。由于现代政治的核心要义是实现政府体系的理性化，④ 因而经济法对亲清政商关系的建构与维系，需要把经济改革持续市场化中“政府权力的收缩”作为制度续造的底层逻辑主线。

（二）基于“所有者”的市场参与及国有资本流动

经济法同时也是保护国家基本经济制度的法律部门。生产资料的社会主义公有制是我国社会主义经济制度的基础。我国《宪法》第 6 条第 2 款规定，国家在社会主义初级阶段，坚持公有制为主体、多种所有制经济共同发展的基本

---

① 参见张守文主编：《经济法学》，高等教育出版社 2018 年版，第 10 页。
② 参见张翔：《我国国家权力配置原则的功能主义解释》，载《中外法学》2018 年第 2 期。
③ 参见徐孟洲：《耦合经济法论》，中国人民大学出版社 2010 年版，第 118 页。
④ 参见杨利敏：《论现代政府体系的理性》，载《学习与探索》2012 年第 10 期。

经济制度，坚持按劳分配为主体、多种分配方式并存的分配制度。可以说，政府与市场关系的适配性源于宪法，是由我国现阶段基本经济制度所决定的。这里的两个“为主体”，是我国基本经济制度的主要特征，也是我国社会主义市场经济有别于欧美国家的一个标志，为政府在资源配置和经济活动中的地位作用提供了基本依据。按照《宪法》第7条、第11条第2款规定，一方面，国家保障国有经济的巩固和发展；另一方面，国家鼓励、支持和引导非公有制经济的发展。这对企业身份标识而言，就体现为国有企业在实质上有别于民营企业、外商投资企业和外国企业，国有企业的内部治理具有更多公共性，在所追求的企业目标与企业功能上，承担更多公共职能和更大社会责任。通观我国改革开放史，按照所有制性质展开的企业立法成为经济法制建设的一大亮点，国企改革历程为政商关系研究提供了一个完全不同的分析框架，彰显了国家以“所有者”① 身份直接参与经济运行时所表现出的“资本”② 属性一面。国有企业成为政府利用市场机制配置资源的重要形式，并在实现企业营利目的与社会利益有机统一上起到了重要的示范、引领与支撑作用。可以说，国有经济从资产形态向资本形态的转换并推动国有资本的流动，是改革中资本的市场化特征得以产生和不断增强的核心步骤，也是历史上国企改革成功的核心经验。理论上，国家投资经营法是经济法性质的法律规范，是经济法体系中一个重要的基本构成。有关物资收购储备、政府采购、招标投标、国有土地出让、土地房屋征收征用、保障性住房买卖租赁、国债发行交易偿还、政府与社会资本合作、企业国有资产管理等一系列经济法律制度，突出了政商关系中以市场交易为核心的国有财产权变动底层逻辑主线，此时的政府是作为“所有者代表”身份直接参与市场经济活动，通过投资、生产、经营等市场行为影响市场供给、市场结构以及市场价格等，因而这种参与同样构成国家干预经济的存在形式。由于政府是以“所有者代表”身份直接置身于国有资产形态转换③和国有资本流动之中，因此，即便有时最终以国有企业面目示人，但无论如何，此时的“所有者代表”身份与前述的“管理者”身份显然有别，对亲清政商关系研究而言，需要精确

① 参见谢次昌：《国有资产法》，法律出版社1997年版，第1页。

② 参见孙正聿：《“现实的历史”：〈资本论〉的存在论》，载《中国社会科学》2010年第2期。

③ 参见徐孟洲、席月民：《论国有资产形态转换的法律规制》，载《辽宁大学学报（哲学社会科学版）》2005年第1期。

识别这种实质性差异，并尊重资本运行和权力运行的基本规律。

上述两条底层逻辑主线在经济法治实践中始终交织在一起，并贯穿于我国经济转型以来政府与市场之间彼此消长的关系实态变化之中。在完成从“限定市场、余外政府”到“限定政府、余外市场”关系模式上的结构性翻转①之后，经济法从根本上改变了政府作用机制和市场运行机制的功能定位和制度结构，也改变了经济领域的观念生成与行为选择。党的二十大报告再次强调，坚持和完善社会主义基本经济制度，毫不动摇巩固和发展公有制经济，毫不动摇鼓励、支持、引导非公有制经济发展，充分发挥市场在资源配置中的决定性作用，更好发挥政府作用。我们对亲清政商关系的法律分析，必须建立在严格区分上述两条底层逻辑主线的基础之上，坚持法治理论的政治性、科学性、实践性、包容性以及创新性，② 分清经济法不同实践场域中政商关系基本模式，避免使政府身份发生不应有的角色混同，进而影响政府责任及其监督的制度设计以及制度实效。

三、有效识别亲清政商关系的两种基本模式

（一）理论界对政商关系模式的现有研究

一般说来，政商关系模式主要包括两方面内容，一是政府干预企业经济决策程度的正式规则，二是政府、官员和企业之间非正式的相互依存。③ 政商关系的历史演化，直接与企业个体和行业集体影响政府决策的“正式化”与“组织化”程度相关，因而许多研究都是从企业角度探讨政商关系的发展，把企业对政府的依赖程度以及企业的规模和类型等作为重要变量，探讨企业家通过何种渠道正式反映意见。在已有研究中，未充分市场化被认为是国家权力维系的重要根源，它使得企业家依附于政府，通过迎合政绩、坐地要价、利益疏通、借力施压或者正式沟通等五种政商关系模式获取政策影响力。但也有从政府角度探讨这一问题的。例如，有研究专门探讨了中央财政策略与地方政商关系间

---

① 参见陈甦：《商法机制中政府与市场的功能定位》，载《中国法学》2014 年第 5 期。

② 参见李林：《新时代坚定不移走中国特色社会主义法治道路》，载《中国法学》2019 年第 3 期。

③ 参见［俄］A. 利布曼：《中亚的政商关系：比较分析的方法》，王铁军译，载《俄罗斯研究》2009 年第 5 期。

题，认为按照地方政府介入商业的方式和程度，可以将政商关系分为三种，即层级型政商关系、统合型政商关系和自由型政商关系。其中，第一种是地方政府直接创办工商业，形成政府控制下的工商业发展；第二种是地方政府直接庇护和保护地方产业发展，如为企业提供税收优惠等；第三种是地方政府和地方企业彼此相对疏离，企业发展更加依赖于市场，而政府的角色局限于提供基础设施和公共服务。① 这三种模式的区分，较好地解释了改革开放以来我国从计划经济成功转型为社会主义市场经济过程中国家财政政策变迁的原因，以及不同模式在特定历史条件下的成本控制与制度实效。这些研究对深入探讨亲清政商关系的本质及其类型化不无意义。

（二）经济法视域下区分亲清政商关系两种模式的依据

习近平总书记提出政商关系要“亲”“清”，充满了辩证法的深刻性，针砭时弊，抓住了问题的关键，开出了对症的药方。② 这里的“亲”与“清”，言简意赅，“亲”所指向的积极、热情与“清”所指向的廉洁、不贪，都是从政府端对政商关系所提出的应然关系标准，二者确立了政商关系的根本准则。可喜的是，2019 年国务院《优化营商环境条例》将构建亲清新型政商关系已明确写入其中第 48 条，这对净化地方政治生态、持续优化营商环境、推动高质量发展无疑产生深远影响。

政商关系是建立、发展和完善社会主义市场经济必须处理好的基本关系，它是政府与市场、权力与资本相互关系的一种综合反映。实践中，领导干部与企业家的交往是经常性的，亲商、安商、富商是地方政府发展经济必须做好的基本功课。这里，根据产生基础的不同，我们把基于“权力”属性而产生的亲清政商关系称为职能型亲清政商关系模式；将基于“资本”属性而产生的亲清政商关系称为交易型亲清政商关系模式。这一分类中，前者为“权力—权利”结构，其中的“权力”指向政府，“权利”则指向市场主体，因而对非公有制企业、非公有制经济人士而言尤具现实意义。后者则为“权利—权利”结构，该结构中虽同为“权利”，但却分别指向国有财产权和私人财产权，国有财产

① 叶静：《中央财政策略与地方政商关系》，载《上海交通大学学报（哲学社会科学版）》2014 年第 1 期。

② 石平：《构建“亲”“清”的新型政商关系》，载《求是》2017 年第 16 期。

权因为具有国家所有的身份特性容易侵犯私人财产权，故需防止其恣意妄为与非法的垄断性经营，这对公有制企业更有现实针对性，是依法平等保护非公有制企业和非公有制经济人士不可忽视的重要方面。无论是公有制企业还是非公有制企业，其在两种结构中所呈现出的制度性“权利”并无任何变化，政府却因身份的不同而呈现出“权力”与“权利”两种性质迥异的制度性特征。由于这两类模式在经济法治实践中的认知维度与基本逻辑完全不同，为避免实践中将其混为一谈，我们需要从基本原理、追求目标、法律适用以及责任方式等方面将其严格区别开来，进而提供一种新的模态分析工具。

（三）职能型亲清政商关系模式与交易型亲清政商关系模式的主要区别

我们认为，其区别主要表现在：一是基本原理不同。职能型亲清政商关系模式旨在弥补市场失灵，针对现实经济生活中的市场化和反市场化的“双向运动”，强调通过对政府的限权与对市场的放权，使市场在资源配置中发挥决定性作用，并更好发挥政府作用。该模式的核心是，既要充分肯定市场对资源配置的竞争激励、自发调节作用及其效率贡献，也要注重发挥政府的监管、调控与服务等经济职能。在我国，经济高质量发展本质上是有效率的发展，但同时也是公平公正、共同富裕的发展，是促进人的全面发展的发展。该模式重在确保政府干预行为的公平性、主动性、适度性、廉洁性，防止因违法干预而侵蚀或者损害市场的有效性、自动性，进而在政企之间建立起信任基础，形成政商交往的安全与便利。实践中，权力“围猎”和权力“寻租”危害极大，是该类模式制度建构的针对对象。交易型亲清政商关系模式则是国家通过国有经济、国有资本、国有企业来完成重要商品或服务的生产交换，故需严格遵循平等、自愿、公平、等价有偿、诚实信用等原则。在这种模式中，核心是国家利用国有资产直接参与国民经济运行，通过国有资本投资经营和国有资产形态转换，追求国有资产保值增值，为社会更好提供公共产品、公共服务，维护经济安全、国家安全，使人民群众获得感、幸福感、安全感更加充实、更有保障、更可持续。如前所述，该类模式制度建构的重心则是防止权力的“恣意妄为”与行政垄断。

二是追求目标不同。职能型亲清政商关系模式在目标上追求构建高水平社会主义市场经济体制。深化党和国家机构改革，是贯彻落实党的二十大精神的重要举措，是推进国家治理体系和治理能力现代化的集中部署。① 该模式以加强党的全面领导为统领，旨在不断完善系统完备、科学规范、运行高效的党和国家机构职能体系，进而推动经济实现质的有效提升和量的合理增长。交易型亲清政商关系模式则追求公共利益目标。通过国有资本的市场化运用，发挥国有企业的创造力、辐射力、带动力，增强国家的经济实力、科技实力、综合国力。举例来说，我国移动通信产业历经1G空白、2G跟随、3G突破、4G并跑和5G领先的赶超事实表明，为了获得技术主导和市场领先部署优势，移动通信产业发展从来不是单纯的企业间竞争，而是政府在不同程度上与企业协作参与的国家间创新体系竞争。② 那些认为政府干预不利于市场的大规模试错和技术快速迭代，因而与新兴技术产业赶超不相容的观点③值得我们反思。

三是法律适用不同。根据全国人大公布的现行有效法律目录（297件），截至2023年6月28日，我国经济法共有83件，占比为28%，数量仅次于行政法，居于法律体系的第二位。职能型亲清政商关系模式适用的法律，分布在经济法中的市场规制法与宏观调控法的不同部分，覆盖全部经济管理部门、重要资源、重要行业以及重要经济工具，如《反不正当竞争法》《反垄断法》《产品质量法》《铁路法》《公路法》《电力法》《煤炭法》《建筑法》《广告法》《计量法》《标准化法》《会计法》《审计法》《预算法》《价格法》《银行业监督管理法》《中国人民银行法》《反洗钱法》等。这些立法都会明确规定相关政府部门在监管、调控与（或）服务方面的法定职权及其权力行使方式，形成法定的“权力清单”，力求防止政府权力的错配或失配。交易型亲清政商关系模式所适用的法律，着重于规定国有资产的权属管理、投资管理、转让管理和监督管理等，④ 如《土地管理法》《水法》《森林法》《矿产资源法》《政府采购法》《企业国有资产法》等。上述两类立法，对分别塑造“有为政府”和“国有资产所有权人代表”形象、依法规范政府经济行为、体系化建构经济法律规则、优化

---

① 参见习近平：《深化党和国家机构改革 推进国家治理体系和治理能力现代化》，载《求是》2023年第14期。

② 参见贺俊：《新兴技术产业赶超中的政府作用：产业政策研究的新视角》，载《中国社会科学》2022年第11期。

③ See Masahiko Aoki, Hyung – Ki Kim and Masahiro Okuno – Fujiwara, *The Role of Government in East Asian EconomicDevelopmemt: Comparative Institutional Analysis*, Oxford: Clarendon Press, p. 5 – 18 (1996).

④ 参见屈茂辉：《中国国有资产法研究》，人民法院出版社2002年版，第18 – 21页。

营商发展环境发挥着同等重要的作用。

四是责任方式不同。党的二十大报告特别指出，落实全面从严治党政治责任，用好问责利器。就扎实推进依法行政来说，报告提出，强化行政执法监督机制和能力建设，严格落实行政执法责任制和责任追究制度。从现行经济法律的法律责任规定看，职能型亲清政商关系模式中的政府责任主要表现为行政责任、民事责任与刑事责任的有机统一。在问责制设计中，其责任方式的综合性特征十分明显。相比之下，交易型亲清政商关系模式的政府责任则主要表现为民事责任，尤其是经济赔偿责任，其责任方式呈现出典型的单一性特征。“新官不理旧账”的入法治理就是典型例子。按照2019年《优化营商环境条例》第31条和第32条规定，地方政府及其有关部门应当履行依法订立的各类合同，不得以行政区划调整、政府换届、机构或者职能调整以及相关责任人更替等为由违约毁约，国家机关、事业单位不得违约拖欠市场主体的货物、工程、服务等账款，否则就要承担违约责任。虽然最高人民法院将此类合同归入行政协议范畴并纳入行政诉讼范围，但对该类案件中行政机关所应承担的违约责任、赔偿责任，其仍持鲜明的支持立场。

四、以数字政府为载体，分类推进亲清政商关系发展

党的二十大报告指出，以零容忍态度反腐惩恶，更加有力遏制增量，更加有效清除存量，坚决查处政治问题和经济问题交织的腐败，坚决防止领导干部成为利益集团和权势团体的代言人、代理人，坚决治理政商勾连破坏政治生态和经济发展环境问题，决不姑息。这些年来，党和国家在“打虎”“拍蝇”“猎狐”行动中取得的反腐倡廉成效引人注目，国家竞争力也因此而获得不断提升。众所周知，国际通行的国家竞争力评价指数，已经普遍把政治稳定、政府廉洁、规则透明、社会公平等作为重要指标。如果说强力反腐是“破”，那么构建新型亲清政商关系无疑就是“立”。只有在“破”与“立”的同频共振中，才能形成社会主义市场经济条件下法治政府建设所应有的廉洁文化，在惩治震慑、教育警示与示范引领中实现标本兼治。

（一）全面深刻把握亲清政商关系本质

亲清政商关系的建构可谓经济法中政商关系的理想类型，与完善的社会主

义市场经济体制相适应，理想的政商关系应当具有鲜明的非人格化特征。① 从字面看，“亲”的反义词是“疏”，“清”的反义词是“浊”，其彼此之间的组合形态在政商关系理论模型上可以分为四种，即亲清关系、亲浊关系、疏清关系以及疏浊关系。然而，只有亲清政商关系是习近平总书记所倡导的新型政商关系。② 它以政府官员的坦荡真诚、积极作为、靠前服务和清白纯洁为主要特点，特别突出了“亲”所代表的伦理标准、政策标准与“清”所代表的道德标准、法律标准，用“亲”的态度和责任、“清”的红线和规矩，精准刻画了政府在理想型政商关系中应有的“温度”和“限度”。

相比较而言，其他三种类型均属于不良关系类型，对经济发展与经济秩序的现实危害极大。中国社会科学院“中国社会状况综合调查”（2006 年、2008 年、2011 年、2013 年、2015 年、2017 年、2019 年、2021 年），每次均将当前我国存在的最重大社会问题作为问卷调查内容之一，其中贪污腐败一直是公众聚焦的社会问题。2014 年至今，一部部正风肃纪反腐电视专题片通过纪实再现，记录了党的十八大以来全面从严治党的历史性重大反腐成果，落马官员的现身说法为不良政商关系的警示教育提供了鲜活素材与典型案例。其中，亲浊关系是已经曝光的诸多贪腐案件所暴露出来的常见类型，表现为大大小小、形形色色的官商勾结、权钱交易、权色交易、面子工程、形象工程等。在一些经济犯罪案件中，因国有土地出让、工程招投标、项目融资贷款、国有股权转让、人事安排调整等而贪污受贿的金额动辄上亿元，令人触目惊心。疏清关系则主要表现为“混日子”的懒政、惰政、怠政行为，一些“躺平式”干部因为存在着精神懈怠不想为、贪慕虚功不会为、明哲保身不敢为等实践样态，给基层社会治理带来多方面危害。③ 该类关系用“三不”现象描述较为贴切，即“不吃饭、不收礼、不办事”，遇事敷衍，玩忽职守。疏浊关系的社会影响最为恶劣，是对亲清关系的彻底背离。

上述不良政商关系类型，以人情、面子为核心机制进行施压，在对权力进行正向与逆向再生产中往往异化为法律操弄，不但严重破坏了党和政府形象，

① 参见梅德平、洪霞：《论“亲”“清”新型政商关系的构建》，载《江汉论坛》2018 年第 8 期。

② 参见习近平：《习近平著作选读》（第一卷），人民出版社 2023 年版，第 468 页。

③ 参见朱贞、关庆华：《“躺平式”干部的实践样态、生成逻辑与治理策略——基于自我决定理论的分析》，载《领导科学》2023 年第 1 期。

而且破坏了市场经济的资源配置机制，人为制造了经济社会的现实不公与秩序混乱。我们认为，实践中，既要避免亲而不清，也要避免清而不亲，更要避免不亲不清，要通过经济法的制度规范体系尽量防止人格化的“关系”实践对客观化的制度信任的破坏，尽力破除妨碍亲清政商关系的各种“绊脚石”，把完善政府权力运行与国有资本运行的监督制约机制作为市场经济法治创新的核心，在强化问责制中系统构建全覆盖的责任制度与监督制度。

（二）从科技法治入手，依法规范在线政府平台

政府在场是政商关系主体性分析的基本逻辑前提，也是国家治理体系现代化的本体论之主旨所在。进入“十四五”发展新阶段，全国各地正在积极推进数字政府建设，加快提升政务服务的数字化和智能化水平。这是因为，分散的政府服务抑制了服务效能，异向的政府数据影响了业务协同，失衡的供给能力制约了发展水平。面对数字经济与实体经济的深度融合，数字政府建设正面临系统性回应数字化所带来的国家治理变量的重大调整，呼唤科技进步、社会治理与法治的共生共进。① 我们认为，积极打造一体化数字政府管理服务平台，依法规范平台运行是数字经济时代构建亲清新型政商关系的重要途径。

从国际范围看，通过线上政务服务平台来提供一视同仁的公共管理和公共服务已经越来越普遍。例如，英国提出“政府即平台”模式；新加坡提出通过机制、架构、云三方面共同保障实现在线服务的一站式和不间断，建设一站式7×24小时不间断100%覆盖的在线政府；美国联邦政府当前的在线政府建设重点是跨层级信息共享和业务协同；韩国在智能化治理方面一直处于国际领先水平，2013年宣布政府3.0是数字政府一体化的新范式。② 诸如此类的在线政府建设，适应了各国数字经济发展新需求，充分兼顾了政务服务的效率与公平。在我国，浙江省杭州市推出的“亲清在线”平台为数字经济时代的亲清政商关系提供了一个生动样本。该平台通过数字政府服务的流程再造、数据协同和在线互动，集中实现了企业诉求在线直达、政府惠企政策在线兑付、政府服务在线落地、服务绩效在线评价以及审批“许可”在线实现的重大转变，进而切实

---

① 参见徐清：《科技进步、社会治理与法治的共生共进——“科技进步、社会治理与法治”研讨会述评》，载《法制与社会发展》2016年第5期。

② 参见王礼鹏、石玉：《智能化治理：国内外实践与经验启示》，载《国家治理》2017年第37期。

推动了亲而有度、清而有为的新型政商关系的数字化构建。[①] 2021 年，全国一体化在线政务服务平台的建成与试运行，使我国统一政务服务水平实现了数字化、网络化、智能化、多元化以及协同化，这在数字政府建设方面具有里程碑意义。该平台在统一政务服务门户、服务事项管理、身份认证、电子印章、电子证照、数据共享等方面发挥了公共入口、公共通道和公共支撑三大作用，亟待在数字化改革创新中完成“有为政府”的线上监管、调控与服务方面的制度续造。

习近平总书记指出，我们要正确认识和把握我国发展重大理论和实践问题。[②] 进入数字经济时代，数字技术已经成为影响亲清新型政商关系的重要变量。有研究发现，平台对政商关系的影响主要为降低制度性交易成本和压缩权力寻租空间，以及增加技术嵌入危机和信息安全风险。[③] 2022 年国务院印发的《关于加强数字政府建设的指导意见》，明确了到 2025 年和 2035 年的阶段性任务目标。我们认为，全方位构建亲清政商关系，需要坚持目标导向，从科技法治入手，完善协同高效的政府数字化履职能力体系和数字政府全方位安全保障体系，在持续的“放管服”改革中为数字法治政府发展提供体系化的制度保障。

“现代化”作为一个世界历史范畴，是对第一次工业革命以来世界变革与发展的特殊进程的称呼。中国式现代化不同于西方现代化的内源式发展路径，作为聚合型现代化，其在道路性质上是中国共产党领导的社会主义现代化，基本特征是始终牢牢把握社会主义方向，始终坚持中国共产党领导，始终驾驭资本逻辑。对中国式现代化而言，在现代化国家建设中建设强大政党，本质上是政党意志表达和实现的政治价值创造过程。[④] 党的二十大报告指出，中国式现代化，是中国共产党领导的社会主义现代化，既有各国现代化的共同特征，更有基于自己国情的中国特色。报告同时强调，教育、科技、人才是全面建设社会主义现代化国家的基础性、战略性支撑。全面构建亲清政商关系，必须从制度和法律上把对国企民企平等对待的要求落到实处，系统完善支持全面创新的

---

① 参见席月民：《经济法视角下的“亲清政商关系”》，载《旗帜》2022 年第 10 期。

② 参见习近平：《正确认识和把握我国发展重大理论和实践问题》，载《求是》2022 年第 10 期。

③ 参见徐越倩、宋淑溶：《数字技术对政商关系的影响机制研究——以杭州市“亲清在线”平台为例》，载《电子政务》2021 年第 7 期。

④ 参见王韶兴：《现代化国家与强大政党建设逻辑》，载《中国社会科学》2021 年第 3 期。

基础制度，积极营造创新氛围，形成具有全球竞争力的开放创新生态。我们认为，就数字政府建设的法治化而言，一是需要立足于科技治理生态的开放性、协同性和高效性，去繁简苛，从“有效市场”和“有为政府”两方面入手，合力推进科技创新与科技成果转化，把更多权力下放给市场、企业和基层，积极培育和壮大各类市场主体，不断激发企业创新创造活力；二是需要政府全方位提供数字化转型公共服务，推动创新资源共建共享和科技伦理治理，重视科技治理的价值影响及其伦理转向，制定和完善基础共性、互联互通、安全隐私、行业应用等技术标准，以及生命科学、医学、人工智能等领域的科技伦理规范标准，利用科技法治优势更好发挥政府作用。

（三）分类推进，加强亲清政商关系的目标控制、程序控制与责任控制

发展是解决我国一切问题的基础和关键，是我国经济法治建设的永恒主题。习近平总书记强调，社会主义的根本任务是解放和发展社会生产力，这一点任何时候都不能动摇。[①] 党的二十大报告指出，高质量发展是全面建设社会主义现代化国家的首要任务。从现代化各方面内容推进的维度看，中国共产党的现代化观十分重视全面、协调、可持续的现代化建设。[②] 在经济法治建设中，要解决发展失衡、发展失调、发展失序等发展问题，就必须通过完善制度依法保护各类市场主体的发展权，走高质量发展的路子。正如博登海默所言，法律对权利来讲是一种稳定器，而对失控的权力来讲则是一种抑制器。[③] 对此，我们只有通过分类推进的方法，才能有针对性地构建“发展导向型法治”下的亲清政商关系，统筹处理好发展与安全、公平与效率、质量与速度、风险与责任等关系，在“亲而有度、清而有为”中促进和保障现代化经济体系建设。

第一，对职能型亲清政商关系的目标控制而言，是要坚持习近平法治思想的指导地位，把依法治国与以德治国、依法治国与依规治党有机结合起来，用制度保证领导干部发挥好“关键少数”作用，提升政府及其工作人员的有限理性及其公正执法能力、快速反应能力、专业判断能力、信息处理能力以及形象

---

① 参见习近平：《坚持历史唯物主义不断开辟当代中国马克思主义发展新境界》，载《求是》2020年第2期。

② 参见吴忠民：《论中国共产党的现代化观》，载《中国社会科学》2022年第7期。

③ 参见［美］E. 博登海默：《法理学：法律哲学与法律方法》，邓正来译，中国政法大学出版社1999年版，第293页。

维持能力。

哈特指出，责任至少应当包括角色责任、因果责任、应负责任和能力责任等四个方面。[①] 作为“管理者”的政府，必须依据法律防控机制的确定性把握法定职责、法定程序和法定责任，把国家利益、社会整体利益与个人利益、企业利益进行科学区分和通盘考虑，科学设定政府规制与调控的责任目标，把程序控制、责任控制与目标控制有机结合。经济法的功能实现充满了决策的程序控制以及程序正义问题。围绕着市场准入、经营许可、竞争执法、质量监管、税收征管、预算审批、价格检查、金融监管、规划审查、产业扶持等诸多规制和调控行为，其程序保障均需考虑决策程序的合法性与正当性，并对经济成本和道德成本作出计算，恰当衡量和评估其中的程序价值，力求低成本、高效率、一视同仁、不偏不倚。[②] 党的二十大报告提出，完善产权保护、市场准入、公平竞争、社会信用等市场经济基础制度，优化营商环境。在职能型亲清政商关系的制度建设中，一是要把伦理要求、道德要求、政策要求、党性要求有机嵌入到法律要求之中，把数字技术规范与数据、信息保护有机统一起来，从法律层面不断细化和迭代升级政府行为标准体系，引导、规范、约束领导干部、政府及其组成人员依法办事。二是要把过程考核与结果考核相结合，防止在公正执法中出现重政治、轻业务或者重实体、轻程序等思想倾向。将任务手段式思考融入规范法学体系，警惕把过程与结果、政治与业务、实体与程序等对立起来，注重区分以规范力、事实力、金钱以及信息等为媒介的程序性构造，坚决杜绝“逐利执法”“钓鱼执法”“过度执法”“粗暴执法”等行为，严禁滥用执法权进行乱摊派、乱收费，真正让市场主体放心投资、安心经营、专心发展。三是强化“用权利制约权力”[③]，把依法查处显性腐败案件与治理隐性腐败、消极腐败现象相结合，实行标本兼治。众所周知，腐败的根源在于一个国家的社会与文化历史、政治与经济发展、官僚传统以及政策。[④]“亲”“清”两字重塑了新时代政府与企业之间的“关系规则”[⑤]，其实践上的认同，既需要公开曝光

① See H. L. A. Hart, *Varieties of Responsibility*, Law Quarterly Review, Vol. 83: 3, p. 346 – 364 (1967).
② 参见席月民：《经济变革中的经济法》，中国社会科学出版社 2019 年版，第 182 页。
③ 参见胡玉鸿：《“以权利制约权力”辨》，载《法学》2000 年第 9 期。
④ See Akcay, Selcuk, *Corruption and Human Development*, Cato Journal, Vol. 26: 1, p. 29 – 48 (2006).
⑤ 参见郑永流：《实践法律观要义——以转型中的中国为出发点》，载《中国法学》2010 年第 3 期。

贪污受贿、以权谋私、滥用职权、腐化堕落、失职渎职、权钱交易、权色交易等案件，又要对“庸、懒、散、软”等顽症痼疾“说不”，用监督问责所形成的义务性压力提能力、增效率、正风气、立规矩。四是坚持抓住领导干部这个“关键少数”。既要防止“一言堂”，也要防止把社会整体利益简单等同于部门利益、局部利益、特殊利益。尤其要强化预算管理、政府债务管理，在国家信用建设中深刻理解党和国家大政方针政策与国法党规的精神实质，全面统筹好地方经济发展和各项社会事业发展，依法处理好公益优位与宪法基本权利保护的关系。五是坚持平等保护原则，一视同仁地对待所有市场主体。准确把握各类市场的准入和退出条件，利用公平竞争审查机制出清针对非公有制企业的各种隐性壁垒设置，形成更加有利于大众创业、万众创新的营商氛围，实现发展质量、结构、规模、速度、效益和安全的有机统一。

第二，对交易型亲清政商关系的目标控制而言，重心应放在对国有资本投资运作能力提升上，放在充分发挥人大监督、监察监督、审计监督和社会监督上。国有资本主要表现为社会性资本，其经营表现为社会功能与资本增值功能的主动协调。在国有资本授权链条中，监督成为最后一道防火墙。

从全方位而不是单纯从民法学的角度探讨国家所有权是必要的。对于国有资本投资经营和国有资产交易而言，其法律适用绝不能仅局限于《民法典》中的物权规则与合同规则，《政府采购法》《企业国有资产法》等经济法中的专门规定或特别要求更应受到重视。国家所有权在权力性质、权能设置、行使方式、法律保护等方面与传统民法上的所有权存在重大差别，已脱离传统物权和所有权的理论构成和立法结构。[①] 从政府目标、国企分类与高管继任的内在机理看，国企上市公司为交易型亲清政商关系模式提供了经验证据。只有夯实交易型亲清政商关系的制度基础，才能在市场交易中优化国有经济布局和结构，更好发挥国有资本和国有企业在国民经济中的支撑作用。

经过多年改革，国有企业定位在官方表述中已经趋近为“公共利益实现者”。国有企业进入或者退出市场皆取决于公共利益需求。[②] 在法律法规框架

---

① 参见马俊驹：《国家所有权的基本理论和立法结构探讨》，载《中国法学》2011 年第 4 期。

② 参见徐晓松：《国家股权及其制度价值——兼论国有资产管理体制改革的走向》，载《政法论坛》2018 年第 1 期。

下，平等保护各类股东的同类产权，维护社会公众等相关治理主体（含员工）的利益，对国企混改的成功推进不可或缺。[①] 我国新一轮的混合所有制改革要促使国有资本和非国有资本深度融合，建立健全混改后企业的公司治理机制，使混改后的国有企业能够按照市场机制运行。在国有资产法领域，社会契约理论、公共选择理论、财政分权理论、委托代理理论、国家财产权理论等经常被用来阐释政府责任与政府行为的基本法理与机理，架构国有资产的所有权结构及其行使方式，指导从国家所有权到国有股权的权利变革。角色义务是国有资产转让中实施目标控制、程序控制与责任控制需把握的重点，法律上的角色分工是确立其行为合法性与正当性的客观基础。正因为如此，交易型亲清政商关系的建立与维系，必须强化对国有资产"所有者代表"的日常性、制度性监督，以保证在出现违背角色要求的行为时能够得到及时纠正和解决。程序正义原则对政府行为而言更具现实意义，有助于确保国企混改和国有资产交易中破除所有特权与歧视，并保障交易的公平公正公开。

党的二十大报告提出，优化民营企业发展环境，依法保护民营企业产权和企业家权益，促进民营经济发展壮大。报告同时指出，合理缩减外资准入负面清单，依法保护外商投资权益，营造市场化、法治化、国际化一流营商环境。这对各级政府正确履行"所有者代表"职能和国有企业从事市场投资、交易行为提出了重要要求。民营经济是推进中国式现代化的生力军，是高质量发展的重要基础，是推动我国全面建成社会主义现代化强国、实现第二个百年奋斗目标的重要力量。我们认为，在完善交易型亲清政商关系模式的制度体系中，一是在法律忠诚与背叛之间强化全方位问责。理论上，"问责制"是一种超越"违法责任"的责任机制，代表着现代社会经济条件下"责任"作为一种系统性的制度安排所具有的整合和调节功能。[②] 其要义在于，政府及其工作人员、国有企业高管对其所承担法定权责与义务，若有违背或落空则必当追究，不允许有任何脱法行为存在。当然，问责并非只能走司法程序，经济法所确立的各种公共执行与私人执行均可启动监督问责，这对整治权力集中、资金密集、资

① 参见郭斌：《混合所有制改革下国有企业控制权的合理配置》，经济管理出版社 2021 年版，第 218 页。

② 参见史际春、冯辉：《"问责制"研究——兼论问责制在中国经济法中的地位》，载《政治与法律》2009 年第 1 期。

源富集领域的腐败尤为重要。二是注意在实践中“去假面化”，强化全过程无死角监督。在任何国家的官僚体制中，正式的结构与程序总是不可避免地包含人格化的非正式结构与程序。[①] 因此就程序控制而言，实践中要加强对合同主体社会背景的事前调查，防止私人关系对国有资本投资程序与国有资产转让程序的隐蔽性渗透，避免出现扭曲性的“面子功夫”。三是基于制度信任维护契约正义。用法治方式保护规则意识和契约意识，建立和巩固与市场主体之间的信任关系，尤其是与民营企业、外资企业以及个人的信任关系。要不断消除民营经济发展的体制内阻力，[②] 从市场化的理性“经济人”计算走向法治化的制度价值认同，进一步在有关交易合同制度中完善政府失信惩戒机制，防止出现合同欺诈、恶意串通以及各类“逃废债”行为。

总之，当前，我国发展的内外环境已经发生深刻变化。习近平总书记强调指出，法治是最好的营商环境。这一论断高度凝练地揭示出法治与营商环境之间的内在联系。党的二十大报告深刻指出，必须更好发挥法治固根本、稳预期、利长远的保障作用，在法治轨道上全面建设社会主义现代化国家。应对百年未有之大变局，如何充分发挥习近平法治思想对营商环境法治观的引领与推动作用，是一个重大时代命题。亲清政商关系的构建，事关营商环境在市场化、法治化与国际化方向上的持续优化。就此而言，“放管服”改革和优化营商环境永远在路上。本节囿于篇幅所限，只是围绕分类推进亲清政商关系法治化问题，从法律作用机理层面尝试进行了类型化分析，所研究内容以及所得出结论均更偏重法理阐释和基本面构想，对制度完善也仅止步于基本思路。接下来，经济法学对亲清政商关系法治化的研究还需从具体法律、具体领域、具体制度层面进一步展开。

总的来看，数字技术的迅猛发展和大规模社会化应用现已广泛渗透到政府管理与政务服务的各个实践场域，改变了过去政企之间的弱连接状态，并通过数字政府建设重新定义了政商关系，呈现出日益突出的共时性特征。有关“亲清指数”的研究为有效度量和考评实践中的亲清政商关系提供了可参

---

① 参见［美］安东尼·唐斯：《官僚制内幕》，郭小聪等译，中国人民大学出版社2006年版，第67－77页。

② 参见褚敏、靳涛：《民营经济发展存在体制内阻力吗？——基于政府主导和国企垄断双重影响下的发展检验》，载《南京社会科学》2015年第8期。

考的分析工具。分类推进亲清新型政商关系，需要在数字政府建设的基础上，严格区分并避免混淆基于“权力”的职能型亲清政商关系模式与基于“资本”的交易型亲清政商关系模式的底层逻辑，分别抓住其中“权力—权利”结构与“权利—权利”结构的本源性问题，不断发展和完善政府分别作为“管理者”和作为“所有者代表”的角色责任。只有这样，才能利用科技进步和风险治理变革，进一步提高政府与国内市场、国际市场的适配性，强化各级政府部门的自我纠错机制和自我执行制裁，使市场主体的利益诉求在畅通沟通中依照正式规则获得充分表达，在促进民营经济人士健康成长中，真正释放市场机制的活力，改善增进民生福祉，不断提高国家的国际竞争力和抗风险能力。

第三节 呼唤中的数字经济促进法

一、引言

数字经济作为驱动全球经济发展的新动能，日益加剧了各国之间传统、现代性与后现代性的碰撞交融，同时促成了中国式现代化的“时空压缩”性与任务多重性的叠加特征[①]以及政府主导性与人民主体性的统一特征，进而呈现出一种“复杂现代性”。[②] 党的十八大以来，我国数字经济增长迅速，整个“十三五”时期持续保持了上升态势。[③]“十四五”时期，我国将进一步加快数字经济发展，《国民经济和社会发展第十四个五年规划和2035年远景目标纲要》和

---

① 参见袁红英：《新时代中国现代化的理论范式、框架体系与实践方略》，载《改革》2021年第5期。

② 冯平、汪行福等：《“复杂现代性”框架下的核心价值建构》，载《中国社会科学》2013年第7期。

③ 据统计，“十三五”时期，我国数字经济产出从2016年的22.6万亿元增长到了2020年的39.2万亿元，占GDP的比重从30.3%逐步上升到了38.6%，增速明显高于同期GDP名义增速约8.5个百分点。数据来源：中国信息通信研究院。转引自江小涓、靳景：《中国数字经济发展的回顾与展望》，载《中共中央党校（国家行政学院）学报》2022年第1期。核实参见中国信息通信研究院：《中国数字经济发展白皮书》（2021年），http://www.caict.ac.cn/kxyj/qwfb/bps/202104/P020210424737615413306.pdf，第6页。

《“十四五”数字经济发展规划》对数字经济重新作出了全面部署。① 数字经济给我国经济法治发展与创新所带来的全新挑战是空前的，深刻认识数字经济的产业属性及其基本面向对经济立法而言至关重要。

习近平总书记指出，要加强国家安全、科技创新、公共卫生、生物安全、生态文明、防范风险等重要领域立法，加快数字经济、互联网金融、人工智能、大数据、云计算等领域立法步伐，努力健全国家治理急需、满足人民日益增长的美好生活需要必备的法律制度。② 为深入落实习近平总书记“数字中国”战略思想，我们需要在经济立法中重新审视中央立法与地方立法的关系，科学把握依法调控数字经济产业发展的促进型立法问题。尽管地方人大立法权能与全国人大不相同，但不可否认，地方人大及其常委会在相当程度上主导着区域内的各类立法，在规范行政行为、服务重大改革上发挥着不可替代的作用。③ 就数字经济产业调控而言，我国亟须制定一部统一的《数字经济促进法》。

二、制定统一的《数字经济促进法》的必要性

（一）我国数字经济多元立法的体系化需要

科学体系的任务在于将法秩序作为意义整体的意义脉络显现出来并进行描述。④ 基于形式逻辑的一致性与价值范畴的统一性考量，体系化整理在数字经济立法中理应受到更多关注。这些年来，我国围绕隐私、个人信息、数据安全、网络安全、电子商务、电子签名等出台了一系列立法，包括《刑法修正案（七）》《刑法修正案（九）》《民法典》《消费者权益保护法》《个人信息保护法》《数据安全法》《网络安全法》《电子商务法》《电子签名法》等，在依法保护企业数据权益和个人信息、严厉打击不同类型违法犯罪方面取得了可喜进

---

① 根据“十四五”规划，我国数字经济核心产业增加值占GDP的比重要由2020年的7.4%提升至10.0%，较“十三五”时期提升明显。据此，2021—2025年，将GDP设定为年均5%的增长速度，数字经济核心产业比重需要从7.8%提高到10.0%，年增长率要达到11.57%，是GDP增长速度的2.3倍（“十三五”时期我国数字经济核心产业的增长率是GDP增长率的1.2倍）。金辉：《社科院蓝皮书：2025年数字经济将占据国民经济存量的半壁江山》，载经济参考网，http://www.jjckb.cn/2021-12/07/c_1310356617.htm。

② 参见习近平：《坚持走中国特色社会主义法治道路 更好推进中国特色社会主义法治体系建设》，载《求是》2022年第4期。

③ 参见李延吉：《地方人大主导立法的目标与限度》，载《人大研究》2020年第9期。

④ 参见［德］卡尔·拉伦茨著：《法学方法论》，黄家镇译，商务印书馆2020年版，第611页。

步。上述立法主要围绕技术安全、法律赋权以及市场规制等展开，尚缺乏产业促进与创新保护层面的专门立法。在系统论视域下，数字经济法律系统既需要不同部门法的多个功能子系统交互作用，也需要经济法部门的内部子系统之间形成体系的意义关联与互动。制定统一的《数字经济促进法》是数字经济多元立法模式的体系化需要，也是数字经济法①发展必然要作出的制度填补回应，不但有利于进一步优化数字经济的法律体系结构，而且有助于增强数字经济法治的整体调节效能。

（二）全方位深入推进数字产业化和产业数字化的需要

产业是一个经济系统，不是孤立封闭的，产业与产业之间存在着极其复杂的直接和间接关联，形成自变与因变之间的运动，使全部产业成为一个有机系统。② 习近平总书记指出，实现高质量发展，必须实现依靠创新驱动的内涵型增长。③ 这为数字经济产业发展中以科技创新催生新发展动能指明了具体方向。数字经济包括了数字产业化和产业数字化两大部分，二者共同构成了数字经济结构化分析的基本框架。其中，数字产业化即数字及相关技术产业化应用带来的经济增长，主要是信息通信产业，目前主要包括电子信息制造业、电信业、软件和信息技术服务业、互联网行业等，不仅自身是数字经济的重要组成部分，也为产业数字化提供技术、产品、服务和解决方案等。产业数字化是指各类传统产业运用数字技术所带来的产出增长和效率提升，从比重上看是数字经济发展的主阵地，其新增产出构成数字经济的主要组成部分，包括除数字产业化部分之外的数字农业、数字制造、数字服务、数字两化融合等广泛产业领域。④ 从实践看，科技创新始终贯穿于新型工业化、信息化、城镇化以及农业现代化的同步发展之中，而且需要与区域经济协调发展相结合。作为一种基于信息通信技术创新而持续发展的新型经济形态，数字经济是生产力提升和生产关系变

① 当前，理论界对数字经济法存在两种认识：一种认为是与数字经济有关的法，如英国2017年《数字经济法》；另一种认为是数字领域的经济法，其中既包含市场规制法领域的监管内容，也包含宏观调控法领域的发展促进内容。这两种意见观察视角不同，在分析问题时需要加以澄清。这里我们采用后一种观点，认为数字经济法即数字领域的经济法。

② 参见王晓晔主编：《经济法学》，社会科学文献出版社2005年版，第407页。

③ 参见习近平：《正确认识和把握中长期经济社会发展重大问题》，载《求是》2021年第2期。

④ 参见江小涓、靳景：《中国数字经济发展的回顾与展望》，载《中共中央党校（国家行政学院）学报》2022年第1期。

革的统一。[①] 对数字经济而言，更需要在数字产业化与产业数字化之间用系统论的理论、观点和方法进行法律调控和规制。制定统一的《数字经济促进法》，目的在于加快建设现代化经济体系，推动高质量发展，利用数字技术与实体经济的深度融合，全方位推进数字产业化和产业数字化，打造具有国际竞争力的数字产业集群，进而实现我国数字经济的长远发展。数字经济运行是新科技主导厂商投资经营和政府宏观调控的一种新市场模式[②]，这种模式无疑对经济选择行为、资源配置方式、产业组织和产业结构变动等带来一系列新的变化。通过专门立法，可以系统建构数字经济运行模式、激发市场有效需求并促进产业结构变动，可以把国家数字经济规划目标与调控措施实现有机对接，有效发挥产业促进法的激励、保护与调控作用。

（三）统筹并理顺中央立法与地方立法关系的需要

新发展阶段是我国社会主义发展进程中的一个重要阶段，在全面建设社会主义现代化国家过程中，我们必须着力解决人民日益增长的美好生活需要和不平衡不充分的发展之间的矛盾。这就要求数字经济立法必须适应信息社会法律变革新趋势，统筹处理好全国统一大市场与区域经济协调发展中的中央立法与地方立法关系问题。我国《宪法》赋予了中央政府和地方各级政府组织经济建设的经济管理职权，[③]《立法法》对法律和地方性法规的制定又作了明确规定。[④] 2020 年至今，浙江、河南、广东、河北、江苏等省分别制定了省级《数字经济促进条例》，另外，广州市等市也出台了市级《数字经济促进条例》。这些地方性法规虽然先行先试、各具特色，但均立足于地方经济立法需求，受自身立法基本格局所限，只关注地方政府和地方数字经济发展的区域性问题，难以顾及国家顶层设计与统一制度供给。为了理顺中央立法与地方立法的关系，我们必须直面当前促进数字经济发展中“先地方、后中央”立法进路中的“地方主导”问题，积极回应全国范围统一建构数字经济促进型法律制度的现实需求。

---

① 参见何波：《中国数字经济的法律监管与完善》，载《国际经济合作》2020 年第 5 期。

② 参见何大安、许一帆：《数字经济运行与供给侧结构重塑》，载《经济学家》2020 年第 4 期。

③ 参见《宪法》第 89 条第 6 项和第 107 条第 1 款。《国务院组织法》第 3 条对国务院的经济管理职权作了规定，《地方各级人民代表大会和地方各级人民政府组织法》第 73 条第 5 项、第 76 条第 2 项分别对县级以上地方各级人民政府和乡、民族乡、镇人民政府的经济管理职权作了规定。

④ 参见《立法法》第 8 条、第 72 条和第 73 条。

由于当前地方立法出现了相当程度的相似性，制定统一的《数字经济促进法》是有效避免地方进行不必要的重复立法的根本出路。[①] 当然，中央统一立法需要充分吸收地方立法的既有经验，加强对地方立法成果的协调，避免沦为地方立法的补充法。

三、《数字经济促进条例》的地方样本及其局限性

数字经济依托现代信息网络和数字科技，显著降低了市场信息时滞与地理空间限制，在我国国民经济中的占比连年持续上升。目前，我国数字经济排名进入世界前十位，从产出规模看排名第二，仅次于美国。[②] 但是，我国数字经济发展的饱和度和均衡性不够，出现"三二一"产业逆向渗透趋势[③]，在诸多领域仍有短板，如数字经济大而不强，关键技术工程亟待突破，国际话语权仍需提高等。[④] 在国家数字经济规划和产业政策导向下，一些地方迅速响应国家部署，积极布局本地数字经济发展，并通过地方立法明确地方政府部门的调控权限，给予相关市场主体以激励支持和法律保障。截至目前，浙江等省和广州等市制定的《数字经济促进条例》均产生了示范效果，北京、黑龙江等其他省市也在紧张跟进中。有关省市制定《数字经济促进条例》的情况详见表 1－1。

表 1－1 有关省市《数字经济促进条例》一览表

序号	省份（地市）	制定日期	生效日期	章数与条文数	有无法律责任专章
1	浙江	2020. 12. 24	2021. 3. 1	9 章 62 条	有
2	广东	2021. 7. 30	2021. 9. 1	10 章 72 条	无
3	河南	2021. 12. 28	2022. 3. 1	10 章 76 条	有
4	广州	2021. 12. 31 通过 2022. 3. 29 批准	2022. 6. 1	11 章 89 条	无

① 《立法法》第 73 条第 4 款规定，"制定地方性法规，对上位法已经明确规定的内容，一般不作重复性规定。"

② 参见江小涓、靳景：《中国数字经济发展的回顾与展望》，载《中共中央党校（国家行政学院）学报》2022 年第 1 期。

③ 参见刘淑春：《中国数字经济高质量发展的靶向路径与政策供给》，载《经济学家》2019 年第 6 期。

④ 石勇：《数字经济的发展与未来》，载《中国科学院院刊》2022 年第 1 期。

续表

序号	省份（地市）	制定日期	生效日期	章数与条文数	有无法律责任专章
5	河北	2022. 5. 27	2022. 7. 1	9 章 81 条	无
6	江苏	2022. 5. 31	2022. 8. 1	9 章 85 条	无

注：根据中国人大网国家法律法规数据库（https://flk. npc. gov. cn）、河北人大网（http://www. hbrd. net）、江苏人大网（http://www. jsrd. gov. cn）公布的地方性法规整理（2022 年 6 月 28 日）。

此外，还有一些地方把促进大数据发展作为促进数字经济发展的主要抓手，专门制定了《大数据发展应用条例》《大数据发展条例》《大数据发展促进条例》《大数据发展应用促进条例》《大数据开发应用条例》《促进大数据发展应用条例》《大数据安全保障条例》等，这些地方性法规的名称虽然不一而足，但大同小异，均把发挥数据要素作用，加快大数据发展应用，运用大数据推动经济发展、完善社会治理、提升政府服务和管理能力、保障数据安全等作为立法目的。大数据应用是数字经济的重要组成部分，也是发展数字经济的基础，实践中一些地方对大数据发展管理十分重视。[①] 也有地方制定了《数据条例》，或者按照数据分类保护原则，制定了《公共数据条例》《政府数据共享开放条例》《政务数据管理与应用办法》《政务数据资源共享开放条例》《健康医疗大数据应用发展条例》等。这些立法往往围绕数据权益、数据要素市场、数据资源开发应用以及公共数据共享开放与授权运营等内容而展开，同样包含了上述大数据发展促进型立法的有关内容。[②]“促进型立法”是“管理型立法”的重要补充，[③] 在数字经济发展中，其已成为政府主导下全社会共建、共享数字经济的重要立法模式，也是国家依法调控数字经济的重要体现。有关促进大数据发展应用的地方立法情况详见表 1 – 2。

① 例如，山东省青岛市专门设立了大数据发展管理局，是市政府工作部门，为正局级，加挂青岛市电子政务管理办公室牌子。该局职能包括 12 项，内设办公室、发展规划与智慧城市推进处（挂市场配置促进处牌子）、电子政务处、平台和安全处、数据应用管理处、信用建设处、机关党委等部门，下设机构包括青岛市大数据中心。参见《青岛市大数据发展管理局职能配置、内设机构和人员编制规定》，载青岛政务网，http://www. qingdao. gov. cn/zwgk/xxgk/dsjj/gkml/jgxx/202112/t20211215_4039052. shtml。

② 有学者专门研究了政府数据开放统一立法问题，提出时机成熟时制定《政府数据开放法》。参见刘权：《政府数据开放的立法路径》，载《暨南学报（哲学社会科学版）》2021 年第 1 期。

③ 参见李艳芳：《“促进型立法”研究》，载《法学评论》2005 年第 3 期。

表1-2 有关省市促进大数据发展应用立法一览表

序号	省份（地市）条例名称	制定日期	生效日期	章数与条文数	有无法律责任专章
1	贵州省大数据发展应用促进条例	2016.1.15	2016.3.1	6章39条	有
2	贵阳市政府数据共享开放条例	2017.1.24通过 2017.3.30批准	2017.5.1	7章33条	有
3	贵阳市大数据安全管理条例	2018.6.5通过 2018.8.2批准	2018.10.1	6章37条	有
4	贵阳市健康医疗大数据应用发展条例	2018.8.29通过 2018.9.20批准	2019.1.1	6章31条	有
5	天津市促进大数据发展应用条例	2018.12.14	2019.1.1	8章57条	有
6	贵州省大数据安全保障条例	2019.8.1	2019.10.1	6章61条	有
7	海南省大数据开发应用条例	2019.9.27	2019.11.1	6章57条	有
8	山西省大数据发展应用促进条例	2020.5.15	2020.7.1	34条	无
9	沈阳市政务数据资源共享开放条例	2020.6.28通过 2020.8.5批准	2020.10.1	7章38条	有
10	贵州省政府数据共享开放条例	2020.9.25	2020.12.1	7章45条	有
11	山西省政务数据管理与应用办法	2020.11.27	2021.1.1	25条	无
12	吉林省促进大数据发展应用条例	2020.11.27	2021.1.1	7章61条	有
13	安徽省大数据发展条例	2021.3.26	2021.5.1	7章49条	有
14	山东省大数据发展促进条例	2021.9.30	2022.1.1	8章52条	有
15	上海市数据条例	2021.11.25	2022.1.1	10章91条	有
16	深圳经济特区数据条例	2021.6.29	2022.1.1	7章100条	有

续表

序号	省份（地市）条例名称	制定日期	生效日期	章数与条文数	有无法律责任专章
17	福建省大数据发展条例	2021. 12. 15	2022. 2. 1	8 章 50 条	有
18	浙江省公共数据条例	2022. 1. 21	2022. 3. 1	8 章 51 条	有
19	重庆市数据条例	2022. 3. 30	2022. 7. 1	8 章 60 条	有
20	黑龙江省促进大数据发展应用条例	2022. 5. 13	2022. 7. 1	8 章 70 条	有

注：根据中国人大网国家法律法规数据库（https://flk. npc. gov. cn）公布的地方性法规整理（2022 年 6 月 28 日）。

上述地方立法是数字经济发展中各地推进依法治国和依宪治国的重要立法成果。对地方政府而言，依法调控理念对确立法治政府评价指标体系具有重要的基础保障作用。从这些地方立法样本看，各地现有的《数字经济促进条例》具有以下共同特征：一是普遍重视数字经济发展，因地制宜地确定本地数字经济发展战略原则、方向和体制机制；二是抓住数字基础设施和数据资源两个基本要素，明确其目标要求和重点措施；三是突出数字产业化、产业数字化、治理数字化的发展重点，明确发展目标、任务和要求；四是提出具体的激励政策和治理保障措施，努力营造良好的创新发展环境。有关大数据发展应用及其促进的地方性法规则基本上聚焦于数字基础设施、数据资源和数据要素市场发展，重点围绕数据资源管理体制机制、促进大数据发展应用的政策导向与具体促进措施、大数据安全保护等而展开，促进措施涵盖了财税、金融、人才、电价和土地等方面。从两类地方性法规的关系看，《数字经济促进条例》调整范围更大，包含内容更多，有关大数据发展应用的内容一般被置于数据资源的专章规定之中。

需要注意的是，上述地方立法虽然普遍重视运用法律调控手段，对引导和保障当地数字经济发展意义重大，但难以克服自身承载能力有限的固有局限性。这主要体现在：一是视野局限。这些地方立法在处理国际与国内、全国与地方、发展与安全等数字经济领域的不同范畴时，其立足点、出发点和落脚点往往集中在本地数字经济的特色发展上，对国际问题、全国问题、安全问题的关注不够深入细致。二是利益局限。发展数字经济并非只是地方政府、地方企业的事，中央政府和中央企业乃至外商投资企业、外国企业等在其中也扮演着极其重要的角色。地方立法容易受到地方政府和地方企业的控制或影响，往往在体制机制、调控范围、利益表达等方面不会顾及其他主体。三是经验局限。这些地方立法虽然名称相同，但结构各异，条文数量相差最多达27条，一定程度上反映出这些地方在专业人员配置和立法经验两个方面存在着双重的不均衡。四是责任局限。因对数字经济发展中各方责任的认识不一，有的地方立法中专章规定了法律责任，但大部分对此持回避态度，这与缺乏上位法依据也不无关系。五是竞争局限。从世界历史发展来看，产业政策与竞争政策的矛盾运动，本质上是社会生产活动的公共利益与特殊利益在政治、法律上的反映。① 在我国的经济政策体系中，产业政策与竞争政策之间既有趋同的一面，也有背离的一面，二者之间的冲突体现出政府主导的产业促进措施与市场主体平等竞争要求之间的矛盾性与协调性特征。地方促进型立法通常对全国统一大市场的理解比较模糊，为提升本地企业的竞争力，容易陷入不同形式和不同程度的地方保护之中，容易出现排除或限制竞争的政策结果，进而形成竞争盲点。②

有观点指出，现在有一种不适当的认识，只要讲到加强某方面工作，不论有无上位法，也不考虑现有法律规范是否健全，就急于制定相关地方性法规，似乎有了地方性法规，就有了社会控制手段，相应的本领域的问题就会迎刃而解，陷入一种言必称立法的泛立法主义误区。③ 这种批评声音，突出了数字经济促进型立法中正确把握地方立法权限、适度控制地方立法规模、提高地方立法质量、真正发挥地方立法效用的重要意义。尤其是，要谨防不同地方之间“相互攀比”和“盲目照抄照搬”，避免使数字经济促进型立法成为一种新的“现象级政绩”。

四、关于制定《数字经济促进法》的建议

习近平总书记继2016年在十八届中央政治局第三十六次集体学习时强调要

---

① 参见卢雁：《产业政策与竞争政策的关系研究》，载《中国市场监管研究》2022年第1期。

② 这些年来，国家着力打破地方保护和市场分割，全面落实公平竞争审查制度，审查新出台政策措施文件85.7万件，纠正违反审查标准的文件4100件，清理存量政策措施文件189万件，废止和修订妨碍全国统一市场和公平竞争的文件近3万件。参见林丽鹂：《强化反垄断深入推进公平竞争政策实施——访国家市场监督管理总局局长张工》，载《人民日报》2021年10月22日，第7版。

③ 参见纪荣荣：《关于地方立法权限与立法规模控制》，载《人大研究》2018年第1期。

做大做强数字经济、拓展经济发展新空间之后，2021 年在十九届中央政治局第三十四次集体学习时再次强调指出，要不断做强做优做大我国数字经济。[①] 尽管国家已制定“十四五”时期的综合规划和数字经济发展专项规划，很多地方也制定了地方规划，但实践中，单靠这些中长期规划的指导和引领是不够的，我们仍需在数字经济的试点示范和全面推进中正确处理好规划工具与产业促进工具、行政手段与经济和法律手段、中央立法与地方立法的关系。促进型立法带有典型的政策性、灵活性和阶段性特征，[②] 反映了不同时期国家经济社会发展的现实需要以及政策与法律调控的基本取向，实践中需要避免陷入一些不必要的认识误区。科学制定统一的《数字经济促进法》，需要重点把握好五个问题：

（一）关于结构设计与法律责任问题

如表 1－2 所示，目前浙江和广州等省市的地方立法样本主要区分为“九章模式”、“十章模式”和“十一章模式”三种结构设计。三种模式的相同之处主要是，除总则和附则外，均规定了数字基础设施（建设）、数据资源（开发利用）、数字产业化（发展）、产业数字化（转型）、数字化治理（服务）、数字经济促进措施、数字经济安全保障；其差异则表现为广东省将产业数字化细分为工业数字化、农业数字化和服务业数字化并独立成章，另单独规定了数字技术创新，但未单独规定法律责任；广州市基本沿袭了广东省样本结构，但又新增了建筑业数字化，另单独规定了发展环境；河北省突出了京津冀数字经济协同发展并单独成章，另在保障中增加了监督并将其合并在一章中；江苏省同样使用了保障和监督，但特别强调数字技术创新，并将其放在第二章；所有样本中只有两个样本专章规定了法律责任。

基于形式分析路径，这些样本设计明显保留了国家《“十四五”数字经济发展规划》的总体任务部署逻辑，大部分立法是按规划任务进行分章设计的，将数字基础设施的优化升级放在了首要位置，突出强调了充分发挥数据要素作用，大力推进产业数字化转型，加快推动数字产业化，聚焦于公共服务数字化水平的持续提升，健全完善数字经济治理体系，以及着力强化数字经济安全体

---

① 参见习近平：《不断做强做优做大我国数字经济》，载《求是》2022 年第 2 期。

② 参见郭俊：《如何做好“促进型立法”工作》，载《人大研究》2008 年第 2 期。

系，至于有效拓展数字经济国际合作问题则均采低调态度。

很显然，产业政策法是实现产业政策的一种重要手段。① 总体来看，这些样本坚持了求真务实、守正创新、包容审慎的基本立场，既有选择性产业政策法内容，也有功能性产业政策法内容，② 但还是需要国家统一立法来统筹国内与国际两个大局、发展与安全两件大事、中央与地方两大体系，强化政府部门的规制与调控责任。为区分规划工具与产业促进工具的各自功能，发挥中央立法与地方立法的各自作用，我们建议《数字经济促进法》的结构设计尽量简化并进行分层处理，无须像地方立法那样简单直接地重复性规定规划任务，相反应根据产业政策内容的类型化，更加突出国家不同规制与调控部门的体制机制、责任边界、激励措施、保障措施、共治措施以及法律责任。

我们认为，在《数字经济促进法》上述内容中，增强促进措施的实效性是其中关键，强化相关政府部门的规制责任与调控责任是重点和难点所在。宏观调控权的配置是根据宏观调控的本质属性探寻在相关国家层级的组织以及不同层级的政府组织之间分配、安排具体宏观调控权力的规范化、法治化过程。③《数字经济促进法》必须从纵向和横向两个维度科学配置数字经济调控权，并把具体促进措施与之匹配起来。目前，《立法法》与分税制为中央和地方调控权的纵向配置提供了基本依据。就横向配置而言，宏观调控工具是我国横向配置宏观调控权的主要依据，这样做容易廓清不同调控部门之间的权力边界，便于及时把握调控机会，但由此带来的问题是，不同调控权的行使容易形成“自我中心主义”下的各自为政，导致调控效率损失和调控目标冲突。④ 通过构建促进协调机制和责任机制可以解决这一问题，但在制度设计中需要注意降低和控制实践中的协调成本与责任成本。责任是法律课责的一个重要标准，但不是唯一的标准。⑤ 一般认为，经济法责任是指人们违反经济法规定的义务所应付

① 参见杨紫烜：《对产业政策和产业法的若干理论问题的认识》，载《法学》2010 年第 9 期。

② 有关选择性产业政策法与功能性产业政策法的区分，参见马秀贞：《产业政策立法的逻辑进路》，载《行政与法》2021 年第 4 期。

③ 参见徐澜波：《我国宏观调控权配置论辨正——兼论宏观调控手段体系的规范化》，载《法学》2014 年第 5 期。

④ 参见席月民：《宏观调控新常态中的法治考量》，载《上海财经大学学报》2017 年第 2 期。

⑤ 参见［澳］皮特·凯恩著：《法律与道德中的责任》，罗李华译，商务印书馆 2008 年版，第 4 页。

出的代价。[①] 在风险社会治理中，这种认识需要加以改变。经济法在风险治理中具有自身不可替代的优势，其责任控制需要结合具体的语境分析，重新考虑现有制度框架下法律责任的实践，并基于经济法主体间的人际关系，为施加惩罚和修复义务以及补救和赔偿的判定提供法律依据。[②] 由于在促进型立法中承担促进责任的主体多数是政府及公共服务主体，因此必须借助于各种公开透明的外部监督机制来督促这些主体依法履行促进责任，建立和完善社会诉求的受理和反馈机制，依法完善问责制，确保促进措施真正落到实处。在这方面，我们需要抛弃纯道德约束模式，对于法律的预防性和保护性作用而言，突出政府规制的预期责任更为重要。[③] 相比之下，过去责任本身不是目的，而仅仅是法律通过创造和赋予预期责任来寻求促进各种目的的一种方式，强化预期责任中的自我纠错机制或者必要的自我执行制裁[④]效果会更为显著。对于《数字经济促进法》的法律责任而言，不能简单地以个人责任代替机构责任，更不能对预期责任的自我制裁置若罔闻，这种自我纠错或自我执行制裁属于修复性和预防性责任，其目的不是对政府规制行为的一味惩罚，而是通过补救措施造福市场，有效保护经济法的社会整体利益。故此，在法律责任的建构逻辑上，应选择性地放弃“主体—行为—法律责任”的基本逻辑，代之以“主体—风险—法律责任”的基本逻辑。对政府官员而言，则应强调管理者视野下的合目的性的“政治责任”。[⑤]

（二）关于概念使用及其解释问题

制定统一的《数字经济促进法》必然涉及概念的法律化及其解释问题。从前述地方立法样本看，许多概念出自国家规划，但给出解释的共有 12 个，分别

---

① 参见漆多俊著：《经济法基础理论》，法律出版社 2008 年版，第 19 页。

② 参见席月民著：《经济变革中的经济法》，中国社会科学出版社 2019 年版，第 185－186 页。

③ 在以往的经济法责任研究中，关于法律责任的论述通常注重于过去责任，而忽略了预期责任，其原因主要是责任理念存在问题，即只注重争议或冲突解决，强调补偿或惩罚，而不是防止争议和促进合作与建设性行为。尤其在宏观调控法中，预期责任的重要性应该更为突出。这是因为，在数字经济风险治理中，完成预期责任比惩罚未完成或修补其后果更好一些。按照皮特·凯恩的观点，预期责任可以分为两类：第一类是建设性的和预防性的责任，第二类是保护性的责任。参见［澳］皮特·凯恩著：《法律与道德中的责任》，罗李华译，商务印书馆 2008 年版，第 50 页。

④ 如撤销已经生效的行政命令或者行政决定等。

⑤ 参见沈岿：《监控者与管理者可否合一：行政法学体系转型的基础问题》，载《中国法学》2016 年第 1 期。

是：数字经济、数字基础设施、数字技术、数据、公共数据、数据资源、公共数据资源、非公共数据资源、数字产业化、产业数字化、治理数字化以及公共管理和服务机构等。其中，浙江省样本和河南省样本的概念解释最多，广东省样本只有两个概念解释，河北省样本和江苏省样本概念解释最少，均只有一个概念解释。在立法技术上，只有广州市样本采用了集中解释方法，即在第88条中就数字经济、数字技术、数据、公共管理和服务机构、公共数据等五个概念进行了解释，其他样本则分散在不同条文中作出了解释。广州市样本的这一集中解释方法，对《数字经济促进法》的概念解释来说具有重要参考价值。就《数字经济促进法》的概念使用及其解释而言，笔者认为，应坚持基本的目的性原则，把概念使用与制度构建、立法目的统一起来，始终保持三者在内在目的方面相统一，同时也与现有其他法律保持协调一致。为避免浪费立法资源，但凡已由其他法律作出立法解释的概念，《数字经济促进法》无须再重复进行解释，直接使用相应概念即可。①

虽然这些地方立法样本均对数字经济这一概念进行了解释，而且均采用了下定义方法，但具体定义又有所区别。其中，浙江、河南、河北与江苏四省样本将数字经济定义为新经济形态，广东省和广州市样本则将其定义为一系列经济活动。具体说来，采用完全相同定义的是河北省样本和江苏省样本，二者规定数字经济是指“以数据资源为关键要素，以现代信息网络为主要载体，以信息通信技术融合应用、全要素数字化转型为重要推动力，促进公平与效率更加统一的新经济形态”。该定义强调了关键要素、主要载体、重要推动力和价值目标四个要素。浙江省样本的不同之处，主要是对价值目标的提炼有所不同，其以“促进效率提升和经济结构优化”为价值目标。河南省样本的定义为三个构成要素，其突出表现是未专门强调重要推动力，而是简单以“数字技术”取而代之并与价值目标直接勾连在一起，即“以数字技术促进效率提升和结构优化”。该省样本关于数字经济的定义，与浙江省样本比较接近，除了对重要推动力的处理作了重大调整以外，只是局部将“主要载体”修改为“重要载体”，

① 例如，“数据”“数据处理”“数据安全”三个概念在《数据安全法》第3条中已有明确解释，“个人信息”一词在《个人信息保护法》第4条中已有明确解释，这些概念无须在《数字经济促进法》中进行重复性解释。

并删掉了“经济结构优化”中的“经济”两字。广东省样本的定义是，“以数据资源为关键生产要素，以现代信息网络作为重要载体，以信息通信技术的有效使用作为效率提升和经济结构优化的重要推动力的一系列经济活动。”广州市样本与这一定义方法基本相同，所不同的是将其中的“信息通信技术”替换为“数字技术”，并将“数字技术”扩大解释为围绕数据的产生、传输、存储、计算与应用所形成的各类技术，当前主要包括互联网、新一代移动通信、人工智能、大数据、云计算、物联网、区块链、虚拟现实、数字孪生、高性能计算、智能控制、量子科技等技术。

在有关数字经济的理论研究中，有关数字经济概念的定义路径并不完全相同，既有描述式定义，也有列举式定义，还有概括式定义。我国地方立法样本不约而同地采用概括式定义方法，而且绝大多数使用“四要素”法，在这一问题上表现出了难能可贵的共识。这些共识包括：一是数据资源是数字经济的关键生产要素；二是现代信息网络是数字经济的重要载体；三是信息通信技术或数字技术是数字经济的重要推动力；四是效率提升和经济结构优化是数字经济的价值目标。至于全要素数字化转型是否构成重要推动力，公平是否构成价值目标，2021 年 12 月 12 日国务院发布的《“十四五”数字经济发展规划》① 已经给出了明确回答。② 北京市样本、河北省样本和江苏省样本出台时间靠后，所以完全采用了该规划定义，强调了全要素数字化转型的重要推动力作用与对公平价值的追求。数字经济呈现出三个重要特征，即信息化引领、开放化融合以及泛在化普惠。③ 由于《数字经济促进法》本身属于经济法部门的产业促进法领域，因此在定义时需要综合考虑数字产业的长期性与稳定性、国际性与权威性特征，同时兼顾实践中类型化推进时的子概念使用。我们建议《数字经济促进法》对“数字经济”作出统一定义和解释，并与专项规划定义保持一致，将其界定为新经济形态。鉴于该法的立法目标是从产业视角促进所有类别的数字经济发展，而不只是其中的某一个或某几个经济部门，故建议在法条使用中，

---

① 详见《国务院关于印发“十四五”数字经济发展规划的通知》（国发〔2021〕29 号）。

② 国务院在该规划开宗明义指出，数字经济是继农业经济、工业经济之后的主要经济形态，是以数据资源为关键要素，以现代信息网络为主要载体，以信息通信技术融合应用、全要素数字化转型为重要推动力，促进公平与效率更加统一的新经济形态。

③ 参见梅宏：《大数据与数字经济》，载《求是》2022 年第 2 期。

综合考虑数字经济的长远前景、溢出效应和各产业间的协同效应，采用最广义的理解和处理方式。①

（三）关于重点制度问题

《数字经济促进法》在性质上属于产业政策法，在立法目标上涵盖了数字产业增长发展目标、数字产业结构调整目标、数字产业组织协调目标以及数字技术创新应用目标，这些目标的设定已经在“十四五”时期国民经济和社会发展综合规划以及数字经济发展专项规划中明确提出，其实现需要通过立法所确认的产业政策工具与所构建的法律制度体系提供激励、支持和保障。《数字经济促进法》的制度设计，需要积极回应和宣示技术哲学的人文本质，重建因应新技术应用所引起的反映新发展趋势的现代法律制度体系，推动人权的数字化演变和迭代勃兴，在立法中确认应运而生的“第四代人权”，② 在高质量发展中促进共同富裕。

历史经验一再表明，当我们普遍不重视发展问题，漠视或者忽视发展问题的时候，就会直接影响相关的制度建设。③ 经济活动的政策控制与法律控制是经济社会发展过程中系统控制的一种体现。④ 系统被定义为一个多要素结构，⑤ 现代市场经济本身就是一个复杂演化的系统，其中法律规则序列及其层级结构需要立法者的精心设计与修补。构建《数字经济促进法》的制度体系，必须坚持目标导向、科学分类、顶层设计原则，深刻认识和把握数字产业中长期发展

---

① 参见王旭：《数字经济立法的概念选择》，载《广西政法管理干部学院学报》2021 年第 5 期。

② 这些年来，我国一些学者对“第四代人权”进行了积极讨论，形成了和谐权、美好生活权、数字人权等不同主张。参见徐显明：《和谐权：第四代人权》，载《人权》2006 年第 2 期；马岭：《对“和谐权”的几点反思》，载《法学杂志》2009 年第 6 期；邱本：《论和谐权的基础》，载《社会科学家》2017 年第 1 期；张文显：《新时代的人权法理》，载《人权》2019 年第 3 期；马长山：《智慧社会背景下的“第四代人权”及其保障》，载《中国法学》2019 年第 5 期；郭春镇：《数字人权时代人脸识别技术应用的治理》，载《现代法学》2020 年第 4 期；刘志强：《论“数字人权”不构成第四代人权》，载《法学研究》2021 年第 1 期；范进学：《习近平“人类命运共同体”思想下的美好生活权论》，载《法学》2021 年第 5 期；杨学科：《第四代人权：数字时代的数字权利总纲》，载《山东科技大学学报（社会科学版）》2022 年第 2 期；高一飞：《数字时代的人权何以重要：论作为价值系统的数字人权》，载《现代法学》2022 年第 3 期。

③ 参见张守文：《发展法学：经济法维度的解析》，中国人民大学出版社 2021 年版，第 13 页。

④ 参见席月民：《依法调控经济的程序与责任保障》，载《中国法律评论》2015 年第 3 期。

⑤ 参见［德］柯武刚、［德］史漫飞著：《制度经济学：社会秩序与公共政策》，韩朝华译，商务印书馆 2000 年版，第 170 页。

的重大关系和重大问题。不断做强做优做大我国数字经济，关键是在立法中正确处理政府与市场的关系，既要充分发挥市场在资源配置中的决定性作用，也要更好发挥政府的作用。数据作为新型生产要素，是国民经济发展数字化、网络化和智能化的重要基础。通过该法，要完善数据要素市场化配置机制，更好发挥政府的引导、协调、调节、管理以及参与作用。围绕上述立法目标，数字经济促进法律制度主要应包括：

一是鼓励建立和完善数据产权保护制度。通过该制度，有效衔接《民法典》《消费者权益保护法》《个人信息保护法》《电子商务法》等法律规则，鼓励建立和健全数据要素权益保护、收益分配、流通交易等一系列制度，推进企业数据、个人数据和公共数据的数据资源持有权、数据加工使用权、数据产品经营权等权利分置的数据产权运行机制，同时保护个人信息权、企业商业秘密权和知识产权，促进数据的全生命周期保护，提高数据市场交易效率。

二是鼓励数字技术创新应用制度。通过该制度，与《专利法》《科学技术进步法》《科学技术普及法》《科技成果转化法》等法律形成互动，加强关键核心技术攻关，提高我国数字技术基础研发能力和实际应用能力。遵循数字科技创新规律和数字人才成长规律，设立创投基金，积极构建以创新价值、创新能力和创新贡献为导向的数字人才评价体系和国家奖励机制，支持“百科全书式”数字技术的自由进化和平等发展，支持各类市场主体平等获取数字技术创新资源。

三是数字基础设施合理布局制度。通过该制度，统筹数字基础设施发展全局，并就其地域分布和设施配置进行合理分配。积极支持完善通信、导航、遥感、算力等信息基础设施，建设物联网、车联网等融合基础设施，在数字经济重点方向布局未来网络实验设施等创新基础设施。

四是鼓励数字产业化与产业数字化深度融合制度。通过该制度，充分发挥数据要素作用，在实施“互联网＋”行动中促进传统产业提质增效，在鼓励发展平台经济、共享经济中培育引导新业态新模式，推动数字经济与实体经济融合发展，推进重点领域数字产业纵深发展，促进数据、技术和场景的深度融合，发挥数字技术对经济发展的放大、叠加和倍增作用。

五是建立公共数据共建共享制度。《数据安全法》第五章专门规定了政务数据安全与开放，这为建立公共数据共建共享制度打下了良好基础。通过该制度，统筹公共数据资源开发利用，深化政务数据跨层级、跨地域、跨部门有序共享，促进数字化公共服务更加普惠均等，不断提升政府部门的电子政务服务水平，有效弥合数字城乡融合发展中新型数字生活方面的数字鸿沟。

六是鼓励完善数据安全治理制度。《数据安全法》第三章确立了数据安全制度，并在第四章中集中规定了市场主体的数据安全保护义务。通过该制度，与《数据安全法》《网络安全法》等形成通畅互动，建立健全数据安全治理体系，依法实施数据分类分级保护，把安全贯穿于数据治理全过程，推动落实各政府部门与企业、个人的数据安全保护责任，牢牢守住数字经济发展的安全底线。

七是健全数字经济行业监管与社会共治制度。通过该制度，继续坚持分行业监管和跨行业协同监管原则，重点监管平台企业和数字技术服务企业，在新兴数字产业和传统产业之间实行无缝衔接，不断创新数字经济监管模式，把必须管住的事项真正管到位，督促和监督数字企业合规经营。在数字经济治理中，则需要调动和发挥政府主体之外的其他非政府主体的积极性和创造性，形成多元共治格局下的治理合力。

八是促进数字经济国际竞争合作制度。通过该制度，在国际范围重构我国数字经济的产业链、供应链，注重提高我国数字技术产业国际竞争力，完善数字贸易促进政策，积极开展双边或多边数字经济治理合作，主动参与维护和完善国际数字经济治理机制，在数据赋能和融合发展中及时提出中国方案，倡导构建和平、安全、开放、合作、有序的网络空间命运共同体。

（四）关于国际竞争合作问题

互联网服务的无国界特征严重侵蚀了传统的国家主权和领土管辖权，长臂管辖权问题越来越突出。《数字经济促进法》的制定，必然涉及数据主权问题，这对开展双边或多边数字经济治理合作意义重大。在数字经济发展过程中，各国都在积极制定数据主权战略，积极寻求适当方法来保障本国数据主权和数据安全，积极应对“全球风险社会”治理[①]难题。截至目前，全球已有近60个国家或地区出台了数据主权相关法律。从全球范围看，以美、欧为代表的数字经

---

① Fan Ruguo, “*World Risk Society*” *Governance*: *the Paradigm of Complexity and Chinese Participation*, Social Sciences in China, Vol. 39: 2, p. 77 – 93 (2018).

济立法如火如荼，我国正面临日益严峻的国际挑战。当前，我国正积极推进加入《数字经济伙伴关系协定》（DEPA）等数字贸易协定，按照“集体行动逻辑”参与全球公共物品的提供。反对数字贸易保护主义，加强国际领域的治理合作，已成为促进数据跨境流动、不断做强做优做大我国数字经济之大势所趋和发展重心。

如前所述，对于我国《数字经济促进法》而言，需要高度重视数字经济国际竞争合作制度的构建，在开放创新与互惠互利中发展全球合作伙伴关系。一方面，需要积极借鉴域外立法经验，围绕数字基础设施、数字技术创新、数据跨境流动、市场准入、平台企业反垄断、数字人民币、数据隐私保护等重大问题，通过立法制定符合我国数字经济发展国情的产品服务标准和监管规则、治理规则，帮助企业摆脱“不想、不敢、不会”的“三不”现象①；另一方面，需要深化我国与其他国家政府间的有关数字经济政策与法律的交流对话，积极应对中美之间数字技术权力的制度性竞争，防止各种“数字技术威权主义”下对我国的“污名化”现象。推动数据主权治理的国际合作，要防止单纯强调数据主权可能导致的国与国之间形成对抗状态，过度强调数据本地化和强大的数据主权将导致碎片化和“数字边界”的兴起。② 因此我们要拓展与东盟、欧盟的数字前沿领域合作，重视“平台驱动”在全球价值链治理重构③中的重要地位，在将国际数字技术创新资源“引进来”的同时，在扩大开放中支持我国数字企业“走出去”，促进国际网络通信基础设施的互联互通。

（五）关于立法协调问题

建立完备的数字经济法律体系无疑是一项耗时费力的重大社会工程，存在着诸多不稳定的一致性，这对立法协调提出了重要要求。如前所述，制定《数

---

① 所谓“三不”现象，即面对数字经济的挑战企业所出现的思想观念问题，其中，“不想”是囿于传统观念和路径依赖，对新技术应用持抵触情绪；“不敢”是面对转型可能带来的阵痛期和风险，不敢率先探索，就地观望、踌躇徘徊；“不会”则是缺少方法、技术和人才，以及成功经验和路径。参见梅宏：《大数据与数字经济》，载《求是》2022 年第 2 期。

② 参见冉从敬：《数据主权治理的全球态势与中国应对》，载《人民论坛》2022 年第 4 期。

③ 重构全球价值链治理需要注意三个关键维度，即价值链的空间分布、由价值链业务分散程度决定的价值链的长度以及跨国领导企业的治理模式。参见郭周明、裘莹：《数字经济时代全球价值链的重构：典型事实、理论机制与中国策略》，载《改革》2020 年第 10 期。

字经济促进法》是我国数字经济多元立法的体系化需要。目前，我国在数字经济发展中已逐步构建起数字经济多元化法律体系并实现局部体系化，不同法律之间通过“分而治之”在立法目的、调整对象、适用范围、基本原则、具体制度等方面形成了一定的互补性关系，有些内容也存在着一定的交叉与重合。妥善处理和解决《数字经济促进法》与现有立法的关系，是解决体系内不稳定一致性的一个关键。对于此问题，需要立足于不同法律的部门法属性及其实施机制，深刻把握数字经济立法体系化中的共性问题及其关联作用，包括但不限于立法宗旨的同向性、法律价值的兼容性、市场主体的重合性、法律概念的互通性以及制度更新的联动性等，同时也要深刻认识《数字经济促进法》的宏观调控法之性质定位及其产业政策性功能，自觉维护数字经济发展与我国社会主义现代化的一般规律以及不同法律之间的一致性目标。

产业政策法是调整产业政策制定和实施过程中产生的经济关系的法律规范的总称，① 以间接诱导手段、直接管制手段和行政信息指导手段作为保障措施。② 作为一部产业政策法，《数字经济促进法》需要鲜明地体现促进型立法的规定性。这种规定性与数字经济政策的宏观性、针对性、导向性、组合性、非均衡性等密切联系在一起，综合了数字经济的产业规划政策、产业组织政策、产业结构政策、产业技术政策、产业布局政策以及产业贸易政策等，借以满足现代市场经济条件下政府有限干预数字经济发展的法治化需求。与数字经济的其他立法相比，《数字经济促进法》更多体现了国家发展数字经济的基本立场、基本观点与政策方法，更多指向数字经济的供给端问题、总量性问题、结构性问题以及周期性问题，因而更多使用宣示性规范、倡导性规范和激励性规范，③ 积极动员和支持各类市场主体的投资、发展以及消费需求。其政策性功能体现在以下三点：一是增进各类市场主体参与数字经济的投资信心、发展信心与消费信心，形成稳定的市场预期和企业经营策略；二是引导各类市场主体理性选择，按照基于利益最大化的经济合理性原则，独立自主地作出市场决策并采取

---

① 参见王先林：《产业政策法初论》，载《中国法学》2003 年第 3 期。

② 参见王健：《产业政策法若干问题研究》，载《法律科学（西北政法学院学报）》2002 年第 1 期。

③ 有学者提出，产业促进型规范主要包括产业宣示性规范、提倡性规范和激励性规范三类。参见赵宏中、董玉明著：《产业法的经济学分析》，武汉理工大学出版社 2015 年版，第 154 页。

相应行动；三是吸引各类市场主体贯彻落实国家数字经济产业政策，通过财政资金支持、税收优惠措施、金融支持工具、市场门槛降低、监管手续简化、劳动就业帮扶、知识产权保护等经济手段、行政手段与法律手段的并用，形成“诱人”的物质激励或精神激励，帮助和支持各类市场主体作出决策判断，同时对符合条件的市场主体事后给予相应奖励。归根结底，这部法律的根本目的在于培育经济增长新动能，不断做强做优做大我国数字经济，促进经济社会高质量发展，全面实现共同富裕。

总之，习近平总书记指出，综合判断，发展数字经济意义重大，是把握新一轮科技革命和产业变革新机遇的战略选择。① 在我国，制定统一的《数字经济促进法》已经迫在眉睫。这是因为，数据作为数字经济中重要的生产要素应该是“流动”的，数字经济下的市场空间应该是“共通”的，数字经济的发展机会亦应是“共享”的。② 数字经济的快速发展对我国经济立法的体系化提出了客观需求，我们必须在“积极的鼓励允许”与“消极的限制禁止”之间达成政府调控与市场自觉的有机统一。基于法治的要求，尤其需要在现代信息技术的应用和发展方面制定“良法”，并在此基础上不断推进“善治”，这样才能保障和促进数字经济的健康发展。③ 这些年来，我国已经出台了《循环经济促进法》《乡村振兴促进法》《电影产业促进法》等一批重要立法，在促进型立法方面积累了丰富经验，这为制定统一的《数字经济促进法》提供了良好基础。需要澄清的是，《数字经济促进法》并非只用来保护数据权益。④ 只有通过统一立法，我们才能把国家产业政策与地方产业政策有机结合，及时矫正数字经济促进立法中当前“地方主导”可能出现的异化行为，在“国家主导”立法中理顺数字经济产业促进关系，为数字经济产业促进与多元治理提供系统性的可预期的制度保障。

---

① 参见习近平：《不断做强做优做大我国数字经济》，载《求是》2022 年第 2 期。

② 参见袁达松：《数字经济规则和治理体系的包容性构建》，载《人民论坛》2022 年第 4 期。

③ 参见张守文：《数字经济与经济法的理论拓展》，载《地方立法研究》2021 年第 1 期。

④ 有学者提出，对于数据权益，应主要交由《数字经济促进法》进行保护，这种观点有失偏颇。参见高志宏：《隐私、个人信息、数据三元分治的法理逻辑与优化路径》，载《法制与社会发展》2022 年第 2 期。

第四节 京津冀经济发展中的经济法变革

京津冀协同发展战略是新的历史条件下党和国家对京津冀三地作出的重大战略部署，其核心是有序疏解北京的非首都功能，通过经济结构与空间结构的统筹规划调整，积极探索人口经济密集地区优化开发的区域协同发展模式。当前，区域经济一体化及其法律治理正在深入推进中，全国各地的创新实践开展得如火如荼。我国已进入“十四五”时期，以地方协同立法为抓手的法治引领和保障，目前正呼唤新一轮的系统转型和全面升级。

一、京津冀协同发展的地方立法实践

2014 年河北率先提出京津冀协同发展的三地协同立法倡议后，2015 年京津冀地方协同立法正式破题。京津冀人大协同立法是配合《京津冀协同发展规划纲要》、引领区域法治建设的一项重要机制。[①] 这些年来，基于三地合作机制的观察，《关于加强京津冀人大协同立法的若干意见》（2015 年）、《京津冀人大立法项目协同办法》（2017 年）、《京津冀人大法制工作机构联系办法》（2017 年）以及《京津冀人大立法项目协同实施细则》（2018 年）等所构建的地方协同立法体制、机制和制度体系，正逐步将京津冀协同立法引向深入。

2020 年 1 月中旬，河北、北京和天津先后通过各自的《机动车和非道路移动机械排放污染防治条例》，并自 2020 年 5 月 1 日起同步实施，这标志着京津冀地方人大协同立法开始步入新阶段。其特别之处在于，这些法律文件在文本上实现了结构设计、核心内容、监管举措、责任标准等方面的一致行动，在同步立法、同步实施方面迈出了坚实一步，从而在地方协同立法的技术革新上实现了一定突破。

地方立法的持续跟进是京津冀三地协同立法的一大亮点。京津冀协同立法工作的每一步进展，都将是对我国区域法治实践和理论探索的重大创新，因而

---

① 参见焦洪昌、席志文：《京津冀人大协同立法的路径》，载《法学》2016 年第 3 期。

具有重要的示范引领意义和借鉴意义。[①] 法律是行动的符号，[②] 高度重视区域协同发展战略的实施，是京津冀三地初步建立起京津冀协同立法体制、机制和制度的重要基础。协同立法需要三地的人民代表在一个以讨论和公共性为特征的立法程序和对话机制中达成一致意见，形成具有普遍性与抽象性的法律行为规则。从实践看，京津冀协同立法工作会议与京津冀立法工作联席会议已经实现常态化运行，其中协商沟通机制、立法规划计划协同机制、法规清理常态化机制以及学习交流借鉴机制正在形成机制合力。作为引领和保障京津冀协同发展的典型立法成果，上述法律文件体现了习近平新时代中国特色社会主义思想在我国当前地方法治建设中的重要指导价值，以及坚持党的领导、坚持人大主导、坚持求同存异、坚持重点突破等地方协同立法的基本原则。从重点领域协同到法规内容协同，再到法规文本协同，京津冀三地协同立法正在不断加快创新步伐，并将持续创新作为依法推进国家战略落地实施、夯实地方法治保障的根本路径。

二、京津冀地方协同立法面临新问题

在美国，州际协定和行政协议都是实现区域法制协调的重要机制。[③] 相比较而言，我国当前区域经济一体化的法律治理机制，有区域行政协议、区域性组织、区域协作立法、区域行政规划和区域行政指导五种。[④] 实践中，三地协同立法亟待解决以下现实问题。

首先，区域协同立法的统筹程度不够，缺少具有集成度的专门立法规划和计划。这与目前为止中央层面有针对性的区域协同发展基础立法或专门立法的缺位不无关系，中央授权立法亟待跟进并给予区域协同立法以系统指引和立法依据。虽然2015年中共中央和国务院印发实施了《京津冀协同发展规划纲要》，明确了京津冀协同发展的战略意义、总体要求、定位布局等顶层设计，但从三地各自的立法规划和年度计划看，有关区域协同立法的项目仍难觅踪影。即便一些项目属于此类性质，然而在现有立法项目分类安排中，尚难以有效分辨出

---

① 参见孟庆瑜：《论京津冀协同发展的立法保障》，载《学习与探索》2017年第10期。

② 参见谢晖著：《法律的意义追问——诠释学视野中的法哲学》，商务印书馆2003年版，第41页。

③ 参见何渊：《美国的区域法制协调——从州际协定到行政协议的制度变迁》，载《环球法律评论》2009年第6期。

④ 参见叶必丰：《区域经济一体化的法律治理》，载《中国社会科学》2012年第8期。

来，导致在地方立法的价值取向行动和利益导向行动中缺乏现实指导性和协同“节奏感”。

其次，三地人大协同立法尚未形成纯粹意义上的联合立法，目前的立法协作仅停留在浅层和表面的协商，尚缺乏有深度的策进与合作。这从近年来三地协同立法的法规文本及其所采用的立法技术可以窥见。《机动车和非道路移动机械排放污染防治条例》可谓其中的一个典型样本，虽然三地均将该法规整体结构设计为六章，而且章名相同，但从条文数量看，北京文本为51条，天津和河北文本分别为54条、53条，这样的文本协同只是实现了局部“统一”和相对“统一”，距离“同一”目标仍有一定距离，从而在“立法模式维持”与“协同目标实现”之间仍未形成高度一致的完全性共识。

再次，社会公众参与地方立法的机制不畅，需要搭建线上平台，集思广益，广泛听取理论界和实务界对立法项目与草案的意见建议。这是因为，京津冀协同发展旨在纠正首都经济圈在市场经济发展过程中出现的结构性偏差，目前区域内治理主体的自主性、积极性、创造性尚未完全激发出来，基于整体发展观的现实考量，区域协同立法需要突破现实“政治约束”,[①] 避免发生协同事项的“一厢情愿”,[②] 需要动员各类市场主体积极参与其中，逐步消除彼此间的认知差异并主动建言献策，使目标设定与目标实施完成无缝对接。

最后，协同立法效果评估需要全面铺开，这对提升协同立法质量、优化协同机制无疑具有重要意义。与法律不同的是，区域性的地方性法规只是颁布施行于特定的区域，其评估主体、方法、程序和标准均在一定程度上与法律的立法后评估存有差异。[③] 因此，有关评估机构、评估事项、评估工具、评估程序、评估结果使用等，需要通过专门指引予以解决。这种评估，在一种情况下，所诉诸的是对于规范和价值的考虑，在另一种情况下，所诉诸的是对利益状态的考虑。[④]

---

① 京津冀协同发展以北京市的需要作为第一要务，天津市和河北省相对处于被动或从属地位。由于三地的政治地位不对等，导致其区域内治理主体的自主性与积极性不足，以及治理方式创新性等方面的不足，这些其实是这种“政治约束”的必然产物。参见李国平、陈红霞等著：《协调发展与区域治理：京津冀地区的实践》，北京大学出版社2012年版，第210页。

② 参见梁平、律磊：《京津冀协同立法：立法技术、机制构建与模式创新》，载《河北大学学报（哲学社会科学版）》2019年第2期。

③ 参见焦洪昌、席志文：《京津冀人大协同立法的路径》，载《法学》2016年第3期。

④ 参见［德］哈贝马斯著：《在事实与规范之间：关于法律与民主法治国的商谈理论》，童世骏译，生活·读书·新知三联书店2003年版，第173页。

三、京津冀地方协同立法系统转型的对策建议

我国经济正处在现代转型之中。现代化的过程是具体的、历史的，是主体趋向未来所作出的适合自己的选择。① 当前，从中央到地方，各部门、单位都在积极实施“十四五”规划。在这承前启后的重要时间节点，京津冀协同立法在“十四五”时期需要紧跟国家经济社会发展新形势、新趋势，积极推进区际立法的转型升级，着力解决区域经济发展的深层次结构性矛盾，践行“区际空间正义”和“区域综合效益”双重法律价值，回应协同制度诉求。

第一，立法规划的系统化。当前持续推进的京津冀协同立法，目的在于破除由地方立法和地方“红头文件”所造成的“行政壁垒”，系统优化三地的产业结构、市场结构和治理结构。综观京津冀各地立法规划和年度立法项目，均一直沿用传统分类方法，其一级分类主要基于立法必要性、可行性的论证标准进行，而二级分类主要围绕法规实质内容展开，这些分类中均未将京津冀协同立法放在突出位置。因此建议在二级分类中单独增加京津冀协同发展类型，并围绕三地城市群规划和产业规划、产品服务标准、国企改革、劳动保护、生态治理、电信资费、交通设施、体育场馆、旅游开发、投资金融、科教文卫等重点领域编制规划。就年度立法计划而言，则需要区分京津冀协同立法项目与地方单独立法项目。京津冀协同发展涉及三地复杂的资源整合、利益协调和功能匹配，只有系统编制协同立法规划并突出协同立法项目，才能彰显和发挥地方立法规划的统筹和指引作用，才能有效打破三地之间既有的“行政壁垒”，有序推动京津冀协同立法进程。

第二，法规文本的系统化。协同专章或协同条款是这些年三地协同立法采用的主要立法技术，其着重于构建要素流动、联合执法、信息共享以及科技合作等重要制度，但当区域协同发展由初级阶段转入高级阶段并迈入改革创新深水区之后，这一立法技术已经无法系统满足区域发展中空间正义和综合效益的法律价值追求以及制度体系化要求，即制定联合法规，实现法规文本的“同一化”和法规生效的“同步化”。为此，只有通过全国人大常委会“授权立法”，才能破解联合法规在《立法法》层面的合法性困局。对联合法规而言，建议在

① 参见马怀德主编：《法制现代化与法治政府》，知识产权出版社 2010 年版，第 44 页。

法规名称上直接冠以“京津冀”字样，真正实现体例结构、适用范围、基本制度、监管或调控的目标措施程序以及法律责任等方面的高度一致性，以及时间效力与空间效力的协调一致。以此系统消除道路交通管理、产业转移承接、生态保护补偿、公共服务一体化等各种协同场景下的“行政壁垒”，打通人流、物流、资金流以及信息流的“对流”机制，在首都经济圈的高质量发展中实现协同发展根本目标。

第三，公众参与立法机制的系统化。在国家与社会维度上，区域经济一体化的法律治理是一个行为法问题，是国家对市场经济的宏观调控，其依据是宪法第 15 条，内容的合法性在于遵循区域平等原则，程序的合法性在于公众参与。① 在这些年的协同立法实践中，京津冀三地主要通过征求意见、座谈会、研讨会、论证会、实地调研等线下形式吸收各方面意见。这些做法，显然无法适应京津冀协同立法进入高级阶段后的“民主立法”与“科学立法”需求。为此，建议进一步完善协同立法的民主程序保障机制，双管齐下，推行“线上 + 线下”双重模式。广泛利用电子邮箱、留言板、专栏、微博、网上听证、电子公告等线上形式，充分保障各类市场主体在地方协同立法中积极行使其知情权、参与权、表达权以及监督权，使地方立法机关与社会公众形成良性互动，在有效诊治北京“大城市病”过程中，妥善处理好疏解与集聚、共性与个性、集中与民主、当前与未来等不同关系，最大限度地保护社会公众在京津冀协同发展中的获得感与幸福感。

第四，协同立法评估的系统化。京津冀协同立法评估是实现三地协同立法系统转型的重要一环，其系统化目标要求制定专门的《京津冀地方协同立法评估指引》，通过定性与定量相结合的方法，紧紧围绕立法前评估与立法后评估而有效展开。② 对于前者而言，主要评估立法的必要性、合法性、协调性和可操作性，评估立法设计的重要制度和规则的约束条件，评估立法对经济、社会和

---

① 参见叶必丰：《区域经济一体化的法律治理》，载《中国社会科学》2012 年第 8 期。

② 也有观点认为，立法评估分为立法前评估、立法中评估和立法后评估三个阶段，其中立法前评估应当从整体上把握，解决的是要不要、能不能立法的问题；立法中评估应当更多地将目光聚焦在起草的法律条文的规范性、整体的逻辑性、预测具体条文实施的成本和可能带来的效益等方面；立法后评估要看的是法律实施后的实际效果如何。参见魏玲、马艳君：《地方立法前评估：评估什么和如何评估》，载《人大研究》2020 年第 4 期。

环境的预期影响，以实现立法配置资源的公平与效率价值；对于后者而言，则重在评估立法实践，评估立法对经济、社会和环境的实际影响，评估社会执法、司法和守法的具体问题。① 京津冀协同立法评估的系统化与评估标准的科学设定直接联系在一起，这些标准包括规范标准、技术标准和成效标准。② 其关键在于，京津冀协同立法评估，一方面需要注重评估区域内协同立法规范自身的协调性，另一方面也应当重点评估区域协同立法所产生的协同效应，评估这些区域协同立法是否实现了制度目标，以及是否推进了京津冀区域的协同发展。③

① 参见席涛：《立法评估：评估什么和如何评估（上）——以中国立法评估为例》，载《政法论坛》2012 年第 5 期。

② 参见王柏荣：《地方立法评估标准探微——功能、路径与框架》，载《中国社会科学院研究生院学报》2015 年第 6 期。

③ 参见焦洪昌、席志文：《京津冀人大协同立法的路径》，载《法学》2016 年第 3 期。

第二章

反不正当竞争法的制度完善

中国式现代化对全面深化改革提出了更严要求、更新标准和更高目标。本章从竞争法治创新视角，对数字经济发展中我国反不正当竞争法的原则与制度问题进行了重新审视，研究重点聚焦于互联网领域反不正当竞争的权利基石、反不正当竞争法架构下的区别性原则研究、公平竞争政策与市场公平竞争审查制度、网络直播营销模式与消费者权益保护等问题。数字技术的广泛应用和数据市场的形成，蕴含着一系列重要的商业机会与战略价值，对市场上新出现的企业“数字权力”进行法律规制正在成为世界各国反不正当竞争法的新任务、新目标和新趋势。

第一节　互联网领域反不正当竞争的权利基石

我国反不正当竞争法体系自 1993 年建立以来，虽然新近才进行了相关条款的两次修订，但面对新技术条件下市场形态的飞速发展，无论是法律文本还是司法实践，似乎并没有因此捉襟见肘。在司法实践中，一般条款如同轰隆作响的发动机一般，向反不正当竞争法体系源源不断地提供了充沛动力。正因如此，我国《反不正当竞争法》2017 年进行第一次实质修订之前的 24 年间，就包括互联网领域内竞争相关经营行为的正当性认定，展现了强大的韧性和适应力，对我国经济的健康发展提供了有力支撑。一般条款在互联网领域的适用，尤其丰富了反不正当竞争法的具体内容，并通过不断的实践推动互联网产业的迅猛发展。2017 年《反不正当竞争法》加入了所谓的“互联网专条”，在立法层面反映反不正当竞争法对互联网领域相关经营行为的关注。

国家市场监督管理总局先后于2021年8月和11月分别发布《禁止网络不正当竞争行为规定（征求意见稿）》，2024年5月正式公布《网络反不正当竞争暂行规定》（以下简称《暂行规定》）对互联网领域的竞争行为进行更为细致的规制。2022年3月，最高人民法院发布《关于适用〈中华人民共和国反不正当竞争法〉若干问题的解释》（以下简称《反不正当竞争法司法解释》），对2017年《反不正当竞争法》修订时加入的“互联网专条”加以细化。国家对互联网领域反不正当竞争执法和司法高度重视。

一、一般条款维护互联网正当竞争的核心作用

我国法院在面对反不正当竞争法具体制度无法解决的不正当竞争议题时，一直援引《反不正当竞争法》第2条作为一般条款加以应对。而基于互联网领域正当竞争议题的特殊性，一般条款的核心作用尤其突出。

（一）一般条款应对互联网不当竞争的司法实践

适用《反不正当竞争法》第2条的案件中，最高人民法院发布的公报案例及自己亲自裁判的有四件，除了山东省食品进出口公司等与青岛圣克达诚贸易有限公司等不正当竞争纠纷再审案（以下简称海带配额案）以外，其他三件判决均涉及互联网领域：2011年通过公告发布的山东高院维持青岛中院北京百度网讯科技有限公司诉中国联合网络通信有限公司青岛市分公司等不正当竞争纠纷上诉案（以下简称百度联通案）的判决，①“360扣扣保镖”软件商业诋毁纠纷案［北京奇虎科技有限公司等与腾讯科技（深圳）有限公司等不正当竞争纠纷上诉案］（以下简称扣扣保镖案）② 及百度与奇虎侵害商标权及不正当纠纷（以下简称百度插标案）。③

在百度联通案中，联通利用其网络接入商控制地位在百度搜索页面中链入

① 参见《北京百度网讯科技有限公司诉青岛奥商网络技术有限公司、中国联合网络通信有限公司青岛市分公司、中国联合网络通信有限公司山东省分公司、青岛鹏飞国际航空旅游服务有限公司不正当竞争纠纷案》，载《中华人民共和国最高人民法院公报》2010年第8期。

② 参见北京奇虎科技有限公司与腾讯科技（深圳）有限公司等滥用市场支配地位纠纷上诉案，最高人民法院（2013）民三终字第5号民事判决书。

③ 参见北京百度网讯科技有限公司等诉北京奇虎科技公司等侵犯商标权及不正当竞争纠纷案，最高人民法院（2014）民申字第873号民事裁定书。

其他广告，这并非《反不正当竞争法》具体规定情形。对此争议，青岛中院通过适用第2条认定这属于不正当竞争行为。百度联通案判决早于最高人民法院海带配额案的判决，而后者确定了适用第2条的三条件：“一是法律对该种竞争行为未作出特别规定；二是其他经营者的合法权益确因该竞争行为而受到了实际损害；三是该种竞争行为因确属违反诚实信用原则和公认的商业道德而具有不正当性或者说可责性。”某种意义而言，海带配额案三原则就是青岛中院适用第2条作为判定理由的进一步总结，核心意义就是：无侵权，无不当。法院体现出明显的谦抑姿态。

但在扣扣保镖案中，面对腾讯和奇虎之间因腾讯增值服务被屏蔽而展示出的激烈矛盾，最高人民法院采取了比广东省高级人民法院更为主动的姿态。最高人民法院将第2条作为唯一依据，对其予以自足性适用，创造出“正当商业模式”这一权益并予以保护：对经营者“正当商业模式”的破坏即构成不正当竞争。而在广东省高级人民法院看来，用户与腾讯之间存有默示的合同：用户免费使用QQ聊天工具，其对价就是接受在使用QQ聊天工具时广告及增值业务展示的推送。奇虎的“扣扣保镖”实际使得用户免费使用腾讯相关服务缺乏对价支撑，从而使得用户与腾讯之间现存的合法默示合同关系难以为继。① 换言之，在判定奇虎通过“扣扣保镖”屏蔽腾讯QQ展示相关增值服务为不当竞争行为时，两者的法律依据截然不同：广东省高级人民法院认为是因为奇虎破坏了腾讯与用户之间的默示合同，属于对腾讯根据现有法律规定享有权利的损害；而最高人民法院则不愿意考虑该默示合同是否存在，也不愿意考虑该默示合同的内容是否合理，而是依据第2条创设了经营者“正当商业模式”这一权益，并在此基础上基于“正当商业模式”是否受到损害而判定经营者的相关行为是否正当。自扣扣保镖案之后，针对经营者在互联网服务中加入广告采取技术措施予以屏蔽和绕过的，法院基本都会认为是不当竞争行为。扣扣保镖案的判决承认了广告产业对中国互联网产业独一无二的支撑作用，在相当程度上促进了中国互联网产业的进一步发展。之后的司法实践中，虽有反复，但正当商业模式已经成为法院认可的一项正当权益。

---

① 参见腾讯公司诉奇虎公司不正当竞争纠纷案，广东省高级人民法院（2011）粤高法民三初字第1号民事判决书。

百度插标案中，最高人民法院又一次将第 2 条作为一般条款，对经营者的营业活动性质予以界定。一审法院认为，奇虎公司未经百度公司同意改变其服务内容颇具针对性，损害了百度公司向用户呈现内容的完整性。这还是从现有法律确认的权利是否被损害而判定行为是否正当。但二审法院提出了“非公益必要不干扰原则”：虽然认为奇虎公司的行为很难基于公共利益证明其正当和必要性，但还是为经营者一方以公共利益的名义对其他经营者业务进行改变的可能留有余地。① 对此，最高人民法院在再审裁决中不得不重申：“不同的服务提供者提供各具特色的产品，消费者可以按照自己的喜好进行选择，这才是市场竞争的活力和消费者福利之所在。”这架空了所谓“公益必要”的实质，使得第 2 条不能在其他法律规定权利之上创设“公益必要”这一新的概念，无疑有助于支撑互联网产业法治环境的稳定及可预期性。

第 2 条在互联网场景中的运用极大地促进了整个反不正当竞争法的发展。一方面，这使得实践中逐渐形成了适用一般条款的基本模式。互联网产业兴起之前，反不正当竞争法具体条款规定的不正当情形涵摄度极高，独立使用第 2 条解决具体问题的案例比较少；互联网产业的兴起丰富了市场上的经营及竞争形态，大大超出了这些具体条款所设定的具体场景，从而使得司法中广泛适用第 2 条成为一种必然，确认了第 2 条具有一般条款的功能。百度联通案推动最高人民法院在海带配额案中确立了一般条款适用三原则，确保了一般条款司法适用模式的稳定性。另一方面，一般条款在互联网场景中的适用对反不正当竞争法的保护利益提出了要求，完善了反不正当竞争法的三重保护目标：经营者、消费者及公众。百度插标案中，无论是一审法院还是二审法院，都从相关行为对经营者利益的影响出发，考察其是否损害其他经营者利益，从而判定相关行为的正当性，但这种路径无法充分说明相关行为的不当性。而最高人民法院在再审裁定中，将消费者对各种经营者产品的选择作为一个重要保护利益，从而为相关行为的法律判定打开了新的维度。在这个意义上而言，百度插标案是消费者利益进入司法视野的一个里程碑式案例，为 2017 年《反不正当竞争法》有关法律保护目的的修改打下了重要的司法实践基础。

---

① 参见百度在线网络技术（北京）有限公司等与北京奇虎科技有限公司等不正当竞争纠纷上诉案，北京市高级人民法院（2013）高民终字第 2352 号民事判决书。

（二）基于权利保护维护互联网领域正当竞争

虽然互联网产业的飞速发展的确对反不正当竞争法体系形成了一定的挑战。但传统而言，反不正当竞争法脱胎于侵权法体系，甚至有的国家是通过侵权法相关条款直接对不正当竞争行为进行规制。我国《反不正当竞争法》第 17 条第 2 款及第 3 款也将不当竞争行为直接界定为侵权行为。正是因为其依靠着我国日渐成熟且弹性十足的侵权法体系，所以反不正当竞争法在法律文本保持稳定的同时能够在互联网实践中展现出十足的弹性。

故此，反不正当竞争法在互联网领域的适用也遵循着基本的侵权逻辑。如果能将相关行为纳入具体条款加以规制，则从其规定；具体条款无法涵盖相关行为的，则基于侵权理念适用一般条款加以解决。从最高人民法院发布或作出的上述三件互联网相关判决中看出，反不正当竞争法即使针对互联网相关议题适用一般条款时，还是基于传统的侵权架构：先确定是否有权利被损害，再基于此判定相关行为是否属于不正当竞争。百度联通案和百度插标案都存在对根据现有法律所确立权益的损害，所以存在不正当竞争；而在扣扣保镖案，最高人民法院根据一般条款确立了“正当商业模式”权利并对之加以保护。

正因为反不正当竞争法浓厚的侵权法色彩，所以在一般条款适用问题上，也遵循着意思自治原则。在 2017 年对《反不正当竞争法》修改之前，对于第 2 条的解释和适用，行政执法部门无权置喙。在具体条款界定的不正当竞争情形下，行政执法部门都可以介入提供行政救济。在某行为无法被认定为具体不正当竞争行为的，一般条款自然成为被侵权人寻求法律救济的重要依据。在此种情形下，法律直接将主导权交给当事人，从而使得法院实际取得对一般条款的裁量权和解释权。此时拒绝行政执法部门的介入，是对当事人意思自治的尊重：只有当事人自己认为权利遭不正当竞争行为损害的，才予以提供法律救济；且该等法律救济只能通过当事人主导的诉讼确定，行政执法部门不得越俎代庖，只能在法律明确界定的情形下提供行政救济。如果允许行政执法部门适用一般条款，则不但会使之享有相当的自由裁量权以认定相关行为是否不当，还会造成其主动介入平等主体间竞争关系后不对经营者造成滋扰，法律不得不对之保有相当程度的警惕。

如此设计，法律希望在两个价值取向间取得平衡：在对被侵权人提供有效法律救济的同时，对当事人之间平等的法律关系予以充分尊重，避免法律的实施对市场造成不当干预。

二、“互联网专条”对反不正当竞争法实践的影响

2017 年《反不正当竞争法》的修改成功加入了“互联网专条”。我国《反不正当竞争法》第 12 条使用“妨碍”或“破坏”这种泛化的概念，外延很难界定；“其他”事项又使得“互联网专条”实际成为互联网领域的反不正当竞争法一般条款。根据北大法宝统计，截至 2021 年 12 月 28 日，适用“互联网专条”的裁判文书有 563 篇。其中既有与“扣扣保镖”案类似的屏蔽或绕过其他经营者广告的行为，也有“刷单”行为。对这些行为的裁判中，法院都将之归入“互联网专条”的“其他”事项，实际上使得“互联网专条”的第 2 款第 4 项成为互联网领域内反不正当竞争法的一般条款；同时，“妨碍”或“破坏”其他经营者合法提供的产品或服务并没有超越传统反不正当竞争法对不正当竞争行为的规制范围。在这个意义上，“互联网专条”使法院将之前对第 2 条的援引适用转向第 12 条第 2 款第 4 项，并没有对《反不正当竞争法》的适用带来实质性的改变。

（一）“互联网专条”的细化

在前述《暂行规定》中，除了对《反不正当竞争法》各具体条款在互联网场景中的应用情形予以明确之外，尤其对第 12 条第 2 款第 4 项的适用情形进行了列举。但有意思的是，该规定第 8 条和第 9 条细化了虚假商业宣传制度在互联网领域的适用，也在其他条文中对经营者利用第 9 条界定的虚假竞争行为阻碍其他经营者业务经营的情形予以明确。实际上，这种利用法律或平台规定阻碍其他经营者经营的可能还有很多，利用第 12 条第 2 款第 4 项规定将之纳入其中，是否意味着行政执法部门今后可能会通过这种方式扩大其提供行政救济方式的范围和形式？如果是这样的话，就会对“互联网专条”生效之前的整个一般条款的适用模式产生进一步的冲击。但目前来看，行政执法部门是依据司法实践得到的共识解释“互联网专条”的“其他”事项，表现出了难得的谦抑姿态。

《反不正当竞争法司法解释》对“互联网专条”界定的不当情形进行了进

一步细化，并在其第21条、第22条对“互联网专条”所称强制进行目标跳转等事项的认定条件和标准予以明确。其前期征求意见稿第25条将“扰乱市场竞争秩序并损害消费者的合法权益”曾作为适用《反不正当竞争法》第12条第2款第4项的前提之一，这比其第1条确定的一般条款适用条件更为严格；换言之，经营者利益遭到损害时可以援引《反不正当竞争法》第2条，但是不能援引“互联网专条”的兜底规定，似乎希望借此限缩“互联网专条”对既有反不正当法律实践的影响。如果这种解释并不排斥经营者理由受损后基于一般条款维护自己的权益，则这种对“一般条款”和“互联网专条”其他事项的区别对待有利于维护法律适用的确定性。另外，其前期征求意见稿26条针对数据流动产生的不正当竞争法律问题予以特别关注，提出了“实质性替代”标准，以判定经营者相关行为是否不当；但该等行为如没有“可能损害公平竞争的市场秩序和消费者合法权益”的，就不属于《反不正当竞争法》第12条第2款第4项规定的其他不正当行为。这种事后变化反映了最新的司法政策倾向。

（二）竞争秩序的反不正当竞争法意义

可以看出，“竞争秩序”可能会成为法院适用“互联网专条”或一般条款解决互联网不正当竞争问题的重要概念。但“竞争秩序”的内涵是什么，并无定论。虽然最高人民法院在扣扣保镖案中提及“平等公平的竞争秩序”，和“符合消费者的一般利益和社会公共利益”标准共同构成判定相关行为正当与否的标准。但最高人民法院在判决中引述该等标准主要是论述被诉称不当行为的违法性，而不是对主张自己权利受到不当行为侵害一方人施加证明义务。如果“竞争秩序”被用于对权利主张人的诉求进行筛查，目前似乎并没有发现权威判决对其内涵予以明确。

另一方面，从《反不正当竞争法司法解释》文本中似乎可以看出，“公平竞争的市场秩序”似乎就是“竞争秩序”。《反不正当竞争法司法解释》第1条对消费者合法权益的强调，是不是在证明经营者权益受损的同时存在消费者合法权益就可以证明竞争秩序受损？这种趋向在扣扣保镖案判决生效后有所显现，但最终被合法商业模式这一经营者合法权益所涵盖。例如，在深圳市腾讯计算机系统有限公司与北京世界星辉科技有限责任公司不正当竞争纠纷案（以下简称星辉科技案）中，一审法院认为判定行为正当与否要着眼于是否扰乱“市场竞争秩序”和其他经营者合法权益。按照其理解，只有特定的损害才成为判定行为正当与否的标准，而竞争中产生的常态“中性”损害则在此范围之外。基于此，一审法院对主张受损的权益进行了审视，认为权利主张人自己的浏览器也具有屏蔽其他视频服务商广告的功能，因此有关行为并不背离商业道德，且屏蔽具体广告行为系用户作出，符合用户为代表的公共利益，所以“广告＋免费内容”的商业模式受损并非特定损害，而是竞争正常产生的损害，无法主张法律救济。① 但在二审中，法院肯定了经营者对自己经营模式拥有正当的权利，将消费者长期利益和短期利益相区分，并将公共利益细化为经营者权利和消费者利益两部分，从而推翻了一审法院对于竞争秩序的认定，回到了扣扣保镖案中所确定的商业模式路径。其中值得注意的是，二审法院使用了“经济秩序”这个概念，通过对社会总福利进行量化分析，认为如果认定相关行为正当，包括消费者利益和经营者权益在内的利益都将受损，因此判定浏览器针对特定运营商视频映前广告的行为属不当行为。②

由此看来，“互联网专条”并没有改变司法实践对于反不正当竞争法的侵权法属性认知。一方面，行政执法部门在适用“互联网专条”时，还是采取了一种谦抑的态度，从而维持了法院在反不正当竞争法实践中的核心地位。另一方面，从扣扣保镖案到星辉科技案，虽然在具体进程中稍有反复，但法院借助“经济秩序”或“竞争秩序”类似概念，在论述经营者相关合法权益遭受不当行为侵权的过程中，从否定“丛林法则”或促进社会总福利的角度，进一步论述所保护权益的正当，而根本的落脚点还是判定是否存在合法权益受到侵害。在这个意义上，“竞争秩序”或“经济秩序”是“表”，合法权益是否受损是核心问题。至于这一权益是依据现有法律判定的权益还是依据一般条款或“互联网专条”认定的权利，就是另一个问题了。

三、反不正当竞争法体系下的行政救济制度

我国反不正当竞争法体系下，行政救济措施和民事救济措施并行，对反不

① 参见腾讯公司诉世界星辉公司案，北京市朝阳区人民法院（2017）京0105民初70786号民事判决书。

② 参见腾讯公司诉世界星辉公司不正当竞争纠纷上诉案，北京知识产权法院（2018）京73民终558号民事判决书。

正当竞争行为予以了有效规制。但在互联网领域，“互联网专条”及可能的行政救济措施的扩张还是会对反不正当竞争法的侵权法定位造成一定的影响。

（一）反不正当竞争法体系下行政救济制度的界限

在互联网监管日益成为制度关注热点的背景下，对于那些反垄断体系下很难找到合法依据的监管制度，行政执法部门似乎希望将之平移到反不正当竞争法的架构下予以施行。这方面最为典型的就是所谓“二选一”。

根据我国《电子商务法》第35条的规定，电子商务平台经营者不得对平台内经营者与其他经营者之间的交易进行不合理限制；结合《电子商务法》第22条，行政执法部门曾认为《电子商务法》明确制止互联网领域“二选一”“独家交易行为”。[①] 但最终还是回到反垄断法体系下，对具有市场支配地位的互联网企业实施“二选一”“独家交易行为”予以规制。换言之，只有占据市场支配地位的互联网企业实施的“二选一”行为才可能是违法行为。

但令人诧异的是，在前述《暂行规定》征求意见中，曾根据“互联网专条”中“其他”事项的授权，将实施“二选一”行为直接认定为不正当竞争行为。如此，可以绕过反垄断体系下对“市场支配地位”的要求，直接对任何“二选一”行为都予以行政处罚。如果拟议的这种路径成为现实的选择，势必对多年以来《反不正当竞争法》的司法实践模式形成实质性挑战。实际上，在2016年尝试对《反不正当竞争法》进行修改时，就曾提出过引入“相对优势地位”概念，[②] 希望绕过反垄断法体系下对“市场支配地位”的要求，让行政执法部门获得更大的执法空间，但最终因为可能架空反垄断法体系的担心而未获采纳。将“二选一”纳入“互联网专条”的“其他”事项，要么是混淆了反垄断法与反不正当竞争法的功能，要么是意在逃避反垄断法体系中严格的证明义务，从哪种意义上来讲，都不能成立。

终究而言，行政执法部门必须明白其执法空间受制于反不正当竞争法的侵权法性质，其执法是保护法律界定的市场主体权利，而不是一般意义上的行政监管。换言之，在互联网反不正当竞争领域，并不存在积极的行政监管，只存

---

① 屈凌燕、许曲成：《国家市场监管总局约谈平台企业 将对“二选一”行为依法开展反垄断调查》，载央广网，http://www.cnr.cn/gd/jjzx/20191106/t20191106_524847421.shtml。

② 参见《〈反不正当竞争法〉（修订草案送审稿）》，第6条。

在基于保护权利基础上的行政救济。

在这一点上，前述《暂行规定》第 5 条的鼓励举报制度也大有商榷之处。对于侵权法体系下的反不正当竞争法，当事人意思自治要得到充分尊重。这与反垄断法极为不同。允许不存在利益相关的主体举报，并基于此开始相应的行政救济程序，不但不符合网络反不正当竞争的制度定位，也会给行政执法部门带来沉重的负担，使其疲于奔命，无法集中精力应对《反不正当竞争法》中至关重要的消费者权益保护问题，将可能给整个反不正当竞争法行政执法体系带来不可估量的压力。对此，“职业打假人”给整个市场执法体系带来的压力就是明证。

（二）消费者群体利益的确立和保障

就侵权性质而言，反不正当竞争法的保护利益是二元化的，即经营者在竞争中的合法权益及消费者集体在竞争中的合法权益。如果某项行为损害了经营者的利益，在一个运行良好的市场上，可以敏锐地将其发现并采取相关救济措施，而《反不正当竞争法》就为其提供了充分的支撑。而如果侵犯了消费者个人的利益，消费者个人可以通过消费者权益保护法所搭建的法律体系主张有关法律救济，其中，由于消费者个人维权的成本和所得并不匹配，除了基于代表诉讼或公益诉讼对之提供法律救济措施外，还可以通过提供行政救济的方式保护消费者个人权益。

《反不正当竞争法》第 24 条就“互联网专条”规定了专门的处罚措施，实际就赋予了行政执法部门在互联网领域适用一般条款的权力。虽然目前并没有发现行政执法部门利用第 24 条对认定违反第 12 条第 2 款第 4 项的不当行为予以处罚的案例，但这还是 2017 年反不正当竞争法文本修改带来的最大实质突破。就比较法而言，行政机关介入平等主体间具体竞争行为时享有自由裁量权并非个例。相反，德国将反不正当竞争法特定救济措施限定于民事领域反而比较少见。美国联邦贸易委员会在消费者保护及反不正当竞争领域不断发布相关规定或指引意见，使得相关法律在商业模式和技术演进中保持足够的韧性，有效弥补了普通法及成文法的不足。但是，如果要对美国联邦贸易委员会的指引和决定加以研究的话，会发现其出发点要么是相关行为对消费者的影响，要么是其他经营者出于成本或其他考虑而不愿提出法律主张使得消费者全体利益遭受损失的情形。和我国行政执法部门一样，美国联邦贸易委员会职权还同时涉及消费者保护，因此其不必在消费者个人或群体权益之间的分别纠缠不休，直接就市场中的消费者相关事项行使职权。这样，经营者通过商业侵权制度或者《兰哈姆法案》的虚假或误导性宣传对不正当竞争行为提出权利主张，美国联邦贸易委员会主要基于消费者保护的逻辑对反不正当竞争行为进行规制，从而既保障了经营者对自己权利处置的自主性，又在保护消费者权益基础上通过行政措施的介入保证了公平竞争。换言之，如果行政执法部门在行使其职权，对互联网领域不正当竞争行为进行规制，则其出发点和界限就是消费者权益。

与消费者权益保护法不同，反不正当竞争法着重从市场竞争的角度考察消费者是否受到影响。消费者作为一个群体的权益具有竞争法意义：市场经营者之间之所以激烈竞争，就是要取得消费者群体的青睐；如果只是争取某个消费者，达成消费合同后竞争就宣告结束，唯有瞄准消费者群体才能进行持久的竞争，才能发挥竞争优胜劣汰的效能。所以，反不正当竞争法和反垄断法一样，关注的是群体意义上的消费者权益保护，而不是个体意义上的消费者权益保护。这样，损害消费者群体权益的，其他经营者其实有充足的动机对此寻求法律救济。不可否认，消费者群体利益有时候存在一定的外部性，如果经营者不去主张消费者群体利益遭受损害，而是出于成本考虑直接采用竞争对手相似的不当行为，其自身利益不见得会受到损失，但消费者群体利益的损失显而易见，更可能恶化；竞争虽然在此时仍然存在，但不会对消费者及公共利益产生正面助益。此时，消费者保护领域的代表诉讼和公益诉讼都可以成为选择的救济机制，但建立起政府机构介入的行政救济机制，也是一种选择。美国联邦贸易委员会在美国反不正当竞争法体系下的角色和作用表明，在对经营者权利予以充分尊重的基础之上，反不正当竞争法行政救济体制可以起到不可替代的积极作用。换言之，只有在消费者群体利益有被侵害的危险时，行政救济才成为可能。

对此，我国法院也有着清楚的认识，在“百度插标案”中，最高人民法院在最终判决中并没有接受“非公益不干扰”原则，而是通过尊重消费者选择权的论述，间接地确立了竞争过程中消费者群体利益可以作为标准判定相关行为是否正当。但是，最高人民法院在判决中对之并未加以明确。《反不正当竞争法》在 2017 年正式修订确定了三重保护目标后，尚待最高人民法院以公报案例的形式明确司法实践中的适用路径。如果判决中对消费者群体利益保护取得共识，将扩展反不正当竞争法的适用维度，有效应对互联网情境下的不当竞争行为。

互联网产业及其推动下的经营活动已经成为我国经济中最具活力、最具发展潜力的部分。其发展一日千里，出现的商业模式和竞争业态纷繁复杂，法律不可能时时形成有效的判断。对于法律的这种局限性，必须承认并注意，而不是超越自己的界限盲目判定。对于法院和行政执法部门在互联网反不正当竞争方面的实践，包括资本市场在内的市场机制自然会有自己的评价，消费者也会有所感知。在明确反不正当竞争法性质和行政规制目的的基础上，需要承认当事人对竞争中自己权利加以处分的自主性，认识到互联网领域市场及竞争本身的纠错能力。在经营者自身并未提出诉求的前提下，法院和行政执法部门只能基于消费者权益保护的角度进行适度介入，其间如果能摒弃智者心态，吸收“绝对化用语”等司法和执法实践中得到的教训，充分明确竞争过程中各方合法权益，清楚自己的角色和界限，才能通过真正守护互联网领域的公平竞争，充分保护消费者群体乃至个体的权益。

第二节　反不正当竞争法架构下的区别性原则研究

区别性原则是媒体法的基本原则，要求传统媒体以及进行编辑控制或自主言论的其他内容提供者在发布广告及商业宣传等商业信息时，标示其性质，以与其主要提供的编辑处理内容相区分。① 区别性原则的适用使得媒体法和经济法各取所需：前者保障内容经编辑处理后流动，后者规制商业信息的表达效果；通过识别商业信息并予以明确提示，前者保障编辑处理内容的公共话语功能不被削弱，后者则确保消费者不因信息性质的混同而遭受误导。

作为区别性原则的直接成文法依据，我国《广告法》第 14 条借助严格的传

① See Oliver Castendyk, *Comments on TWFD Art.* 1, in Oliver Castendyk, Egdert Dommering and Alexander Scheuer eds, European Media Law, Alphen aan den Rijn: Kluwer Law International, 2008, p. 131, 153.

统媒体监管体系来落实区别性原则，将广告与非广告内容予以区分。[①] 然而，2016 年发生的“魏则西事件”表明，[②] 在编辑处理内容与商业信息相互糅杂的互联网情境中，没有明确的信息识别标准，再强的监管措施也无法有效落实区别性原则。此外，区别性原则限定于广告领域，无法延及反不正当竞争法中的商业宣传，因而无法解释掩饰商业性质的宣传为何不当，促生了《反不正当竞争法》的适用缺口。2017 年我国《反不正当竞争法》在虚假商业宣传制度中增加了“组织虚假交易”条款，[③] 实践中主要适用于网络“刷量”及“刷评”行为。但为何将之归入商业宣传，且其“虚假”根据为何，都语焉不详。另外，“组织虚假交易”这一概念无法有效涵盖诸如“控评”等随着技术、经济及社会发展而出现的其他掩饰其真实性质的信息操纵行为，使得本该为消费者所信赖的用户评价沦为商业推广工具，法律上却缺少有效的规制，影响了新技术条件下市场机制的健康运作。无视区别性原则的竞争法意义，法律将逐渐沦为技术发展的“跟班”，不但无法应对技术发展进程中不断涌现的问题，也无助于相关各方合理预期的确立和保护，致使市场运行过程中生成的信息要素无法有效发挥作用。

一、区别性原则的基础法律逻辑及意义

基于向用户之外的第三方收取对价呈现商业信息的经营模式，内容提供者获得了经营者的身份，但对自身提供的编辑处理内容一直保有自主独立的编辑控制。

（一）编辑控制构成区别性原则的基础法律逻辑

编辑控制作为内容提供者输出编辑处理内容的核心环节，界定着内容提供

① 我国《广告法》第 14 条规定：“广告应当具有可识别性，能够使消费者辨明其为广告。大众传播媒介不得以新闻报道形式变相发布广告（第 1 款）。通过大众传播媒介发布的广告应当显著标明‘广告’，与其他非广告信息相区别，不得使消费者产生误解（第 2 款）。广播电台、电视台发布广告，应当遵守国务院有关部门关于时长、方式的规定，并应当对广告时长作出明显提示（第 3 款）。”

② 大学生魏则西患滑膜肉瘤，于2016 年4 月12 日不幸去世。生前，魏则西在网络上多次披露自己求医经历，讲述他通过某网站发现某院推广信息并选择在该院治疗，为此花费 20 多万元，终未见效。有关事件过程及讨论，参见《青年魏则西之死》，载《新京报》2016 年 5 月 3 日，第 A08 版；余瀛波：《魏则西事件的十大法律问题》，载《法制日报》2016 年5 月6 日，第 6 版。

③ 我国《反不正当竞争法》第 8 条第 2 款规定：“经营者不得通过组织虚假交易等方式，帮助其他经营者进行虚假或者引人误解的商业宣传。”

者的角色和法律地位，具体表现为内容提供者对内容的选择和呈现方式的控制。“编辑，选题取材，有序组合，构成讯息。根据社会文化需要，按照指导方针，使用物质载体和技术手段，对精神产品进行组织、采集、鉴审、选择和编序加工，并缔构成一定的文化符号模式作为社会传播媒介，即为编辑活动。”① 《欧盟视听媒体服务指令》指出：“视听媒体服务提供者……出于告知、娱乐和教育目的，选择视听媒体服务的视听内容，决定该等内容的组织方式，从而向公众提供相关节目。”② 这尤其体现在内容提供者对内容的选择及节目组织方式的有效控制。③ 一般认为，这两方面的“有效控制”实质就是编辑控制。④ 编辑控制是区分编辑处理内容与商业信息的标准，构成区别性原则的基础法律逻辑。

内容提供者从传统媒体向互联网信息服务提供者的演变，⑤ 虽然在很多方面对相关法律制度形成巨大挑战，但并没有削弱编辑控制的价值。编辑控制构成区别性原则的基础法律逻辑，经受了技术飞速发展及商业模式不断更迭的考验。

一方面，互联网信息服务提供者越来越倾向于对信息进行组织乃至编辑后再提供给用户。互联网最大的特点就是“去中心化”，基于去中心化的结构，任何人在互联网上发出的声音似乎都能直达公众。就获取信息和意见表达而言，去中心化的互联网比传统媒体对公众更具吸引力。但完全由用户自己提供或选择内容，信息提供者和接受者彼此自主发现，都无法满足用户对“相关”信息的需求。面对浩如烟海的信息，用户必须借助某种机制或某个主体对信息进行挑选、组织及判断后，才能取得有效信息。这意味着，用户接触到的信息必然要经过编辑控制主体的组织或过滤。用户自由获取信息的权利表现为获取有意义信息的需要，因此不得不让渡部分权利于编辑，使得后者能独立地帮助自己获取该等信息，反之亦然。这样，互联网表面上的去中心化结构实质上演化为

---

① 王振铎、郑运通：《编辑学原理论》，中国书籍出版社 1997 年版，第 75 页以下。

② Audiovisual Media Services Directive Art. 1 (1) (a), (d).

③ See Audiovisual Media Services Directive Art. 1 (1) (d).

④ See Remy Chavannes, Oliver Castendyk, *Comments on AVMSD Art.* 1, in Oliver Castendyk, Egbert Dommering and Alexander Scheuer eds, European Media Law, Alphen aan den Rijn: Kluwer Law International, 2008, p. 65 – 73.

⑤ “互联网信息服务”是指“通过互联网向上网用户提供信息的服务活动”。参见我国《互联网信息服务管理办法》第 2 条。

编辑控制的中心化：编辑位于中心，通过编辑控制为个体提供其所需的信息，并为个体表达提供有效的发布渠道。去中心化结构说明了中心化编辑控制存在的合法性，同时表明了互联网信息服务提供者向内容提供者转变的可能及趋势。

另一方面，编辑控制可以帮助互联网信息服务提供者明确自己与用户的法律关系。在互联网去中心化结构中，接入服务提供者与用户已经形成了合同关系，用户通过使用互联网接入服务互相交流，接入服务提供者扮演“通道”角色。但互联网信息服务提供者的角色比较尴尬：如果不能证明其提供服务的独特性，以及其实际是独立于互联网通道的内容提供者，就很难证明用户为其服务支付对价的有效性。这样，所谓互联网去中心化结构只是一种设施条件，而基于此催生的各种服务却不得不突破这种去中心化的限制，提供中心化控制的内容以满足用户的内在需求——获取有意义的内容。因此，无论是从法律意义还是经济意义而言，依托去中心化的结构，互联网信息服务提供者倾向于追求一种中心化的结构和安排，对用户所要获得的信息进行控制和挑选，以提供有意义的信息。在此过程中，要么传统媒体变身为互联网信息服务提供者，要么互联网信息服务提供者内部建立起某种编辑控制体系，为用户编辑并挑选有效信息。

在互联网技术的推动下，虽然内容提供者经历着从传统媒体到互联网信息服务提供者的不断演进过程，但用户对有意义内容的需求并未改变，编辑控制及其支撑的区别性原则仍然有效。

（二）编辑控制体现区别性原则的法律意义

从免费电视服务到门户网站乃至个性化信息推送，用户已经习惯了不支付费用获取内容和信息的消费模式。即使支付一定费用，也远不能弥补内容提供者为此付出的成本。因此，内容提供者通常需要登载商业信息，自其用户之外的第三方获取经济支持，商业信息一度被视为用户获取内容的成本。① 具体到广告而言，内容提供者可以通过广告发布者的身份取得经济收入，而广告商可以借助内容提供者将商业信息送达尽可能多的潜在消费者。

然而，基于编辑控制之上的编辑处理内容才是形成公共舆论的主导力量，

① See Rebecca Tuchnet & Eric Goldman eds., *Advertsing & Marketing Law: Cases and Materials*, Independently pulished on August 1, 2020, p. 8.

其主导公共话语互动，使得个人超越私人领域与他人共同探寻真相后达成共识。[①] 尤尔根·哈贝马斯将言论和信息总结分类为沟通行为和策略行为。如果一方进行表达的目的是让对方接受自己的理由，以在相互信服的基础上达成共识，该表达就是沟通行为，对方接受或拒绝的结果不予设定。如果一方表达的目的是让对方接受自己的信息，且舍弃相互信服的环节，不择手段甚至隐瞒自己的实际目的，则是策略行为。但如果策略行为人对自己的目的不加掩饰，相对人就会警觉地审视相关信息和言论，并基于充足的理由作出反应。由此，装扮为沟通行为的策略行为对公共话语互动更具负面性。[②] 显而易见，沟通行为而非策略行为才能有助于形成充分的公共话语互动。同时，虽然策略行为可能误导或操纵公众的认知，但如表明其性质，也可以实质避免其所可能具有的误导性。

编辑处理内容与商业信息分别对应沟通行为和策略行为，虽然两者紧密依存，但内容提供者对编辑处理内容进行独立的编辑控制。如果内容提供者让渡其对内容的编辑控制，基于经济原因发布第三方信息，该信息就是商业信息。这种控制主体的差异使得两种信息能在共存中各自发挥既定功用，实现各自的目的。然而，内容提供者对广告商乃至发行人等经营方的依赖日益增强，不可避免地影响其编辑处理内容的独立性。一方面，基于商业信息发展起来的传统媒体的编辑独立性日渐削弱，培育出了取悦大众趣味的消费文化；[③] 另一方面，为了对抗消费者对广告的抵触，广告商试图消解广告与编辑处理内容在形式上的区别，更多地利用产品植入或软文等隐性广告或隐性手段，将商业信息表现为编辑处理内容，以确保对消费者的影响力。虽然对传统媒体消费化趋向的担忧可能是一个社会及政治发展议题，但商业信息与编辑处理内容之间界限不断消融，使得商业信息可以轻松装扮为沟通行为，不但损害和污染对公共舆论而言至关重要的公共话语互动，而且会对消费者产生不当影响，自然成为一个竞争法问题。这样，在法律层面保障编辑处理内容不为商业信息所混同，打击将

---

① 学者对以杜威和哈贝马斯为首的“话语式”公共舆论所秉持的价值进行了系统性的总结。See Jared Schroeder, *The Press Clause and Digital Technology's Fourth Wave*, New York and London: Rutledge, 2018, p. 33 – 38.

② 参见［德］尤尔根·哈贝马斯著：《交往行为理论：第一卷 行为合理性与社会合理化》，曹卫东译，上海人民出版社 2004 年版，第 274 页以下。

③ 参见［德］尤尔根·哈贝马斯著：《交往行为理论：第一卷 行为合理性与社会合理化》，曹卫东译，上海人民出版社 2004 年版，第 274 页以下。

商业信息冒充为编辑处理内容的信息操纵行为，就成为保障编辑处理内容独立性的客观要求。而编辑处理内容的独立性需要区别性原则来保障，这是反不正当竞争法架构下确认及适用区别性原则的起点。

就《反不正当竞争法》而言，区别性原则反映了用户基于自己特定身份的合理预期。内容提供者向用户提供编辑处理内容，打着自己的烙印，反映着自己的角度，体现着自己的专业水准。即使内容提供者提供了一些第三方制作的内容，也是其挑选并组织后呈现的内容，其目的是激发用户进行真正的讨论及信息交流，以就某个议题逐渐形成社会共识。商业信息则是以夸张的信息鼓励潜在消费者青睐自己的商品或服务，如果潜在消费者知晓其商业性质，对于其中的夸张和商业吹嘘具有清醒的预期，就不会被欺骗或误导。换言之，潜在消费者对内容提供者所提供的信息存在不同的预期。如果将商业信息混同于编辑处理内容，或者把商业信息包装成编辑处理内容，都会使用户对信息性质产生误解，从而产生不相匹配的预期，作出不“知情”的判断。换言之，如果内容提供者发布信息时接受了第三方支付的对价，让渡了自己对相关内容的编辑控制，且对此不予说明，则破坏了潜在消费者对商业信息的这种预期，使其误以为有关商业信息是编辑处理内容而遭受误导。因此，区别性原则及相关制度是反不正当竞争法架构下处理消费者群体与经营者之间纵向竞争关系的重要组成部分。

二、我国适用区别性原则的挑战

我国成文法对区别性原则的确有所反映，但尚未承认编辑控制对区别性原则的支撑功用，区别性原则的适用仍面临重重挑战。

（一）编辑控制与区别性原则之间的法律联系缺失

我国相关媒体法律规范对于编辑控制的独立性有一定认知。《广播电视管理条例》第 13 条第 2 款规定：“广播电台、电视台不得出租、转让播出时段”。《出版管理条例》第 21 条第 1 款也有类似表述，且第 2 款进一步规定：“出版单位及其从业人员不得利用出版活动谋取其他不正当利益。”在媒体与第三方展开广告招商及从事节目购买等诸多经营活动时，这些规定旨在确保媒体编辑控制相对于经营活动的独立性。但这些法律文件的位阶较低，且编辑控制机制及其独立性的维持制度，尚待明确化和体系化。

在实践中，传统媒体监管部门和法院对以传统媒体为代表的内容提供者编辑控制的独立性也予以一定认可。原国家新闻出版总署2005年发布的《报纸出版管理规定》第40条规定："报纸采编业务和经营业务必须严格分开。新闻采编业务部门及其工作人员不得从事报纸发行、广告等经营活动；经营部门及其工作人员不得介入新闻采编业务。"虽然仅是部门规章，但法院还是基于该规定，一定程度地认可了传统媒体编辑控制的独立性，《民营经济报》社与深圳凤凰生活文化传媒广告有限公司（凤凰公司）合作协议纠纷上诉案（以下简称凤凰公司案）就是一个典型例证。在该案中，法院认为，虽然凤凰公司承包了《民营经济报》的经营，但《民营经济报》依合同享有新闻采编权和稿件终审权，其因为报道事实遭受的损失不能由承包方负担。令人遗憾的是，虽然经营方凤凰公司援引《报纸出版管理规定》第40条认为报社应为其报道负责，但法院在判决时对之予以回避，仅仅依据双方合同支持了经营方关于责任归属的主张。① 这样，法院仅差一步就承认存在双方当事人合约也不能改变的、独立于经营行为的编辑控制自主权。在西宁市广播电视台、北京五洲佳世传媒广告有限公司与原审第三人青海五洲传媒有限公司广告合同纠纷案中，最高人民法院认为，所涉相关广告经营权承包安排并不涉"播出时段、频道、频段等出租或转让行为"，其"管理权和控制权仍属于西宁市广播电视台，故不存在因违反法律、行政法规强制性规定导致合同无效的情形"。就安排中为改善收视率而达成的频道包装及节目购置安排，最高人民法院认为，"西宁电视台有权对北京五洲公司所购节目逐带进行政治、内容及技术审查。没有证据证明北京五洲公司实际掌握了上述两个频道的栏目设置、广告定价、时段安排、审查发布等宣传编缉权和经营决策权"。因此，相关承包安排并非无效。② 可见，对于以传统媒体为代表的内容提供者编辑控制行为之独立性，我国法院已经形成了初步的司法认知。

《广告法》第14条规定的区别性原则强调广告的"可识别性"，通过"显著标明"的形式，与其他非广告信息相区别。基于传统媒体的行政许可及严格

① 参见《民营经济报》社与深圳凤凰生活文化传媒广告有限公司合作协议纠纷上诉案，广东省广州市中级人民法院（2014）穗中法民二终字第1085号民事判决书。

② 参见西宁市广播电视台、北京五洲佳世传媒广告有限公司与原审第三人青海五洲传媒有限公司广告合同纠纷案，最高人民法院（2005）民二终字第164号民事判决书。

监管制度，监管部门倾向于通过部门规章或其他行政措施贯彻区别性原则。然而，在互联网语境下，海量信息中糅杂着商业信息，具体信息的性质难于分辨。如果不能确立编辑控制与区别性原则之间的法律联系，区别性原则的适用将缺乏必要的法律前提。在判定有关信息是否构成商业信息之时，司法机关和执法机构态度谨慎，唯恐相关认定对新技术、新业态的发展构成障碍。要么执法机构对有关信息的性质迟迟不予认定，① 要么法院会就同一事项作出截然相反的判决。② 如果不能对编辑控制予以明确，就弱化了区别性原则的法律地位，无法形成商业信息的判定标准，构成适用区别性原则的实质性障碍。

实践中，因为信息识别的困难，许多法院直接将网络搜索服务提供者的竞价排名视为信息服务，北京市高级人民法院在其审判指引中明确承认这一点，并强调可以通过《反不正当竞争法》来矫正竞价排名中出现的问题。③ 问题是，如果不基于编辑控制判定竞价排名的商业性质并适用区别性原则，不要求网络搜索服务提供者标明竞价排名搜索结果的特殊性质，用户就会误认为竞价排名结果满足了自己的搜索预期，不可能察觉其中的夸张性和商业吹嘘的特质，从而遭到误导。④ 因此，2016 年《互联网广告管理暂行办法》第 3 条第 2 款第 3 项直接将“付费搜索”性质明确为“互联网广告”，并于第 7 条重申了区别性原则。⑤

通过检索北大法宝《广告法》第 14 条（含其历史沿革条款）“法宝联想”条目中“司法案例”一项，截至 2021 年 6 月 9 日，适用广告法区别性原则条款

---

① 2013 年 9 月 29 日，田某伟向前北京市工商行政管理局海淀分局举报百度关键词文字链广告违反区别性原则。但直至 2015 年 2 月 6 日北京市海淀区人民法院就田某伟与前北京市工商行政管理局海淀分局其他纠纷案（北京市海淀区人民法院（2015）海行初字第 46 号行政判决书）作出行政判决，该举报事项也未得到认定。

② 在田某伟与北京百度网讯科技有限公司虚假宣传纠纷上诉案中［北京市第一中级人民法院（2013）一中民终字第 9625 号民事判决书］，法院认定百度推广属于广告。2014 年，在田某伟与北京百度网讯科技有限公司侵权纠纷上诉案［北京市第一中级人民法院（2014）一中民终字第 3208 号民事判决书］，该院认为，无论相关信息是否为广告，因为百度对竞价排名及推广并无控制权，所以并不承担责任。

③ 参见《北京市高级人民法院关于涉及网络知识产权案件的审理指南》第 39 条、第 40 条。

④ See Bartosz W. Wojdynski & Nathaniel J. Evans, *Going Native: Effects of Disclosure Position and Language on the Recognition and Evaluation of Online Native Advertising*, 45（2）Journal of Adrertising. 157 (2016).

⑤ 我国《互联网广告管理暂行办法》第 3 条第 2 款第 3 项规定：“互联网广告包括‘推销商品或服务的付费搜索广告’”；第 7 条规定：“互联网广告应当具有可识别性，显著标明‘广告’，使消费者能够辨明其为广告。（第 1 款）付费搜索广告应当与自然搜索结果明显区分。（第 2 款）”

的案例主要分为三大类：第一类关注区别性原则的合同法后果，共有13个案例。第二类关注区别性原则的侵权法意义，共有34个案例。其中，根据侵权法律关系所涉事项又可以将之分为两组：纵向层面作为信息接收方的消费者主张损失的案例及横向层面其他经营者或个人主张损失的案例。第三类涉及相关市场监督管理机构的行政决定。由于第三类案例很少对区别性条款的影响进行论证，故这里不再讨论。

一方面，不以编辑控制为前提的区别性原则的法律效力被实质性削弱。在第一类有关合同内容违反区别性原则的案例中，法院仅在4个案例中将之判定为无效合同。法院或者直接判定当事人之间关于有偿新闻的约定因违反广告法区别性原则而无效，① 或者进一步认为，违反区别性原则之约定因违反广告法强制性规定而无效。② 在判定合同有效的其他9个案例中，法院或者认为区别性原则体现的仅仅是管理性强制性规定，并不足以否定合同的法律效力；③ 或者认为违反区别性原则的情形并未违反法律的强制规定；④ 或者曲解区别性原则，将标注“广告”与否作为适用区别性原则的前提，认为未加标“广告”的相关信息是新闻报道，因此合作协议合法有效；⑤ 或者干脆撇开区别性原则，以相关合同体现了双方真实意思表示为由，判决“应依约履行”。⑥ 对于消费者是否

---

① 参见欧阳某某与刘某委托合同纠纷上诉案，湖南省郴州市中级人民法院（2013）郴民二终字第46号民事判决书；甘肃国政报业有限公司与甘肃荣鑫达新能源科技开发有限公司广告合同纠纷上诉案，甘肃省武威市中级人民法院（2017）甘06民终740号民事判决书。

② 参见北京回声互动科技有限公司与北京网视台文化传媒有限公司合同纠纷案，北京市朝阳区人民法院（2018）京0105民初13011号民事判决书；上海菡谊文化传播有限公司与徐州全景广告有限公司广告合同纠纷案，江苏省徐州市中级人民法院（2020）苏03民终5502号民事判决书。

③ 参见武汉沧海风行文化传播有限公司、湖北广运地产置业有限公司广告合同纠纷案，湖北省武汉市中级人民法院（2014）鄂武汉中民商终字第01498号民事判决书。

④ 参见桂林俏天下家居用品有限公司与北京中视华夏广告有限公司承揽合同纠纷上诉案，北京市第一中级人民法院（2008）一中民终字第15576号民事判决书；北京中视华夏广告有限公司诉桂林俏天下家居用品有限公司承揽合同纠纷案，北京市海淀区人民法院（2008）海民初字第18321号民事判决书；郑玉钗与中国信息报社合同纠纷案，北京市第二中级人民法院（2018）京02民终6490号民事判决书。

⑤ 参见每日商报社诉杭州智成市场经营管理有限公司其他合同纠纷案，浙江省杭州市上城区人民法院（2007）上民二初字第4号民事判决书。

⑥ 参见广州市携发文化传播有限公司与广州市武略媒传信息技术有限公司服务合同纠纷上诉案，广东省广州市中级人民法院（2017）粤01民终1184号民事判决书；云南圣约翰医院、昆明馥商文化传播有限公司广告合同纠纷案，云南省昆明市中级人民法院（2020）云01民终10234号民事判决书；昆明馥商文化传播有限公司与云南圣约翰医院广告合同纠纷案，云南省昆明市盘龙区人民法院（2020）云0103民初1391号民事判决书。

将未标明性质的商业信息误认为新闻报道而被误导进入某项交易，以及由此产生的不正当竞争后果，法院在判决中大都未予考虑，遑论对之进行详细而有说服力的分析。在第二类案例中，消费者以经营者违反区别性原则直接提起的侵权诉讼均未获支持。

另一方面，编辑控制概念的缺失使得法院无法准确识别商业信息。在其他经营者或个人主张内容提供者因违反区别性原则而致侵权的7个案例中，法院在6个案例中通过对区别性原则的解释，确认相关信息是广告，进而对权利人的请求予以支持。例如，有的法院从行为性质的判定出发，认为经营者发布广告时没有尽力避让他人的肖像权，故构成区别性原则的违反。[①] 有的法院从行为的后果出发，认为违反区别性原则的“软文”业务不是传统的广告业务，而是与新闻及信息传送业务相近，从而判定经营者发布“软文”所用名号侵害他人“新闻”服务类别的商标权。[②] 这里，区别性原则仅仅是证明内容提供者将其他经营者或个人的肖像或商标等用于商业信息从而构成商业使用的依据。换言之，这类案件的主要争议点不是区别性原则，而是其他经营者和个人的权利是否非经许可可被商业使用。区别性原则的适用，仅是法院确认是否存在商业使用而最终适用肖像权、商标权等传统法律制度的过渡性环节。但在适用区别性原则时，由于编辑控制未被作为识别标准，法院只能将商业信息的识别视为一个纯粹的事实问题，或者基于广告与杂志封面图片内容的风格一致，认定封面图片构成广告的一部分，[③] 或者将产品植入本身就视为一种商业信息，而不考虑产品植入是否会对影视作品作者的编辑控制构成不当影响。[④] 编辑控制在适用区别性原则过程中的缺失，导致实践中无法确立识别商业信息的有效法律标准，而且大多数法院将反映区别性原则的法律规范仅仅视为管理性强制性规范，

---

① 参见刘某诉《精品购物指南》报社等侵害肖像权案，北京市第一中级人民法院（2005）一中民终字第8144号民事判决书；深圳市松吉电动自行车有限公司与赵某肖像权纠纷上诉案，广东省深圳市中级人民法院（2016）粤03民终17303号民事判决书。

② 参见苏州全媒派网络科技有限公司与腾讯科技（深圳）有限公司、苏州巨火网络科技有限公司侵害商标权纠纷案，江苏省高级人民法院（2019）苏民终1186号民事判决书。

③ 参见刘某诉《精品购物指南》报社等侵害肖像权案，北京市第一中级人民法院（2005）一中民终字第8144号民事判决书；深圳市松吉电动自行车有限公司与赵某肖像权纠纷上诉案，广东省深圳市中级人民法院（2016）粤03民终17303号民事判决书。

④ 参见卓美公司等与珂兰公司虚假宣传纠纷上诉案，上海市浦东新区人民法院（2011）浦民三（知）初字第694号知识产权判决书。

严重弱化了区别性原则的法律地位，也不利于当事人合理预期的保护。

（二）区别性原则的适用范围被不当缩限

在我国，区别性原则的法律依据仅来自于《广告法》，而《广告法》对广告的界定不足以涵盖所有商业信息。《反不正当竞争法》第8条第1款将虚假或引人误解的商业宣传列为不当行为。① 对于《广告法》与《反不正当竞争法》的关系，在学界为数不多的论述中，大多认为广告是商业宣传的一种形式。② 有刑法学者认为，广告之外的商业宣传可以在一定条件下适用虚假广告罪。③ 但在经济法领域，目前并未有学者作此认定。然而，如果将编辑控制及区别性原则仅限定于广告，就无法为“商业宣传”提供认定标准，更无法解释为什么“虚构交易”和“编造用户评价”属于违法商业宣传的一部分，进而无法令人信服地说明“虚构”和“编造”的违法性到底为何，无法满足当事人的合理预期及法律安定性的实质要求。

区别性原则缩限于《广告法》的现实，使得修补性立法成为一种无奈的选择。《电子商务法》第40条规定：“电子商务平台经营者对搜索结果中竞价排名的商品或者服务应当显著标明‘广告’。”这体现了区别性原则，甚至还不自觉地体现了“编辑控制”标准，即对非由电子商务平台经营者自主呈现的竞价结果标明“广告”性质。然而，由于《电子商务法》第40条将其适用范围局限于搜索结果竞价排名，还是回避在一般意义上确立区别性原则，所以并没有解决修补性立法带来的碎片化问题：电子商务平台首页非经消费者搜索展示有关商品和服务时，如果平台经营者并非依照平台自身的标准（编辑原则），而是基于商品和服务经营者的竞价排名，就无法适用该规定。如此，平台首页展示内容可能会对潜在消费者造成误导，从而产生不当竞争后果。

即使考虑将广告作广义解释，鉴于《广告法》与《反不正当竞争法》在实

---

① 我国《反不正当竞争法》第8条第1款规定：“经营者不得对其商品的性能、功能、质量、销售状况、用户评价、曾获荣誉等作虚假或者引人误解的商业宣传，欺骗、误导消费者。”

② 参见马一德：《虚假宣传构成欺诈之认定》，载《法律科学（西北政法大学学报）》2014年第6期；于林洋、孙学华：《关于“虚假广告”与“虚假宣传”关系的法律思考》，载《山西高等学校社会科学学报》2004年第6期；杨立新、韩煦：《我国虚假广告责任的演进及责任承担》，载《法律适用》2016年第11期。

③ 参见王安异：《虚构网络交易行为入罪新论——以〈中华人民共和国电子商务法〉第17条规定为依据的分析》，载《法商研究》2019年第5期。

践中的割裂局面，也不能保证区别性原则真正得到适用。执法部门虽然认为，《广告法》与《反不正当竞争法》是特别法与一般法的关系，并提出《广告法》优先适用的原则。[①] 但问题是，实践中《广告法》的适用经常不以相关行为之不当作为前提。例如，《广告法》第 9 条第 3 项规定，广告不得“使用‘国家级’、‘最高级’、‘最佳’等用语”。当广告中出现此类绝对化用语时，执法机关和司法机关基本不考虑其是否构成虚假广告，亦不审查是否造成欺骗或误导消费者的违法后果，直接适用《广告法》第28 条关于虚假广告的规定，导致出现绝对化用语即为违法。许多判决书因此纠结于经营者自己发布信息的定性，而这种做法实际上是经营者为了避免适用《广告法》“当然违法”情形的无奈选择。在北京威科亚太信息技术有限公司与北京市朝阳区市场监督管理局行政诉讼案以及王建华与前郑州市工商行政管理局、郑州市人民政府工商行政管理（工商）案中，[②] 原告均主张适用《反不正当竞争法》，对其使用所谓绝对化用语的行为进行审查，对其所发布信息是否对潜在消费者构成误导及欺骗，或其是否构成对其他经营者的不当竞争行为进行判定，但均归于失败。这表明，法院似乎无意纠正《广告法》与《反不正当竞争法》的这种割裂状态。因此，即使扩张解释广告的概念使之涵盖“商业宣传”，因执法和司法实践中不大会对区别性原则的具体竞争法后果进行考察，区别性原则在《反不正当竞争法》上的意义也无从体现。

三、基于编辑控制确认和适用区别性原则

编辑控制明确了内容提供者所发布之内容或信息的性质，成为适用区别性原则的制度前提。以编辑控制作为识别商业信息与编辑处理内容的标准，不仅可以确立区别性原则的法律地位，而且可以实现对商业信息的体系化控制，为互联网信息服务规制体系提供坚实的法律基础。

---

① 参见何茂斌：《新〈反不正当竞争法〉背景下虚假宣传条款的理解和适用（下）》，载《中国工商报》2017 年 12 月 19 日，第 A7 版；朱有权：《一起广告案件引发的思考》，载《中国市场监管报》2020 年 5 月 14 日，第 A4 版。

② 参见北京市朝阳区人民法院（2019）京 0105 行初 80 号行政判决书；河南省郑州市中原区人民法院（2018）豫 0102 行初 107 号行政判决书。

（一）编辑控制是商业信息的识别标准

区别性原则的适用前提是明确相关信息的性质。但无论《广告法》还是《反不正当竞争法》，除了强调商业信息对有关商品和服务的“推销”或“宣传”作用，[①] 并没有对商业信息的确认和识别提供其他实质性依据。然而，仅从商业信息的功能出发，远远不能满足信息识别的需要。一方面，仅仅因言论推崇一项商品或详细描述相关购买信息，就将之判定为商业信息，[②] 实际上否定了消费者或评测人员对优秀商品或服务的推崇或详细描述作为编辑控制内容的正当性，势必会大幅压缩言论表达的空间，也不符合区别性原则的初衷；另一方面，“推销”或“宣传”也关乎信息内容，在具体案件中考察信息内容以判定其是否构成“推销”或“宣传”，是个纯粹的事实问题，不确定性极高，无法为区别性原则提供可靠的法律支撑。

以编辑控制作为信息识别的核心标准，内容提供者为取得他方支付对价等经济原因而放弃独立编辑控制所呈现的信息就是商业信息。一方面，内容提供者之所以让渡自己的独立编辑控制权，发布由他人主导的信息，是其利益所需。这里的利益有积极利益和消极利益之分。消极利益是为了遵守法律要求而发布特定信息，内容提供者对之均无编辑控制权，如法律要求的宣传，[③] 或者应法律要求呈现的公益广告。[④] 积极利益是内容提供者发布第三方信息所获取的对价或其他经济利益。另一方面，编辑控制作为商业信息的核心识别标准，与现有法律文本规范并不冲突。《广告法》第2条第1款规定：“在中华人民共和国

① 参见我国《广告法》第2条第1款和《反不正当竞争法》第8条。

② 在广州医药集团有限公司等与广东加多宝饮料食品有限公司不正当竞争纠纷上诉案（湖北省高级人民法院2016鄂民终106号知识产权判决书），法院将《楚天都市报》对有关经营者的溢美之词作为判定相关内容为广告的重要因素。2020年《浙江省广告管理条例》第17条第2款规定，新闻报道中“含有商品经营者或者服务提供者的详细地址、电话号码、电子信箱、网址、二维码、商品条形码、互联网即时通讯工具等信息的，应当认定为以新闻报道形式变相发布广告”。国家工商行政管理局《关于认定利用新闻报道形式发布医疗广告问题的答复》认为：“大众传播媒介利用新闻报道形式介绍医疗机构及其服务，如出现医疗机构的地址、电话号码或其它联系方式等内容的……也应认定为利用新闻报道形式发布医疗广告。”

③ 虽然美国对媒体内容甚少管制，但还是要求媒体给予公职候选人免费的广告时间。See 47 USCS § 315; Kennedy for President Committee v. FCC, 636 F. 2d 432, 1980 U. S. App. LEXIS 17063, 204 U. S. App. D. C. 160, 6 Media L. Rep. 1705, 47 Rad. Reg. 2d (P &F) 1537.

④ 参见中共中央宣传部、国家工商行政管理局、广播电影电视部及新闻出版署1997年8月11日发布的《关于做好公益广告宣传的通知》。

境内，商品经营者或者服务提供者通过一定媒介和形式直接或者间接地介绍自己所推销的商品或者服务的商业广告活动，适用本法。”表面看来，依编辑控制标准而认定的商业信息内涵似乎比该款所规定的广告的概念广泛、复杂。除了针对“推销的商品或者服务”之外，内容提供者收取对价发布第三方主导信息的，更多涉及第三方公众形象的构建及某种特定意识的培养。在不涉及具体商品或者服务的情形下，无论是市场监管机构还是司法机关，囿于其推销目的之缺失，就会对这些信息的商业性质犹豫不决。具体就广告而言，在确定广告是否具有“推销”目的时，《广告法》文本并未限定广告的“媒介”和“形式”，并认为广告可以是“直接”的，也可以是“间接”的。换言之，法律文本所确立的广告范围，要比执法和司法机关目前的认知宽广，超出了“直接”的“推销”层面。因此，将编辑控制作为商业信息的识别标准，将赋予“广告”这一概念强烈的可预期性和确定性，使得执法机构和司法机关能够确定地作出相关认定，最终激活文本规范提供的解决路径。

实际上，1994 年通过的《广告法》曾将“商品经营者或者服务提供者承担费用”作为广告的构成要件，这符合内容提供者基于积极利益而放弃对第三方信息编辑控制的情形，是商业信息识别的关键所在。但令人遗憾的是，2015 年《广告法》修订时删去了这一构成要件，使广告性质的判定更加不确定，其原因似乎是为了防止广告主自己进行广告展示以逃避广告法的规制。① 但这个理由实际上并不成立。原因在于，商业信息发布者同时又是受益者的情况下，不存在与商业信息相对的编辑处理内容，没有混淆可能和标注的必要区别性原则就失去了意义。从根本上来讲，只要消费者对该等信息形成合法依赖，无论是否标明商业信息，信息发布者都要为此负责。② 在这个意义上，2015 年《广告法》删去“商品经营者或者服务提供者承担费用”这一构成要件，既不必要，也不正当。

---

① 参见宋亚辉：《商业广告概念的修法争议》，载《中国工商报》2015 年 1 月 8 日，第 3 版。

② 实际上，也有学者认为，《反不正当竞争法》中的虚假宣传、商业诋毁等制度可以解决经营者自己发布信息可能造成的损害。参见李芬莲：《虚假宣传不当竞争行为判定的新思考——从广药集团诉加多宝虚假宣传案谈起》，载《法学杂志》2013 年第 5 期；孔祥俊：《论反不正当竞争法修订的若干问题——评〈中华人民共和国反不正当竞争法（修订草案）〉》，载《东方法学》2017 年第 3 期。关于执法部门对此问题的思考和理解，参见谢旭阳：《再谈企业自建网站中简介内容是否属于广告》，载《中国工商报》2018 年 8 月 14 日，第 7 版。

（二）区别性原则在互联网信息服务领域依然适用

以互联网为基础的新媒体兴起，在中国逐渐成为一般民众获取信息并表达意见的重要渠道，从功能和经济模式方面都对传统媒体形成了极大的冲击——如果还不是彻底替代的话。至少对媒体监管部门而言，“大众传播媒介”这一概念呈演进之势，并逐渐将互联网信息服务提供者涵盖其中。《大众传播媒介广告发布审查规定》第13条第1款规定：“大众传播媒介是指广播电视播出机构、报纸期刊出版单位以及互联网信息服务单位。”而“互联网信息服务单位”应指《互联网信息服务管理办法》所界定的“互联网信息服务提供者”。①《互联网广告管理暂行办法》第7条对之再次予以确认，认为区别性原则适用于互联网广告。这样，区别性原则就适用于通过所有类型的内容提供者所发布的广告。互联网的发展非但没有改变内容提供者的法律地位，还使得编辑控制、编辑处理内容及区别性原则的适用问题显得尤其突出。

1. 互联网信息服务提供者的编辑控制

互联网改变了编辑控制的行使方式，编辑控制的程度又界定了互联网信息服务提供者的法律地位和法律责任。无论是欧盟还是美国，在确定互联网信息服务提供者侵权责任的时候，都将其是否实施编辑控制作为主要指征。在美国，因互联网信息服务提供者发布第三方提供的信息时编辑控制程度的不同，法院将之分为三类主体，并予以不同处理：第一类是公共运营人，其对第三人提供的信息并不进行编辑控制，所以并不承担侵权责任。第二类是出版人，其对第三人提供的信息进行完全的编辑控制，应承担侵权责任。第三类是发行人，其对第三人提供的信息施加一定的编辑控制，但其程度弱于出版人，所以因其呈现相关内容时对相关事实的知情而承担责任。② 欧盟《电子商务指令》中与互联网信息服务对应的概念是信息社会服务，其按照信息社会服务提供者对信息的不同控制程度，将信息社会服务分为通道、高速缓冲储存及虚拟主机服务三类。其中，通道服务提供者对所传输信息并不承担责任，而高速缓冲储存及虚

---

① 参见黄璞琳：《〈广告法〉所称的大众传播媒介应如何理解》，载《中国工商报》2018年7月17日，第A6版。

② See Jonathan A. Friedman & Francis M. Buono, *Limiting Tort Liability for Online Third - party Content Under Section 230 of the Communications Act*, 52 (3) Federal Communications Law Journal 647 - 666 (2000).

拟主机服务提供者依其对信息控制程度的不同，进行不同法律处理：例如高速缓冲储存服务提供者在实际知晓缓存信息来源已被移除等情形下，有义务对该等信息进行移除和屏蔽；而虚拟主机服务提供者在其知晓或察觉违法信息后，就有义务对该等信息进行移除和屏蔽。[①] 这种依据信息社会服务提供者对信息的控制强度设定不同层次法律义务的模式清楚表明，互联网信息服务提供者的编辑控制在欧盟也是一个关键的归责指标。

互联网信息服务提供者可能存在的编辑控制行为在我国法院也得到了一定承认。为了适用原《侵权责任法》第 36 条，最高人民法院《关于审理利用信息网络侵害人身权益民事纠纷案件适用法律若干问题的规定》（以下简称“网络侵害人身权益纠纷司法解释”）第 9 条第 1 款将“是否以人工或者自动方式对侵权互联网信息服务以推荐、排名、选择、编辑、整理、修改等方式作出处理”作为认定互联网信息服务提供者对侵权事实是否“知道”的因素之一。这些因素明显是编辑控制的一种体现，说明法院已经将编辑控制作为界定互联网信息服务提供者法律责任的重要依据。

2. 用户与互联网信息服务提供者分享编辑控制

与独立完整的传统媒体编辑控制不同，互联网信息服务提供者编辑控制的碎片化特征明显：用户的言论不可避免地成为其所呈现内容的重要部分，其不可能对所呈现的所有用户言论进行编辑控制。在互联网信息服务提供者不能编辑控制的部分，用户在发表言论的那一刻实际行使了本该由互联网信息服务提供者掌控的部分编辑控制权。[②] 换言之，互联网信息服务提供者因为不可能对其发布的信息进行完全的编辑控制，不得不与用户分享编辑控制。因此，如果用户所提供的内容并非出自表达的需要，而是为了获得某种对价，该内容构成“商业信息”。另外，用户对某项内容的点击量也是互联网信息服务提供者所展示内容的一部分：用户基于其意愿观看相关内容并被记录，也是一种表达。如

---

① See Arno R. Lodder & Nina Lodder, *Chapter* 3: *Electronic Commerce Directive*, in Serge Gijrath*et al.* (ed.), Concise European Data Protection, E－Commerce and IT Law, 3rd edition, Alphen aan den Rijn: Kluwer Law International B. V., 2018, p. 305－310.

② 欧盟的解决方案则是将媒体服务提供者的概念延及个人，从而使该问题在很大程度上得到了解决。See Audiovisual Media Services Directive Art. 1 (1) (d); Remy Chavannes, Oliver Castendyk, *Comments on AVMSD Art.* 1, in oliver Castendyk, Egbert Dommering and Alexander Scheuer eds, European Media Law, Alphen aan den Rijn: Kluwer Law International, 2008, p. 81.

果点击并非基于用户的兴趣和意愿，而是为了获得对价或以其他方式为第三方所控制，则这种点击因行为人缺少自主性而构成商业信息。

法律唯有通过确认用户表达或传递信息的自主性，才能够确保互联网信息服务提供者编辑控制的完整及独立性。故此，互联网信息服务提供者进行编辑控制的方式和独立性要求必然也延及相关用户，相关用户成为编辑控制主体，从而为区别性原则适用于网络信息打开了大门。在德国，反不正当竞争法实践中直接将个人通过互联网发表言论的自主性视为保护对象，认为其接受第三方给付对价而发布的信息就是商业信息，须披露其性质。① 美国联邦贸易委员会认为，网络评价属于消费者认可的一种，如非自主作出，就须披露其与经营者的实质联系。②

3. 基于编辑控制的虚假信息规制

基于编辑控制的区别性原则对互联网领域的信息操控问题展现出强大的规则塑造力量。由于网络生成及传播的信息数量巨大，内容提供者不可能对呈现给公众的绝大部分信息予以编辑控制，使得内容提供者之外的第三方有充足的空间对有关信息予以操控。换言之，内容提供者在网络条件下对信息编辑控制的减弱导致了虚假信息的泛滥。③

在我国，虚假信息的表现形式主要是“控评”及“删帖”行为。但目前无论是媒体法还是反不正当竞争法，均没有基于区别性原则对其进行规制，而不得不依靠强监管来推行相关政策目标。国家互联网信息办公室 2019 年发布的《网络信息内容生态治理规定》第 22 条规定：“网络信息内容服务使用者和网络信息内容生产者、网络信息内容服务平台不得通过发布、删除信息以及其他干预信息呈现的手段侵害他人合法权益或者谋取非法利益。”然而，“内容生产者”等诸多指称语焉不详，且所称“发布、删除信息以及其他干预信息呈现的手段”皆属编辑控制的种种外在表现。需要指出的是，如果互联网信息服务提供者基于管理规则对相关信息进行干预，则要么是其有效提供服务所需的信息

---

① Vgl, Köhler/Bornkamm/Feddersen/*Köhler* § 5a Rn. 7. 70 ff.

② See *Guides Concerning the Use of Endorsements and Testimonials in Advertising*, 16 CFR Part 255 § §255. 2, 255. 5.

③ 欧盟认为，加强编辑控制可以有效遏制虚假信息的蔓延。See European Commission, *Annex II* to *EU Code of Practice on Disinformation*, p. 11.

组织行为，要么是其在独立行使编辑控制权。只有其接受他方的对价，放弃了独立组织及编辑控制的前提下，才有可能“侵害他人合法权益或者谋取非法利益”。

2020 年 6 月 10 日，就新浪微博在蒋某舆论事件中干扰网上传播秩序等问题，国家互联网信息办公室指导北京市互联网信息办公室约谈新浪微博负责人，责令其立即整改，暂停更新微博热搜榜和热门话题榜一周（以下简称“新浪微博热搜案”）。① “新浪微博热搜案”是对互联网信息服务提供者“控评”或“删帖”等行为首次公开处罚。但是，互联网信息服务提供者是基于编辑控制还是收取对价而删除或控制某项热搜结果，两者法律性质截然不同：前者是独立的编辑控制结果，合法有效，后者是隐藏自身性质的商业信息操作，具有潜在的不当竞争后果。“新浪微博热搜案”似乎呼应着《网络信息内容生态治理规定》第 22 条的适用对象，但以该条款为代表的监管制度并没有基于编辑控制以及区别性原则确立违法行为的识别标准，没有触及到“删帖”或“控评”等损害发表信息的用户或内容提供者编辑控制独立性的法律后果，在底层逻辑上有所缺失，无法为我国互联网信息产业的发展构建可信赖、可预期的法律环境。

编辑控制所支撑的区别性原则在网络服务领域的滞后适用会带来严重的经济后果。国家市场监督管理总局 2021 年 8 月发布的《禁止网络不正当竞争行为规定（公开征求意见稿）》（以下简称《网络不正当竞争规定意见稿》）第 9 条对网络领域中“虚假或者引人误解的商业宣传”予以具体化。其中，第 5 项和第 8 项的规定似乎超越了《反不正当竞争法》第 8 条第 2 款的规定。第 5 项认定误导性展示评价构成不正当竞争，② 实际上对经营者的编辑控制提出了一定的要求，本身与区别性原则无关。而根据第 8 项的规定，经营者“以返现、红包、卡券等方式足以诱导用户做出指定评价、点赞、转发、定向投票等互动行为”构成不正当竞争。巧合的是，这种向用户提供好处诱使其对自己产品作出好评的行为正是 2021 年 5 月亚马逊对部分中国商户的资金和货物予以冻结或封

① 参见《国家网信办指导北京市网信办依法约谈处罚新浪微博》，载中国网信风，http://www.cac.gov.cn/2020-06/10/c_1593350719478753.htm。

② 《网络不正当竞争规定意见稿》第 9 条第 5 项规定：“经营者不得……采用误导性展示等方式，隐匿差评，或者将好评前置、差评后置，或者不显著区分不同商品或者服务的评价等。”

存的理由。[①] 实际上，从2018年开始就有报道称，亚马逊开始调查中国有关商户购买好评、向亚马逊员工支付资金取得相关用户信息并删除负面评价等相关做法，并认为这种行为有误导消费者之嫌，与互联网上的虚假信息性质相同。[②]《网络不正当竞争规定意见稿》第9条对于诱导性评论的规制体现了一种进步，但其对“付费诱导评价”的禁止并不符合区别性原则的要求。区别性原则并不禁止付费诱导评价本身，而是要求其须展示其“推广”或“收费评价”的性质，以与用户自主性评论相区隔。在此基础上，如确有必要，才对其内容的正当与否予以进一步判定。简单地禁止收取对价发表评论，就会对合法的“鼓励评价”造成误伤，[③] 也不利于新技术条件下商业信息的发展。

四、反不正当竞争法层面区别性原则的制度构建

区别性原则的制度构建模式选择反映着相关法域自身历史、社会及制度发展要求。区别性原则的中国本土制度构建不但要求在编辑控制概念与区别性原则之间建立法律联系，更需要在反不正当竞争法架构下基于编辑控制构建相关法律制度。

（一）区别性原则的制度构建模式

从域外法经验来看，区别性原则的制度构建模式主要有两种：一种是将区别性原则相关制度纳入媒体法律统一规制的一元式模式，以美国为代表；另一种是媒体法和反不正当竞争法分别对区别性原则进行规制的二元式模式，以欧盟和德国为代表。

美国《通讯法》第317条规定了赞助公示制度：广播电视台因他方直接或间接支付对价而播放内容的，需将该事实以一定方式向观众或听众予以披露。[④]

---

① See *Amazon Was Sued by the Chinese Companies It Banned*, CE NoticiasFinancieras English, September 30, 2021; *Amazon Bans* 600 *Chinese Brands for Fake Reviews*, CE NoticiasFinancieras English, September 20, 2021.

② See *How Merchants Use Facebook to Flood Amazon with Fake Reviews*, Chicago Daily Herald, April 29, 2018; *Customer Data “Leaked by Worker” at Amazon*, The Times (London), September 18, 2018.

③ 例如，亚马逊会通过Vine系统向特定用户赠送商品，以供其进行评价。但该等评价须以绿色条表明，其系用户无偿使用相关商品后作出。See T*he Secret Life of Amazon's Vine Reviewers*; *Stuff and Things*, The New York Times – International Edition, February 3, 2019.

④ See 47 USCS §317.

这源于美国国会1912年8月24日通过的美国联邦邮政署1913年度拨款法案，允许载有广告的书刊通过邮局发行并享有优惠费率，但须将收费刊载的内容标明为“广告”，否则会对负责编辑和出版人处以罚款。① 当然，如果出版人在编辑处理内容、经济支撑及其他方面没有受制于广告商，则其出版物并非广告。② 随着美国广播电视业的发展，出现了小众唱片公司向电台音乐主持支付对价而主推其音乐作品的做法，以及智力竞赛节目向赞助商选定的选手倾斜或让某些选手对其背后的公司进行宣传的做法，③ 这都破坏了赞助公示制度的实施。最终，美国《通讯法》第317条规定的公示义务通过法律修订延及广播电视台雇员，并对违反赞助公示制度的情形规定了刑罚措施。④ 有学者认为，赞助公示制度是为了维护竞争，避免消费者遭受误导及保护编辑权独立行使，以促进公共话语互动的健康进行。⑤ 正因为美国媒体法制度兼顾区别性原则的竞争法后果，并辅之以严格的救济措施，所以其反不正当竞争法文本对区别性原则着墨不多。美国《兰姆法案》第43条第（a）项的确适用于“错误或误导性广告”，但它更多针对的是广告主就广告所承担的责任，⑥ 鲜有独立案例涉及商业信息与编辑处理内容的区别。在反不正当竞争法制度层面，更有针对性的是联邦贸易委员会根据《联邦贸易委员会法》第5条授予的权力，针对隐瞒赞助内容或商业信息性质的行为进行处罚或诉讼的做法，并在产品植入等影响赞助公示制度的诸多部分强化了相关行政救济渠道。⑦ 因此可以说，美国《通讯法》第317条构建了区别性原则的主要制度，而联邦贸易委员会则就新技术条件下的相关救济措施进行了有益补充。

欧盟《视听媒体服务指令》在三个层次上确立了视听媒体领域的区别性原则，分别是：商业信息须易于识别并不得采用藏匿性质或其他隐性方式进行；⑧

---

① See Act of Aug. 24, 1912, Ch. 389, 37 Stat. 539, 554 (codified at 18 U. S. C. 1734 (2021)).

② See Willimette TV & Cable Guides, PS Docket No. 16/97, February 13, 1985.

③ See Richard Kielbowicz & Linda Lawson, *Unmasking Hidden Commercials in Broadcasting: Origins of the Sponsorship Identification Regulations*, 1927 – 1963, 56 Fed. Comm. L. J. 329, 346 (2004).

④ See 47 USCS §508.

⑤ See Ellen P. Goodman, *Stealth Marketing and Editorial Integrity*, 85 Texas Law Review 83, 99 (2006).

⑥ See1 Trademark and Unfair Competition Deskbook § 12.03 (2021).

⑦ See 1 Trademark and Unfair Competition Deskbook §14.01 (2021).

⑧ See Audiovisual Media Services Directive Art. 9 (1) (a), (b).

赞助内容须予以标示并不得影响媒体编辑权及其独立性;① 电视广告和电视购物不但需要表明其性质以示区别，还需要通过明显的标示与其他编辑处理内容分开。② 欧洲媒体法学者卡斯滕达克认为，除却其媒体法意义，欧盟《视听媒体服务指令》规定的区别性原则也是为了维持媒体在市场竞争的中立地位，保护消费者利益，使之不会遭受伪装型广告的误导。③ 由此可见，其竞争法意义十分突出。同时，欧盟媒体法中编辑控制独立性和编辑处理内容的概念成为识别商业信息及构建相关反不正当竞争法制度的前提。在欧盟，《电子商务指令》规定，商业信息须清楚表明其性质。④ 源于媒体法的编辑处理内容这一概念，成为界定商业信息时相当重要的区分指标。⑤ 另外，依照其《不公平商业行为指令》的规定，商业行为的动机或意图应当透明，如果对之进行错误披露或加以隐瞒，就构成误导性商业做法。⑥ 这通常指不当产品植入及将商业信息与媒体编辑处理内容相混淆的情形。⑦ 欧盟《不公平商业行为指令》特别强调编辑处理内容所体现的自主编辑控制，坚决否定侵蚀编辑控制独立性的相关行为的合法性，因此将经营者支付费用推广相关产品和服务的编辑处理内容（“软文”）及促使消费者对其行为商业性质产生误解的行为列为当然不公平交易行为。⑧ 这样，除了媒体法中区别性原则相关制度体现出的竞争法意义之外，区别性原则及其背后的编辑控制概念更是深刻地塑造了欧盟反不正当竞争法的相关制度。

作为欧盟重要成员国，德国媒体法和反不正当竞争法对区别性原则均予以确认。在媒体法方面：首先，德国各州的出版法均将区别性原则作为一项基本

---

① See Audiovisual Media Services Directive Art. 10 (1).

② See Audiovisual Media Services Directive Art. 19 (1).

③ See Oliver Castendyk, *Comments on TWFD Art.* 1, in oliver Castendyk, Egbert Dommering and Alexander Scheuer eds, European Media Law, Alphen aan den Rijn: Kluwer Law International, 2008, p. 131, 153.

④ See Electronic Commerce Directive Art. 6 (a), 7 (1).

⑤ 参见［德］阿尔弗雷德·比勒斯巴赫、［荷］塞尔日·吉拉夫等著：《简明欧洲信息技术法》，吴峻译，商务印书馆2019年版，第321页以下。

⑥ See Unfair Commercial Practices Directive Art. 6 (1) (c), 7 (2).

⑦ See Geraint Howells, Hans W. Micklitz & Thomas Wilhelmsson, *European Fair Trading Law*, Hampshire and Burlington: Ashgate Publishing Company, 2006, p. 141 – 142, 151.

⑧ See Unfair Commercial Practicees Directive Items 11, 22, ANNEX I; Bert Keirsbilck, *The New European Law of Unfair Commercial Practices and Competition Law*, Oxford and Portland, Oregon: Hart Publishing, 2011, p. 82.

原则予以规定。[①] 其次，搭建了联邦视听媒体法律架构的州际媒体协约也对广告和电视购物及新技术形态下的广告和推广行为规定了“识别与分离原则”。[②] 最后，远程媒体法针对互联网广告及推广规定了提示和清楚标明义务。[③] 德国从1909年起就在反不正当竞争法一般条款的司法实践中发展出了“伪装式广告禁止”制度，后基于反不正当竞争法的真实原则，将之适用于所有形式的广告。[④] 通过2004年相关条文调整，德国反不正当竞争法将媒体法中的区别性原则先扩展至所有形式的广告，且涵盖“变相竞争行为”，最后在2008年为使欧盟《不公平商业行为指令》相关制度转换为国内法而将之扩展至“掩饰商业目的之商业行为”。[⑤] 因此，与媒体法中区别性原则相对应，除了将“软文”这种收取对价将广告掩饰成“编辑处理内容”的操作列为当然违法行为外，[⑥] 对源于区别性原则的“掩饰商业目的之商业行为”，基于其对消费者的误导及影响，反不正当竞争法将其单列为一类不正当商业行为，[⑦] 从而将区别性原则扩展至报刊、视听媒体及互联网等所有媒体发布的商业信息并形成了相关案例群，[⑧] 以保护消费者不被掩饰为编辑处理内容的商业信息所误导。这样，德国强大的反不正当竞争法体系在媒体法之外单独确立并发展了区别性原则，相关制度构建丰富而完备。

（二）在反不正当竞争法层面系统确立区别性原则

区别性原则要求内容提供者向公众清楚地表明其所呈现的编辑处理内容与商业信息性质的不同。一方面，这是为了确保内容提供者编辑控制行为相对于经营活动的自主性，体现着媒体法的要求，因此具有重大宪法意义，赋予区别性原则极高的法律层级；另一方面，在反不正当竞争法架构下，也要确立并维护内容提供者编辑控制的独立性，否则就无从识别商业信息，不能将商业信息与编辑处理内容区分开来，也就无法有效确立及适用区别性原则。这样，媒体

---

① Vgl. § 10 BW LPrG.

② Vgl. § 2 II Nr. 7, 11, § 8, MStV.

③ Vgl. § § 5 I Nr. 1, 6 I Nr. 1 TMG.

④ Vgl. Köhler/Bornkamm/Feddersen/*Köhler* § 5a Rn. 7. 1.

⑤ Vgl. Köhler/Bornkamm/Feddersen/*Köhler* § 5a Rn. 7. 2.

⑥ Vgl. Nr. 11 Anh. § 3 III UWG.

⑦ Vgl. § 5a IV UWG.

⑧ Vgl. Köhler/Bornkamm/Feddersen/*Köhler* § 5a Rn. 7. 17 – 19.

法和反不正当竞争法都可以规定区别性原则。但是，如前所述，媒体法的相关制度并不排斥区别性原则固有的竞争法意义，关于编辑控制独立性维持的规定也成为反不正当竞争法架构下适用区别性原则的前提。

为确立“编辑控制”的概念和相关制度，我国广告法的区别性原则提供了现实的突破口。可以考虑通过法律修订的方式，在广告法区别性原则条款下明确“编辑处理内容”概念，将之进一步定义为经独立“编辑控制”处理的内容，将“第三方经营者支付对价”作为“广告”的认定标准；另一方面，将相关“编辑控制”概念引入《反不正当竞争法》第 8 条及其他相关法律所规定的“商业宣传”制度，并借编辑控制这一核心识别标准确立“商业信息”的概念，将“广告”及“商业宣传”均纳入其中，从而解决目前商业信息领域广告法脱离于反不正当竞争法的状态，以对日新月异的商业宣传形态作出必要的法律应对。

在我国，对于广告法执法及司法实践中不考察不当竞争效果就认定广告违法的现象，如果不能基于《广告法》第28条所规定的虚假广告构成要件，对第 9 条第 3 项绝对化用语的不正当竞争效果进行考察，也要基于《反不正当竞争法》第 8 条对之进行考察。至少可以通过司法解释，否定绝对化用语的当然违法性，并在判定广告的违法性时考察其是否对消费者群体构成虚假或误导性商业宣传，从而将广告法纳入反不正当竞争法体系中，对广告的反不正当竞争法意义予以评估，以实现反不正当竞争法体系内区别性原则的系统适用。这样就能为包括广告在内的商业信息的正当与否提供理论依据和判断标准，并在区分信息性质的基础上针对商业信息进一步适用虚假广告或虚假宣传相关的法律制度。另外，将广告法纳入反不正当竞争法体系，既可以在实践中充分利用市场监督管理部门的行政资源有效落实区别性原则，又可以防止行政权力在执法时无视竞争法效果而损害经营者的合法权利。

区别性原则本身就隐含着内容提供者通过发布商业信息取得收入的经济属性，这使得内容提供者能够作为经营者被反不正当竞争法所规制。反不正当竞争法架构下适用区别性原则的直接目的是避免商业信息被隐瞒而对消费者造成不当影响，通过保护消费者群体对信息性质的知情而间接保障经营行为的正当性，体现了《反不正当竞争法》2017 年修订后所确立的三重保护目标。[①] 因此，如何在法律实施中体现消费者群体利益，就成了一个重要的现实问题。囿于消费者个人提起权利主张的成本制约，除了相关经营者提出诉讼之外，美国法通过联邦贸易委员会为消费者提供行政救济的同时，也对违反赞助披露制度的经营者予以行政处罚，[②] 以维护相关竞争的正当性。在德国，消费者个人无法基于反不正当竞争法向不正当竞争行为人提出停止侵害请求权和损害赔偿请求权。[③] 在受影响的经营者向掩饰商业目的的行为人提出停止侵害请求权和损害赔偿请求权之外，仅有法律认可的消费者团体才可以在消费者群体利益受到损害时向相关行为人主张停止损害请求权。[④] 在我国，《民法典》和《消费者权益保护法》并立，且市场监督管理总局同时负责消费者权益保护及《反不正当竞争法》中的行政救济事宜，与美国联邦贸易委员会的职权设置十分相似。就行政救济而言，消费者权益保护法中消费者个人权利保护及反不正当竞争法中消费者群体权利保护集中于同一监管机构，更符合我国现有的行政机制安排，美国路径因此更有现实性。而在民事救济层面，德国反不正当竞争法中合格消费者团体的停止损害请求权可能更具借鉴意义。需要指出的是，我国消费者权益保护法已经确立了公益诉讼机制，[⑤] 虽然它主要是为了解决消费者个人维权成本的问题，但将诉权集中于特定机构及团体的安排，客观上也使经营者免于不当的诉累，且更符合保护消费者群体利益的竞争法逻辑，也有在未来通过成文法的修订而引入反不正当竞争法体系的必要。该等公益诉讼一旦成立，法院判定相关行为是否正当的前提就是：经营者隐瞒信息乃至行为的商业性质对相关消费者群体构成实质误导。

（三）区别性原则的本土制度构建

作为商业信息的不同形态，反不正当竞争法中的“商业宣传”与广告法中的“广告”并无实质区别。“宣传”和“广告”都是一种策略行为，而非沟通

---

① 参见孔祥俊：《〈民法总则〉新视域下的反不正当竞争法》，载《比较法研究》2018 年第 2 期。

② See 16 C. F. R. § 255. 1 (d), 1 Trademark and Unfair Competition Deskbook § 14. 01 (2021).

③ Vgl. § 8 III Nr. 1, UWG.

④ Vgl. Köhler/Bornkamm/Feddersen/*Köhler* § 1 Rn. 39.

⑤ 我国《消费者权益保护法》第 47 条规定：“对侵害众多消费者合法权益的行为，中国消费者协会以及在省、自治区、直辖市设立的消费者协会，可以向人民法院提起诉讼。”

行为。其关注的并不是消费者的判断，而是信息本身想要达到的商业目的。为此，该信息可以夸张，可以有意忽略自身的漏洞，可以在不违反法律规定的前提下对潜在消费者予以选择性劝导，但必须让潜在消费者知晓其性质。因此，应当在反不正当竞争法架构下，针对所有形式的商业信息，基于编辑控制来构筑完备的区别性原则制度体系。

区别性原则对商业信息的体系化控制体现在两个方面：信息识别和公开展示。信息识别主要基于编辑控制标准而实现。如果经营者通过支付对价或以其他经济影响的方式控制内容提供者发布信息和言论的自主权，该信息和言论就构成商业信息。公开展示的要求也具有塑造反不正当竞争法成文规则的效果：其并不禁止呈现商业信息，而是要求公开展示其性质。换言之，交易是否真实、评价是否编造都不重要，只有对“虚构”或“虚假”发布信息以收取对价的情形不作说明，不披露其商业信息的性质，导致与真实交易所体现的信息及用户自主评价相混同的，才在法律意义上构成虚假商业宣传。

区分性原则的适用范围不应局限于此。很多时候，用户对商品或服务发表评价的确是基于真实交易，或者发表评价并不需要用户真实交易的，其本身可能并不“虚假”，但构成商业信息。用户虽然具有传递这种信息和发表言论的合法资格，但其并非基于自己的意愿进行交易或发表评论，而是因为第三方向其支付对价，或通过其他方式控制了其交易或评论的自主权。比如，在电子商务平台成功销售商品或服务的商家，如果向消费者允诺，只要对所购商品或用户给予好评，就可以获得“返券”或“现金退还”一类的优惠。又如，有的服务提供者以免费享有其服务作诱饵，要求消费者将推荐该商家的意见发布在其社交平台上。一言以蔽之，如果基于“编辑控制”的识别标准适用区别性原则，互联网语境下许多信息交流实际上都应该被认定为商业信息。如果对其不予识别并标识，就会产生不正当竞争的后果。基于编辑控制标准的区别性原则一旦获得反不正当竞争法的认可，就可以基于内容提供者编辑控制是否被削弱或损害的情形，对之予以有效规制。

可以看出，无论是“虚构”还是“编造”，只有通过以编辑控制作为逻辑基础的区别性原则，才能从反不正当竞争法的角度解释隐瞒真实性质的商业信息的违法性。即使交易真实，但交易或评论自主权由第三方控制并且未予披露的，也可以据此确定其违法性。对于依照编辑控制标准而被认定为商业信息的，可以视该信息是否真实或具有误导性等情形，进一步适用反不正当竞争法中的虚假商业宣传制度。这样，在反不正当竞争法架构下，就构筑了完整的虚假宣传制度。在互联网信息服务提供者不能进行编辑控制的情形下，将借助网络服务发表言论或信息的个人视为编辑控制主体，最终将区别性原则扩张适用于网络信息领域内所有编辑控制主体发布的商业信息，将能够在反不正当竞争法架构下实现对虚假信息的有效规制。在推动成文法明确区别性原则适用规则的同时，最高人民法院可以考虑对“网络侵害人身权益纠纷司法解释”中所体现的“编辑控制”认知及涉及传统媒体编辑权（“采编权”）或编辑控制的案例进行总结，并将之适用于所有形态的内容提供者，通过司法解释或指导案例的形式，在司法层面提供可靠的识别和定性标准，为整个内容提供产业的发展构建一个可信赖、可预期的司法环境。

五、结语

区别性原则的关键在于包括媒体在内的内容提供者对其所呈现信息进行编辑控制的独立性。首先，如果编辑控制在法律上得以明确，就可以编辑控制的独立与否来识别是否存在信息被他人“操控”的情形。被他人“操控”的信息如果不能说明其性质，则存在虚假和误导的嫌疑。如何在此基础上进一步建构更为有效且符合比例原则的互联网信息服务监管架构，值得业界深入思考。其次，编辑控制人须对其提供的内容负责，是否可能基于此为《民法典》第 1194 条至第 1197 条的网络侵权制度提供上位法的概念支撑，从而更好地界定互联网信息服务提供者的责任范围，甚至在此基础上借鉴其他法域的成熟做法，进一步作出豁免规定，[①] 以明确“避风港”的实质内容，需要在司法实践中进一步探索。最后，对于欧盟和德国反不正当竞争法将区别性原则扩张适用于“掩饰商业目的之商业行为”，[②] 使其不但可以规制内容提供者的相关行为，也可以涵盖诸如“一元游”等名为旅游服务实为强制广告推销的行为，值得学界进一步研究。

---

① See 47 USCS § 230；张金玺：《美国网络中介者的诽谤责任与免责规范初探——以〈通讯端正法〉第 230 条及其司法适用为中心》，载《新闻与传播研究》2015 年第 1 期。

② See Unfair Commercial Practices Directive Art. 6 (1) (c).

以编辑控制作为识别标准的区别性原则是为了识别并披露信息的性质，使得公众或消费者能基于此建立起对有关信息的信任。在反不正当竞争法领域进行系统的区别性原则制度构建，就是在信息性质透明化的基础上信任消费者的自主判断及选择，信任其能够铸造市场运作的稳定结构。如何达成这两层信任，是目前我国经济法需要完成的任务。

第三节　公平竞争政策与市场公平竞争审查制度

一、问题的提出

伴随我国市场经济的迅猛发展，公平竞争审查制度成为近年来国家优化营商环境、完善社会主义市场经济体制的重要抓手和工作重点。2016 年，国务院《关于在市场体系建设中建立公平竞争审查制度的意见》的出台，标志着我国公平竞争审查制度的正式确立。2017 年，国家多部委配套出台《公平竞争审查制度实施细则（暂行)》，标志着我国公平竞争审查制度的实践操作指引的正式确立。2021 年通过的《国民经济和社会发展第十四个五年规划和 2035 年远景目标纲要》更是在“强化竞争政策基础地位”部分明确指出，要“坚持鼓励竞争、反对垄断、完善竞争政策框架，构建覆盖事前、事中、事后全环节的竞争政策实施机制”，要“统筹做好增量审查与存量清理，强化公平竞争审查制度的刚性约束，完善公平竞争审查细则，持续清理废除妨碍全国统一市场和公平竞争的规定及做法”。由此可见，被纳入“十四五”规划的公平竞争审查制度是在国内优化营商环境、建设高标准市场体系与国际社会呼吁国内建立公平、开放的市场体系的共同要求下建立，具有重要制度意义和战略价值。

经过多年运行，公平竞争审查制度在取得积极成效的同时，也面临着制度发展的困境需要破解。例如，在政策落实上总体进程相对缓慢；在审查程序的适用上没有明确清晰的标准；[1] 在制度宣传和经验推广层面，对制度实施效果的相关报道均是关于数字的量化表达，鲜有关于各地如何开展公平竞争审查的

---

① 参见金善明：《公平竞争审查机制的制度检讨及路径优化》，载《法学》2019 年第 12 期。

经验型报道。总体上讲，制度运行暴露的问题既有来自制度机制本身的系统性障碍，也有行政体制机制带来的内生性障碍。而在现代市场经济发展过程中，“市场失灵”与“政府失灵”问题同时并存，需要通过法治方式审慎地处理政府与市场、中央政府与地方政府、地方政府相互之间以及不同政府部门之间的关系。

对于公平竞争审查制度面临的困境，学界也提出了自己的架构思路。有学者指出，有必要明确公平竞争审查制度的法律地位，从而确保公平竞争审查制度基于行政职权作出的审查结论能够对立法机关产生确切的影响力。① 有部分学者认为，应当进一步提出公平竞争审查制度的入法路径，通过《反垄断法》的修订，将公平竞争审查制度纳入其中。② 对制度体系的完善路径，有学者提出可以通过在政策制定机关内部单独设置机构实施审查，构建必要的程序约束机制，增设自我审查的考核指标。③ 也有学者提出通过建立相应的内部激励机制来激活审查主体的审查动机和能力。④ 还有学者从自身审查的整个体系出发，提出适当的改变纯粹以自我审查为主的审查方式，在审查过程中引入基于市场分析的 SCP 范式分析法、基于垄断分析的假定垄断者测试分析法、基于市场监管因素分析的市场监管影响分析法（RIA）等主流竞争分析方法等。⑤

综上可以看出，近年来关于公平竞争审查制度的研究多立足于反垄断法展开，总体上多偏重法学视角和规范研究方法，缺乏基于行为偏好的博弈论分析。而根据博弈论，法律实际上是一种间接作用的激励机制。它不直接限制人们的行动集合，而是通过改变一个社会博弈的支付函数方式改变人们行为选择的激

① 参见向立力：《中国公平竞争审查制度的理论梳理、制度基础与机制完善》，载《法治研究》2017 年第 3 期。

② 参见孙晋：《新时代确立竞争政策基础性地位的现实意义及其法律实现——兼议〈反垄断法〉的修改》，载《政法论坛》2019 年第 2 期；任立民：《公平竞争审查的法律化路径研究》，载《竞争法律与政策评论》2018 年第 4 期；黄勇、吴白丁、张占江：《竞争政策视野下公平竞争审查制度的实施》，载《价格理论与实践》2016 年第 4 期；刘继峰：《论公平竞争审查制度中的问题与解决》，载《价格理论与实践》2016 年第 11 期。

③ 参见郑和园：《公平竞争审查制度中自我审查的理论逻辑及实践路径》，载《价格理论与实践》2017 年第 12 期。

④ 参见焦海涛：《公平竞争审查制度的实施激励》，载《河北法学》2019 年第 10 期。

⑤ 参见虎剑刚：《论我国公平竞争审查制度的完善——基于间断平衡理论》，载《价格理论与实践》2018 年第 9 期。

励，使得人们的行为实现立法者的目标。[①] 因此，我们采用博弈论方法，对我国公平竞争审查制度展开相应分析，得出公平竞争审查制度的持续优化，需要系统构建具有相容性的行政激励与监督治理体系，以克服规则功利主义[②]与行为功利主义[③]的博弈困境，最终形成对现实和实践有益的体系化制度安排的结论。

二、市场公平竞争审查制度实施：基于博弈论的分析

公平竞争审查制度涉及中央政府、地方政府与市场主体三个方面。其中，中央政府和地方政府是推动制度实施的主要主体，市场主体则是制度实施效果的获得主体。

（一）博弈的起因：政府间的利益冲突

中央政府代表的是全局利益，是国家整体利益，中央政府需要建立和维护竞争有序的市场经济环境。地方政府代表的利益则具有双重属性：一方面，是中央政策在地方的具体执行者，需要对中央政府负责，代表中央利益；另一方面，也需要对本地居民负责，代表地方利益。

对地方政府来讲，地方利益主要体现为地方经济利益与政治利益。地方政府是地方公共利益的追求者与维护者，追求本地方社会福利的最大化，地方政府必须在一定的资源、技术和社会条件下对经济社会文化活动进行规划、投资等调控。这也就决定了地方政府经济利益的首要目标是获取最大的税收和财政收入，推动本地经济快速地发展。其政治利益则表现在，地方政府尽力提高本地利益在整个政治权力体系中的影响力，从而获取最大化的政治资源。

1. 中央政府与地方政府之间的博弈关系分析

央地政府间的博弈模型，存在博弈主体、博弈策略、博弈得失及信息效率几方面要素。央地政府间博弈模型的博弈主体即是中央政府与地方政府，两者都是代表人民群众的根本利益。但在某些政策推行的出发点上，两者却体现出

① 参见丁利：《制度激励、博弈均衡与社会正义》，载《中国社会科学》2016 年第 4 期。

② 所谓规则功利主义，其行为主体强调整体的长期的考量，把选择一种行为的合理性从其作为一种规则所带来的得失利弊来权衡。

③ 所谓行为功利主义，其行为主体关心的是一时一地一事，是一种局部的短期的视角。

全局性考虑与局部地方性考虑的细微差别，这些差别导致行为选择出现利益冲突。

例如，在新能源汽车行业，在国家制定的新能源汽车相关标准之外，有些地方政府还通过自行设立本地新能源汽车目录或设定差异化标准的方式设置市场壁垒，干预市场竞争，进而保护本地新能源汽车产业的发展，破坏市场竞争环境。① 这就是典型的地方政府出于本地经济发展与特定行业领域政策扶持的考量，选择制定与中央规定不完全一致的政策措施，并在审查中对可能违反公平竞争审查的条款规定通过各种隐秘的方式予以出台。从本质来说，这样的行为选择就是地方政府与中央政府之间存在了利益冲突。

本节将构建模型来刻画中央政府与地方政府的博弈。中央政府与地方政府的博弈时序分为两个阶段（见图2-1）。具体博弈过程如下：

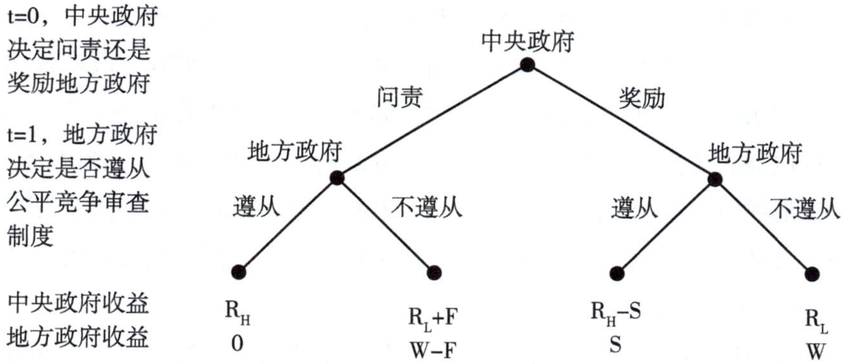

图2-1 中央政府与地方政府博弈时序

在t=0期，中央政府出台公平竞争审查制度，并决定是采取问责措施，即对虚假、变通执行（也称不遵从）公平竞争审查制度的地方政府施加惩罚F，还是采取奖励措施，即对中式执行（也称遵从）公平竞争审查制度的地方政府给予奖励S。

在t=1期，地方政府观察到中央政府的行动，决定是否遵从中央政府的公平竞争审查制度。地方政府可能会选择不遵从，是因为地方政府是本地方利益团体的代表，需要维持本地区经济发展，且地方政府官员受到中央政府考评约束，而以经济发展增加值为主的考评指标是地方政府最为关心的内容。不论是

① 参见南辰：《新能源汽车地方保护是自毁长城》，载《瞭望》2020年第42期。

从为本地人民群众谋福祉角度还是从地方官员自身政绩角度看，当在执行公平竞争审查制度会有损当前利益格局时，地方政府通常都不会遵从该制度。此时，中央政府和地方政府各自的收益取决于双方的策略。当 $t=0$ 期中央政府决定采用问责时，若地方政府遵从公平竞争审查制度，则地方政府收益为 0，中央政府收益为 R_H；反之，若地方政府不遵从公平竞争审查制度，则由于市场竞争被破坏，加之地方政府受到来自中央政府的惩罚 F，此时地方政府收益为 $W-F$，中央政府收益为 R_L+F。当 $t=0$ 期中央政府采用奖励措施时，若地方政府遵从公平竞争审查制度，则中央政府奖励地方政府 S，此时地方政府收益为 S，中央政府收益为 R_H-S；反之，若地方政府不遵从公平竞争审查制度，则地方政府收益为 W，中央政府收益为 R_L。其中，地方政府遵从公平竞争审查制度，使得市场有序竞争，进而中央政府能够从中获得更大的收益，即 $R_H>R_L$。

本节采用逆向归纳法求解央地博弈的均衡。首先通过比较地方政府是否遵从公平竞争审查制度而获得的收益相对大小来求解 $t=1$ 期地方政府的最优决策。当 $t=0$ 期中央政府选择问责措施时，如果地方政府不遵从公平竞争审查制度获得的收益大于遵从，即 $W-F>0$，地方政府将选择不遵从，此时中央政府和地方政府的行动为（问责，不遵从）；反之，如果地方政府不遵从而获得的收益小于遵从，即 $W-F<0$，地方政府将选择遵从，此时中央政府和地方政府的行动为（问责，遵从）。

当 $t=0$ 期中央政府选择奖励措施时，如果地方政府不遵从公平竞争审查制度获得的收益小于遵从，即 $W<S$ 时，地方政府选择遵从，中央政府和地方政府的行动为（奖励，遵从）；反之，如果地方政府不遵从公平竞争审查制度获得的收益大于遵从，即 $W>S$，地方政府选择不遵从，中央政府和地方政府的行动为（奖励，不遵从）。

我们比较中央政府在（问责，不遵从）（问责，遵从）（奖励，遵从）（奖励，不遵从）这四种情况下的收益相对大小，以求解中央政府 $t=0$ 期的最优策略。由此，我们得到多重博弈均衡：（1）在区域 $\mathrm{I}=\{(S, F) \mid F>W\}$，中央政府选择问责措施，纳什均衡为（问责，遵从）；（2）在区域 $\mathrm{II}=\{(S, F) \mid S<W, F<W\}$，中央政府选择问责措施，纳什均衡为（问责，不遵从）；（3）在区域 $\mathrm{III}=\{(S, F) \mid S>W, F<\min\{S, \bar{F}\}\}$，中央政府选择奖励措施，纳什均衡为（奖励，遵从）；（4）在区域 $\mathrm{IV}=\{(S, F) \mid S>W, \bar{F}<F<W\}$，

中央政府选择奖励措施，纳什均衡为（奖励，遵从）。其中，$\bar{F} \equiv R_H - R_L - S$。

由图2－2可知，在区域Ⅱ中央政府制定的问责力度和奖励力度均较小。从中央、地方政府利益最大化来考量，双方的最有利选择为：中央政府选择采用问责措施，而地方政府选择不遵从公平竞争审查制度，从而形成纳什均衡（问责，不遵从），由此形成了“上有政策，下有对策”的局面。也就是说，尽管央地双方在这种选择中达成了一种均衡状态，但双方是处于一种非合作的对抗状态，即陷入了一种博弈困境，背离了制度设计的预期。因此，我们要突破这种困境，使其双方在合作中实现各方利益最大化，还需要对背后的原因进行深层剖析。

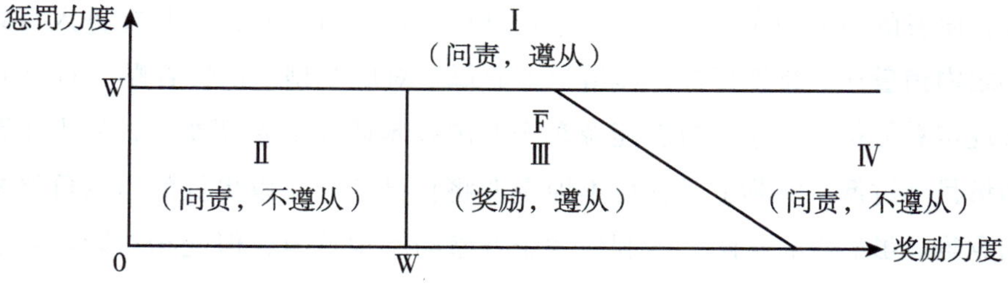

图2－2 中央政府与地方政府的博弈均衡

这里继续以国家发展新能源汽车战略为例进行说明。自2001年始，央地政府相继出台了一系列政策发展新能源汽车。中央政府发展新能源汽车的目的，一方面是降低汽车尾气排放对生态环境的不良影响，达到国际环保标准；另一方面则是在我国汽车领域先天不足的劣势下，通过开发新能源汽车实现技术上的弯道超车。整体来看，相比于我国新能源汽车2009年500辆销量而言，2019年已经达到年销量120.6万辆，这十年期间取得的成就是瞩目的。但当政策由地方政府具体落实时，则产生了地方保护主义问题。主要表现为三种类型：

第一，显著违法型。地方政府直接通过设置地方小目录①以及备案要求增加市场准入壁垒。一些新能源车企能够进入中央的车型目录，但不一定能进入各地的车型目录，也就无法获得当地补贴。这就迫使一些新能源汽车在当地投资建厂，事实上增加了市场准入门槛，也让一些车企面临生产要素成本的增加。

① 工信部通过技术、资质等条件筛选新能源汽车企业并制定与发布推广目录，推广目录全称为《新能源汽车推广应用推荐车型目录》。该目录为新能源汽车应用车型推荐名单。只要通过国家检测认定并满足一定技术标准的电动汽车均可进入该目录，并得到中央和地方的合力补贴，从而惠顾消费者。

第二，暗度陈仓型。一些地方间接通过对产业链与技术的支持来优先发展本地企业。比如安徽省合肥市政府在2020年出台的《关于加快新能源汽车产业发展的实施意见》第2条“主要举措”的“培育产业生态”中规定，支持江淮汽车、蔚来汽车、奇瑞等整车企业加强新能源汽车供应链建设，培育行业领军企业。[①] 这条规定明显限制了非合肥本地新能源车企或者未被规定列举的汽车企业在完善供应链以及整车研发方面的竞争力。

第三，留有余地型。部分地方通过一些并不直接影响市场竞争的手段，如更高的财政补贴来支持本地企业发展。2020年四川省出台的《支持新能源与智能汽车产业发展若干政策措施》明确规定对省内企业予以研发补贴。只要省内企业新研发的新能源车型进入了工信部新能源汽车推广目录，且在进入目录后一年之内销量达到预期目标，即给予企业每个对应车型一次性补贴一百万元。[②] 这条规定看似符合国家支持新能源车企开展技术研发的宏观要求，但由于预定的销量目标过低，实际上是支持本地企业将自己的产品以更低的市场价格参与全国竞争。虽然没有排除、限制外地企业参与本地竞争，但变相对影响竞争的成本要素产生影响。

可见，地方政府正在通过公平竞争审查消除直接限制排除竞争的政策措施，转而采用更笼统模糊的规定来保护本地企业。从公平竞争审查制度在这些行业的适用情形来看，地方政府并不是缺乏专业人才，也不是受制度位阶不够的影响，很多措施在政策出台前，也进行了公平竞争审查，但地方政府始终以促进本地经济发展作为政策措施制定的出发点，让公平竞争审查的制度效应让位于地方整体效应。从目前的情况看，对地方出台的这类文件措施，中央政府并未因违反公平竞争审查制度而给予严厉查处，这也成为地方政府做出变通执行选择的一个考量因素。在这个过程中，地方政府也逐步形成了一种形式上以中央宏观政策要求作为合规掩护，但实质上仍然变相或非常隐蔽地保留了一些有利于本地经济利益，或者能够在后续拥有灵活解释、操作空间的政策措施规定。

---

① 《合肥市人民政府关于加快新能源汽车产业发展的实施意见》，载新浪网，https://finance.sina.com.cn/tech/2020-11-19/doc-iizncke2260755.shtml。

② 《四川省人民政府关于印发四川省支持新能源与智能汽车产业发展若干政策措施的通知》，载四川省人民政府网，https://www.sc.gov.cn/10462/c103044/2020/9/30/5a37938af489498b861716f17e236964.shtml。

2. 地方政府间的利益博弈分析

理想的地方政府间的关系应该是协商合作、互利互惠的关系。但从公平竞争审查制度在地方政府的实施过程来看，地方间存在通过限制商品要素流通、设置准入退出障碍等措施来促进本地经济发展。

究其原因，在央地政府分权制环境下，地方政府获得行政权力的同时也承担了较多的责任，包括地方经济建设、城市建设、公共管理等多个方面。中央政府用产值、发展速度对地方政府进行考核，在对地方官员晋升、权力、资源的分配过程中也充分考虑了地方的发展状况，于是造就了府际在经济资源、政治资源上的竞争。地方政府非常清楚公平竞争审查制度的实施将阻断通过设置行政垄断在短期内实现绩效向上的路径，谁先打破封锁，实施公平竞争审查制度谁就会在竞争中失利。基于这重顾虑，地方政府间的博弈容易陷入“囚徒困境”。

第一，实力相当的同级政府间博弈。在府际博弈中，我们假设博弈的主体（地方政府 A、B，地方政府均为同一等级）均处于经济发展同一位阶，双方经济实力相当。博弈的主体只有两个策略供其选择，即忠实执行和虚假执行公平竞争审查制度。博弈的得失为实施公平竞争审查制度的效果。这里使用数值来描述博弈主体获得的经济发展利益。

如表 2－1 所示，左边数值表示政府 B 的经济利益，右边数值表示政府 A 的经济利益。博弈主体在公平竞争审查制度中选择的策略组合一共有 4 种。

表 2－1　同级府际博弈选择对比

		政府 A	
		忠实执行	虚假执行
政府 B	忠实执行	（5，5）	（－2，7）
	虚假执行	（7，－2）	（3，3）

当政府 A 和 B 都选择忠实执行时，市场形成良好的竞争环境，商品要素等的自由流通使得市场进一步开放，双方的市场均会扩大，资源得到了进一步的优化配置，市场竞争有序且充满活力。此时，地方政府获得的经济利益是长远可持续的，其收益为 5。

当政府 A 和 B 都选择虚假执行时，博弈主体则只能在本地市场中发展，取决于本地消费能力、企业实力和基础资源的拉动作用，市场没有竞争活力，各自保护使得本地企业没有竞争力，市场创新能力不足，最终地方获得经济利益不可持续，其收益为3。

当政府A虚假执行而政府B忠实执行时，政府B的忠实执行使得市场进一步开放，良好的竞争秩序使得A地的企业、商品可以自由参与B地的竞争，政府A不仅保证了本地的经济利益不外溢，还能够获得B地的利益，因此短期内A地获得的经济利益快速增长于B地，并且获得的利益是高于双方都选择忠实执行时获得的利益，由数值7来代表。相反，在这种博弈策略下，政府B在短期内因开放、有序的竞争环境使得部分本地经济利益被让渡的同时又无法从政府A获取资源和利益，因此，政府B获得利益会小于双方都采取虚假执行时的己方利益，其值为-2。同理，当政府A忠实执行而政府B虚假执行时，政府A的收益为-2，政府B的收益为7。

基于上文的分析，在府际博弈过程中，博弈主体方政府知晓忠实执行与虚假执行公平竞争审查制度的效果，并且也知晓博弈对手可能选择的策略。因此，从"理性经济人"逐利视角出发，政府会选择对自己最为有利的策略。那么，若政府A选择虚假执行，则政府B的最优策略同样也是虚假执行。若政府A选择忠实执行制度，政府B的最优策略仍然是虚假执行。同样地，无论政府B怎么选择，对于政府A而言，虚假执行也是其最优策略。在这种博弈的均衡状态下，每一方的战略都是在清楚知晓对手战略后的最优选择。所以，在地方官员任期的政绩考核下，没有哪一方会愿意主动去改变这种策略选择、主动去打破这种均衡状态。这也解释了为什么公平竞争审查制度在地方的实施面临着博弈困境。

第二，实力不同的府际博弈。公平竞争审查制度要求地方政府不得滥用行政权力干预市场竞争，实力相对较弱的地方政府存在基础建设、人才、地理位置等方面的劣势，在这场竞争中处于被动地位。想要改变劣势、提升本地产值，招商引资是实现经济增长的重要措施。为获取外部企业落户本地，相对于强势方，弱势地方政府需要付出更多的成本，并给予某些企业特定的优惠等。同样地，在对本地企业的保护过程中，相较于强势方，会出现诸如限制外地商品流入本地、实行歧视性待遇等违反公平竞争审查制度的行为。若实力弱的地方政府率先放开市场、实施公平竞争审查制度，则会使本地市场很快被博弈对手占领，陷入为他人做嫁衣的困境。出于自身利益的考虑，虚假执行公平竞争审查制度成为博弈主体弱势方最优的策略选择。

综上所述，无论是在实力相当的同级府际，还是在实力不同的同级府际，在对待公平竞争审查制度实施问题上，都会选择虚假执行来保护自身利益最大化。由此府际博弈往往陷入“囚徒困境”。

（二）博弈的持续：政府与市场主体的利益关联

通常情况下，我们认为权利的对应面体现为义务，实则不然。从政治哲学和法哲学的角度分析，与权利对应的应该是权力，两者的矛盾是政治生活和法律生活的最基本的矛盾。公平竞争审查制度所涉及的三个主体方：中央政府、地方政府均是权力的代表，只有市场主体是权利的代表。市场经济的本质就是竞争，而良好的市场经济秩序就是一种自由、开放、竞争有序的秩序。因此，市场主体的权利表现为自由公平竞争权。正如前文所述，若政府与部分市场主体的利益在同一层面上，即是权力与权利的“双赢”，那么政府与这部分市场主体都不具有打破这种平衡的积极性。但在瞬息万变的信息社会，市场主体并非一成不变，随着新兴技术产业等一大批新兴经济主体的崛起，这种政府与部分市场主体“通谋共生”的状态被打破。新兴主体需要在市场经济中获得应有的权利，因此，新的市场主体为了自身利益最大化就会选择与政府的权力进行博弈。

地方政府与市场主体的博弈是一种持续性的博弈过程。假定地方政府的策略是忠实执行与虚假执行公平竞争审查制度，市场经济主体的策略选择是选择维权与放弃维权，双方均是基于自身利益最大化采取策略。同时，我们假设，地方政府虚假执行的收益为P，市场主体不享有自由公平竞争权时的收益为W；若选择维权，市场主体需要支付的成本为F，地方政府受到处罚需支付的成本为R，如果维权成功，市场主体可获得的利益假设为N。博弈分析如下：

若地方政府忠实执行，市场主体的自由公平竞争权利不会受到影响，因此既不会选择维权，也不会放弃维权。若地方政府虚假执行，市场主体选择维权，且维权成功，则地方政府的收益为 $P-R$，市场主体维权成功时其利益为 $W-F+N$。若地方政府虚假执行，市场主体选择维权，但维权失败，则地方政府的收益为P，市场主体维权失败时其利益为 $W-F$。若地方政府虚假执行，市场主体放弃维权，则地方政府的收益为 P，市场主体放弃维权时其利益为 W。

从以上分析可以看出，地方政府最优的策略是选择虚假执行，而对于市场主体，若不考虑维权的结果，那么放弃维权是最优策略。但如果存在某种激励机制抑或是某种能够畅通维权通道的机制，且能够让维权结果指向好的方向，那么市场主体的最优策略则变成了选择维权且维权成功。

因此，市场主体与地方政府在权利与权力的博弈中，中央政府希望能够让市场充分竞争，保持活力，而地方政府虚假执行公平竞争审查制度获得的利益是短期的。那么，从推动公平竞争审查制度的角度来看，中央政府最优选择的关键是设置好 N 这个目标值。这并非单纯地赋予 N 一定的数值，而是要通过制定一系列的措施来促进 N 值的实现。对于违反公平竞争审查制度的政策措施等，市场主体要想维权成功，首要的是调动他们参与维权的积极性。

对此，良性有序的权利与权力博弈，需要解决三个最重要的问题：一是要解决好人民群众利益的表达和诉求问题，二是要解决好权力平行的监督问题，三是要解决好媒体监督问题。公平竞争审查制度的实施，不仅需要央地政府的一致努力，也离不开市场主体的积极参与。市场主体作为公平竞争审查制度实施效果的直接受益者，更应激励其积极主动参与该制度的实施和监督。

三、制度优化：构建具有相容性的行政激励与监督治理体系

在府际关系内部以及政府与市场的博弈关系中，我们发现两个要素是决定博弈结果走向的关键：一是实施激励补偿，二是成本支出。从追求各方利益最大化出发，最优结果就是，将这两个要素有机结合并作用于公平竞争审查制度的实施过程。如何进行激励补偿与成本支出的设置是最值得关注的问题。正向激励作为一种非对抗性的手段，可以成为一种实现各方利益均衡的重要选择。

一个设计良好的激励机制能够给予每个参与者恰当的激励，使其在实现个人利益的同时，实现制度设计者的既定目标。目前，我国公平竞争审查制度的实施之所以陷入不必要的博弈困境，主要在于府际关系之间的博弈策略各不相同，因而行动方案也不尽一致。我们认为，若要使各级地方政府积极主动实施并保证实施效果，就必须建立一套与激励相容的行政激励机制。

（一）纵向博弈：物质激励与非物质激励

1. 物质激励：设立公平竞争审查财政专项资金。公平竞争审查制度可能会

给地方政府带来短期的经济发展压力，进而影响到主政者的政绩考核。因此，提升各地政府审查动力的关键是弥补公平竞争审查所造成的利益损失，也就是在央地政府博弈关系中设置合适的 N 值（激励补偿）。N 值的设置不仅能够影响央地政府间博弈关系的发展方向，也能直接作用于府际的“囚徒困境”关系。为此，可借鉴澳大利亚的竞争支付制度，在我国设立公平竞争审查制度专项资金。

具体来讲，首先，在中央政府层面设立公平竞争审查专项资金。资金金额可以根据地方在未来一定期间内实施公平竞争审查制度所需付出的经济发展成本来进行估算确定，资金由国务院统一支配。其次，设定专项资金的支付条件，如各地新增政策措施的审查质量评级、对存量政策措施的清理情况评级、各地公平竞争审查制度的宣教情况评级等条件。同时，由于我国地区经济发展不平衡，为了支付条件的评级相对合理，在评级中可按照四大经济分区对各省级政府进行归类，并将经济分区下的省级政府按照经济发展程度、政策措施体量因素等划分类别。每一类按照支付条件由国务院成立的公平竞争审查联席会议办公室组织评定，评选出优、良、合格与不合格的等级。最后，应确定支付周期及其支付比例。根据前述评级结果，可将支付比例设置为优秀（100%）、良好（80%）、合格（60%）、不合格，如果不合格则不予支付补贴。

由于公平竞争审查制度在我国属于新的制度创设，各地政府在实施中都是“摸着石头过河”，因此在前期可以按照评级结果进行全额支付，适当减轻公平竞争审查制度实施所带来的经济发展“阵痛”，对于后期则可根据公平竞争审查制度的实施效果作为支付条件。

2. 非物质激励：将公平竞争审查实效纳入政绩考核。职务晋升是最重要和最有效的行政激励措施之一。长期以来，衡量职务晋升的标准是政绩考核结果，而政绩考核侧重经济发展指标。公平竞争审查制度是确立竞争政策基础性地位的关键环节，这一制度的本质是为了规范政府对市场的不当干预行为，其实施会在短期内使政府在经济发展中失去部分优势，由此产生了与地方政府政绩观或部分行业发展思路的冲突。

在行政激励机制的构建中，就需要摒弃以往唯 GDP 论的政绩评价体系，实施具有相容性的行政激励机制。这需要从两个方面入手：一是可将公平竞争审查成效纳入地方主政官员职务晋升评价体系；二是可将审查效果纳入开展公平竞争审查的经办人员在职务晋升或年终考评的评价标准中。这样有利于从根本上消除地方官员顾虑，从而促使主政官员和直接经办人员主动开展公平竞争审查，保证审查效果，提高制度实施主体的积极性。除了上述政绩考核指标的优化，还可以积极开展地方营商环境个人评比活动并给予表现良好者以一定的荣誉，同时利用媒体进行宣传，提高政策措施制定主体的审查积极性。

（二）横向博弈：区际利益补偿协议安排

当前，我国经济社会发展不平衡问题仍然比较突出，重点领域和关键环节的改革任务仍然相当艰巨。地方政府作为市场博弈的行为主体，关注的都是自己的现实利益和未来利益。如何缩小地方收入差距，是实施公平竞争审查时不容忽视的大问题。为此，在公平竞争审查配套制度的系统完善中，需要深刻认识地方政府之间的博弈本质，系统地把握我国经济发展的前瞻性、全局性、战略性与整体性特征，深入实施区域重大战略、区域协调发展战略、主体功能区战略，注重发挥各地区在资源禀赋、人才、技术、资金等方面的比较优势，破除资源流动障碍，健全区域协调发展体制机制，促进区域间融合互动、融通补充，构建高质量发展的区域经济布局和国土空间支撑体系。

公平竞争审查制度系统完善的关键在于，需要高度重视府际横向博弈中的地方利益诉求，把利益调节作为主要手段，建立健全区际利益补偿机制。特别是面对产业在不同区域内的转移、能源资源的流动以及环境保护治理等新情况时，切实地改变各地的成本、产出和收益，通过完善利益补偿机制实现地方经济利益的再分配，进而提高跨区域合作的稳定性和长效性。在这方面，需要建立健全区际利益补偿制度，由各地政府协商确定利益补偿的范围、方式、重点和标准，区分政府补偿和企业补偿、实物补偿与货币补偿以及初期补偿、中期补偿与后期补偿等类型，实施多样化补偿方式。在区际利益补偿协议中，明确利益补偿的主体与客体、方式与方法、标准与期限等，使利益补偿行为有章可循。只有这样，才能统筹推进全国市场的一体化建设，更好地促进发达地区和欠发达地区、东中西部和东北地区的共同发展，在发展中促进相对平衡、提升区域合作层次和水平。

（三）政府与市场之间：系统化构造外部监督治理体系

公平竞争审查制度推行的受益者首先是市场主体。从理性经济人角度看，人总是按自己的经济利益决定自己的行动取舍。每个社会成员都有自己的行动空间以及仅为自己所知的偏好与态度等私有信息。在权利与权力的博弈中，必须系统化外部监督治理体系，畅通市场主体诉求表达和保障通道，提高市场主体参与公平竞争审查监督的积极性和实效性。

在公平竞争审查制度的实施中，对存量制度的清理以及对各方主体可期待利益的维护，都应当以中立性和正当性为标准，不能带有明显的指向性或偏向性。为此，需要系统化构造外部监督治理体系并做好以下几项工作：一是需要引入第三方征询机制。在进行公平竞争审查过程中，积极听取市场主体中利害关系人意见以及第三方评估机构的咨询意见。二是需要引入上级部门监督。加强政策制定机关的上级机关和反垄断执法机构的监督作用，尤其对公平竞争审查的情况进行过程监督，同时可以对实施过程和实施结果进行问责。三是建立实名举报奖励制度。积极鼓励市场主体对公平竞争审查过程中的不作为、乱作为行为进行实名举报，并注意保护实名举报人的合法权利。受理单位对举报事项的处理结果，应及时告知举报人。四是信息反馈和处置机制。一方面，可以通过设立统一的公平竞争审查社会监督 App 平台形式，受理利害关系人及社会公众的对排除、限制竞争行为的举报，为市场经济主体提供利益和诉求表达平台；另一方面，根据属地原则，对于审查阶段征求到的意见按照时限要求转至各级政策措施制定机构处理并反馈，对于受理的举报信息则转至各级反垄断执法机构进行处理并反馈。五是强化媒体宣传教育。广泛动员各类媒体，既要向市场主体普及公平竞争审查制度知识，又要持续加大对公平竞争审查制度实施状况的宣传和监督力度，积极营造良好的公平竞争社会氛围。六是建立行政公益诉讼制度。对严重影响公平竞争的行政垄断行为，可以通过建立行政公益诉讼制度提供必要救济途径，借以保护社会公共利益。通过立法，明确检察机关和行业协会有权就行政机关侵犯公平竞争权提起行政公益诉讼，明确该类行政公益诉讼的受案范围和启动程序等。

公平竞争审查制度的建立，有其深刻的经济和法律基础。我国建立的公平竞争审查制度是以自我审查为主要实践路径的行政机关内部决策合法性审查机制，其实这只是依法行政原则在行政权力内部运行机制中的具体展开和实践体现，无法形成有效的外部化约束。为此，通过博弈论重新审视公平竞争审查机制在经济治理中的地位和作用后发现，我们需要将其逐步拓展为行政权力运行的外部监督机制，从而以最低的治理成本获得最优的竞争效果。

我们认为，博弈论的抽象性、统一性与普适性为公平竞争审查制度的升级迭代提供了一种重要的数理工具。它与社会选择理论一起刻画了法律通过不同的激励安排所能实现的行为模式，进而刻画出法律所要实现的最终目标。只有系统地构建激励相容的制度和机制，并将其作为政府与市场在这一博弈过程中均衡行为的结果，公平竞争审查制度才能得到切实有效的实施。这也为激励相容原理在后续的具体措施中进行制度完善提供方向指引，有利于解决未来其他不公平竞争带来的问题。

四、中国式现代化进程中公平竞争政策实施机制体系性优化及其路径

（一）我国公平竞争政策战略定位的再认识

完善的全国统一大市场，不仅是畅通国内大循环的发动机，也是国内国际双循环相互促进的推进器。高水平社会主义市场经济体制，必然有高标准的公平竞争政策作为支撑。因此，强化公平竞争政策基础地位，完善竞争政策框架，优化竞争政策实施机制，具备鲜明的国家战略属性。从构建新发展格局的视角深入认识公共竞争政策的战略定位，应分为内需和外需两个维度。既要从中央统筹中华民族伟大复兴战略全局的物质条件和市场基础出发，也应着眼于更加积极主动的开放战略，围绕统筹推进国内法治和涉外法治，关注公平竞争政策的实施机制与法治保障对深化国内相关领域改革的促进作用。

1. 公平竞争政策的内在要求就是要深化经济体制改革，使市场在资源配置中起决定性作用，更好发挥政府作用，推进有效市场和有为政府更好有机结合，推动经济实现质的有效提升和量的合理增长。中国式现代化发展的根本动力是全面深化改革，改革是解放和发展社会生产力的关键，是推动高质量发展的根本动力。我国 1993 年修订《宪法》时确立“建设社会主义市场经济”的经济体制目标，这些年也取得了长足发展，但实践中仍存在市场机制发育不充分、监管不到位或错位等问题，因而深化经济体制改革仍是我国高质量发展阶段深刻推进中国式现代化的重要内容。经济体制改革就是要正确处理好政府和市场关系，充分发挥市场在资源配置中的决定性作用，最大限度减少政府资源的直接配置和对微观经济活动的直接干预，充分利用市场机制，实现资源配置最优

化、效益最大化；与此同时，要更好发挥政府作用，完善宏观经济治理，有效弥补市场失灵，实现效率和公平有机统一，推动高质量发展。这需要科学制定竞争政策、合理实施竞争政策，在竞争治理过程中用好“看不见的手”和“看得见的手”，推动有效市场和有为政府更好结合，实现和提升微观治理的宏观质效。

2. 公平竞争政策的首要任务就是要全面贯彻新发展理念，加快构建新发展格局，着力推动高质量发展。高质量发展，意味着对国家治理体系和治理能力提出了更高标准和更严要求，需要不断完善现代化的治理体系、有效提升现代化的治理能力，以促进商品要素资源在更大范围内畅通流动，降低制度性交易成本，建立统一开放、竞争有序的高标准市场体系。高标准市场体系是构建高水平社会主义市场经济体制、保障有效的竞争性市场运行的重要基础。竞争是经济增长的内生驱动机制，但竞争并不会永恒存在，因而需要导入以政府为主导的外力来维护和保障竞争的充分性、有效性和公平性。公平竞争政策通常被认为是政府矫正竞争损害行为、维护市场竞争的制度工具，但竞争政策并不等同于竞争机制，具有很强的政府干预市场的色彩，因而同样需要谨慎对待和规范适用。中国式现代化进程中公平竞争政策的制定和实施，必须能够积极稳妥地从广度和深度上推进市场化改革，减少政府对微观经济活动的直接干预，把市场机制能有效调节的经济活动交给市场，把政府不该管的事交给市场，让市场在所有能够发挥作用的领域都充分发挥作用，从而推动资源配置实现效益最大化和效率最优化。

3. 公平竞争政策的实践路径就是要全面推进实施国家重大发展战略，提高国家和企业创新能力和水平，促进高水平科技自立自强，加快建设和完善现代化产业体系。竞争治理旨在以法治思维和法治方式来维护有效的竞争性市场运行，恢复和维护市场的有效竞争性是竞争治理的直接目标，也是竞争治理的基本遵循。但竞争治理的落实，不仅需要对市场主体的行为本身进行规范，同时还要为市场主体提供良好的营商环境和制度秩序，因而也需要对政府抑或公权力介入市场的行为进行规范和约束，减少或杜绝政府对市场的不当干预。将竞争政策的理念、思维和治理方式融入现代化产业体系的建设过程，有利于产业发展效率和企业创新动力。例如，我国许多战略性新兴产业的发展普遍是政策推动先行，市场竞争驱动相对滞后。虽然在政策的强力推动下，相关产业能够迅速实现规模化，但企业如雨后春笋般涌现后，容易导致“内卷式”的恶性竞争，各家企业随之面临严峻的生存挑战，此时企业往往更加关注销售和现金流，难以兼顾强化国际竞争力的颠覆式创新。因此，公平竞争政策的制定和实施并不能仅局限于对市场主体经营行为的微观规制，而应从国家治理现代化和高质量发展等宏观战略和整体布局等维度和层面来构建竞争治理的实施路径和机制，将竞争治理贯穿于国家现代化产业体系建设的全过程，营造各种所有制企业依法平等使用资源要素、公开公平公正参与竞争、同等受到法律保护的营商环境，持续激发经济发展内生动力。

（二）制定和实施公平竞争政策需处理好的重要关系

如前所述，科学合理的公平竞争政策，既是中国式现代化进程中经济治理的内在要求，也是贯彻落实党的二十大报告和中央经济工作会议精神、推进实施《反垄断法》等法律法规的重要举措。这就要求，竞争治理必须立足国内外形势，兼顾国内国际两个市场，以法治思维和法治方式、改革思维和改革办法，尊重市场规律、遵循法治逻辑，正确处理好以下重要关系：

1. 正确处理竞争治理中顶层设计与实践探索的关系。中国式现代化进程中竞争治理是分阶段、分领域推进的，实现各个阶段发展目标、落实各个领域发展战略离不开顶层设计。要深刻洞察世界发展大势，准确把握国内外经济形势和我国经济发展水平与实力，深入认识经济社会发展规律，制定好规划和政策体系，做到远近结合、上下贯通、内容协调。同时，还要在实践中大胆探索，通过改革创新、不断完善竞争治理体系，推动我国经济高质量发展，决不能刻舟求剑、守株待兔。

2. 正确处理竞争战略与竞争策略的关系。正确运用战略和策略是我国经济不断从胜利走向胜利的成功秘诀，推进中国式现代化必须把这一成功秘诀传承好、运用好、发展好。要增强战略的前瞻性，准确把握事物发展的必然趋势，敏锐洞悉高质量发展道路上可能出现的机遇和挑战；增强战略的全局性，着眼于解决事关我国市场经济兴衰成败、牵一发而动全身的重大问题，谋划战略目标、制定战略举措、作出战略部署；增强战略的稳定性，战略一经形成就要长期坚持、一抓到底、善作善成。把战略的原则性和策略的灵活性有机结合起来，灵活机动、随机应变、临机决断，在因地制宜、因势而动、顺势而为中把握战略主动。

3. 正确处理竞争治理中守正与创新的关系。中国式现代化进程中经济治理探索是一个在继承中发展、在守正中创新的历史过程。要守好中国式现代化的本和源、根和魂，毫不动摇坚持中国式现代化的中国特色、本质要求、重大原则，确保中国式现代化的正确方向。把创新摆在国家高质量发展全局的突出位置，顺应时代发展要求，着眼于解决经济发展和竞争治理中的重大理论和实践问题，大力推进改革创新，积极维护和保障市场公平竞争，不断塑造高质量发展的新动能新优势。

4. 正确处理效率与公平的关系。中国式现代化进程中的高质量发展既要不断创造出更高的效率，又要更有效地维护社会公平，更好实现效率与公平相兼顾、相促进、相统一。要坚持深化经济体制改革，完善市场经济运行机制，构建全国统一大市场，加快建立竞争治理保障体系，深入推进竞争治理中监管、执法和司法体制机制改革，优化营商环境，为高质量发展提供法治化保障。

5. 正确处理经济活力与市场秩序的关系。中国式现代化中竞争治理应当而且能够实现活而不乱、活跃有度的动态平衡，要深化竞争治理体系中各方面体制机制改革，充分释放企业、行业以及政府创造潜能，鼓励各类市场主体参与市场竞争的积极性和创新的能力，不断健全和优化竞争治理体系，维护和促进市场公平竞争并以公平竞争促进高质量发展。

6. 正确处理自立自强与对外开放的关系。推进中国式现代化必须坚持独立自主、自立自强，坚持把我国经济高质量发展放在自己力量的基点上，坚持把我国发展进步的命运牢牢掌握在自己手中，同时坚定扩大对外开放，以开放促改革、促发展。要加快构建新发展格局，坚决打赢关键核心技术攻坚战，增强企业和行业创新能力，维护好产业、经济和国家安全，确保产业链供应链安全，不断扩大高水平对外开放，深度参与全球产业分工和合作，用好国内国际两种资源，拓展中国式现代化的发展空间。

值得关注的是，公平竞争政策的制定和实施是中国式现代化进程中一项长期而系统的任务，既不可能一蹴而就，也不会一帆风顺，且时常面临着更多更大的挑战与障碍，因而亟须进一步加强我国竞争治理的理论研究和实践创新，使我国竞争政策的制定和实施更加符合经济规律和发展需要，不断拓展中国式现代化的广度和深度，逐步进入中国式现代化建设的“自由王国”，更好地推进高质量发展。

（三）我国公平竞争政策实施机制体系性优化的具体路径

中国式现代化对全面深化改革提出了更严要求、更新标准和更高目标。国家制定和实施公平竞争政策，是为了弥补市场失灵，维护市场竞争，保持宏观经济稳定，而不是要代替市场，更不是以行政意志代替市场规律，因而需要进一步完善公平竞争政策实施体系，优化其实施机制。

1. 建立健全市场竞争形势分析机制

市场竞争形势分析机制旨在通过分析市场竞争状况，查找重点行业和关键产业中存在的反竞争风险和问题，为公平竞争政策的制定和实施提供宏观指导和客观引导，更好维护市场竞争秩序、促进企业依法合规开展经营活动。当前，我国经济安全、产业安全风险不断加大，通过形势分析能够更好地把握竞争治理的精髓和任务所在，提高把握全局、服务大局的能力，更好服务“国之大者”。公平竞争政策的制定和实施，需掌握宏观经济、行业运行及发展、企业生产经营等情况，通过形势分析，不断加深竞争政策制定者和执行者对企业、产业和经济的理解，提高竞争政策制定和实施的精准性、权威性和效率性。这就要求，市场竞争形势分析机制应立足微观、注重中观、把握宏观，结合国际国内政治经济形势，从竞争政策实施情况、行业状况、宏观政策等不同维度，分析我国竞争治理面临的外部环境和客观形势，找出竞争治理涉及的政治、经济、技术等方面原因和因素，及时发现重点行业或关键领域中损害竞争的苗头性、倾向性和潜在性问题，提出有针对性且能够行之有效的政策建议。

一方面，建立健全市场竞争形势分析机制需要遵循以下几点原则：（1）立足大局。按照国家竞争政策和反垄断工作安排，结合当前国内经济发展和国际政治经济形势，以维护市场竞争秩序、促进规模经济发展、保障产业安全为目的，加强市场竞争形势分析和研究。（2）问题导向。在现行反垄断法框架和工作基础上，关注国外产业政策、竞争政策变动，从行业数据变化中发现竞争问题，加强对产业布局、产业发展问题研究，提出有针对性的意见建议。（3）实事求是。数据实、情况实，判断要准、观点要真、视野要宽，分析的针对性、系统性、有效性和前瞻性要强。（4）及时高效。按时高质量完成形势分析工作，对于工作中发现的重大变化，注重对动机、原因及影响作出准确研判，及时开展研究并尽快形成分析结论。

另一方面，明确市场竞争形势分析的逻辑和框架。市场竞争形势分析旨在聚焦经济安全，找出风险点，逐步构建和完善我国市场竞争形势分析框架和体系，因而需要重点从以下几点展开：（1）构建分析模式。分析国际政治及经贸关系等对我国相关产业的影响；分析行业指标变动原因及影响，研判产业发展趋势和风险；提出意见建议。（2）完善指标体系。主要包括宏观指标、行业指标、审查数据。（3）拓宽数据渠道。通过审查工作、统计数据、行业调研、委托研究等方式获取数据。（4）加强成果转化和运用。形成市场竞争形势分析成果，及时反馈到竞争政策的制定和实施相关部门，以更好地指导和推进竞争治理工作。

2. 适时建立重点行业竞争失序风险监测预警机制

排除限制竞争行为通常对市场竞争造成直接的损害和影响，导致效率减损和消费者福利降低，因而成为竞争治理的关注重点。中国式现代化进程中的竞争治理，不能仅强调通过反垄断监管执法来纠正业已发生的垄断行为，更要考虑通过预防性措施来将排除限制竞争的行为控制在早期，甚至刚有苗头时就将其控制并扼杀。为此，《"十四五"市场监管现代化规划》提出，要通过"探索建立重点行业垄断和竞争失序风险监测预警机制"来"提升反垄断智慧监管水平"。该机制是为反垄断监管服务的，因而重点行业垄断和竞争失序风险监测预警机制的衡量和判断标准也应当以《反垄断法》规定的"垄断行为"判断标准、考虑因素等法定要件来细化，是否"排除、限制竞争"成为监测行业是否存在"垄断和竞争失序"风险或情形的判断标准。

因此，我国重点行业竞争失序风险监测预警机制和体系的构建，至少需要从以下四方面展开相应的框架体系：（1）加强风险监测预警组织管理体系建设。竞争治理不是孤立存在的，仅靠反垄断监管执法无法胜任，需要与其他经济部门或行业密切关联，因而需要构建合理的组织管理体系，以更加高效地推进和开展重点行业竞争失序风险监测预警工作。（2）建立健全风险监测预警运行体系。这是构建和完善我国重点行业竞争失序风险监测预警体系的核心所在，不仅能贯彻落实国家关于建设现代经济体系、完善高标准市场体系的战略要求，而且能根据具体经济发展需要来选择和设置相应的监测预警指标，以切实有效地监测和跟踪国民经济发展中重点行业竞争动态和市场风险，为竞争治理提供实时动态和事实依据。（3）完善风险应急处置业务体系。实践中，一旦监测到潜在风险，就应迅速启动相应的预警方案和应急措施，以有效防范和及时化解风险。风险处置合理与否，不仅关系到经济发展的秩序，更是关系到行业发展的市场环境，甚至是经济安全，因而应将风险应急处置业务体系纳入重点行业竞争失序风险监测预警机制和体系建设之中。（4）优化风险信息和数据发布或共享体系。风险监测预警机制的构建需多元并举，充分应用现代科技手段，不断提高风险监测预警的技术水平，促进风险监测预警的信息化、数字化和智能化，及时发布预警信息，共享数据信息，以便于更为准确合理地研判相关行业中风险发生的可能性和趋势。

当然，构建重点行业竞争失序风险监测预警机制和体系是项长期而复杂的系统工程，仅有上述四方面的子体系建设未必能够有效适应经济运行中竞争治理的要求，因而应动态地构建和完善重点行业竞争失序风险监测预警体系，力争形成导向清晰、决策科学、执行有力、激励有效、多元参与、良性互动的竞争失序风险监测预警现代化体系，以提高我国重点行业竞争失序风险监测预警能力和违法行为处置能力，增强竞争治理能力。

3. 继续推进市场竞争状况评估工作并完善相应的制度机制

市场经济的健康发展，离不开反垄断监管；但相较于反垄断监管本身来说，摸清我国当前重点行业市场竞争状况远比启动反垄断监管更为重要和急迫。尽管重点行业垄断行为并未呈现出足够的特征或差异性，致使现行法失灵或者逃脱既有制度范畴和分析框架，使传统单向静态规制在重点行业监管失位、越位、缺位并存。对重点行业本身的客观情况摸底和评估，是进一步完善相应监管政策并深化实施的基础。市场竞争状况评估，域外通常又称为市场研究或市场调查，有助于包含反垄断执法机构在内的竞争决策机构更好地了解和把握某一特定市场或领域的市场结构、市场行为、潜在的高风险反竞争行为等情况，为相关机构的决策和政策执行提供事实依据和客观素材。市场竞争状况评估通常需要重点关注诸如企业行为、市场结构、信息失灵、消费者行为、公共部门干预以及消费者损害行为等因素。没有调查，就没有发言权。做好市场竞争状况评估，有利于摸清重点行业垄断问题的客观现状，也能够为相应的治理工作提供基础和实施依据。

这些年来，我国先后针对多个重点行业或领域开展了行业市场竞争状况评估工作。从实践看，该项工作已推及水泥行业、造纸行业、检测检验行业、网络游戏行业、网络视频行业等，为反垄断执法机构和相关行业主管部门掌握和了解我国市场结构状况、竞争运行态势及产业发展动态，加强和改进反垄断执法，为强化竞争政策实施提供了基础数据支撑，对有效提高反垄断立法、执法的针对性、科学性和有效性，促进反垄断法和竞争政策实施更好地契合市场经济运行和高质量发展发挥了积极作用。中国反垄断执法年度报告中所发布的市场竞争状况评估分析报告即很有价值，但我国应当进一步完善市场竞争状况评估制度和机制，加强对重点行业进行更加全面的市场竞争状况评估，以更加及时和准确地了解我国经济发展情况和行业中存在的竞争问题。唯有此，方能将市场竞争状况评估成果转化为平台经济竞争治理的机制和工具，也才能更加科学精准地深化重点行业反垄断监管。

4. 及时启动反垄断执法效果评估工作并建立相应的规则机制

反垄断监管执法的目的既不是停留在监管层面也非止于执法这一维度，而是要通过监管或执法来矫治市场中竞争损害行为，恢复和维护市场竞争，确保有效的竞争性市场运行，以提高经济运行效率、实现高质量发展。实践中，对某一涉嫌违法垄断予以查处的行政执法是否实现立法目标和执法预期，无法仅从法律文本或处罚决定书本身得出相应的结论，而需要通过诸如反事实对比等分析方法来评估执法效果。具体来说，评估关注点主要包括但不限于：（1）处罚对象是否停止违法行为并依法整顿、建立相应的合规管理体系；（2）案件行为所涉行业以及上下游等相关行业的市场竞争状况是否得以改善；（3）执法后，经济运行效率、消费者权益和社会福利等是否得到提升。这实际体现了反垄断监管执法的作用范式，即以点带面、以微观规制来提升宏观质效，但能否实现预设目标，唯有评估方能知之；若有不妥，需及时采取措施予以矫正和补救。

由此可见，反垄断执法效果评估，不仅包含微观意义上特定企业内部违法行为整改评估和合规管理体系评估，还包括执法后相关行业竞争状况评估，甚至还包括社会福利改善情况的评估。尽管反垄断执法效果评估呈现出多元化、多维度和多层次的属性，但基本的评估逻辑、分析模式和指标体系等与前述市场竞争形势分析、监测预警和市场竞争状况评估等制度机制仍有诸多相似之处，因而在执法效果评估中不妨予以吸收借鉴，构建完善的执法效果评估体系。这就要求，执法效果评估，既要考虑事后评估的特殊性，也要考虑效果评估的使命所在。执法效果评估不是简单地以定性分析方式去论证或强调执法的正确性和合理性，而是应通过定性和定量分析相结合的方式相对客观中立地分析执法效果如何，从而了解和把握执法本身的合法性和合理性，分析和探索法律制度本身是否存在问题，以更好地改进执法、完善立法。

竞争是市场经济的核心机制，也是获得经济增长与繁荣的最有效手段。科学合理地制定和实施公平竞争政策，既是我国完善社会主义市场经济体制、推动高质量发展的内在要求，也是我国融入全球化市场体系、参与国际竞争规则制定的外部需求。这就要求，我国竞争治理必须立足新发展阶段，完整、准确、全面贯彻新发展理念，着力构建框架完整、逻辑清晰、制度完备的竞争规则体系，健全事前引导、事中防范、事后监管相衔接的全链条治理体系，以解决我国经济发展和竞争治理所出现的挑战和问题。但这是个历史发展过程，既不会一蹴而就，也不可能一帆风顺，需要置于国家战略部署之下根据特定时期国内外形势而系统构建、综合推进，不能仅仅满足于解决一时一地一案中排除、限制竞争的问题，而应有更高站位、更高标准、更宽视野、更大力度，从而立足于全局推进中国式现代化、实现高质量发展生成内生驱动力。

第四节　网络直播营销模式与消费者权益保护

“直播带货”的网络直播营销模式始自 2016 年，并在 2019 年之后，特别是在 2020 年，取得了亮眼的成绩。[①] 直播营销模式的兴起使得一些博主通过直播营销声名鹊起，体现出网络直播营销模式强大的“造星”功能。因为直播带货强大的促销功能，传统电子商务平台经营者也对其青睐有加，并利用网络明星直播带动网络商品零售，李佳琦和薇娅在直播带货领域的领导地位充分说明着其对传统电子商务运营模式的推动和改变。在阿里巴巴发布的《2020 财政年度报告》中，直播被作为其“中国零售业务”板块中的“互动”方式之一加以描述，其目的是使“商家可以更有效地与消费者互动”。而作为短视频及直播内

---

① 例如，淘宝直播已然成为用户与商家进行互动的重要营销和分销方式。截至 2020 年 9 月 30 日，在 12 个月里，淘宝直播产生的销售总额超过人民币 3500 亿元，参见阿里巴巴集团控股有限公司《2020 年 9 月底止季度业绩公告》，第 3 页。我国 2019 年直播电商的商品交易总额达到人民币 4168 亿元，参见快手科技《招股说明书申请版本》，第 166 页，https://www1.hkexnews.hk/app/appindex.html?lang=zh。

容服务商的快手科技，从2018年开展直播电商服务后，该项业务成为其于2020年11月5日在香港交易所预披露《招股说明书申请版本》中业务描述的重要组成部分。在“新冠”疫情阴影下，以“直播带货”为代表的互联网销售成为满足“社交距离”的理想销售方式，这固然可以解释其崛起的速度和势头，但厘清其背后的制度逻辑，应该是对之予以规制的出发点。

一、网络直播营销行为的法律界定

网络直播营销行为虽然也是一种互联网直播行为，但与互联网直播内容提供既有区别，又有联系，是一种独立的商品或服务营销行为。因此，就法律性质而言，网络直播营销与传统的互联网直播服务截然不同，后者是一种内容的提供，而前者是营销行为。

（一）从内容服务监管到营销行为监管

互联网直播一般是对互联网用户提供内容服务。由于国家对内容提供服务施行了严格的监管制度，这种监管思路自然而然也延伸到网络直播领域。针对网络直播行为，国家互联网信息办公室、原国家新闻出版广电总局及原文化部出台了四个规范文件，从不同方面进行监管：国家互联网信息办公室2016年11月4日发布的《互联网直播服务管理规定》属于互联网直播服务方面的总体性规定，从互联网直播服务的界定、责任、类型等各个方面确立了互联网直播服务的监管体制和制度，并通过“黑名单管理制度”对互联网直播发布者进行严格的规制。[①] 原国家新闻出版广电总局于2016年9月2日发布《关于加强网络视听节目直播服务管理有关问题的通知》，将相关直播服务纳入互联网视听节目服务的范围，并基于此确立了相应内容服务的监管架构。原文化部于2016年12月2日发布《网络表演经营活动管理办法》，对通过互联网直播形式进行现场文艺表演的行为进行了特别规定，并确立了本部门对相关内容服务的监管架构。其实，2000年通过并于2011年修订的《互联网信息服务管理办法》所确立的经营性互联网信息服务许可制度，已经确立了对互联网内容服务的严格监管模式。在这种背景下，针对互联网直播这种并未突破以往监管架构的新兴模

① 《互联网直播服务管理规定》第15条第2款。

式，国务院各部门依据其职权对之再次重申或明确相关监管措施，是自然不过的事情。①

作为一种内容提供方式，互联网直播服务对于第三方营销或广告具有无可分割的天然依赖性。一般而言，互联网直播行为人为了取得一定的经济支持，会将自己的内容输出与第三方的营销行为相结合，但同时自己内容输出的目的和功能又与第三方的营销或广告行为相分离，从而在保证其对内容制作及分发行为拥有控制权的同时，可以得到持续性的经济支撑。这实际是传统内容提供经营模式的延续，从免费广播电视到互联网内容提供，概莫能外。另外，与传统媒体不同的是，在互联网内容提供模式中，内容提供者无时无刻不在与用户进行互动，互联网直播发布者通过即时的图像和声音，使得这种互动更为积极和活跃。此时，用户在与互联网直播发布者进行热烈互动中的“打赏”就成为一种常态化的行为，从某种意义上讲，“打赏”可以视为用户对直播服务提供者所提供内容的购买，从而也成为互联网直播服务提供者重要的经济来源。

但是，网络直播营销行为给互联网直播行为人提供了一种极其专门化的变现模式，将网民关注的主播转化为商品导购员和推销员，通过商业行为进一步扩展其受关注度，为下一轮的商业导购和推销进行准备。这也符合中国广告协会对网络直播营销行为的理解，“商家、主播等参与者在电商平台、内容平台、社交平台等网络平台上以直播形式向用户销售商品或提供服务的……营销活动。”② 这时，网络直播营销模式不再是传统的互联网直播内容提供形式，不存在内容与营销相结合的方式，网络直播此时并不输出内容，而是转化成一种单纯的营销行为。即使存在所谓网络直播内容，其本身也是与营销行为合二为一，失去其独立性，不再构成内容服务。在这个意义上，网络直播营销和传统意义上的互联网直播在法律性质上截然不同。而2016年有关监管部门的部门规章实际上针对的是互联网直播服务这种内容提供模式，在此基础上重申或完善的监管架构主要关注提供内容的合法性，并不涉及单纯的网络直播营销行为，因此并不适用网络直播营销。

---

① 2018年8月1日，全国“扫黄打非”工作小组办公室、工业和信息化部、公安部等国务院各部门联合发布《关于加强网络直播服务管理工作的通知》，再一次展现了这样一种监管思路。

② 《网络直播营销行为规范》第2条。

作为互联网产业发展的一种新兴业态，网络直播营销模式似乎游离于现有广告及销售的法律体系以外，从而引发了法律监管层面的广泛关注。而在监管部门尚在考虑有关监管措施之前，行业自律组织已从自己的角度出发开始制定有关规范，试图有效应对实践中出现的问题。2020 年 6 月 26 日，中国广告协会发布《网络直播营销行为规范》，成为我国第一个针对直播带货制定的自律规则，并且将之定性为“网络直播营销”。2020 年 11 月 6 日，国家市场监督管理总局发布《关于加强网络直播营销活动监管的指导意见》（国市监广〔2020〕175 号）（以下简称《网络直播营销指导意见》），接受了中国广告协会对“直播带货”的定性，并基于网络直播营销的概念，从网络平台、商品经营者及网络直播者的法律责任入手，提出对网络直播营销行为进行严格规范，对营销范围、广告审查和发布、消费者保护的法律适用进行了明确，并根据相关法律规定了行政执法措施。《网络直播营销行为规范》和《网络直播营销指导意见》从行业自律和监管措施的法律适用两个角度，对网络直播营销活动的有关问题进行了明确，在一定程度上尊重了市场对网络直播营销活动的预期。

（二）从电视购物到网络直播营销

“直播”与“买家秀”一样，均被视为促进商品销售的社交互动方式。本质而言，互联网条件下的直播带货和传统电视媒体的电视购物并无区别，都是借助导购员的介绍，通过与观众的互动实现商品的销售。如果说有所不同，也是直播带货的明星色彩更为浓烈，与观众的互动更为便利——这仅仅是技术发展的结果，并没有实质改变传统电视购物中引导员的角色，即推销商品。在这个意义上，网络直播营销反映了商业最原始的需求在新技术条件下的表现模式。法律如要对之进行规制，就不能脱离这一事实。

国家广播电视总局是电视购物行为的监管机构。从 2006 年开始，原国家广播电影电视总局就发布《关于整顿广播电视医疗咨询服务和电视购物节目内容的通知》（广发社字〔2006〕24 号），开始试图对电视购物出现的问题进行处理。迄今为止，国家广播电视总局（含其前身）及其他相关政府部门已经下发电视购物相关行政规范文件 13 件，其中有效文件 11 件。[①] 这些行政规范性文件

① 根据北大法宝截至 2020 年 11 月 9 日的统计。

涉及的大部分内容与虚假或不实陈述相关，旨在保护消费者权益。值得注意的是，在相关规范文件中，明确提到了“冷静期”退货制度的完善，[①] 表明监管部门已经考虑了电视购物中非现场形式对消费者知情权的影响，这直接促成了《消费者权益保护法》在2015年修改时将之纳入针对远距离销售（电视购物、电话销售及网络购物）的消费者权益保护制度之中。

虽然电视购物本质上是一种销售行为，但国家广播电视总局还是在相关监管机构中强调了内容管理。一方面，将电视购物短片视为广告，其播出须满足广告播放时段及市场的要求；[②] 另一方面，强调电视购物的市场准入及内容导向，并比照广播电台电视台的审批管理制度对电视购物频道的开办和运营规定了严格的条件。[③] 实际上，这种严格的管理制度对电视购物的发展并不会构成实质的阻碍。其根本原因在于，电视购物需要占用专有频道或者电视台节目播出时间，即占用稀缺资源。要分配稀缺资源，如果不采用拍卖方式，就得采取“选美”方式。此时，传统广播电视服务提供者所适用的审批管理制度就充当了进行频谱资源分配的机制，从而在实现电视购物频谱分配的同时，将传统电视监管制度延伸适用，保证了整个监管架构的稳定性。

如果说电视购物是以频道资源为决定性因素，那么在网络直播营销行为中，网络直播者则居于中心位置。基于互联网直播模式的营销行为并不存在适用稀缺资源的问题。互联网技术将直播营销从传统频谱的限制中解放出来，利用互联网去中心化的特点，使得任何人、任何企业都可以进行直播营销。这种无限增长的可能性使得直播者成为网络直播营销行为最关键的要素，而不是电视购物频道的批准和许可。直播者日益重要的地位已经彻底重塑了电视购物年代的直播营销行为模式。一方面，一个专业且知名的直播者会更好地将买卖双方予以有效连接，从而引起买卖双方群体的追捧；另一方面，由于互联网直播互动中特有的感性因素，使得潜在买方对直播者的追捧具有很多的非理性因素，这

---

① 参见原国家广播电影电视总局于2009年12月10日发布的《广电总局关于电视购物频道建设和管理的意见》第15项；商务部、工业和信息化部、公安部等于2013年12月4发布的《关于开展电视购物专项整治工作的通知》中关于“整治内容”的第五项。

② 参见原国家新闻出版广电总局于2013年10月29日发布的《关于进一步加强卫视频道播出电视购物短片广告管理工作的通知》；原国家广播电影电视总局于2009年9月10日发布的《关于加强电视购物短片广告和居家购物节目管理的规定》。

③ 参见原广播电影电视总局于2009年12月10日发布的《关于电视购物频道建设和管理的意见》。

在直播者为个人的时候尤为如此。这样，使得网络直播营销行为取得了空前的渗透性及灵活性，并在电子商务中发挥着越来越重要的推动作用。

从电视购物发展到网络直播营销，是技术发展推动下非现场营销模式发展的结果，这必然会对相关的监管制度演进提出相应的要求。实际上，虽然网络直播营销在2016年才开始兴起，但这种营销模式早已存在。原农业部信息中心就曾于2012年9月25日至9月30日在北京举办了第十届农交会网络直播及农产品促销工作培训班，并组织开展农交会网络宣传报道工作。[①] 所谓网络宣传报道就是政府组织的一种网络直播营销活动。由此可见，网络直播营销行为本身仅仅是远程营销在互联网经营模式发展到一定阶段的必然表现。在承认其为市场注入活力的同时，应当看到其反映的法律关系并没有发生实质性变化。基于此构建的法律监管架构必须满足这两方面的要求。在这个意义上，《网络直播营销行为规范》及《网络直播营销指导意见》并没有在市场准入上设置门槛，而是注重就其界定的网络直播营销行为明确所适用的现有法律，并在此基础上明确各参与方的权利及义务，不啻是一个好的开始。但在同时，因为《互联网直播服务管理规定》中对互联网直播服务的界定宽泛，其监管体系在许多方面必然会延伸至网络直播营销活动，使得网络直播营销活动不得不遵守网络服务提供方面的监管制度。这对于并无市场影响力的网络直播者而言，合规的门槛在无形中又提高了很多。[②] 对于不提供内容服务的营销活动而言，这种对网络直播者的强监管态势可能并不符合比例原则。

二、互联网直播营销行为的特征参与方

网络直播者借助网络直播平台提供的技术支持及数据分析和流量引导，完成了网络直播营销行为。这样，网络直播者（主播及嘉宾）和网络直播平台就构成网络直播营销行为的特征参与方。

（一）网络直播者

《网络直播营销行为规范》将网络直播者按照市场上的惯例称为“主播”，

---

① 原农业部于2012年8月28日发布《农业部信息中心关于举办第十届农交会网络直播及农产品促销工作培训班的通知》（农信息〔2012〕53号）。

② 《互联网直播服务管理规定》第15条第2款规定的“黑名单制度”如适用于下文所称“互联网营销师”的一般网络直播营销人员，就可能不符合比例原则的要求。

并对主播的管理和行为提出了诸多要求。值得注意的是，对于网络直播者利用事后退货的虚假交易套取商品或服务经营者佣金的行为，《网络直播营销行为规范》要求其应该提供真实的营销数据，① 对现实问题具有强烈的针对性。

网络直播者是网络直播营销的中心。总的来说，有三种形式的网络直播者：第一种就是以薇娅、李佳琦及辛巴等为代表的网络直播营销明星；第二种就是内容生产领域的明星，基于其内容生产领域积累的人气，进行网络直播营销；第三种就是商家自己进行网络直播，此时，无论是明星、互联网营销师②还是普通员工，都是以商家的名义进行直播营销。对于这三种网络直播者，由于其在营销中扮演的角色各有差别，其制度逻辑各有不同。

第一种网络直播营销明星实际上就是"超级推销员"。其营销专业能力和直播营销业绩是其成为明星的基础，其在选品、数据分析及其他方面的专业能力使得其对商家有极强的议价能力，同时也塑造了其网络直播营销中鲜明的个人品牌号召力。网络直播营销明星在选品方面有很大的自主权，且针对商家的议价能力强，从而使其具有近似于网络百货店主的地位。这种地位意味着网络直播营销明星在商品或服务的销售中涉入极深，并且基于自己的判断推销，在整个进程中拥有十足的控制力，所以需要为自己所推销的商品和服务承担责任。

第二种内容生产领域的明星参与网络直播营销并非基于其营销专业能力，而是基于其在内容生产领域或其他领域积累的人气。娱乐明星或者其他明星参与网络直播营销，实际上就是将自己的流量通过网络直播营销变现。另外，在内容生产领域获取知名度的明星参与网络直播营销，也说明内容生产领域不能使这些内容生产者直接获得全部收益。

实际上，参与内容生产的明星通过广告及其他营销活动实现其经济价值的进一步变现，是娱乐领域成功内容生产者获取收益的重要方面。明星一方面从

---

① 参见《网络直播营销行为规范》第29条。

② 代码是4-01-07的"互联网营销师"："在数字化信息平台上，运用网络的交互性与传播公信力，对企业产品进行营销推广的人员。""本职业包括但不限于下列工种：直播销售员。"参见人力资源社会保障部办公厅、国家市场监督管理总局办公厅及国家统计局办公室于2020年6月28日联合发布的《关于发布区块链工程技术人员等职业信息的通知》（人社厅发〔2020〕73号），第三项新职业信息及第一项调整变更职业信息。

演出行为中获取报酬，另一方面又从广告市场利用其演艺工作建立的个人形象获取经济收入。尽管这几乎已经成为全球娱乐市场的通行做法，但从来没有任何国家像中国这样出现大量明星参与网络直播营销。他们要么直接以网络直播者的身份推销相关商品或服务，要么以嘉宾的身份通过与网络直播者进行现场互动拉高相关网络直播营销行为的关注度。就前者而言，由于缺乏成熟的专业团队支持，鲜少有明星成功的案例，所以后者就逐渐成为内容生产领域明星参与网络直播营销的主要方式。

这种局面固然说明中国互联网直播领域商业化的成功。根据艾瑞咨询，中国拥有全世界最多的互联网直播用户，占2019年全球互联网直播用户数的50%左右；中国互联网直播平台的平均日活跃用户数在同期达到2.134亿人，每位日活跃用户的日均花费时长在同期达到33.2分钟。①

但这也说明内容生产领域的演艺人员在本领域获得报偿的渠道有限。对于并未在本行业取得足够认可度的内容生产从业人员而言，这很容易理解，所以他们往往会积极主动争取广告或营销活动将其作为收入的重要甚至是主要来源；但是对于明星而言，国家的“限酬”制度安排也是其热衷参与网络直播营销活动的原因之一。2018年10月31日，国家广播电视总局发布《关于进一步加强广播电视和网络视听文艺节目管理的通知》，提出“严格控制嘉宾片酬”：“每个节目全部嘉宾总片酬不得超过节目总成本的40%，主要嘉宾片酬不得超过嘉宾总片酬的70%。”“每部电视剧网络剧（含网络电影）全部演员片酬不超过制作总成本的40%，其中主要演员不超过总片酬的70%。”2020年2月6日，国家广播电视总局发布《关于进一步加强电视剧网络剧创作生产管理有关工作的通知》，重申了对演员片酬的限制比例。2020年10月15日，国家广播电视总局下发《关于推动新时代广播电视播出机构做强做优的意见》，强调“严格控制演员、嘉宾片酬，倡导演员、嘉宾以社会责任心和使命感零片酬参与公益性节目。”国家广播电视总局的这三个规范性文件与演艺领域自律机构的自律规范一起，有效限制了明星薪酬畸高的局面，使得成功演艺人员很难像以往那样通过“高片酬”的约定获取高额经济利益。可见，限酬制度使得演艺领域之外的营销乃至广告对于成功演艺人员越发重要。这促使明星积极参与网络直播营销

① 转引自快手科技《招股说明书申请版本》，第162页。

活动，也间接促进了网络直播营销模式的公众接受度。

第三种网络直播者就是商品或服务提供方直接进行网络直播营销。为此，卖方可以通过其具有公共话题的管理人员进行直播营销，可以雇佣专业的互联网营销人员进行直播营销，也可以雇佣内容生产领域的明星进行直播营销——但均须以商品或服务提供者的名义进行。在雇佣他人以自己名义从事营销活动时，一旦涉及明星，不可避免地会涉及广告代言问题。我国的广告代言制度比较严格，要求广告代言人须是其代言商品或服务的使用者。作为商品推销者，网络直播营销明星推销了许多自己没有机会使用的商品或服务，并根据其在推销中的自主控制权的强弱承担责任；而在被商品或服务的提供者聘请并为其推销商品或服务时，反倒可能被认为是广告代言人而需要使用该等商品和服务，否则不能参与营销活动。在传统广告制度下，广告的发布和传播依赖于媒体，而网络直播营销具有随时性和随地性的特点，渗透力极强，如果还将商品或服务提供者聘请担任推销任务的明星作为广告代言人处理，反而会压缩商品或服务提供方自己通过网络直播进行营销的空间，不利于网络直播营销市场的健康发展。因此，在完善归责体系的前提下，对于明星受聘以商品或服务提供者的方式进行网络直播营销的，可以考虑不将之视为广告代言人，而是将之作为商品或服务提供者营销行为的参与者对待并确定其法律责任，可能更符合网络直播营销模式发展的合理预期。

出于确立执法依据的需要，《网络直播营销指导意见》可能没有也无法在这方面进行突破。在其“压实网络直播者法律责任”标题下，除了认为对直播宣传应适用《反不正当竞争法》外，还认为构成商业广告的直播内容应该适用广告发布者、经营者及代言人的责任及义务法律规定。与《反不正当竞争法》相比，《广告法》中存在诸多当然违法条款，[①] 不用像《反不正当竞争法》那样还要考虑对竞争者及消费者权益的实际影响，使得市场监管部门更容易介入被认定为商业广告的法律行为。在这个意义上，面对网络直播营销行为，国家市场监督管理总局并没有摆脱广告监管架构带来的惯性影响。

---

① 在这方面的市场影响，可参见典型案例之一的杭州市西湖区方林富炒货店诉杭州市西湖区市场监督管理局等行政处罚及行政复议行政纠纷案，浙江省杭州市中级人民法院（2018）浙01行终511号行政判决书。

由此可见，现行的广播影视及其他相关领域的法律法规和行政规章对于目前网络直播者的市场现状具有强大的塑造力。这种塑造力所体现的法律逻辑，甚至比决定哪种法律适用于网络直播营销更接近问题的本质。

（二）网络直播平台

目前，网络直播平台分为两种，一种是直播内容服务提供商，如抖音，网络直播营销作为其一种成熟的商业模式；另一种是发源于电子商务平台，是电子商务的一种互动形式。直播内容服务提供商更关注直播内容创作者的回报机制，网络直播营销实际上是其主营业务之外、利用其在网络直播方面的优势为商品和服务提供方提供的服务。单就网络直播营销而言，其与电子商务平台的主营业务直接相关，所以发展迅速。从前述公布的销售总额数据看，电子商务平台利用网络直播营销实现的销售总额在整个市场占主导地位。另外，直播内容提供商通过直播内容培育了大量的网络明星，并积攒了大量流量。相比之下，传统直播平台主要通过虚拟礼物打赏及某种程度的广告或其他营销行为进行变现。2019 年，我国直播虚拟礼物打赏市场收入规模达到人民币 1400 亿元。① 虽然“直播打赏”可以通过用户直接支付的方式对内容提供者给予补偿，但“直播打赏”在某种意义上是用户被热情裹挟的冲动消费，严格而言并不能真正反映用户的自由选择，在法律上并不具有十足的确定性。因此，通过网络直播方式尝试电子商务，成为直播内容提供流量变现的一个重要渠道。以快手为例，作为一家短视频及直播内容服务提供商，自 2018 年推出电商业务以来，其增长速度令人瞩目，仅 2020 年上半年，其实现的商品交易总额便达到人民币 1096 亿元。②

虽然网络直播者是网络直播营销行为的发动机，但其成功依赖于网络直播平台提供的技术支持和流量导引。某种方面而言，虽然网络直播营销培育了相当一部分市场瞩目的直播营销明星，但实际上网络直播平台对于直播营销行为的控制力是在增强，而不是相反。这会直接影响法律对其在直播营销中所承担法律责任的认定。

网络直播营销活动背后是网络直播平台运营者的数据和技术支持。阿里巴

---

① 参见快手科技《招股说明书申请版本》，第 163 页。

② 参见快手科技《招股说明书申请版本》，第 240 页。

巴宣称，“通过我们的商业技术、创新服务和数据能力，商家、品牌和零售商能够有效获取、留存消费者并加深消费者参与度，与消费者展开密切、高效的互动，进而提升商家、品牌和零售商对我们各平台的忠诚度。”① 这种技术及数据的支持不可能不影响网络直播者对营销商品或服务的选择。实际上，从阿里巴巴的零售业发展来看，从最初的淘宝到后来的天猫和咸鱼，可以描述为其市场的细化，也可以解释为阿里巴巴在不愿意失去任何用户的情况下对呈现给用户的商家予以挑选和归类。简言之，阿里巴巴对呈现给用户的商家实际上逐渐在加强控制权，这还不包括阿里巴巴通过阿里妈妈②有意识地对商家的销售活动进行扶持和影响。

而对于原本从事短视频及直播内容提供的直播平台服务商而言，则是另一番叙述。在满足于直播平台完善的基础设施外，快手科技认为，“丰富的内容与社交互动为电商创造了自然契机……用户数及时长占比增加拓展了用户参与场景并因此提高了电商需求在此类平台上产生并得到满足的可能性。”快手科技并将“用户和商家在我们丰富多元内容的基础上进行互动”作为其竞争优势之一。基于人工智能和大数据技术，快手科技如此自信的理由就是，“我们用户规模庞大、参与度高，我们对用户的定位精准……”。这样，以快手为代表的直播内容服务商利用其对内容生态的掌控，向利用网络直播营销的商家推送更个性化的数据，从而增强商家和用户对其平台的依赖。

由此可见，无论是对于传统的电子商务平台还是新兴的直播内容服务商，网络直播营销只有在平台大数据技术及人工智能的支撑下才能更有效地实现其商业目的，这实际上加强了平台对整个网络直播营销所促成的电子商务的控制权。对此，《网络直播营销指导意见》在三个方面予以明确：首先，提供网络直播营销服务的平台为电子商务平台，适用《电子商务法》；其次，提供付费导流等构成商业广告的，适用《广告法》；最后，在确定平台法律责任时应考虑平台是否参与运营、分佣及平台对用户控制力等具体情形。③《网络直播营销指导意见》首次提出付费导流可构成商业广告，颇具针对性，但其法律逻辑究

---

① 阿里巴巴集团控股有限公司《2020 财政年度报告》，第 42 页。

② 阿里巴巴集团控股有限公司《2020 财政年度报告》，第 42 页。

③ 参见《网络直播营销指导意见》第三项。

竟为何，并无说明。这涉及整个反不正当法律体系中广告的识别标准。如果在理论及成文法层面不能给出确定标准的话，实践中司法机构如何看待执法部门的这种认定，就变得十分关键。

三、消费者权益保护问题

直播营销行为本身具有一定的压迫性。它需要潜在消费者花费时间去观看直播者的表演和介绍，还要求消费者在直播过程中作出决定。在这个意义上，直播营销和传统零售业的营销模式的确有所不同，但还保留有传统电视购物的痕迹。加之大数据时代网络直播平台对消费者数据的收集、处理及人工智能技术的使用，使得个人信息保护问题在互联网直播领域日益突出。鉴于《消费者权益保护法》经2013年修订之后，第29条搭建了比较完备的消费者个人信息保护框架，使得这两个问题实际都可以在消费者权益保护层面加以解决。

（一）消费者权益保护

电子商务对消费者知情权最大的影响就是“非现场”。在这个意义上，无论是电视购物还是互联网直播营销，其所促成的交易都有这个弱点。不在现场，消费者实际并不像传统购买行为那样对所购买商品或服务具有第一手的了解，因此可能会错配自己的需求，从而影响自己的选择权。不可否认，电视购物和互联网直播营销以即时视频的形式向消费者介绍相关商品或服务，这对于消费者与商品或服务提供方之间的信息不对称情形可能是一个有效弥补。但是，作为一般民法意义上的售卖和推销，相关人员不可能是消费者的代言人，最大可能是做一个诚信的商品或服务卖家。这就实质性地降低了消费者对电视购物或互联网直播营销所提供信息的依赖度。在这个意义上，互联网直播营销和电视购物一样，并不能有效弥补不在场消费者知情权无法有效保障的情形。

消费者的知情权与自由选择权本就密不可分。自由选择权的结果往往是一个消费合同的缔结，潜在消费者转变为消费者本人。在《消费者权益保护法》及《电子商务法》中，基于对消费者弱势地位的认知，还要求经营者须主动向消费者提供详细信息。此时的知情权重点，实际上聚焦于一个已经选择具体经营者的消费者，其知情权所对应的自由选择权内容是，在得到相关信息后，要不要缔结合同？而在此之前，经营者面对的是一个潜在消费者群体，需要找到对其产品或服务真正感兴趣的消费者。确立消费者知情权，就是在认可经营者吸引潜在消费者关注这一合理需求的同时，还要保证消费者能够有效行使自由选择权，即在得到相关信息后，消费者选择哪家（类）经营者？

互联网直播营销在商家与消费者频繁的互动中，需要消费者即时作出购买决定。此时的信息是推销信息，此时的消费者在很大程度上也是冲动型消费者。如果不是一个被主播或商品魅力所打动的消费者，是不会花费时间和热情去观看直播并为此作出购买决定的。在这个意义上，即使消费者知情，其决定也不一定自由。因为其在直播中的热情和购买的冲动会削弱消费者知情权与自由选择权的必然关联。

因此，在互联网直播营销所促成的电子商务法律关系中，有必要确立消费者虽知情但自由选择权遭到限制的救济方式。尤其是在互联网直播者的推销语言极具煽动性的情形下，消费者的决定就会陷入被“操纵”的境地。在非直播营销领域的明星作直播营销时，观看其直播并作出购买决定的，很多都是明星的拥趸，尤其会出现这样的情形。当然不否认会有虚假交易帮助明星冲单的可能，[①] 但也不排除冲动购物的消费者事后利用《电子商务法》规定的无理由退货期予以退货的合理行为。

此时，为了平衡保护商家或平台经济利益与消费者自由选择权之间的关系，可以适当放宽网络直播营销促使下消费者行使无条件退换货的权利条件，同时在计算网络直播者达成交易的数量时，排除与之具有关联关系的消费者，以更为精确地衡量网络直播者的营销努力所达到的业绩效果。

（二）消费者个人信息保护

《消费者权益保护法》第29条确立了消费者个人信息保护的基本框架。该条款涉及手机使用个人信息的原则，确立了经营者及其工作人员对所收集消费者个人信息的保密义务。更可贵的是，该条款还确立了商业信息的默示拒绝制度。很长一段时间，由于缺乏体系化的个人信息保护法，其适用受到了实质性

---

① 即使对一个普通的互联网直播者，对其的包装或推广就包括由其经纪公司旗下的人员对其进行打赏以冲高人气的做法。参见台州并非想火文化传媒有限公司与王雨霜合同纠纷案，浙江省温岭市人民法院（2020）浙1081民初4467号民事判决书。

的限制。根据北大法宝的统计，截至 2020 年 11 月 12 日，共收录仅 158 件裁判及案例文书，而该条款已经生效有 6 年之久。因此，《消费者权益保护法》第 29 条的有效实施，还需要个人信息保护法总体架构的确立作为基础支撑。互联网直播营销的技术基础就是对消费者个人信息的收集和处理，如果不能从权利保护的角度对直播营销中的消费者个人信息予以有效保护，直播营销的消费者权益就会被进一步弱化。

目前，随着 2021 年《个人信息保护法》的深入实施，将会有效促进消费者个人信息的保护，推动互联网直播营销的健康发展。但有两点值得注意。一方面，《网络安全法》已经全面深入地确立了网络用户的实名制度，这对于互联网直播时代的个人信息保护意味着什么，还需要持久地观察；另一方面，《个人信息保护法》第 60 条规定，“国家网信部门负责统筹协调个人信息保护工作和相关监督管理工作。国务院有关部门依照本法和有关法律、行政法规的规定，在各自职责范围内负责个人信息保护和监督管理工作。”该规定照顾到了目前个人信息保护文本的碎片化问题，为国家市场监督管理总局负责消费者个人信息保护和监督管理提供了依据，但其中国家网信部门的角色比较模糊。众所周知，依照《网络安全法》第 8 条的规定，国家网信部门负责统筹协调网络安全工作和相关监督管理工作。换言之，国家网信部门既负责协调网络安全工作和相关监督管理工作，也负责协调个人信息保护工作和相关监督管理工作。问题在于，网络安全和个人信息保护的价值取向不一致。前者为了安全需要，天然地会不断收集信息；后者基于个人权利保护，有最小化收集信息的要求。如果均由国家网信部门负责协调，是否会产生利益冲突？在这种利益冲突的可能条件下，如果直播平台经营者成功说服有关部门自己所收集的数据虽然违反最小化原则、却符合网络安全的需要，个人信息保护的效果就会被大大削弱，从而不利于网络直播营销模式中消费者权益的保护。况且个人信息保护事项要超越互联网领域，很大部分也涉及线下的实体经济生活，交由国家网信部门进行保护和监督协调，有可能超越其本身所具有的权限范围。该议题具体如何演变，对网络直播营销到底有什么影响，尚需对整个《个人信息保护法》的实施效果进行细致的观察。

尽管被称为“网络直播带货”，网络直播营销行为仍然是传统的销售或营销方式在互联网条件下的一种发展形态，和传统的电视购物并无实质性不同。

但是，互联网赋予了这种传统业态更强的互动性和快捷性，从而在网络直播营销的发展过程中充分暴露了相关法律制度适用的短板。为此，需要坚持法治原则，从尊重市场、改善营商环境、充分保护个人权利的角度进一步推动相关制度进行改革，促进网络直播营销产业的健康发展，为我国经济的两个循环提供足够的发展动力。

第三章

迈向数字时代的反垄断法规制

在数字经济时代，鼓励和保护创新已成为我国反垄断法的重要目标和所追求的重要法律价值。本章同样从竞争法治创新视角展开，将研究内容转为我国反垄断法的制度完善，并主要从平台经济反垄断监管的挑战及其应对、平台经济领域反垄断的恢复性救济、垄断协议类型序列的立法完善、数字市场滥用市场支配地位行为的反垄断法规制以及从传统经济到数字经济中差别待遇反垄断规则的改进等方面进行展开。在我国，市场竞争必须坚持市场化和法治化原则，不断强化竞争政策基础地位，不断完善与社会主义市场经济相适应的竞争规则，不断健全统一、开放、竞争、有序的市场体系。

第一节　平台经济反垄断监管的挑战及其应对

平台经济被视为人类社会发展过程中又一个新型经济形态[①]，已成为全球范围内经济治理的焦点和热议话题，与之相关的反垄断监管更是各国或地区热

---

① 但究竟什么是“平台经济”，在中国实践中经历了从争论到逐渐达成共识的一个过程：1）商务部等十二个部门认为“商品交易市场”中的“平台经济”，通常是指“利用互联网、物联网、大数据等现代信息技术，围绕集聚资源、便利交易、提升效率，构建平台产业生态，推动商品生产、流通及配套服务高效融合、创新发展的新型经济形态”。参见《国务院办公厅关于促进平台经济规范健康发展的指导意见（国办发〔2019〕38 号）》，2019 年 8 月 8 日，http://www.gov.cn/zhengce/content/2019－08/08/content_5419761.htm. 2）国家市场监督管理总局曾在《关于平台经济领域的反垄断指南（征求意见稿）》中认为平台经济是指“由互联网平台协调组织资源配置的一种经济形态”。参见《市场监管总局〈关于平台经济领域的反垄断指南（征求意见稿）〉公开征求意见的公告》，2020 年 11 月 10 日，http://www.samr.gov.cn/hd/zjdc/202011/t20201109_323234.html。但正式出台的《国务院反垄断委员会关于平台经济领域的反垄断指南》并没有这一规定。参见《国务院反垄断委员会关于平台经济领域的反垄断指南（国反垄发〔2021〕1 号）》，2021 年 2 月 7 日，https://gkml.samr.gov.cn/nsjg/fldj/202102/t20210207_

切关注的重要课题。欧盟、美国、德国、英国、澳大利亚、日本等国家或地区的反垄断执法机构或研究机构先后就平台经济发展情况展开市场研究并发布相应的研究报告,① 为平台经济领域竞争治理的决策和政策执行提供基础素材。与此同时，欧美等国家或地区相继启动了平台经济领域反垄断相关的立法或修法活动，以更好地应对平台经济领域涉及平台、数据、算法等方面的垄断问题。2019 年6 月，美国国会众议院启动数字化市场调查并于次年10 月通过《数字市场竞争调查报告》,② 指出谷歌（Google)、苹果（Apple)、脸书（Facebook)、亚马逊（Amazon）等大型平台公司涉嫌滥用其垄断地位行为，对美国经济、政治民主带来挑战；2021 年6 月，美国国会众议院推出旨在加强对数字市场中科技巨头反垄断监管的五部法案。③ 欧盟监管机构不仅在执法方面对美国平台企业

325967. html。3）2021 年底，国家发展和改革委员会等九部委联合发文明确“平台经济”为“新型经济形态”，即“平台经济是以互联网平台为主要载体，以数据为关键生产要素，以新一代信息技术为核心驱动力、以网络信息基础设施为重要支撑的新型经济形态”。参见《国家发展改革委等部门关于推动平台经济规范健康持续发展的若干意见（发改高技〔2021〕1872 号)》，2022 年1 月28 日，https://www.ndrc.gov.cn/fzggw/jgsj/zys/sjdt/202201/t20220128_1313746.html?code=&state=123。综上可见，平台经济的概念在规范表述上虽有不同，但基本内涵趋于一致，都强调由平台、数据、算法和技术等要素构成的新型经济形态。

① 市场研究，在中国通常被称为“市场竞争状况评估”，是竞争执法机构用于了解、掌握和评估特定市场或领域竞争状况的工具组合。See ICN Advocacy Working Group, *Market Studies Project Report*, June 2009, https://www.internationalcompetitionnetwork.org/wp-content/uploads/2018/09/AWG_MktStudiesReport2009.pdf. 相关研究报告，可参见上述经济体反垄断执法机构网站。自 2019 年起，中国在国家市场监督管理总局发布的《中国反垄断执法年度报告》中开始对“开展市场竞争状况评估”情况进行简要介绍。

② U. S. House of Representative, *Investigation of Competition in Digital Markets*, October 6, 2020, https://judiciary.house.gov/uploadedfiles/competition_in_digital_markets.pdf.

③ 除《并购申报费用现代化法案》（该法案主要提出将中型规模的并购申报费用进行分层调整。See U. S. Congress, *Merger Filing Fee Modernization Act of* 2021, June 11, 2021, https://www.congress.gov/bill/117th-congress/house-bill/3843?s=1&r=15［2021-08-17］）外，美国国会众议院于 2021 年6 月推出了《美国选择和在线创新法案》（U. S. Congress, *American Choice and Innovation Online Act*, June 11, 2021, https://www.congress.gov/bill/117th-congress/house-bill/3816［2021-08-17］）、《通过允许服务转换增强兼容性和竞争法案》（U. S. Congress, *Augmenting Compatibility and Competition by Enabling Service Switching Act of* 2021 or *the ACCESS Act of* 2021, June 11, 2021, https://www.congress.gov/bill/117th-congress/house-bill/3849/text?r=2&s=2［2021-08-17］）、《平台竞争和机会法案》（U. S. Congress, *Platform Competition and Opportunities Act*, June 11, 2021, https://www.congress.gov/bill/117th-congress/house-bill/3826［2021-08-17］）、《终止平台垄断法案》（U. S. Congress, “Ending Platform Monopolies Act”, June 11, 2021, https://www.congress.gov/bill/117th-congress/house-bill/3825）等四部法案，旨在对反垄断法进行全面改革，以适应平台经济发展的需求。相关法案具体内容分析，可参见江山：《美国数字市场反垄断监管的方法与观念反思》，载《国际经济评论》2021 年第6 期。

作出处罚，而且在平台企业的反垄断立法方面做出了积极尝试。2020 年12 月公布的《数字市场法案（草案）》，通过规制美国等大型平台公司在欧盟滥用市场力量，以实现保护消费者安全和维护在线平台公平竞争的目标。① 2021 年1 月，《德国反限制竞争法》第十修正案正式生效，这是“德国为应对数字经济给反垄断法带来的挑战做出的最新回应”；德国在研究数字经济各项竞争特点的基础上，通过一系列新规完成了滥用市场力量规制体系的现代化。② 此外，日本等其他国家或地区也正在积极探索如何有效开展平台经济反垄断监管。

中国也从未停止对平台经济反垄断监管的探索和实施。自 2020 年起，中国平台经济反垄断监管进入快轨，监管部门不仅立案查处了国内相关平台企业的垄断行为，而且积极推动平台经济领域反垄断指南的出台，为纠正数字市场垄断行为、维护平台经济竞争秩序发挥了积极作用。尽管如此，无论是平台经济高质量发展，还是其他经营者和消费者权益保护，都需要进一步完善对平台经济领域垄断问题的治理。作为重要的经济治理手段，反垄断监管有利于矫治市场垄断、维护市场竞争，使竞争成为平台经济高质量发展的内生机制。但面对纷繁芜杂而又瞬息万变的平台经济领域垄断行为和问题，在强调加强反垄断的同时更需积极优化反垄断监管，以有效维护市场竞争、促进平台经济高质量发展。

一、平台经济中垄断行为及其特征

反垄断监管的关键在于依法认定垄断行为的违法性，但其前提是能够合理梳理并甄别垄断行为。这对平台经济反垄断监管来说尤为重要，因为平台经济相较于传统工业经济来说呈现出诸多差异，③ 反垄断监管中法律适用面临更多的挑战。因此，对平台经济领域垄断行为进行识别和梳理成为反垄断监管及其

---

① *Proposal for a Regulation of the European Parliament and of the Council on Contestable and Fair Markets in the Digital Sector* (*Digital Markets Act*), December 15, 2020, https://eur-lex.europa.eu/legal-content/EN/TXT/PDF/?uri=CELEX: 52020PC0842&from=en.

② 参见袁嘉：《德国数字经济反垄断监管的实践与启示》，载《国际经济评论》2021 年第 6 期；袁嘉：《数字背景下德国滥用市场力量行为反垄断规制的现代化——评〈德国反限制竞争法〉第十次修订》，载《德国研究》2021 年第 2 期。

③ 如前述，尽管学界并未形成关于平台经济的一致界定，但对平台经济具有以下特征基本上不持异议，即数字平台具有动态竞争、跨界经营、网络效应、寡头竞争等特征。参见孙晋：《数字平台的反垄断监管》，载《中国社会科学》2021 年第 5 期。

研究的逻辑起点。

（一）平台经济中垄断行为的典型表现

垄断行为成为反垄断法规制的对象并无太多争议，《反垄断法》第1条就开宗明义地指出，“为了预防和制止垄断行为”而“制定本法”，并在第3条明确了“垄断行为”的三大类型，在此类型项下分别对实践中可能出现的垄断行为的具体情形作出更为详细的规定，为反垄断监管提供了明确的法律依据。但转换至平台经济领域，不同于以往的情形出现了，即平台经济领域出现的涉嫌垄断行为不再是反垄断实践中业已形成习惯的称法或行为类型，而是具有了生动而直观的提法。为便于研究的展开和对相关争议行为进行违法性分析，我们拟对目前实践中出现的较为流行的行为类型进行梳理并作简要分析，为其违法性分析的模式和逻辑构建提供基础。

1. “二选一”行为

平台经济领域的“二选一”行为并不是新鲜事物，2010年11月初爆发的“3Q大战”便被视为我国互联网领域最早的“二选一”案件。[①] 此后，随着平台经济的兴起，“二选一”行为逐渐演变成经济治理和反垄断监管的热点话题。但“二选一”行为并非我国法律明确规定的术语，如何依法定义“二选一”行为是监管规制不可回避的问题。也正因为此，有关“二选一”行为的定性与法律适用出现了争议。[②] 通过梳理和总结，大致有四种观点：一是认为“二选一”行为是“对电子商务平台在经营中排除及限制竞争、实施独家交易行为的直观描述”，《电子商务法》、《反不正当竞争法》和《反垄断法》三部法律均有适用空间，以“二选一”情节的轻重和法律责任的轻重作为依据，依次适用《电子商务法》和《反不正当竞争法》，而当前两部法律规定的处罚不足以威慑平台经营者时，就适用法律责任最重的《反垄断法》；[③] 二是认为“二选一”行为

---

① 参见《腾讯逼迫用户二选一：装了360就不能用QQ》，2010年11月03日，https://tech.163.com/10/1103/18/6KJ8KG1J000915BF.html。

② 如前述，“二选一”并非今日之事，2010年“3Q大战”即被视为互联网领域典型的“二选一”行为，并由此引发了行为定性和法律适用争论。参见苏祖贤：《腾讯“二选一”行为的法律性质及我国竞争法的完善》，载《中外企业家》2010年第24期。但至2017年京东诉天猫时，“二选一”成为全网关注热点，相应研究也多而繁杂。

③ 中国应用法学研究所课题组：《电子商务平台“二选一”行为的法律性质与规制》，载《中国应用法学》2020年第4期。

"本质上是独家交易"[①]，但由于独家交易行为本身也非《反垄断法》明确规定的垄断行为类型，因而在具体法律适用上有不同主张，例如，"可能构成滥用市场支配地位行为；当其以协议方式存在时，也可被认定为纵向限制"；[②] 三是认为，"可以结合《电子商务法》第35条，适用《反不正当竞争法》中'互联网专条'和一般条款对'二选一'行为进行分析"；[③] 四是认为，"在我国现行法框架下，对电子商务领域'二选一'行为的竞争法规制看似有法可循，实则无法可依"[④]。前述观点虽然不能完全囊括当前我国学界或实务界对"二选一"行为定性和法律适用的观点，但基本上刻画了"二选一"行为的基本形态，即通常指特定经营者要求交易相对人只能从市场上可供选择的交易对象中择一进行交易，其结果是未获得交易机会的"交易对象"被强制性地排挤出市场，并非通过价格或非价格等因素激发市场"优胜劣汰"机制而被"驱逐"出市场，其中隐含着人为排除和限制竞争的因素，因而备受指责并引起执法关注。

2. "大数据杀熟"行为

在我国，"大数据杀熟"对消费者而言并不陌生，平台企业实施大数据杀熟曾被评为"2018年十大消费侵权事件"之一。[⑤] 2018年后，"大数据杀熟"概念不断走进公众视野，"大数据杀熟"事件较以往明显增多，平台实施"大数据杀熟"因此备受关注并引起争议。"大数据杀熟"是口语化、网络化的表达，非法定术语，因而转化到法治语境下就面临如何定义和定性的问题。"大数据杀熟"是大数据与算法发展的产物，[⑥] 通常是指"经营者通过大数据分析，对用户进行定位描摹，形成精准的用户画像，并对其提供特定价格的商品或服

① 王晓晔：《论电商平台"二选一"行为的法律规制》，载《现代法学》2020年第3期。

② 焦海涛：《"二选一"行为的反垄断法分析》，载《财经法学》2018年第5期。但在其后来发表的论文中则认为，"'二选一'可能构成我国《反垄断法》中的垄断协议或滥用市场支配地位行为，也可能违反《电子商务法》第35条和《反不正当竞争法》第12条"。参见焦海涛：《电商平台"二选一"的法律适用与分析方法》，载《中国应用法学》2020年第1期。

③ 黄武双、谭宇航：《电子商务平台"二选一"行为的反不正当竞争法规制》，载《电子知识产权》2021年第5期。

④ 袁波：《电子商务领域"二选一"行为竞争法规制的困境及出路》，载《法学》2020年第8期。

⑤ 参见《大数据杀熟等上榜2018年十大消费侵权事件，你中了几招?》，2019年2月22日，https://www.sohu.com/a/296730242_99905112。

⑥ 冒纯纯：《"大数据杀熟"的监管规制路径探讨》，载《中国市场监管研究》，2021年第7期。

务，实现‘千人千面’的定价方式”。① 实践中，虽然不同学者对这种现象有不同的称谓或界定，如算法消费者价格歧视②、个性化定价算法③以及个性化推送④等形象直观的表述，但究其本质来说，没有太大差异，就是指平台企业利用大数据和算法等优势对不同交易对象实施的价格歧视行为。⑤ 作为一种价格歧视行为，“大数据杀熟”并不一定具有违法性，因此，应当依据反垄断法基本原理和制度安排展开分析认定。这表明，大数据、算法等相对于法律来说是中性的，与之相关的行为是否构成违法，不取决于算法和大数据，而取决于经济主体的歧视性定价行为。⑥ 这一分析的逻辑起点是大数据杀熟行为涉嫌违反反垄断法，即实施该行为的平台在特定相关市场内具有市场支配地位并滥用这一地位对相同交易条件下不同交易对象实施差别待遇。但实践中，能够实施大数据杀熟行为的平台并非都具有市场支配地位，也可能利用信息不对称等因素实施差别待遇。此时，这一行为很可能就不再是反垄断法调整的范畴，而需要转向诸如个人信息保护、数据安全等领域的相关法律进行定性分析。⑦ 由此可见，并非所有的“大数据杀熟”行为都涉嫌违反反垄断法规定。在实施主体不具有市场支配地位的情况下，未必构成违法垄断行为，但这并不意味着不违反个人信息保护或数据安全等法律，因此需要更多地在个案分析中得出相应结论。

3. 平台封禁行为

平台封禁行为是近年来炙手可热的话题，其中的纷纷扰扰与肇始于2018年的“头腾大战”不无关系。⑧ 与前述两类行为一样，平台封禁也非反垄断法的

---

① 文铭、莫殿：《大数据杀熟定价算法的法律规制》，载《北京航空航天大学学报（社会科学版）》2023年第2期。

② 参见喻玲：《算法消费者价格歧视反垄断法属性的误读及辨明》，载《法学》2020年第9期；李丹：《算法歧视消费者：行为机制、损益界定与协同规制》，载《上海财经大学学报》2021年第2期。

③ 参见周围：《人工智能时代个性化定价算法的反垄断法规制》，载《武汉大学学报（哲学社会科学版）》2021年第1期。

④ 参见李一帆：《个性化推送中的个人信息保护问题研究》，载《中国应用法学》2021年第1期。

⑤ 参见王渭博：《大数据杀熟的诱因、困境与治理》，载《中国物价》2021年第7期；何文芳：《大数据“杀熟”的价格违法性分析》，载《中国价格监管与反垄断》2020年第4期。

⑥ 参见王潺：《“大数据杀熟”该如何规制？——以新制度经济学和博弈论为视角的分析》，载《暨南学报（哲学社会科学版）》2021年第6期。

⑦ 参见李一帆：《个性化推送中的个人信息保护问题研究》，载《中国应用法学》2021年第1期。

⑧ 参见字节跳动：《字节跳动遭遇腾讯屏蔽和封禁大事记（2018－2021）》，2021年6月4日，https://www.cnbeta.com/articles/tech/1136743.htm；冯庆艳：《头腾大战，争到了年轻人就是挣到了流量未来》，2021年6月11日，http://m.eeo.com.cn/2021/0611/491364.shtml。

法定用语，针对是否违法以及如何处罚等问题的分析和确认，同样需要依据反垄断法的基本原理和相关规定展开分析。就行为本身的表现来说，平台封禁行为可以有广义和狭义之分：广义上的“平台封禁”，主要有“平台经营者强迫用户在不同平台之间进行‘二选一’、平台对其他平台的产品内容不予直链、平台对本平台的产品和内容进行自我优化、一方平台通过封闭的应用程序接口（API）政策拒绝与其他平台互联互通这四个大的类别”；[①] 狭义上的“平台封禁”，通常是指“平台利用技术手段禁止其他经营者的链接或内容在本平台分享或展示的行为”。[②] 尽管可从广义和狭义两个维度对当前平台经济发展中存在的封禁行为进行概括和界定，但无论是学界还是实务界，对封禁行为都存在诸多不同的观点和主张。[③] 前述界定的封禁行为，虽在封禁对象或封禁方式等方面有所差异，但就本质而言都是指平台拒绝了其他经营者的交易请求，即属于拒绝交易行为。即便如此，对平台封禁行为的规制同样存在定性争议和法条竞合问题，也就是说，判定相关行为是否违反法律或商业道德以及是否构成滥用市场支配地位，仍需在个案中具体分析并适用相应的法律。

4. 平台自我优待行为

平台自我优待行为似乎是个新鲜概念，但实际上并非新的行为类型。例如，2017 年欧盟谷歌搜索商店案所涉行为被认为是较为典型的平台自我优待行为。[④] 2020 年《美国数字市场竞争状况调查报告》专门针对谷歌、亚马逊和苹果等平

---

① 参见张江莉、张镭：《互联网“平台封禁”的反垄断法规制》，载《竞争政策研究》2020 年第 5 期。

② 殷继国：《互联网平台封禁行为的反垄断法规制》，载《现代法学》2021 年第 4 期。

③ 例如，有学者指出：“平台企业拒绝其他平台经营者使用其正当获取或运营的数据、网络、端口甚至平台等资源的行为。”参见郭传凯：《互联网平台企业封禁行为的反垄断规制路径》，载《法学论坛》2021 年第 4 期。也有学者认为，平台封禁行为是“平台利用技术手段断开了与被封禁者的连接，拒绝了被封禁方对平台的访问”。参见宁立志、喻张鹏：《平台“封禁”行为合法性探析——兼论必需设施原则的适用》，载《哈尔滨工业大学学报（社会科学版）》2021 年第 5 期。当然，也有学者从消费者保护和法律适用角度分别依据《反垄断法》和《反不正当竞争法》对平台封禁行为展开相应分析。参见陈兵、赵青：《〈反不正当竞争法〉下互联网平台“封禁”行为考辨——以消费者（用户）合法权益保护为中心》，载《中国应用法学》2020 年第 4 期；陈兵、赵青：《互联网平台封禁行为的反垄断法解读》，载《法治现代化研究》2020 年第 3 期；陈兵、赵青：《反垄断法下互联网平台“封禁”行为适法性分析》，载《兰州学刊》2021 年第 8 期。

④ See Google Search（Shopping）（Case AT. 39740）Commission Decision, June 27, 2017, https://ec.europa.eu/competition/antitrust/cases/dec_docs/39740/39740_14996_3.pdf.

台可能存在的自我优待行为进行分析和评估。① 我国实践中尚未出现直接以“自我优待”为案由的纠纷，但并不意味我国平台经济领域不存在此类行为。事实上，能够在同一产品不同生产环节从事生产经营或者能够生产互补产品的企业通常会实施“自我优待行为”，即它们更倾向于从自身系统内部机构而不是竞争对手处购买或销售商品以及开展其他方面的合作。② 平台自我优待行为通常发生在具有上下游关系的不同生产环节或经营阶段，处于上（下）游的经营者利用其优势地位以优于其竞争对手的条件与内部的下（上）游经营者进行交易，从而排挤了其他经营者的交易机会，可能产生排除和限制竞争的后果。但这一行为是否违法，学界的看法并不一致。有观点认为，平台自我优待行为本质上属于纵向交易关系，能够产生一定的效率，故不宜简单认定其违法；也有观点认为，平台自我优待行为会将平台在一个相关市场中的市场优势传导到另一个相关市场之中，从而增加其他经营者的交易负担和成本。③ 总体上看，国内对平台自我优待行为的关注较少，相应研究也较弱。④ 如前所述，这一行为并非我国反垄断法的法定用语，是否构成垄断行为应当依据《反垄断法》的相关规定和分析模式进行分析和判定。

众所周知，在平台经济领域，对竞争造成损害或威胁的行为类型多且瞬息万变，无法通过有限列举来作全面分析，而仅能根据实践中备受关注的问题进行重点分析。前述四类垄断行为，一方面，对我国目前平台经济运行中的竞争治理造成的困扰较多，但最终是否违法并受到相应处罚并不确定，因

---

① 具体分析，可参见该报告相关部分。See U. S. House of Representative, *Investigation of Competition in Digital Markets*, October 6, 2020, https://judiciary. house. gov/uploadedfiles/competition_in_digital_markets. pdf.

② See Michael A. S., *Self - Preferencing*, *The GAI Report on the Digital Economy*, November 19, 2020, https://ssrn. com/abstract = 3733688.

③ See Lorenzo G., *The Legality of Self - Preferencing Under Article* 102 *TFEU*: *An Answer from Google Search*, February, 2019, http://arno. uvt. nl/show. cgi?fid = 147739.

④ 目前，在中国知网上能够检索到与平台“自我优待行为”相关的文章数量有限。例如，郝俊淇：《平台经济领域差别待遇行为的反垄断法分析》，载《法治研究》2021 年第 4 期；吴楷文、王承堂：《利用平台内经营者数据优待自营业务的竞争法规制》，载《行政与法》2021 年第 6 期；杨洁：《数字经济时代平台经营者优待自营业务行为的竞争法分析》，载《浙江工贸职业技术学院学报》2021 年第 2 期；高重迎、李晔：《数据平台价格歧视行为的反垄断规制问题分析》，载《中国价格监管与反垄断》2020 年第 7 期。其他关于平台反垄断的部分文章也会涉及，但少有专门分析。不过，相关的会议或新闻报道并不鲜见。

而需要深入研究；另一方面，在我国社会舆论中关注度较高，尤其受到学界和实务界的高度关注，但对市场竞争是否造成损害或威胁并不清晰，因而需要进一步探索。基于此，我们重点讨论上述四类行为，并作相应的学术梳理和类型化的定性分析。除上述四类行为外，算法合谋、猎杀式并购等行为也时常被提及和讨论。但依据《反垄断法》规定，“算法”仅仅是达成或实施“垄断协议”的方式或工具；① 虽有文献强调应当重点关注和分析猎杀式并购是否损害创新，② 但其分析的关键点仍是该行为的竞争效果问题。也正因为此，我们将我国目前平台经济领域典型的垄断行为作为讨论对象并着墨分析，以回应当前理论争议和制度修订方案，但这并不意味着平台经济领域的垄断行为仅限于前述类型。

（二）平台经济中垄断行为的特征分析

平台经济被认为是伴随着互联网、移动通信、大数据等现代信息技术迅猛发展而兴起的新型经济形态，③ 该领域中的垄断行为备受关注，往往被打上“新型”的烙印而异于传统经济中的垄断行为。④ 平台经济确实具有不同于传统经济的特点，导致该领域的反垄断面临更为复杂的情况，但这并不意味着平台经济领域的垄断行为已迥异于反垄断法调整的行为范畴，只是在平台经济的掩护下呈现出更多的特征。因此，需要透过现象揭示和分析其本质。

1. 平台垄断行为虽名称较为新颖但非新型垄断行为

如前述，平台经济是伴随计算机、通信技术发展起来的新经济形态，该领

---

① 参见周围：《算法共谋的反垄断法规制》，载《法学》2020 年第 1 期；殷继国、沈鸿艺、岳子祺：《人工智能时代算法共谋的规制困境及其破解路径》，载《华南理工大学学报（社会科学版）》2020 年第 4 期。

② “猎杀式并购”（Killer Acquisitions）事实上有多种称法或译法，但其基本内涵是相同的，即主要指“企业故意收购并关闭初创公司以消灭竞争”。参见温世君：《何为平台经济反垄断中的“猎杀式并购”》，2020 年 11 月 20 日，https://new.qq.com/omn/20201120/20201120A0BXSP00.html。对“猎杀式并购”进行反垄断审查的目的主要在于“加强对平台企业杀手并购的规制，保护消费者福利和创新，构建健康有序的数字市场竞争环境”。参见陈弘斐、胡东兰、李勇坚：《平台经济领域的反垄断与平台企业的杀手并购》，载《东北财经大学学报》，2021 年第 1 期。值得注意的是，审查的分析模式并没有突破既有制度框架，但更加关注创新因素。参见承上：《超级平台并购初创企业的反垄断规制》，载《人文杂志》2021 年第 10 期。

③ 《商务部等十二部门关于推进商品交易市场发展平台经济的指导意见（商建函〔2019〕61 号）》，2019 年 2 月 12 日，http://www.gov.cn/zhengce/zhengceku/2019-10/08/content_5436959.htm。

④ 赵昌文：《平台经济的发展与规制研究》，中国发展出版社 2019 年版，第 41 页。

域的垄断问题从一开始就备受关注，但实践中时常因平台经济的新形态被贴上“新型”垄断行为的标签。实践中，这些行为通常根据其外在形态而被赋予有别于法定概念的名称，如前述的“二选一”“大数据杀熟”“封禁行为”等。此类名称虽生动直观，一般看到这些表述就能够大致了解其行为表现及其后果，但毕竟并非现行法律明确规定的行为，因而在监管实践中仍需依据法律规定对其进行类型化分析并展开相应的违法性认定。这一转化和认定过程，对于平台经济领域的垄断问题治理来说并非易事，不仅面临法律适用层面上的规范可解释性问题，更面临量化分析具体考量因素等问题。其中，最为集中的体现便是平台经济反垄断中相关市场界定是否必需以及如何界定等：一方面，现行法是否可以不经界定相关市场而直接认定特定平台具有市场支配地位；另一方面，相关市场界定中如何通过经济分析更为有效地应对平台经济的特殊性而准确界定市场范围。诚然，此类问题确实存在，但这并不意味着此类行为已经迥异于反垄断法规定的行为类型和相应的构成要件，需要启用兜底条款或创设新制度来应对“新”行为规制或监管的需要；相反，这只是法律适用中面临的技术问题或挑战，因而并未构成新型的垄断行为。

2. 平台垄断行为没有脱离现行反垄断法的制度框架和基本原理

平台经济领域垄断行为虽在表达方式方面具有新颖性，能够使人相对容易地理解平台垄断行为，但也易引起误解。平台经济背景下平台本身就是热点，一旦有风吹草动就会引起社会各界的关注，加之平台具有天然的“垄断”优势，容易引发习惯性的道德绑架而被先入为主地认定为“垄断者”，因而不少人积极主张对此类行为进行处罚。事实上，这至少存在两层误解。

其一，垄断者的行为不等同于垄断行为，[①] 这在法治语境下是反垄断监管的理论共识与制度安排。即便是垄断者，其行为未必属于反垄断法禁止的垄断行为范畴，需要依法展开具体分析和认定之后方能作出是否违法和是否处罚的结论。

其二，针对平台是否实施“垄断行为”，应依法进行分析判断，而不是不

① 参见王先林：《平台经济领域垄断和反垄断问题的法律思考》，载《浙江工商大学学报》2021 年第 4 期。

经法定程序肆意得出结论或进行宣传，从而出现“污名化”的现象。[①] 认定平台是否实施了《反垄断法》禁止的垄断行为，是一个严肃的法律适用问题，需要按照法定的程序机制并依据实体性规范进行分析。这通常会出现三种情况：一是现行法能够满足平台经济领域垄断行为监管的制度需求，尤其是列举了特定行为；相应分析模式虽在理论上存在争议，但在制度层面已经得到明确。此时，从监管需求来说，并不存在规范供给不足的情形。二是现行法对特定行为虽未作明确规定，但通过对兜底条款的解释和适用能够解决实践中监管的制度需求，只是对法律适用技术尤其是法律解释的要求更高，即不仅要满足解决问题的现实诉求，而且应当不背离立法宗旨。此时同样不存在规范供给不足的问题，在此种情形下主张修法或立法实际上是偷懒的做法。三是特定行为确实溢出了现行法的调整范畴，无论是从具体列举还是从兜底条款甚至一般原则的角度而言，都存在无法可用的情形，而该行为对市场竞争又确实造成损害，那么就要将监管问题上移至立法或修法的层面。具体到前述平台垄断行为来说，尽管它们被冠以生动直观的名称，但本质上都可以被转化为现行法规定的某一类行为，因而也就没有“重构反垄断法律体系”[②] 的制度诉求和现实必要。无论是上文中详细列举和分析的垄断行为，还是未作列举和分析的算法合谋、“猎杀式并购”等行为，仅从分析模式角度来说并未突破现行法的框架，依然能够依据《反垄断法》及其配套规定对其进行违法性认定并作相应处罚。

3. 平台垄断行为违法性认定中考量因素增多，不确定性增强

基于上述分析，尽管平台经济领域垄断行为并未脱离现行法调整的范畴，但对既有的规范适用和基本原理带来一定的挑战。

第一，前述提及但未重点讨论的算法合谋问题。互联网生态下，算法从本质上来说是“完成一个任务所需的一系列步骤”，而且“这些步骤需要足够精确的描述，以使计算机能够运行它”。[③] 但这两种情形会潜在地诱发甚至导致算

---

① 喻玲在分析“大数据杀熟”时曾指出，此类表达易引起“两个污名化”：一是平台背负了“歧视”及“垄断”的污名，二是让未禁止或处罚该行为的执法机构背负了“选择性执法”及“执法不公平”的污名。参见喻玲：《算法消费者价格歧视反垄断法属性的误读及辨明》，载《法学》2020年第9期。

② 参见戚聿东、杨东、李勇坚等：《平台经济领域监管问题研讨》，载《国际经济评论》2021年第3期。

③ ［美］托马斯·H. 科尔曼著：《算法基础——打开算法之门》，王宏志译，机械工业出版社2016年版，第1页。

法合谋的发生：一是“计算机实时处理大量数据的能力，令它拥有了掌握所有市场信息的‘上帝视角’”；二是“具备自主决策与学习能力的复杂算法在企业经营活动中发挥重要作用”。① 随之而来的问题就是，在人工智能技术支撑下，算法通过“深度学习”后“在不需要人类干涉的情况下就可能形成合谋”，那么，“企业是否应当因其使用深度学习算法而承担相应的违法责任”。② 不可回避的是，算法在算法合谋中扮演重要角色并发挥积极作用，没有算法的存在就不会如此轻松地达成或实施“智能化”的合谋，但应当客观看待算法在其中的地位和作用。尽管算法应用的场景在现代科技的推动下日趋复杂，算法自身也显得更具主观能动性，能够自主学习、自主决策，但其也只是企业利润最大化的工具和路径而已。是否利用算法、使用什么样的算法以及如何使用算法等，由企业决定，或者说是企业经营决策的一部分，因而企业在使用算法从事经营活动时理应对该算法产生的后果承担相应的法律责任。

第二，“猎杀式并购”审查问题。该问题近来成为平台经济反垄断监管中的一个热点话题，其原因在于此类并购会猎杀一些对在位平台企业构成实际挑战或潜在威胁的初创企业，以将“危害”扼杀于萌芽之中。由此足见，此类并购反垄断审查的初衷就在于维护市场竞争性结构、保护市场创新机制，而且后者往往被赋予更高的期待和权重。对监管审查而言，最大的挑战在于如何通过反垄断审查来维护所谓“创新机制”，实践中将面临诸如何为创新、能否量化以及如何量化创新、相应的考量和评估机制能否胜任等问题。从反垄断监管角度来说，“猎杀式并购”审查首先要解决审查标准是什么的问题。是损害创新，还是损害竞争？无论是实践还是理论研究，都存在争议。事实上，从反垄断法的立法目标和分析模式来看，竞争依然是“猎杀式并购”审查的基准，其背后的逻辑是有竞争就意味着市场主体的非唯一性，而当市场主体面临优胜劣汰的压力时，就会设法采取措施推动和促进创新。因此，“猎杀式并购”反垄断审查是要防止在位的平台企业利用资本、技术等方面的优势来收购或兼并市场地位尚微不足道的竞争对手。从这个角度来说，“猎杀式并购”反垄断审查的根

---

① ［英］阿里尔·扎拉奇、［美］莫里斯·E. 斯图克著：《算法的陷阱：超级平台、算法垄断与场景欺骗》，余潇译，中信出版社2018年版，第96页。

② 韩伟：《算法合谋反垄断初探——OECD〈算法与合谋〉报告介评（上）》，载《竞争政策研究》2017年第5期。

本还是要看该并购行为是否具有或可能具有排除、限制竞争的效果。

第三，就前述重点分析的平台垄断行为来说，其违法性分析并未出现无法可依的情况，但相关市场界定、市场支配地位认定、竞争效果以及正当理由等方面的分析都因平台经济多元属性而需考虑平台、大数据、算法以及创新等因素。这不仅对反垄断监管提出更高的要求，而且增加了违法性分析的难度，增强了违法性分析结果的不确定性。然而，尽管平台经济领域出现了强调创新机制、平台功能、大数据和算法等强技术特质的垄断行为，在名称上也花样繁多，但在当前实在法框架下并没有出现监管规范供给不足的情形，只是规范适用层面面临更多的挑战和不确定性。

二、平台经济反垄断监管的实践及其挑战

平台经济领域垄断行为虽以新面貌出现，但其内在的竞争损害特质并没有改变，因而反垄断监管的需求不仅必要而且紧迫。为此，我国监管执法机构积极开展平台经济领域垄断问题治理工作，从立法到执法不断完善相关制度安排和执法机制，积极采取事先事中事后一体化的监管机制和措施，查处了一些典型的垄断案件。但是，在不断深化平台经济领域垄断问题治理的大背景下，平台经济反垄断监管面临的挑战也不容忽视。

（一）平台经济反垄断监管的实践现状

平台经济是“生产力新的组织方式”和“经济发展新动能”,[①] 平台经济领域的垄断问题备受关注。实际上，有关加强反垄断监管的呼声一直贯穿于新经济发展过程之中。例如，早在2010年3Q大战中的“二选一”之争，就曾引起了全球反垄断界的关注。近年来，平台的崛起和以此为基础的平台经济迅猛发展，使其中的垄断问题日益成为社会热点和重要课题。当前，我国对平台经济领域的竞争治理呈现高标准、全方位展开的态势。

1. 推动修法与出台指南同步进行

依法行政是现代法治的基本要求，经济治理也必须在法治框架内展开。平台经济领域垄断问题治理，当然离不开完善的法治体系，但有法可依是基础和

① 《国务院办公厅关于促进平台经济规范健康发展的指导意见》（国办发〔2019〕38号），2019年8月8日，http://www.gov.cn/zhengce/content/2019-08/08/content_5419761.htm。

前提。新修订的《反垄断法》针对平台经济领域垄断问题有了专门条款或相关规定，平台经济反垄断监管在规范解释、分析方法和考量因素等方面提出了更高要求。国家从立法和监管两个层面同时推进监管规则的完善。就制度供给角度来说，经济社会快速发展、经济环境也发生变化，《反垄断法》部分条款已经不能完全适应现在和将来的需要。[①] 变化了的"经济环境"，自然包括《反垄断法》颁布实施以来平台经济的兴起和发展，由此引发有关平台经济反垄断监管中相关条款适用的争议。例如，是否需要界定相关市场以及如何界定相关市场就是一个突出问题。针对此类问题，如果不通过修法，而径直解释为无须界定相关市场或者在特定个案中明确"可以不界定相关市场，直接认定平台经济领域经营者实施了垄断行为"[②] 等观点或主张，在现行法框架内是无法实现的。因此，如果需要在监管实践中作出结构性改变，就需要从法律文本层面进行相应修改。与此同时，从监管和合规的角度，国务院反垄断委员会适时出台了《关于平台经济领域的反垄断指南》（以下简称《平台反垄断指南》），国家市场监督管理总局针对执法中具体问题先后出台了相关规章，[③] 为平台经济领域垄断行为的监管提供了更为细致的法律依据。可见，无论是修法还是监管，都试图从文本规范层面对监管制度进行完善，以使现行法能够更好地应对和规制新型平台垄断行为，从而更好地实现平台经济领域垄断问题治理的初衷。

2. 反垄断执法与全面自查自检并举

垄断行为对平台经济领域的市场秩序和竞争环境的影响不容忽视，是否违法依然需要依法进行分析和认定，其结果可能会对被调查的平台企业作出不利评价。因此，违法性认定实际上是严格的规范适用过程，是公权力介入市场微观运行的典型表现，对平台损害竞争行为具有一定的事后制裁性，也表现出相

---

① 《〈反垄断法〉修订工作正有序推进》，2018 年 11 月 16 日，http://www.scio.gov.cn/xwfbh/xwbfbh/wqfbh/37601/39282/zy39286/Document/1641634/1641634.htm。

② 《市场监管总局关于《〈关于平台经济领域的反垄断指南（征求意见稿）〉公开征求意见的公告》，2020 年 11 月 10 日，http://www.samr.gov.cn/hd/zjdc/202011/t20201109_323234.html。

③ 国务院机构改革后，国家市场监督管理总局根据《反垄断法》实施的需要先后出台了 5 部规章，但与平台经济领域垄断行为规制较为密切的主要有以下 3 部：（1）《禁止垄断协议暂行规定》，2019 年 6 月26 日，https://gkml.samr.gov.cn/nsjg/fgs/201907/t20190701_303056.html；（2）《禁止滥用市场支配地位行为暂行规定》，2019 年 6 月 26 日，https://gkml.samr.gov.cn/nsjg/fgs/201907/t20190701_303056.html；（3）《经营者集中审查暂行规定》，2020 年 10 月 23 日，https://gkml.samr.gov.cn/nsjg/fgs/201907/t20190701_303056.html。

对的滞后性。从经济运行效率的角度来看，反垄断监管执法是重要的市场竞争保护机制，但不是首选机制，故构建相应的竞争损害预防措施确有必要。因此，良好的市场竞争秩序和健康的竞争格局，不仅需要通过反垄断监管执法来引导、规范和维护，更需要平台企业通过内部合规来防范和化解自身经营活动中可能存在的排除、限制竞争行为。平台经济反垄断活动也确实由执法机构的监管执法和平台企业的内部合规共同构成，从而通过外部行政介入和内部自觉维护来构建良性有序的市场环境和竞争秩序。

一方面，国务院反垄断执法机构积极推进平台经济领域反垄断监管执法活动。就执法进程来看，2020 年 11 月公布的《平台经济反垄断指南（征求意见稿）》是中国平台经济反垄断执法史上一个标志性事件，表明我国平台经济反垄断执法进入快车道，不仅加快了相关指南制定①和修法②的进度，而且提高了平台经济领域垄断行为的查处速度和力度。此后，国家市场监督管理总局先后查处了平台企业滥用行为案 2 起③、审查并禁止虎牙斗鱼合并案④以及对 81 起

---

① 从起草征求意见到公布过程来看，指南制定相对较快。在此过程中，国务院反垄断委员会根据《反垄断法》等有关规定，立足我国国情和执法实践，充分借鉴国外成熟经验，广泛听取平台经营者、平台内经营者等市场主体和专家学者的意见建议。其目的在于着力构建符合我国经济社会发展阶段和平台经济发展特点的反垄断监管规则，促进平台经济规范有序创新健康发展。《国务院反垄断委员会办公室负责同志就〈国务院反垄断委员会关于平台经济领域的反垄断指南〉答记者问》，2021 年 2 月7 日，https://gkml. samr. gov. cn/nsjg/xwxcs/202102/t20210207_325971. html。

② 2021 年10 月，全国人大常委会公布了《反垄断法（修正草案）》并向社会公众征求意见。该修正草案就平台经济领域垄断问题或行为作了回应，主要涉及两点：（1）经营者不得滥用数据和算法、技术、资本优势以及平台规则等排除、限制竞争；（2）具有市场支配地位的经营者利用数据和算法、技术以及平台规则等设置障碍，对其他经营者进行不合理限制的，属于滥用市场支配地位的行为。《坚持规范与发展并重反垄断法修正草案首次提请全国人大常委会会议审议》，2021 年 10 月 20 日，http://www. npc. gov. cn/npc/c30834/202110/512cd30239f2492e9ef079500ea9f1a0. shtml。

③ 国家市场监管总局查处的两起平台企业滥用行为案，主要是指阿里巴巴和美团分别实施的“二选一”案。《市场监管总局发布阿里巴巴集团控股有限公司在中国境内网络零售平台服务市场垄断案行政处罚决定书和行政指导书》，2021 年 4 月 10 日，http://www. samr. gov. cn/fldj/tzgg/xzcf/202104/t20210409_327698. html；《市场监管总局发布美团在中国境内网络餐饮外卖平台服务市场垄断案行政处罚决定书和行政指导书》，2021 年 10 月 8 日，http://www. samr. gov. cn/fldj/tzgg/xzcf/202110/t20211008_335367. html。此外，上海市市场监督管理局依据《反垄断法》对上海市派士商贸发展有限公司实施的“没有正当理由，限定交易相对人只能与其进行交易”的滥用市场支配地位行为作出处罚。《市场监管总局发布上海市派士商贸发展有限公司滥用市场支配地位案行政处罚决定书》，2021 年4 月12 日，https://www. samr. gov. cn/fldj/tzgg/xzcf/202104/t20210412_327737. html。

④ 《市场监管总局关于禁止虎牙公司与斗鱼国际控股有限公司合并案反垄断审查决定的公告》，2021 年7 月10 日，http://www. samr. gov. cn/fldj/tzgg/ftjpz/202107/t20210708_332421. html。

平台企业未依法申报违法实施经营者集中案作出顶格处罚，[①] 有效遏制了平台经济领域的违法垄断行为，为恢复和维护平台经济竞争格局和市场秩序发挥了积极作用。

另一方面，随着《反垄断法》实施的深入，平台企业内部合规成为预防和制止平台经济领域垄断行为的第一道防线，即平台企业自身应当不断提高对垄断行为的认识，增强防范反垄断合规风险的意识。反垄断合规通常是企业日常经营活动中必需的内容之一，但企业尚缺乏一定的自觉性和自主性，要么客观上缺乏反垄断合规管理内设机构或人员，要么主观上存有侥幸心理而没有重视，而且时常两种情况并存。因此，在平台经济反垄断监管逐渐深入的过程中，国务院反垄断执法机构深谙此道，通过行政指导会的方式对实践中常见的强迫实施"二选一"、滥用市场支配地位、实施"掐尖并购"等问题，要求平台企业在一个月内全面自检自查，逐项彻底整改；如不整改，则依法从重从严处罚。[②] 反垄断执法机构联合其他监管机构通过行政指导方式督促平台企业限期自我整治，本质上是推进企业反垄断合规的完善和强化。通过外部执法和内部合规的方式，能够增强平台企业自觉遵守市场竞争规则、维护市场竞争秩序的意识和能力。

3. 行政处罚与行政指导相结合

反垄断执法是对平台经济垄断问题最直接和主动的矫治手段和实施机制，与之相应的制裁措施主要体现为行政责任。在反垄断法语境下，行政责任主要是反垄断执法机构对违反《反垄断法》规定的行为所采取的行政制裁措施，其

---

① 自国家市场监督管理总局于2020年12月对互联网平台企业未依法申报违法实施经营者集中案件处罚以来，先后四次公布了涉互联网平台企业未依法申报违法实施经营者集中案件处罚情况：(1)《市场监管总局依法对阿里巴巴投资收购银泰商业股权、阅文集团收购新丽传媒股权、丰巢网络收购中邮智递股权等3起未依法申报违法实施经营者集中案作出行政处罚决定》，2020年12月14日，https://www.samr.gov.cn/xw/zj/202012/t20201214_324335.html；(2)《市场监管总局依法对互联网领域10起违法实施经营者集中案作出行政处罚决定》，2021年3月12日，https://www.samr.gov.cn/xw/zj/202103/t20210312_326737.html；(3)《市场监管总局依法对互联网领域22起违法实施经营者集中案作出行政处罚决定》，2021年7月7日，https://www.samr.gov.cn/xw/zj/202107/t20210707_332396.html；(4)《市场监管总局依法对43起未依法申报违法实施经营者集中案作出行政处罚决定》，2021年11月20日，https://www.samr.gov.cn/xw/zj/202111/t20211119_337049.html。

② 《市场监管总局、中央网信办、税务总局联合召开互联网平台企业行政指导会》，2021年4月16日，http://www.samr.gov.cn/wljys/sjdt/gzdt/202105/t20210531_329992.html。

作用在于迅速制止垄断、恢复市场的有效竞争、保护社会公共利益。① 行政责任是反垄断立法和执法初衷得以有效实现的基本保障，因为没有责任就没有权威，相应的违法矫治、权利救济也将无所依托。因此，各经济体的反垄断法通常都会设置相对较为严格的法律责任，如美国《谢尔曼法》明确的三倍赔偿制度、日韩公平交易法的课征金制度以及欧盟竞争法的罚款制度，都是规制垄断行为、恢复和维护市场竞争的有力工具。我国《反垄断法》对违法垄断行为也课以严格的责任，尤其是对垄断协议和滥用市场支配地位两类行为的罚款具有较强的威慑力，而对经营者违法实施集中的罚款则曾被认为过轻，相应的违法成本过低，导致实践中出现不少未依法申报违法实施集中的情况。② 2022 年对《反垄断法》修改后，违法实施集中且具有或者可能具有排除、限制竞争效果的，需处上一年度销售额百分之十以下的罚款，对不具有排除、限制竞争效果的，则处五百万元以下的罚款。

反垄断监管执法对平台经济领域垄断问题治理而言，是不可或缺的实施机制，且相应的行政处罚也彰显其威力，尤其是相较于对传统经济领域违法垄断行为的处罚来说，更加严厉。如在上文提及的阿里案和美团案中，国务院反垄断执法机构在认定阿里、美团等平台企业实施的“二选一”行为构成《反垄断法》禁止的滥用市场支配地位限定交易行为的基础上，先后对两平台作出相应处罚，不仅“责令停止违法行为”，而且处以高额罚款。反垄断执法机构最终对两涉案平台作出的罚款金额虽创新高，但罚款比例（两案分别为立案调查上一年度“中国境内销售额”的 4% 或 3%）并不是历史高位。这再次说明，反垄断监管执法的目的不是罚款，而是通过罚款等制裁措施来追究违法者的责任、矫治损害竞争的行为以及恢复和维护市场公平竞争秩序。

然而，面对复杂多变的平台经济，试图单靠某一次执法来规范和维护平台经济的竞争格局和竞争性市场结构并非易事。这从客观上要求，反垄断监管并

---

① 吴振国：《〈中华人民共和国反垄断法〉解读》，人民法院出版社 2007 年版，第 619 页。

② 依据旧《反垄断法》规定，经营者违法实施垄断协议或滥用市场支配地位的，可“处上一年度销售额百分之一以上百分之十以下的罚款”，而对违法实施集中的则“处五十万元以下的罚款”。不过，针对处罚过轻的问题，“首次提请全国人大常委会会议审议的《反垄断法（修正草案）》将大幅提高对相关违法行为的罚款数额”。《坚持规范与发展并重反垄断法修正草案首次提请全国人大常委会会议审议》，2021 年 10 月 20 日，http://www.npc.gov.cn/npc/c30834/202110/512cd30239f2492e9ef079500ea9f1a0.shtml。依现行法来看，这将主要针对经营者违法实施集中的情形。

不能通过行政处罚了事，更需要通过柔性执法、行政指导等方式来跟踪市场动态、激励平台企业自觉合规守法。为此，国务院反垄断执法机构在对阿里和美团作出行政处罚的同时，更是“坚持处罚与教育相结合的原则”，以行政指导的方式力图使平台企业“建立健全公平参与市场竞争的长效机制”。[①] 平台经济是新业态，其中的垄断问题也必然在一般性中蕴含着新经济的特殊性，因而在强调刚性监管执法同时也应适时导入柔性的软法治理。反垄断执法机构在针对平台滥用市场支配地位限定交易行为的监管执法中采用行政处罚和行政指导并举的模式，实际上是体系化治理思维的体现，不仅着眼于对违法行为的事后制裁，更注重对平台企业经营行为的引导、规范，以促成平台形成自觉守法、自主合规的良好经营模式。

（二）平台经济反垄断监管的现实挑战

反垄断监管执法是维护平台经济领域市场竞争的重要机制和途径，我国平台经济反垄断监管实践充分证明了这一点。监管执法在维护和规范平台经济领域的竞争秩序和市场格局方面发挥了积极作用，无论是对平台经济本身的认知还是基于对平台经济认识而构造的制度安排，都是进一步推进和优化平台经济反垄断监管不容忽视的考量因素。

1. 对平台经济的认知水平必将影响平台经济反垄断监管的水平和质量

如前述，平台经济不仅是理论研究中炙手可热的话题，更是经济治理实践中至关重要的课题，因而理论界和实务界都在对平台经济相关问题展开积极研究，试图探索出平台经济治理的合理途径。从研究文献和监管实践来看，对平台经济的认识主要集中在对其外在形式特征的描述，如强调平台经济是以平台、数据和算法为核心要素建构起来的新经济业态，[②] 其呈现出外部性、多归属性、网络效应和锁定效应以及“具有破坏性创新的基本属性和发展规律”等特征。[③] 客观而言，平台经济确实具备这些特质，但诸如此类的研究或表述对推进和深化反垄断监管的意义何在？事实上，在平台经济反垄断监管过程中，强调平台

---

① 《国家市场监督管理总局行政指导书》（国市监行指反垄〔2021〕1 号）和《国家市场监督管理总局行政指导书》（国市监行指〔2021〕2 号）。

② 参见杨东：《论反垄断法的重构：应对数字经济的挑战》，载《中国法学》2020 年第 3 期。

③ 参见徐晋、张祥建：《平台经济学初探》，载《中国工业经济》2006 年第 5 期；孙晋：《数字平台的反垄断监管》，载《中国社会科学》2021 年第 5 期。

经济的特殊性并无不妥，但仅描述其特征的差异性并依此强调平台经济反垄断监管的挑战，并不是探索构建平台经济反垄断监管体系和机制的目的或使命所在。因为单纯地描述其外在特征的特殊性无法阐明对平台经济领域垄断问题采取差异化治理的必要性，尤其是平台经济的大部分属性从互联网经济崛起时就已经被认定。但是，诸如此类的特征是否使其中的垄断行为逃脱于现行法的调整范畴、使既有的行为违法性分析框架失灵，值得商榷。尽管有观点认为需要对现行反垄断法制度框架进行重构，但实际上由于认识能力和技术等条件的限制而使对平台经济本身的认识尚不深入，尤其是平台经济运行的内部逻辑、以数据和算法综合交织形成的交易模式和平台规则等新生因素是否引致既有制度安排和分析模式失灵或存在结构性缺陷，并不清楚。至少从目前执法机构查处的平台经济案件来看，现行法从规则层面来说仍具有积极的规制力，但实践中能否真正达到规范平台经济领域垄断行为、引领和维护平台经济领域竞争秩序的效果，仍需拭目以待。

之所以如此，是因为平台经济反垄断监管的对象是平台经济领域的垄断问题，而对平台经济本身的认知程度将决定反垄断监管执法的水平和质量。目前对平台经济的认知和研究基本上类似于盲人摸象，缺乏对平台经济作为新业态或新产业的整体认识，尤其是市场结构、市场行为、市场绩效以及具有高风险的反竞争行为等情况的了解和把握还不足。因此，相较于探索平台经济反垄断监管新机制，提高对平台经济以及相关垄断问题的认识能力和水平更加重要。

2. 对反垄断法现行制度的理解和解释影响平台经济反垄断监管的进度和力度

依法治国战略背景下，法治当以有法先行，反垄断更是如此。平台经济成为反垄断监管绕不开的话题，平台经济虽有诸多不同于传统经济的特殊之处，但这并不意味着平台经济垄断问题已经逃脱既有的反垄断法制度框架和理论范畴而需要另辟蹊径。事实上，任何立法一旦完成，某种意义上来说就意味其已经开始落后并迟滞于实践，因而相应的释法就变得异常重要。从既有的执法实践来看，平台经济反垄断监管的挑战和难点不在于规则短缺，而是要求在实施层面上更多地考虑平台经济本身的特殊运行机制，在认定涉嫌垄断行为违法性时更多地考量平台经济的特有因素，以审视既有规则和分析模式是否仍能胜任垄断行为规制之需，从而更好地评估行为的竞争效果并依此判定是否违法。因此，对现行法的理解和解释成为平台经济反垄断监管的关键，将直接影响平台经济反垄断监管执法的质量和效果。

在平台经济反垄断监管执法实践或理论研究中，对《反垄断法》的解释和适用大致分化成两派，即要么认为现行《反垄断法》规范无法适应或满足平台经济反垄断监管的制度需要，要么对现行《反垄断法》规范依据自身需要或设想作过度解释而逾越既有文本的规范内涵和安排。就前一种情形来说，相应的观点就是平台经济对反垄断法体系形成结构性挑战，因而需要对反垄断法进行重构；后一种情形则主要体现为以理论研究的观点或主张来架空或替代现行法律规定，并依此构造出相应的分析框架或者工具。这从理论研究和学术探讨的角度来说并无不妥，相反能够促进反垄断立法的完善；但若枉顾平台经济现实和现行制度安排，则须谨慎应对。就前述平台垄断行为来说，这通常涉及两点争论：一是相关市场界定的必要性；二是平台是否构成必需设施。2020 年11 月公布的《平台经济反垄断指南（征求意见稿）》提出“在特定个案中，……可以不界定相关市场，直接认定平台经济领域经营者实施了垄断行为”,[①] 但这一规定在正式颁布的《平台反垄断指南》中并没有出现。这再次说明现行法尚不足以支撑不经界定相关市场而直接认定平台具有市场支配地位的主张。

平台是否构成必需设施，以及由此衍生而来的话题还包括大数据、算法等是否构成必需设施，成为平台经济反垄断监管领域研究的重点之一。无论是欧美反垄断实践中的必需设施原则应用，还是我国理论研究中必需设施原则的导入，都存在诸多争论。关于平台是否应为必需设施，尚未达成一致意见，那么，在仍充满争议的情况下就理所当然地将其作为共识或公理来运用，不是解决问题而是掩盖老问题、诱发新问题。将平台作为公用企业或事业，并依此将其定性为政府管制对象，强调管制是“政府允许垄断存在的前提下”进行的“行政规制”，其结果显然排除了市场竞争或市场机制的作用。毋庸置疑，这不是当前不断深化的经济体制改革的方向或愿意采取的措施，甚至与市场经济固有规律和精神相悖。更有甚者，主张将现行《反垄断法》框架下的滥用市场支配地位行为规制转变为滥用公共性规制，抛却了能够量化且相对客观的分析模式，而

---

① 《市场监管总局关于〈关于平台经济领域的反垄断指南（征求意见稿）〉公开征求意见的公告》，2020 年 11 月 10 日，http://www.samr.gov.cn/hd/zjdc/202011/t20201109_323234.html。

采用主观臆断性更强的定性分析，这也许能够控制所谓的平台经济领域垄断行为，但同时也会将平台经济带入死胡同。这一思路不仅不能解决问题，相反会激发反垄断立法和执法中始终存在且充满争论的问题，即行业管制和反垄断执法的优先性问题。①

3. 经济分析影响平台经济反垄断监管执法的可信度和权威性

尽管平台经济反垄断监管面临基于既有制度或分析技术的挑战和困难，但这并不意味要忽视平台的市场活动主体属性来规避挑战，更不能因其规模和市场份额等因素将其功能属性进行异化，过多赋予或强调其公共性、社会性等义务，尽管任何企业都应履行一定的社会义务。近年来，有观点主张“将大型数字企业作为一种新的公用事业进行管制”，② 其理由在于应对经济垄断主要有“竞争政策”和“政府管制”两种方法：竞争政策试图通过反垄断执法维护竞争过程，来达到经济效益最大化的目标；管制则是政府在允许垄断存在的前提下，对垄断企业进行事前、直接的行政规制。平台经济的特征是其具有极强的网络效应，容易形成垄断企业且控制与大众利益息息相关的物品与服务，因而适用公用事业管制的观点再次进入人们的视野。这值得警惕。允许垄断结构存在并不意味着允许“反垄断法”意义上的“垄断”存在，即对垄断行为的存在并不允许，除非符合相应的条件。因为两者从理论上来说并不矛盾，只是因为在特定的行政体制下行业管制与反垄断执法之间存在权力配置上的冲突。因此，对垄断行为的违法性认定更需要通过经济分析来获得可靠的证据，以分析竞争效果、权衡行为利弊。

竞争效果是衡量垄断行为违法性的重要因素和指标，但竞争效果分析并不是简单的规范分析，相反是依据经济学理论对特定行为及其市场环境进行分析

---

① 实际上，不仅我国面临反垄断执法与行业管制之间关系的问题，域外经济体也面临此类问题。究竟如何处理两者之间的关系，本质上是要合理配置反垄断机构与行业监管机构之间的权力。不少学者指出，目前处于垄断与竞争并存的阶段，既需要行业监管来克服反垄断执法面临的困难，也需要加强反垄断执法来弥补行业监管的不足。参见王先林：《垄断行业监管与反垄断执法之协调》，载《法学》2014年第2期。尽管反垄断执法和行业监管是市场经济运行中不可或缺的两类经济治理手段，但在不断深化的经济体制改革背景下，我们认为，反垄断执法应更多得到优先考虑，即通过反垄断执法来维护竞争在市场运行中的作用，从而促进平台经济高质量发展。当然，不应忽视行业主管部门在平台经济发展中的作用，但应以尊重市场规律和法治逻辑为前提。

② 高薇：《平台监管的新公用事业理论》，载《法学研究》2021年第3期。

评估并得出相应结论的过程。这一分析结果本身并不是监管执法的结论或依据，而只是在实在法框架内分析、认定特定行为违法性的考量因素和重要指标，并不成为行为定性的决定性因素。尽管如此，经济分析在垄断行为违法性认定分析以及反垄断监管中的作用依然不容忽视，但能否成为最终定案考量的因素与经济分析结果是否准确和合理具有密切关系。因此，与之相伴的问题便产生了，即经济分析结果要准确、合理，则要求分析所必需的数据真实准确、应用模式及相应的方法妥当合理，但这对平台经济反垄断监管而言并非易事。从理论层面来说，经济分析采取的原理或模型，是否能够被广泛接受，尤其能否被执法机构和当事人接受就是个问题。从实践角度来说，能否有效获取数据以及获得的数据是否准确可靠等是反垄断监管面临的另一个重要问题。此外，针对同一问题，涉案的利害关系人及其竞争对手提供的数据和分析报告结论也可能截然不同，由此而来的问题便是谁的数据更可靠、谁的结论更合理。诸如此类问题，实际上不仅影响平台经济反垄断监管工作的启动，而且影响反垄断监管政策制定的进度，以及相关结果的可信度和权威性。在实践中，这也是平台经济反垄断监管中个案执法的难点和痛点。

三、平台经济反垄断监管优化的前提与基础

平台经济在国民经济发展中的地位愈发重要，故不应也不能忽视对其中垄断问题的治理。随着技术应用的深化，相关问题变得愈加复杂，从方法论角度来说应不断优化治理思维和方法，以更好地契合平台经济高质量发展的需求。即便如此，应当合理评估反垄断在平台经济治理中的地位和作用，不应高估或低估反垄断的地位和作用，而应着眼于保护竞争这一核心而直接的目标，将其作为平台经济反垄断监管的首要任务。

（一）反垄断在平台经济治理中的合理定位

平台经济领域的垄断行为通常会影响平台企业之间或平台企业与平台内经营者之间正常的经营活动、损害市场竞争，因而需要通过反垄断来矫正和维护，但也应客观认识反垄断本身的功能及其限度。反垄断监管是政府干预市场的一种典型策略，其是否正当和合理、能否实现维护市场公平竞争的目的，尚需在市场运行中得以验证，而非简单地以一时舆论为基准进行甄别。在治理能力和

治理水平现代化的大背景下，应随着经济形态的转型升级，优化完善竞争治理思维和方式，尤其应着眼于当前平台经济发展的需要，对其中的垄断问题进行体系化治理，即不仅要重视通过反垄断对平台经济领域业已发生的垄断行为依法规制，而且要将平台经济领域的竞争治理工作前置，在营造良好营商环境的基础上更好地引导平台企业做好合规工作，以防患于未然。强调综合治理，并不是要否定反垄断监管在平台经济竞争治理中的地位和作用，而是应客观评估和理性对待反垄断在平台经济竞争治理中的“能”与“不能”。这是因为造成市场垄断尤其是引发平台经济领域垄断问题的因素多元且复杂，仅依靠单纯的事后制裁难以实现平台经济竞争治理的目标，因而需要合理明晰反垄断在平台经济治理中的地位。

平台经济确实因其蕴含现代信息技术而更具创新元素，对相关法律调整也产生了或多或少的冲击，这是不容否认的客观存在，但这并不必然导致既有制度体系的瓦解或重构，唯有在用尽既有制度或理论的情况下评估并倡导对反垄断法文本规范作结构性修改或进行重构①方有合理性。尽管一再强调平台经济是更加依赖互联网技术的新业态，“平台”“数据”“算法”被认为是平台经济的关键要件，但从法治角度来考量平台经济的运行及其外在行为，不难发现，平台经济领域垄断问题呈现出两方面的特征。一方面，平台经济赖以存在的平台在市场经济运行中依然扮演着与传统经济形态下的企业并无二致的角色，仍是法律规定的一类“经营者”，即“在电子商务中为交易双方或者多方提供网络经营场所、交易撮合、信息发布等服务，供交易双方或者多方独立开展交易活动”。② 倘若平台企业在日常经营活动中实施排除、限制竞争的行为，自然应成为《反垄断法》规制的对象，这是法律适用之必然，而无需多此一举地证明《反垄断法》是否规范平台。③ 另一方面，作为平台经济主体的平台企业实施排除、限制竞争的行为，其外在形式依然呈现为垄断协议、滥用市场支配地位和

---

① 金善明：《〈反垄断法〉文本的优化及其路径选择——以〈反垄断法〉修订为背景》，载《法商研究》2019 年第 2 期。

② 我国《反垄断法》第 12 条、《电子商务法》第 9 条。

③ 值得注意的是，《电子商务法》第 22 条和第 35 条对平台滥用行为进行规范，但这并不是创新之举，也非针对平台滥用行为新创，只是在综合性立法中强调，作为经营者的平台如果实施排除、限制竞争行为也应适用《反垄断法》。质言之，倘若平台实施排除、限制竞争的行为而应受处罚，其法律依据并不是《电子商务法》。严格来说，第 35 条并不是垄断规制条款。

经营者集中等三种类型，并未溢出《反垄断法》的规制范畴，因而与之相应的问题并不是既有反垄断法原理和制度框架已经无法满足平台经济领域垄断行为规制的制度需求，而是在具体行为违法性认定方面需要有更多的技术支持和规范指导，以增强以抽象性和原则性著称的《反垄断法》文本的张力和生命力。

反垄断对平台经济治理而言依然是规制工具，旨在预防和消除平台企业实施垄断行为而产生的排除、限制竞争之负外部性，以恢复和维护竞争秩序和竞争格局。尽管竞争对仍以市场为核心机制的平台经济来说至关重要，反垄断也随之成为平台经济竞争治理的重要工具，尤其是在传统经济背景下反垄断法被赋予经济宪法之美誉或地位更使其在平台经济治理上被寄予厚望，① 但实际上反垄断在平台经济垄断问题治理甚至是整个市场经济治理中的地位和作用都被人为高估了。《反垄断法》只是以其禁止性语言对市场运行中经营者排除、限制竞争的行为作否定性评价并予以严厉处罚，从而对损害市场竞争行为形成威慑力。相对于垄断行为的发生来说，反垄断法的规制或反垄断监管具有一定的事后性，② 其惩处对象也仅限于参与市场竞争的经营者，因而客观上不具备"宪法"所应具有的"控制权力、保障权利"等基本功能。这是因为《反垄断法》本身的制度安排并不是通过赋权或控权的方式来构建自身规制体系，而是通过行为规制来维护市场竞争的自由和市场的竞争性。

尽管竞争在市场经济体制下占据基础性地位并发挥核心作用，但作为维护竞争的事后性规制措施，反垄断法本身并不具有根本性地位。其原因在于，竞争能否在经济运行和资源配置中发挥决定性作用，取决于是否确立市场经济体制、竞争是否为市场经济的核心机制，而这一切都有赖于一国根本大法即《宪法》来确认和保障。否则，皮之不存毛将焉附？在此情形之下衍生出来的《反垄断法》，应贯彻和落实《宪法》确立的经济体制目标，与之相应的实施路径

---

① 关于反垄断法能否被定位为经济宪法，我们曾撰文指出，反垄断法不等于经济宪法，在我国全面深化经济体制改革的宏大叙事背景下"须谨慎对待反垄断法的'经济宪法'之美誉"。参见金善明：《反垄断法的"经济宪法"定位之反思》，载《江西社会科学》2015 年第 11 期。

② 有学者强调应通过严厉的责任处罚，对市场中的经营者形成威慑，使其不敢为、不愿为反垄断法禁止的垄断行为，从而具有一定的威慑效果。参见王健、方翔：《威慑理念与我国反垄断制裁的有效协调》，载《经贸法律评论》2019 年第 2 期；王健、张靖：《威慑理论与我国反垄断罚款制度的完善——法经济学的研究进路》，载《法律科学（西北政法大学学报）》2016 年第 4 期。但这并不妨碍反垄断监管相较垄断行为的发生来说具有一定的事后性，因为反垄断法主要查处已经发生的垄断行为。

则需要更多地从制度安排和实施机制层面来进行相应的治理体系设计，其核心要义在于对涉嫌垄断行为的违法性认定提供体系化的分析模式和方法。因此，一旦超越反垄断法制度设定的调整范畴，将导致反垄断法制度失灵而使其承担难以承受之重，因为垄断行为违法性认定的标准及相应规则是反垄断法实现立法目标或政策预期的基础和依据。对平台经济反垄断监管也应有合理预期和相应的制度预设，既不可夸大反垄断法的作用，诱发万能主义，其结果将导致反垄断法无用论；当然，也不应无视反垄断法在平台经济领域垄断问题治理中的作用，否则将放任平台经济领域有损市场竞争的垄断行为。因此，平台经济反垄断监管应依法对平台经济领域垄断行为的违法性进行分析、认定并作出合理判断，平台经济反垄断的使命依然是“预防和制止垄断行为”。

（二）平台经济反垄断监管的基本准则

平台经济垄断问题治理离不开反垄断监管，但须依法监管。尽管平台经济反垄断监管在具体实践中受到诸多因素的影响，不仅要考虑平台经济自身的特殊性，更要考虑反垄断规则的作用机制。虽然反垄断法应在经济治理中承载不同的价值目标和政策诉求，但其作用机制仍在于如何识别垄断行为并依法将其涵摄至相应的条文规范之中，并认定其是否违法。也就是说，反垄断法只关注平台企业的外在行为，即只有在特定平台企业实施反垄断法禁止的垄断行为时才会予以关注，平台自身规模、市场份额等特征或指标参数仅在引起竞争担忧时才可能成为反垄断监管关注和考察的对象。然而，即便如此，这并不意味着诸如此类的特征和指标就是反垄断监管的重点，相反仅是更为精准地实施反垄断监管应当考量的因素。因此，对垄断行为违法性的认定和分析便成为反垄断规则构建的核心，同时也是反垄断监管的使命所在。

垄断行为违法性认定不仅是整个反垄断规则体系构建的核心和基础，而且是反垄断监管链条中的关键一环，是维系市场竞争和立法目的之间动态平衡和一致性的调节器。但两者能否实现有效平衡和联动，有赖于对涉嫌垄断行为违法性的合理分析。合理的分析结果需要以合理的分析逻辑和相应的分析过程作为前提和保障，因而需要依法确立科学合理的垄断行为违法性认定的分析模式。“分析模式的适用涵盖了实体制度标准厘定、举证责任分配和案件的类型化处理等诸多方面的问题”，而“借助不同类型的分析模式，可以把具有不同危害程度的行为区别开来，达到分类规制的目的”。[①] 适法者在处理任何一个涉嫌垄断行为时，都必须首先确定以什么方式判断它有无产生竞争损害，从而确定它是否构成垄断行为，即“必须首先查明拟规制行为是否损害竞争”。[②] 由此可见，竞争损害实际上是判断涉嫌垄断行为违法与否的实质性标准，实践中的反垄断规则也大抵按这一明示或隐形标准设置或形成：有竞争损害，方可判定存在垄断行为；如果无竞争损害，则无需进一步关注反垄断监管的态度。

诚如学者所言，反垄断法抽象和概括地反映市场本身的规律，是市场经济本能和内在的要求，同时也是社会主义市场经济本能和内在的要求，其目的在于“给我国市场上的企业建立一个公平自由竞争的法律环境”。[③] 作为新生经济形态，平台经济固然有自身的经济规律，但其也必然内含“市场经济本能和内在的要求”，竞争依然是核心机制，但面临外在形式更为花哨的垄断行为的威胁。因此，反垄断法已成为平台经济高质量发展的必需品。不过，反垄断在平台经济领域的作用，依然是通过竞争损害分析得以实现。竞争损害分析是平台经济反垄断监管的关键，也是监管规则和机制运行的底层逻辑。因此，无论如何强调平台经济的特殊性和新颖性，该领域的反垄断监管也必将以竞争损害分析为逻辑起点，并依此构建相应的分析模式和规则体系。

从宏观层面来说，平台经济反垄断监管的目的和使命在于维护市场竞争，即通过“更好地发挥政府作用”来矫治平台经济市场中排除和限制竞争的行为，以恢复市场竞争，从而“充分发挥市场在资源配置中的决定性作用”，而不是抑制平台经济发展，更不是以政府干预之手替代市场机制之手。但宏观价值目标的实现离不开整体制度设计和规范安排，反垄断法的适用本身就有一套体系化的逻辑。在此过程中，当然不能忽视反垄断法适用所处的政治、经济和社会环境等因素，需要依法对特定行为进行“合目的性”和“合规律性”的认定和裁判，以实现法律效果、经济效果和社会效果的有机统一；否则，再完备的规则体系也无法实现保护市场公平竞争的立法目标、维护市场有序运行的经济治理诉求，因而宏观目标的设计与实现必须立足于以竞争损害分析为基准的

① 叶卫平：《反垄断法分析模式的中国选择》，载《中国社会科学》2017年第3期。
② 兰磊：《论垄断行为分析模式的配置逻辑》，载《经贸法律评论》2021年第2期。
③ 王晓晔：《经济体制改革与我国反垄断法》，载《东方法学》2009年第3期。

规则体系，不能厚此薄彼地强调宏观而忽视微观的重要性。依法治国战略背景下，法治是解决问题的依据和方法，即便是宏观目标具备充分的合理性，但仍应以微观上的可能性为基础进行判断，而不是先有宏观定论然后再从微观论证。平台经济反垄断不能超越法治精神和范畴，[①] 否则不仅可能导致反垄断法失灵或被滥用，也将扼制或阻碍平台经济高质量发展。

平台经济反垄断监管在宏观目标明确的基础上更需要通过健全的规则体系和实施机制来予以保障和推进。平台反垄断规则构建必须受反垄断法框架的约束，主要解决“对号”问题，不可能自成一体。[②] 有学者主张对平台经济反垄断规则进行重构，或者强调通过修法来构建平台经济反垄断制度，其中最为典型的观点便是主张“在法律修订中设置针对数字经济的专章”。[③] 暂且不论诸如此类的观点或论点是否可行、有效，单从事实层面来看，其实际上枉顾反垄断法制度现状，释法不足、“立法”冗余，忽视《反垄断法》的现实存在而以立法较早、网络经济发展等诸多理由甚或借口来实现所谓的“制度创新”，其本质上是一种“懒政”思维，无益于市场竞争的矫治与维护，也无助于法治建设的推进。因此，平台经济反垄断监管应回归平台经济现实之中，以竞争损害分析为规范标准，对既有的反垄断制度进行评估分析，并通过充分利用和发挥法律解释操作机制来解决规范供给与规制需求之间的紧张关系。

四、平台经济反垄断监管完善的建议与路径

平台经济领域存在垄断行为，但判定其是否违法并予以处罚，需要依据《反垄断法》进行竞争损害分析。竞争损害分析，仍是平台经济反垄断监管规则和实施机制构建的基础和核心。构建合理健全的规则有赖于对市场运行情况的评估和把握，在尽量掌握客观情况的基础上有针对性地完善反垄断监管规则。这不仅符合反垄断监管的一般规律，更能契合平台经济发展的需要。

（一）对平台经济领域竞争状况的评估

平台经济的健康发展，离不开反垄断监管。但相较于反垄断监管本身来说，

---

① 参见方兴东、钟祥铭：《互联网平台反垄断的本质与对策》，载《现代出版》2021 年第 2 期。

② 参见孔祥俊：《论互联网平台反垄断的宏观定位——基于政治、政策和法律的分析》，载《比较法研究》2021 年第 2 期。

③ 杨东、黄尹旭：《〈反垄断法〉设置数字经济专章研究》，载《竞争政策研究》2021 年第 2 期。

摸清当前平台经济领域市场竞争状况远比启动反垄断监管更为重要和急迫。尽管平台经济领域垄断行为并未呈现出足够多的差异性，致使现行法失灵或者逃脱既有制度范畴或分析框架，但平台经济作为新经济形态出现，确实具有不同于传统经济形态的特征，如系统利益网络交织、传导路径复杂、范式涌现超前等特点，从而使传统单向静态规制在平台经济领域监管失位、越位、缺位并存。① 这些规范性的特征描述，一定程度上体现了平台经济的一般特征，但平台经济在其发展过程中有何特性，以及这些特性对平台经济反垄断监管有何影响，值得进一步研究。这在目前监管政策呼声日渐强烈的情形下显得尤为重要，因而对平台经济领域本身的客观情况摸底和评估是进一步完善相应监管政策并深化实施的基础。没有调查，就没有发言权。做好市场竞争状况评估，有利于摸清平台经济领域垄断行为的客观现状，也能够为相应的治理工作提供基础，为平台经济反垄断立法、执法和司法以及相应决策提供依据。

市场竞争状况评估，有助于包含反垄断执法机构在内的竞争决策机构更好地了解和把握某一特定市场或领域的市场结构、市场行为、潜在的高风险反竞争行为等情况，从而为相关机构的决策和政策执行提供事实依据和客观素材。市场竞争状况评估帮助政策制定和执行机构深入了解特定行业或领域的运行情况，通常关注以下一个或多个因素：企业行为；市场结构；信息失灵；消费者行为；公共部门干预市场（无论是通过政策或监管的方式，还是以直接介入市场供需双方日常经营的方式）；可能损害消费者的其他因素。② 我国自《反垄断法》颁布实施以来已先后针对多个重点行业或领域开展相应的行业竞争状况评估工作，“为反垄断执法机构和相关行业主管部门掌握和了解我国市场结构状况、竞争运行态势及产业发展动态，加强和改进反垄断执法，为强化竞争政策实施提供基础数据支撑，为有效提高反垄断立法、执法的针对性、科学性和有效性，促进反垄断法和竞争政策实施更好地契合市场经济运行和高质量发展发

① 参见郝政、何刚、朱文忠等：《数字化平台经济的创新激励与垄断规制——基于技术生态系统共演的视角》，载《现代管理科学》2021 年第 7 期。

② See International Competition Network Advocacy Working Group, *Market Studies Project Report*, June 2009, https://www.internationalcompetitionnetwork.org/wp-content/uploads/2018/09/AWG_MktStudiesReport2009.pdf, p. 28。

挥了积极作用”。[①] 尽管对平台经济领域也开展了评估工作，但平台经济是个新兴领域，涉及行业范围广且技术性强、发展变化快，因而对其进行竞争监测和评估不仅不能局限于某一次或某一局部，而应着眼于国家数字经济发展战略，从经济定位、行业发展、企业行为以及消费者或社会福利等角度对平台经济总体及其内部细分行业的市场竞争状况进行跟踪、评估和研究。

之所以强调重视对平台经济进行竞争状况评估，除平台经济自身业态特点外，还因为平台经济仍处于不断升级转型的过程中。无论从纵向的发展趋势来看，还是就横向的不同国家或地区平台经济发展情况来看，都需要准确掌握我国平台经济发展水平以及在全球经济中的定位，以便在综合国内外情况的基础上制定并执行合理的竞争政策和监管措施。因此，平台经济竞争状况评估不仅应依据产业组织等经济学理论对国内平台经济领域特定相关市场的界定方法、市场结构及其潜在的高风险反竞争行为等因素进行考量，而且应当对域外国家或地区平台经济发展情况、涉足的行业及其主要平台企业情况、监管政策和执法情况等因素进行考察。唯有通过全面评估全球平台经济发展情况，方能得出相对准确的评估报告，从而预防和杜绝“夜郎自大式”的规制思维和主张，制定出合理的治理方案。总之，市场竞争状况评估是竞争监管机构能够使用的工具组合的重要组成部分，有别于针对特定企业的执法活动，是提高执法质量、增强执法效果的前提性措施，《反垄断法》对此作了相关规定。因此，相关机构应对平台经济领域进行更加全面细致的市场竞争状况评估，以更加及时和准确地了解我国平台经济发展情况和存在的竞争问题。但平台经济反垄断监管不应止于此，强调对平台经济进行市场竞争状况评估并将其做细做深做精，是要在摸清和掌握国内外平台经济发展状况和最新动态的基础上，能够“推动构建风险监测预警体系，完善预防性监管措施，推动监管链条由事后向事中事前延伸”[②]“提高垄断和不正当竞争风险监测预警能力”。[③] 唯有此，方能将市场竞争

① 国家市场监督管理总局反垄断局编：《中国反垄断执法年度报告（2020）》，法律出版社 2021 年版，第 100 页。

② 张工：《奋进新征程　建功新时代　以市场监管优异成绩迎接党的二十大胜利召开——在全国市场监管工作视频会议上的讲话》，2021 年 12 月 30 日，https://amr.hainan.gov.cn/yw/zjxx/202201/t20220121_3132379.html。

③ 《国务院关于印发“十四五”市场监管现代化规划的通知》，2022 年 1 月 27 日，http://www.gov.cn/zhengce/zhengceku/2022-01/27/content_5670717.htm。

状况评估成果转化为平台经济竞争治理的机制和工具，也才能更加科学和精准地深化平台经济领域反垄断监管。

（二）平台经济反垄断监管规则的完善

尽管前文分析指出，平台经济领域垄断行为并未突破既有反垄断法理论框架、溢出现行法制度范畴，但这并不意味着现行法可直接套用于前述垄断行为，而是应在充分释法、用法的基础之上再考虑对现行法作结构性完善。[①] 对平台经济而言，现行法不仅可能存在传统经济背景下便已存在的文本规范供给不足的问题，而且可能因平台经济的新业态属性暴露出更具特色的规范问题，但无论哪一类问题，目前尚不足以引起直接对现行法文本规范作结构性修订，相反，应当在充分评估平台经济市场竞争状况的基础上对现行法进行制度评估和规制效果分析，以考察现行反垄断规则的有效性和合理性，进而确定平台经济反垄断监管规则完善的基本方向和具体路径。从我国平台经济反垄断监管实践来看，《反垄断法》在具体执法中虽迎来不少挑战，甚至因某些关键性问题引发争论，如相关市场界定是否应为平台经济领域反垄断的必需环节等，但总体来说并没有阻滞平台经济反垄断的进程和进度，不仅响应了“强化反垄断和防止资本无序扩张”的政策要求，而且回应了高质量发展进程中经济治理现代化的制度诉求，依然能够为规制新经济业态中损害竞争的垄断行为提供制度依据。

然而，这并不意味着平台经济反垄断监管执法无需对现行法进行解释，便可直接将相关案件涵摄于此，而是可通过法律解释操作机制为具体个案定性和垄断行为违法性认定提供相应的法定依据。相应的法定依据在具体个案中通常呈现为两种形式：一种是能够为特定行为违法性认定提供分析模式，以及在此模式之下具体的法定考量因素；另一种是虽能提供相应的分析模式，但需要特别考虑诸如数据、算法、平台以及技术等平台经济领域特有的要素，尤其是要从市场份额、市场集中度、竞争损害、消费者损害甚至是创新损害等维度进行

---

① 我们曾主张，当《反垄断法》中存在“结构性问题”，无法通过解释获得相应的垄断行为违法性认定依据和法定标准时，才能通过修法予以解决。参见金善明：《〈反垄断法〉文本的优化及其路径选择——以〈反垄断法〉修订为背景》，载《法商研究》2019 年第 2 期。

细化和分析。但无论何种情形，都需要发挥“解释”在规范适用中的作用，[①]通过法律解释操作机制来解决前述垄断行为规制的制度需求。之所以强调通过解释现行法来满足制度需求，是因为修法至关重要，攸关法治尊严和相关产业发展，故需要持谨慎态度，但这并不等于平台经济反垄断监管规则就是完善的。相反，无论实务操作中还是理论研究中都存在以修法为契机对平台经济反垄断规则进行完善的主张和诉求。尽管这不是最优选择或者首要选择，但当既有规则用尽或坚守既有规则将导致不合理情形出现时，就不得不将修法提上议程。良好的修法需要两方面的因素作为前提和基础：一方面，需要有充分的事实基础，即客观上确实出现了溢出现行法规制范畴的新型行为，同时在法律上出现真空状态，或者固守现行规则或原则可能妨碍经济发展；另一方面，需要有相对成熟的理论体系，即理论上对实践中出现的新问题或新型行为进行研究并形成相对统一的共识，从而为修法提供理论基础和支撑。从完善平台经济反垄断规则来说，关于如何修订《反垄断法》，虽有共识但分歧不容忽视：共识是可以通过修法来完善平台经济反垄断规则，但修什么、如何修以实现完善平台经济反垄断规则的目标，则不统一、不明确。

对此，我们在2022年修法过程中主张以修法为契机，在法律文本中明确国家对平台经济发展的态度，即将数字中国战略背景下“坚持发展和规范并重”的原则融入《反垄断法》文本之中，在总则部分明确国家鼓励数字经济发展的立场，同时强调平台企业不滥用自身市场地位实施排除、限制竞争的行为；在分则相关章节，增补平台经济领域垄断行为违法性认定应考量的特殊因素，尤其是平台经济以平台、数据、算法等要素为基础的核心要件是反垄断监管执法中必须考虑的因素。但修法对诸如此类过于微观的细节，不应付诸过多笔墨或作过多规定；否则，表面上形成事无巨细的“精致立法”，其实质上是可解释性不强的僵化条文，会限制监管执法的空间，甚至抑制平台经济的发展。与此同时，我国平台经济正处于不断发展变化中，不宜从法律层面对仍处在不断升

---

① 值得注意的是，此处的“解释”并非指由反垄断监管机构出台的法规或规章，而是指法律解释操作机制和体系。针对反垄断法解释，有学者主张，“建构反垄断法解释方法的深层结构，可以为克服规则怀疑主义确立坐标，为反垄断法价值的体系化、适用的规范化和反垄断法传统形成奠定基础”。参见江山：《论反垄断法解释的知识转型与方法重构》，载《现代法学》2018年第6期。我们赞同这一主张，反垄断法解释不应停留于使用单一方法，而应是“深层结构”化的解释体系。

级变化的数字经济作过多过细的规定和约束，以防束缚新经济发展的手脚。因此，不妨以修法为契机来表明国家对平台经济（甚至是数字经济）竞争治理的立场和理念，并在此情形下完善以《反垄断法》为基础、法规规章为支撑、反垄断指南为配套的平台经济反垄断规则体系，细化平台经济领域垄断行为违法性的认定标准和考量因素，增强配套规则的适用性和可操作性，从而为监管机构的执法活动提供更为详尽的执法引导，也为平台企业竞争合规提供更为明确的参考和指引。

（三）平台经济反垄断中经济分析的优化

现今的反垄断本质上是经济学理论的一种运用，[①] 因而在完善反垄断监管规则的同时，应当优化规则适用机制，尤其是经济分析。反垄断法是现代国家（地区）维护市场竞争、促进经济发展的路径选择和制度工具，其中内含对经济学知识和理论的尊重和运用，因而反垄断实践中对文本规范的解释亦必然存在对经济学分析的追寻和依赖。[②] 作为重要的分析方法，经济分析在许多国家（或地区）的反垄断法制定和执行中发挥了关键作用，法院在审理垄断案件时也越来越多地关注和运用经济分析方法，在判决时更多地以经济理论与实证分析为依据。博弈论、信息经济学和交易成本经济学等理论也逐渐在反垄断实践中自觉或不自觉地被援引和使用，经济学日渐成为反垄断实践的重要理论基础。[③] 为此，中国现有反垄断实践也一再表明，应当“完善反垄断和反不正当竞争执法法律分析制度，强化重大案件经济学分析，实现科学监管、精准监管”。[④] 由此可见，对反垄断重大案件进行经济学分析，既是反垄断内在本质的基本要求，也是确保反垄断目标实现的重要机制。

无论是反垄断监管执法还是司法实践都离不开经济分析，反垄断过程本身就天然地融合了法律分析和经济分析，从而增强反垄断的科学性、可靠性和可

---

① ［美］克里斯托弗·L. 萨格尔斯著：《反托拉斯法：案例与解析》，谭袁译，商务印书馆2021年版，第23页。

② 金善明：《反垄断法解释中经济学分析的限度》，载《环球法律评论》2018年第6期。

③ ［美］杰伊·皮尔·乔伊著：《反垄断研究新进展：理论与证据》，张嫚、崔文杰等译，东北财经大学出版社2008年版，前言第1页。

④ 《国务院关于印发“十四五”市场监管现代化规划的通知》，2022年1月27日，http://www.gov.cn/zhengce/zhengceku/2022-01/27/content_5670717.htm。

信性。随着我国平台经济的发展，平台经济竞争治理也逐渐走向纵深发展，宏观上强调要“建立有序开放的平台生态”，微观上则明确“平台运营者不得利用数据、流量、技术、市场、资本优势，限制其他平台和应用独立运行”。① 这实际上是平台经济反垄断监管科学化、精准化要求的具体体现，因而相应的经济分析要求也必然随之提高。形式上看，经济分析是依据特定经济学理论并结合既有的数据信息对特定行为效果进行分析的过程，通常包含理论依据和事实证据两大板块，并在此基础上为特定市场或行业进行竞争效果分析。因此，个案中具体分析的结论通常受到特定经济理论和涉案数据信息等客观因素的影响。然而，虽然经济分析很重要，但不可也无法代替反垄断规则适用。也就是说，经济分析本身并不是执法裁判的全过程，更不是执法裁判的法定依据，而仅是规范适用中的辅助分析工具。通过经济分析可以更好地量化权衡特定行为的竞争影响，但仅有经济分析结果无法定案，也不能定案。个案分析中的理论选择和数据可获得性等因素可能影响甚至制约平台经济反垄断监管的效果。

为完善平台经济反垄断监管执法，需要进一步提高经济分析的水平和质量。由于数据等各方面原因，目前的经济分析有时很难产生令人信服或者能够使用的结果。因此，提高经济分析能力、为经济分析提供更充分的素材，是平台经济反垄断执法中应当解决的问题。同时，强调提高经济分析水平和能力，并不是简单地让更多的经济学专家参与分析。平台经济反垄断监管执法中的经济分析，不能仅仅限于经济学考量，在作出经济分析结果时更需要对平台经济所涉行业或产业进行全面了解和整体把握，对被调查或被指控行为涉及的技术及其发展水平、未来发展等也应当适度考量和综合权衡。只有从经济学、行业和技术等多维度展开全面分析，才能得出可靠的经济分析结果，才能为平台经济反垄断监管服务，从而保障平台经济高质量发展。

总之，平台经济是新经济形态，其中的垄断问题纷繁复杂、垄断行为形式各异，相应的反垄断监管也必然面临诸多挑战，因此，如何通过反垄断监管实现矫治垄断行为、维护市场竞争的目标是平台经济治理中不可回避的重要课题。

① 《国家发展改革委等部门关于推动平台经济规范健康持续发展的若干意见》（发改高技〔2021〕1872 号），2022 年 1 月 28 日，https://www.ndrc.gov.cn/fzggw/jgsj/zys/sjdt/202201/t20220128_1313746.html?code=&state=123。

当然，这不仅仅是我国平台经济发展中面临的挑战，也是其他国家或地区同样需要面对的问题。因各自发展水平和程度不同，各个国家和地区的治理理念和方案也必然呈现出差异性，但基本的趋势是，主要国家或地区在积极推进反垄断监管执法的同时，也试图通过完善相关立法来完善平台经济领域的反垄断规则。如美国与欧盟都根据数字市场的特点，计划加强竞争监管立法。[①] 尽管平台经济领域竞争治理并非仅依据反垄断法，尤其是对尚处于体制转型和经济改革进程中的发展中经济体来说更是如此，但这并不意味着反垄断法本身一无是处而需对平台经济治理工具作无限扩张，在缺乏法治和程序保障的情况下忽视平台的市场活动主体角色而使其承受超越角色的功能，有可能抹杀平台的市场属性，扼制平台的积极性和创新性。

反垄断规制对社会的巨大影响和由此对其科学性提出的要求决定了我国应当继续稳健地实施互联网领域的反垄断规制，而全球刮起的反垄断风暴背后客观存在的差异决定，我国应当根据具体情况采取合适的措施来推进互联网领域的反垄断规制。[②] 也正因为此，我国在强调“强化反垄断和防止资本无序扩张”的同时，也强调“强化反垄断推进公平竞争政策实施”，要“坚持发展和规范并重，把握平台经济发展规律”，从而“促进公平竞争，反对垄断”。这是根据平台经济发展的现实水平重申平台经济反垄断监管的理念和原则。因此，平台经济反垄断监管及其规则完善应当科学有“度”，这个“度”就是要对其中的垄断行为展开竞争损害分析，而不应宏观泛化，更不可简单地政治化。竞争损害分析成为反垄断监管的底层逻辑，一方面，反垄断法的制度结构和规范体系应围绕竞争损害分析而构建；另一方面，反垄断监管的各环节也都应围绕竞争损害分析展开。唯有以竞争损害分析为中心构建和优化反垄断监管规则和体制机制，方可使反垄断监管在矫治平台经济领域垄断问题、维护平台经济竞争秩序中大有可为，也才可能推动平台经济向着高质量发展的目标迈进。

---

① 参见邱静：《欧美数字治理合作的影响因素及前景分析》，载《国际论坛》2022 年第 1 期。

② 参见丁茂中：《互联网领域的反垄断规制：守正与变革》，载《社会科学研究》2021 年第 4 期。

第二节 平台经济领域反垄断的恢复性救济

一、问题缘起：被忽视的恢复性救济

平台经济作为数字经济最集中的表现形式，已成为牵引我国经济发展的新引擎，在此过程中，出现了与之伴生的平台垄断、赢者通吃、市场倾覆等风险挑战。平台经济治理的一项重要任务就是加强和改进反垄断，“破除平台企业数据垄断等问题，防止利用数据、算法、技术手段等方式排除、限制竞争”。[①] 从域内外情况看，受到质疑的平台垄断行为包括但不限于如下几种：（1）运用算法、区块链等技术达成和实施垄断协议；（2）基于管理者和经营者的双重身份及利益冲突，实施自我优待、算法价格歧视、强制“二选一”、拒绝或限制互操作、隐私政策搭售、过度处理用户数据等滥用市场支配地位行为；（3）可能引致数据极端不对称集聚或扼杀创新的“根茎式”并购、“掐尖式”并购等反竞争的经营者集中。运用反垄断法处理这些行为面临两个阶段的挑战，不仅涉及第一阶段的垄断行为认定难题，而且涉及第二阶段的救济措置难题。在第一阶段，由于认识局限和信息成本，垄断行为的认定规范可能过于粗糙或不够精确，因而行为定性通常受到“误判错误”或“漏判错误”的影响。在第二阶段，救济需兼顾合理补偿、惩戒威慑、恢复竞争等多重目标，[②] 若措置不当，救济可能比“疾病”更糟糕，也可能仅有隔靴搔痒或杯水车薪之效。

长期以来，理论和实务界对反垄断的关注大多聚焦于第一阶段的垄断行为认定规范或责任标准问题，对于第二阶段的救济目标、救济措施、救济运行等问题不够重视。[③] 即使留意了救济问题，但往往将救济狭隘地理解或限定为罚

---

① 《中共中央 国务院关于加快建设全国统一大市场的意见》，载中国政府网，http://www.gov.cn/zhengce/2022-04/10/content_5684385.htm。

② See A. Douglas Melamed, *Afterword: The Purposes of Antitrust Remedies*, 76 Antitrust Law Journal 359 (2009).

③ 救济问题是尚未理论化的反垄断领域。See Keith N. Hylton, *Remedies, Antitrust Law, and Microsoft: Comment on Shapiro*, 75 Antitrust Law Journal 773, 774 (2009).

款、没收违法所得、赔偿损失等制裁性或惩罚性措施，忽略了旨在消除不当垄断势力、重置有效竞争过程的恢复性救济措施的重要性。① 恢复市场竞争是反垄断救济最终目标的认识在域外理论和实务界几成共识，② 但国内关于恢复性救济的系统性研究至今鲜见，且新修正的《反垄断法》有关法律责任的规定依旧存在“重制裁、轻救济”问题，进一步暴露出责任方式的结构性失衡，未能弥补恢复性救济制度的体系性缺陷。③ 以至于在查处滥用市场支配地位和垄断协议案件时，反垄断执法机构仍旧只能在“责令停止违法行为”的狭窄权限范围内打转。④ 鉴于此，加强和改进平台经济领域反垄断，亟须统筹垄断行为的认定和救济的制定实施，避免顾此失彼、陷入“人人都想抓住‘坏’行为，但很少有人愿意清理它们”的尴尬境地。⑤

其实，正是由于传统反垄断法的责任标准太过烦琐、恢复性救济太过脆弱，创建旨在解决平台经济或数字市场可竞争性和公平性的事前监管制度的动议不绝于耳。一个典型例子是已于 2022 年 11 月 1 日生效实施的《欧盟数字市场法》（Digital Market Act，DMA）。然而，正如学者所言，“DMA 更像是一项通过后门进行的竞争法改革，而不是一项带有监管理念的独特立法”。⑥ 实际上，恢复性救济制度与事前监管制度具有较明显的竞合关系乃至替代关系，如果反垄断的恢复性救济制度足够敏捷和强健，创建事前监管制度就不具有迫切的必要性。⑦

---

① See Edward Cavanagh, *Antitrust Remedies Revisited*, 84 Oregon Law Review 147, 202 – 203 (2005).

② 竞争法的最终目标应是恢复竞争。See Thomas E. Sullivan, *Antitrust Remedies in the U. S. and EU: Advancing a Standard of Proportionality*, 48 Antitrust Bulletin 377, 424 (2003).

③ 参见郝俊淇：《救济制度适用于事后调查类垄断案件研究——兼议新〈反垄断法〉的遗留问题》，载《经贸法律评论》2022 年第 5 期。

④ 实践中，反垄断执法机构有时会进一步制作行政指导书，要求违法主体在落实平台企业主体责任、加强内控合规管理、保护消费者权益等方面进行全面整改，但是，行政指导书不是以国家强制力作为最终保证的救济措施（法律责任方式），至多是某种柔性执法机制，难以弥补恢复性救济制度的缺失，也难以保证恢复市场竞争的现实成效。

⑤ See Anastasiya Bobyleva, *Choice in Digital Antitrust Law*, https://papers. ssrn. com/sol3/papers. cfm?abstract_id = 3945266.

⑥ Rupprecht Podszun, Philipp Bongartz, Sarah Langenstein, *The Digital Markets Act: Moving from Competition Law to Regulation for Large Gatekeepers*, 10 Journal of European Consumer and Market Law 61, 65 (2021).

⑦ 恢复性救济为恰当理解和处理平台经济治理体系中反垄断与事前监管的关系，提供了一个重要视角。基于其他视角的探讨，参见王磊：《走出平台治理迷思：管制与反垄断的良性互动》，载《探索与争鸣》2022 年第 3 期；周汉华：《论平台经济反垄断与监管的二元分治》，载《中国法学》2023 年第1 期；侯利阳：《平台反垄断的中国抉择：强化反垄断法抑或引入行业规制?》，载《比较法研究》2023 年第 1 期。

不过，平台经济领域竞争的特殊性的确放大了反垄断的第二阶段挑战，开展有效的恢复性救济面临更多挑战，但这绝非意味着反垄断法在平台经济领域将彻底失效。

基于以上背景和问题，这里首先对恢复性救济作一般性的理论考察，进而呈现适切于平台经济领域反垄断的恢复性救济的规范框架，其重点是对若干传统和新型恢复性救济措施展开探讨，并对救济的制定实施提供原则和方略指引。

二、恢复性救济的理论基础

在反垄断法上，救济是垄断行为所致法律责任关系的实现方式，恢复性救济是为有效终止垄断行为并消除行为对竞争的不利影响所采取的必要措施。

（一）反垄断救济的内涵

《元照英美法词典》将“救济”定义为“矫正、纠正或改正已发生的不当行为或业已造成损害或损失的行为”。[①] 实际上，法律救济因权利或法益遭受侵犯而产生，实质是基于法律责任关系而采取的某种责任实现方式。而所谓法律责任，是“因损害法律上的义务关系所产生的对于相关主体所应当承担的法定强制的不利后果”，[②] 包含两层含义，即法律责任关系和法律责任方式。法律责任关系与法律义务（第一性法定义务）密切相关，其核心是违反第一性法定义务而招致的第二性义务，[③] 亦即“让某主体承担不利后果的依据”。[④] 法律责任方式，即法律责任关系的实现方式，一般分为两类：一类是制裁性方式，即通过国家强制力对责任主体实施的以惩罚为主要内容的法律制裁，如惩罚性赔偿、罚款、罚金刑、自由刑等；另一类是补救性方式，即“保护法所确认的利益，恢复被破坏的法律关系和法律秩序的纠错机制”，[⑤] 亦即由责任主体通过作为或不作为的形式主动履行和实现义务，或由国家强制力作为最终保证，要求责任主体以作为或不作为形式履行和实现义务。自此而言，所谓反垄断救济，是基于垄断行为所致法律责任关系，由责任主体通过特定方式承受的以国家强制力

① 薛波主编：《元照英美法词典》，法律出版社 2003 年版，第 1177 页。
② 张文显主编：《法理学》，法律出版社 2007 年版，第 194 页。
③ 参见张文显：《法哲学范畴研究》，中国政法大学出版社 2001 年版，第 127 页。
④ 李拥军：《法律责任概念的反思与重构》，载《中国法学》2022 年第 3 期。
⑤ 刘水林：《经济法责任体系的二元结构及二重性》，载《政法论坛》2005 年第 2 期。

为最终保证的不利后果。例如，我国《反垄断法》规定的罚款、没收违法所得、损害赔偿等制裁性救济，以及责令停止违法行为、附加减少集中对竞争产生不利影响的限制性条件，责令停止实施集中、限期处分股份或资产、限期转让营业等补救性或恢复性救济。

（二）恢复性救济的意义

垄断行为是企业通过单独或联合方式损害市场竞争进而形成、维持、加强垄断势力的手段。反垄断法之所以预防和制止垄断行为，意在保护市场竞争，以此提高经济运行效率、激励创新、维护消费者利益和社会公共利益。这些法益适用“无救济则非法益，非法益则无救济”[①] 原理，也就是说，当垄断行为损害或可能损害这些法益时，国家必须为之提供相应的法律救济。

从救济功能和目标来看，罚款、没收违法所得、损害赔偿以及罚金刑、自由刑等制裁措施，虽可通过威慑效果起到预防垄断行为的作用，但无法消除责任主体不当积累的垄断势力，也无法恢复被垄断行为破坏的市场竞争条件，进而无法对上述法益予以补救和改善。从行政执法的原理上讲，对于任何垄断违法行为，反垄断执法机构不应“为罚而罚”，而应遵循“首先纠正违法原则”或“首先消除危险原则”，责令责任主体停止、改正违法行为，以避免“只罚不改”的局限效果和“一罚了事”的消极倾向。[②] 事实上，对于规模庞大、资金雄厚的超大型平台企业而言，任何“合理”的罚款或许不过是轻轻一击。例如，谷歌在2017—2020年因三次实施滥用市场支配地位行为，被欧盟委员会累计罚款82亿欧元，但罚款并未削弱谷歌在通用搜索服务领域的市场支配地位，也未恢复有效竞争的市场基础，甚至没有为预防类似垄断行为的发生起到应有的阻吓作用。[③] 再如，针对某些头部平台企业实施“二选一”的限定交易行为，我国反垄断执法机构先后开出多张巨额罚单，姑且不论这些罚款是否起到了恰如其分的威慑效果，责任主体凭借违法行为所积累的用户、流量、数据以及算法等不当垄断优势不会因罚款而自动消解，即罚款不具有恢复竞争之效。

---

① 凌斌：《法律救济的规则选择：财产规则、责任规则与卡梅框架的法律经济学重构》，载《中国法学》2012年第6期。

② 参见李洪雷主编：《中华人民共和国行政处罚法评注》，中国法制出版社2021年版，第211－212页。

③ See Thomas Hoppner, *Antitrust Remedies in Digital Markets: Lessons for Enforcement Authorities from Non－Compliance with EU Google Decisions*, https://papers.ssrn.com/sol3/papers.cfm?abstract_id=3739813.

综上可见，一个健全的反垄断救济体系不应当局限于惩罚、制裁或威慑，它必须将“恢复市场竞争”作为核心目标甚至是最主要的目标，以消除责任主体的不当垄断势力，恢复无垄断行为时本应存在的市场竞争状况。如果反垄断执法机构证明了垄断行为，却找不到恰当的恢复性救济举措，这要么表明垄断行为的认定规范或责任标准存在缺陷，要么表明该案不适合由反垄断法解决——稀缺的执法资源最好用在其他地方。① 易言之，恢复性救济的措置情况及预期效果，不仅可用于检验行为定性的可靠性，而且是制约反垄断执法成功与否、价值高低的关键。② 传统恢复性救济措施的类别如图 3－1 所示。

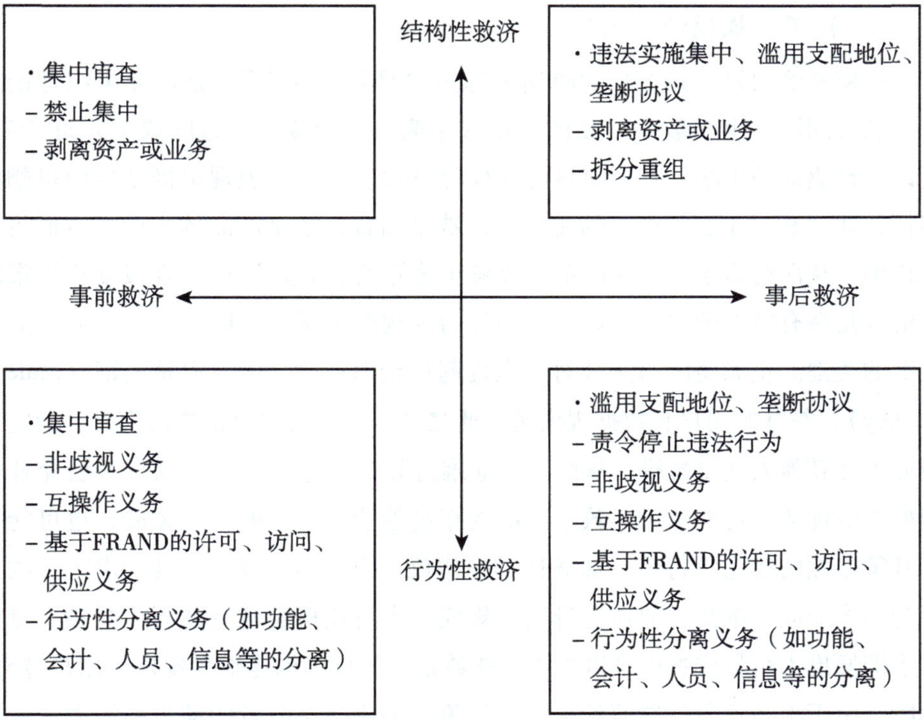

图 3－1 传统恢复性救济措施的类别

① See William Kovacic, *Designing Antitrust Remedies for Dominant Firm Misconduct*, 31 Connecticut Law Review 1285, 1310－1316 (1999).

② See OECD, *Remedies and Sanctions in Abuse of Dominance Cases: National Contributions of United States*, p. 178, https://www.oecd.org/competition/abuse/38623413.pdf.

三、恢复性救济须紧盯的竞争妨碍因素

平台经济领域的垄断行为虽表现形式各异，但无不是破坏竞争过程，形成、维持、加强垄断势力的手段。与平台企业不当垄断势力相关的竞争担忧有时也被描述为平台垄断、数据垄断、赢者通吃、市场倾覆等。尽管称谓有别，但这些担忧皆包含对下列竞争妨碍因素的关注。进言之，恢复性救济须紧盯这些竞争妨碍因素，以寻求消解不当垄断势力、重置有效市场竞争条件的可行方案。

（一）不当规模经济优势

规模经济的好处和垄断的弊病被称为“马歇尔冲突”，是产业组织理论探讨的核心问题。由于数字产品的固定成本高，可变成本、边际成本几近于零，所以平台驱动的市场具有更明显的规模经济效应，乃至表现出极度规模报酬的特征，即“相对于获得产品的庞大用户数量而言，数字产品的生产成本低得不成比例，从而给市场上的在位企业带来显著的竞争优势”。[①] 实现极度规模报酬的前提是拥有庞大的用户基础，因而能否大规模地吸引、圈占用户，成为竞争成败的关键。正如美国司法部对谷歌提起诉讼时指出，“规模是关键（scale is the key），谷歌的用户和数据规模是如此之大。谷歌利用分销协议为自己锁定规模而不让其他人获得规模，从而非法地维持其垄断地位”。[②] 其实，平台企业的规模经济优势，可能源于其数字产品的卓越性能、良好的用户体验，也可能源于其策略性的反竞争行为，如通过排他协议、限制多归属、“根茎式”并购等行为不当形成、维持、加强自身用户规模。当商业机会被垄断行为封锁，竞争对手即便投入高昂成本也难以吸引足够数量的用户以构建临界规模的用户基础，此际，由于市场竞争条件遭到破坏，竞争对手挑战垄断者的动机和能力皆受到严重制约。

（二）不当范围经济优势

整合化、集团化、生态化经营是平台企业运作的共同倾向。因为在供给方

---

① See Jacques Crémer, Yves – Alexandre de Montjoye, Heike Schweitzer, *Competition Policy for the Digital Era*, p. 2, https://ec. europa. eu/competition/publications/reports/kd0419345enn. pdf.

② United States v. Google LLC, No. 1: 20 – cv – 3010 APM (D. D. C. October 20, 2020).

面，数字产品的创新和开发通常是模块化的，可以共享数据、技术、硬件、软件等投入要素；在需求方面，产品生态系统能带来消费者协同效应。[①] 换言之，平台企业通常不局限于单一业务领域，而是围绕核心平台业务，叠加汇聚众多子平台业务。比如，以社交媒体作为核心平台业务，在此基础上衍生出支付、购物、出行、游戏、短视频娱乐等业务。平台企业的这种范围经济优势既可能源于其规范有序的扩张，也可能由一系列反竞争的平台包抄策略所形成、维系和巩固。例如，平台企业在原始市场占据支配地位，其通过隐私政策搭售、捆绑服务、自我优待等行为，或者借助纵向并购、"掐尖式"并购等集中行为，切入多个目标市场并占据优势地位，同时巩固其在原始市场的支配地位。虽然范围经济或集团效应蕴含着不容忽视的效率利益，但也可能弱化企业之间的竞争，助推反竞争产品的扩散，提高创新者的进入门槛，使歧视性待遇更加普遍，导致封锁竞争的系统性风险。

（三）不当网络效应优势

"网络"是一个易受需求方规模经济影响的市场，产品会随使用人数的增加而变得越发有价值。网络效应可以用梅特卡夫法则加以描述，即网络的价值以用户数量平方的速度增长。[②] 由于网络效应优势的存在，"新的市场进入者仅通过提供比在位企业更好的质量或更低的价格是不够的，它还必须说服在位企业的用户转移到它们的自身服务，因而可能会阻碍新的优秀平台取代市场上的既有在位企业"。[③] 究其原因，在位企业强大的网络效应使用户可从中获得不断递增的效用，表现出显著的用户黏性和锁定效应，即无人愿意第一个放弃既有网络效应而冒着被孤立的风险转换到新产品中去。不过，平台企业获取、维持和加强网络效应的过程可能是基于效能竞争，也可能是基于不当限制竞争，如拒绝平台、网络、数据的互操作，限制用户多归属，阻碍数据可迁移等。有研究表明，网络效应具有强弱程度差异，"当一家企业在具有强大网络效应的市场

---

① See Marc Bourreau, Alexandre de Streel, *Digital Conglomerates and EU Competition Policy*, https://papers.ssrn.com/sol3/papers.cfm?abstract_id = 3350512.

② 参见［美］卡尔·夏皮罗、［美］哈尔·R. 范里安著：《信息规则：网络经济的策略指导》，孟昭莉、牛露晴译，中国人民大学出版社 2017 年版，第 180 页。

③ See Jacques Crémer, Yves - Alexandre de Montjoye, Heike Schweitzer, *Competition Policy for the Digital Era*, p. 2, https://ec.europa.eu/competition/publications/reports/kd0419345enn.pdf.

中占据支配地位时，它将对互操作产生强烈的抑制作用”。[①] 也就是说，越是强大的网络效应越具有自我巩固和排斥竞争的倾向。不当网络效应优势下用户的锁定效应和转换成本，加之用户的某些行为偏差（如倾向于坚持默认选项），构成了其他企业的重大进入壁垒，使之很难借助竞争驱动的力量开展与责任主体相抗衡的网络竞争。

（四）不当数据集聚优势

平台经济是典型的数据驱动型经济。企业从各种来源收集消费者身份、行为、偏好等数据，将其整理成综合性数据集，并利用这些数据集识别消费者的特征，为其提供个性化产品。数据特别是消费者数据，已然成为实现效率的重要投入和决定企业竞争力的关键要素。[②] 实际上，平台企业的规模经济、范围经济、网络效应优势，与其数据的数量（规模）、种类（范围）、网络效应优势是相互成就的。庞大的用户规模意味着充裕的数据采集点，多维的产品线意味着丰富的数据采集源，不同于用户网络效应（人的直接网络效应），数据本身也具有网络效应（数据的间接网络效应），即通过对使用不同数字产品的消费者的个人数据进行收集、分析、应用，催生出更多更具价值的数字产品。可见，数据严重不对称的集聚是平台企业垄断势力的一个重要来源，有学者将其称为“数据垄断”。[③] 尽管这种非对称优势可能是市场过程的自然结果，但也不排除受到了排他性数据收集等反竞争行为的影响。正如美国众议院司法委员会《数字市场竞争调查》指出，“具有市场支配地位的在线平台企业相对于较小的竞争对手和初创企业拥有极不对称的数据优势，这些数据优势一方面加强了大型平台企业的市场支配地位，另一方面成为其他企业的进入壁垒……虽然数据是非竞争性的，但企业可能通过技术限制和合同排除竞争对手获取、使用这些数

① Ian Brown, *Interoperability as a tool for competition regulation*, https://ideas.repec.org/p/osf/lawarx/fbvxd.html.

② 参见时建中：《数据概念的解构与数据法律制度的构建——兼论数据法学的学科内涵与体系》，载《中外法学》2023 年第 1 期。

③ 参见［美］莫里斯·E. 斯图克、［美］艾伦·P. 格鲁内斯著：《大数据与竞争政策》，兰磊译，法律出版社 2019 年版，第 297－345 页。

据。这些排他性策略可以封锁市场，保护在位企业免受竞争”。①

四、平台经济领域反垄断的传统和新型恢复性救济措施

着眼于消除与平台企业不当垄断势力紧密关联的竞争妨碍因素，潜在的恢复性救济措施并非定于一尊，无论是传统措施还是新型措施，都各具一定的优势和劣势，而无绝对的孰优孰劣的抽象之分。

（一）传统恢复性救济措施及其潜在利弊

1. 责令停止违法行为

当垄断行为被认定违法后，制止违法行为是反垄断执法机构事后救济的首要工作。这种措施在我国反垄断法上被称为“责令停止违法行为”。从效果上看，责令停止违法行为能够防止市场竞争条件、经济效率、创新利益、消费者利益等进一步恶化，起到及时止损的作用，属于消极意义上的恢复性救济措施。如果能及早发现和制止垄断行为，且预期市场的内在修复功能将迅速恢复市场竞争，那么责令停止违法行为或许就足够了。但在大多数情况下，由于垄断行为已长期存在，加之认定垄断行为需花费较长时间，仅仅责令停止违法行为，不仅难以恢复因垄断行为而损失的竞争，而且责任主体依然可凭借不当垄断势力从其他策略维度实施更为隐蔽的垄断行为，这将使市场竞争环境和利益相关者的处境变得更糟。

2. 非歧视义务

在平台经济领域实施垄断行为的责任主体通常作为“守门人”把控着市场通道，构成多方用户交互的“中介基础设施”。这样的平台企业即使不是传统意义上的公用事业，也在事实上承担着广泛的“公共性”。其实施歧视性待遇、扭曲性的平台规则等垄断行为本质上是对“公共性”的背离。② 捍卫这种“公共性”、恢复市场竞争的救济措施之一，是对责任主体施加概括性的非歧视义务，确保网络、平台、数据、流量、技术、规则、服务等资源或要素对所有用

① See Jerrold Nadler, David N. Cicilline, *Investigation of Competition in the Digital Markets: Majority Staff Report and Recommendations*, p. 42 – 43, https://judiciary.house.gov/uploadedfiles/competition_in_digital_markets.pdf.

② 参见张晨颖：《公共性视角下的互联网平台反垄断规制》，载《法学研究》2021年第4期。

户的可得性、中立性或公平性。根据垄断行为损害机理的不同，非歧视义务可细分为非排斥义务、非扭曲义务和非剥削义务。[①] 例如，欧盟委员会对“谷歌比较购物服务案”的处理，试图在比较购物服务市场重新注入竞争，要求谷歌遵守平等对待竞争对手比较购物服务和自家比较购物服务的原则，这实际上是对谷歌搜索服务施加的一种非排斥义务。

不过，非歧视义务很大程度上是责令停止违法行为的“镜像”，只明确了责任主体不应为的歧视性行为或类似行为，但没有规定其应当为、如何为。这样的救济措施或许有助于消解和预防行为性进入壁垒，但无法根除垄断行为导致的结构性进入壁垒，也无法消弭责任主体的不当垄断势力，故而难以全面、有效地恢复市场竞争。此外，“歧视”的含义可能经常引发争议，如果全凭反垄断执法机构介入调解，这种费时费力的不间断监督，可能使反垄断执法机构难堪重负。

3. 数据隔离义务

如前所述，责任主体不当垄断势力的核心来源之一是基于数据规模（数量）、范围（种类）、网络效应造就的强大在位优势。数据隔离作为一种行为性分离义务，要求责任主体对不同来源或业务领域的数据予以区隔，即设置独立的“数据仓库”或“数据防火墙”，防止不同来源的数据被不当整合、用以巩固数据“护城河”并从事更多的垄断行为。例如，德国联邦卡特尔局对“Facebook 案”的裁决，要求 Facebook 不得将来自 WhatsApp、Instagram 以及第三方渠道收集的不同来源数据与用户的 Facebook 账户数据进行整合，除非征得用户的同意。[②] 再如，谷歌为了通过欧盟委员对其收购 Fitbit 的审查，承诺在广告业务中不会使用从 Fitbit 设备上收集的数据，在技术上保持 Fitbit 用户数据与谷歌其他数据之间的隔离，并赋予用户授权或拒绝其他谷歌服务使用 Fitbit 账户中的存储数据的能力。[③]

尽管数据隔离义务注重对不当垄断势力的源头治理，但在应用中也有其局

---

① 参见郝俊淇：《平台经济领域差别待遇行为的反垄断法分析》，载《法治研究》2021 年第 4 期。

② See Anne C. Witt, *Excessive Data Collection as a Form of Anticompetitive Conduct: The German Facebook Case*, 66 Antitrust Bulletin 276 (2021).

③ See European Commission Press Release IP/20/2484, *Mergers: Commission Clears Acquisition of Fitbit by Google*, Subject to Conditions (December 17, 2020).

限性。一是容易遭到规避。责任主体可利用用户的认知偏差或设置默认选项，诱导用户作出整合数据的广泛同意。而且，用户不授予同意可能无法使用其他数字服务或在使用中面临限制，这促使其不得不保持广泛的同意。二是存在减损效率和创新的风险。数据是重要的生产和创新要素，打破“数据孤岛”、融汇多源数据，有助于平台企业优化业务流程、改进产品质量、提升用户体验。如果平台企业获取具有互补性的消费者数据以及从这些数据中挖掘价值的能力受到限制，很可能阻碍平台经济的动态竞争和创新发展。所以，施加数据隔离义务，需精准把握数据承载的隐私利益和数据驱动的竞争利益之间的平衡。

4. 数据共享义务

“数据垄断”作为一种损害理论，其主要担忧在于极不对称的数据集聚剥夺了较小竞争对手和初创企业获得临界规模的机会，进而妨碍其市场进入和竞争活力。《国务院反垄断委员会关于平台经济领域的反垄断指南》第14条指出，“认定相关平台是否构成必需设施，一般需要综合考虑该平台占有数据情况、其他平台的可替代性、是否存在潜在可用平台、发展竞争性平台的可行性、交易相对人对该平台的依赖程度、开放平台对该平台经营者可能造成的影响等因素”。可见，特定数据可能构成平台竞争的必需要素，强制责任主体共享具有特殊竞争意义的“必需数据”，对于恢复有效的市场竞争条件可能是一种必要的救济措施。[①] 例如，在欧盟委员会附条件批准“IMS Health 收购 Cegedim S. A. 的客户关系管理和战略数据业务案”中，为了解决欧盟委员会提出的潜在竞争问题，IMS 承诺“应欧洲经济区医疗保健客户的请求，根据所承诺的标准版式，签订第三方数据访问协议”。[②]

不过，数据共享义务不乏应用中的顾虑。第一，此举可能削弱企业对大型数据集收集、开发、利用的动力，进而减损市场的创新活力。第二，强制共享数据特别是消费者数据，可能对隐私利益和数据安全造成不利影响，与个人数据保护法、数据安全法等相关法律产生冲突。第三，数据共享义务可能滋生反竞争的信息交换，助长平台企业明示或默示共谋的风险。[③] 第四，受限于服务

① 参见时建中、吴宗泽：《作为反垄断救济措施的数字平台互操作义务》，载《海南大学学报（人文社会科学版）》2024年第1期。

② Commission Decision, Case COMP/M. 7337 – IMS Health/Cegedim Business (December 19, 2014).

③ 参见江山：《论横向信息分享安排的反垄断法规制》，载《价格理论与实践》2016年第8期。

器容量不足、技术人才短缺、理解元数据能力有限等因素，竞争对手未必能处理共享来的大型数据集，因而难以给责任主体施加充分有效的竞争约束。第五，数据共享义务往往需要确定数据访问的范围、条件、费用等事项，且很多情况下不是一次性的数据传输，而是实时、持续的数据访问，由此进一步涉及API标准化接口的创建、修订、维护，以及公平合理非歧视访问条件的设定等复杂问题，免不了持续的监督和管理。

5. 互操作义务

互操作义务有数据互操作义务、协议互操作义务和全协议互操作义务三种类型。上文述及的数据共享，特别是实时、持续的数据共享就近似或等同于数据互操作。数据互操作机制首先依赖于责任主体开放API接口，其次依赖于调用此API接口的用户授权，即如果用户授权数据传输，此API接口就为其他数字产品提供了访问责任主体的用户数据的渠道。数据互操作为其他平台企业在更大范围内开发替代性、互补性产品提供了可能，在缓解用户锁定效应的同时增加了责任主体面临的竞争约束，进而有助于恢复市场竞争。不过，数据互操作具有与数据共享类似的顾虑，不再赘述。事实上，实现数据互操作总是需要一些协议互操作，也就是说，若无协议互操作系统的存在，数据访问便无法实现。

（1）协议互操作义务。协议互操作是指两个具有互补性的数字产品在技术上相互连接的能力。例如，通过协议互操作，淘宝网的购物链接可以无障碍地分享到微信社交媒体平台并得到完整呈现；同样地，微信支付服务可以不受阻碍地接入淘宝网购平台并供消费者购物时使用。其实，近年来备受关注的数字平台“封禁”行为，[①] 如微信关闭钉钉、飞书等产品的API接口、抖音直播禁止有关第三方商品链接等，本质上都是排斥协议互操作的行为。在美国和欧盟的“微软垄断案”中，协议互操作得到了应用。微软被要求公开其API接口和其他与Windows互操作的独立软件所需的技术信息，以此确保其他企业能够为消费者提供基于浏览器模拟Windows的功能体验，从而为Windows操作系统施加竞争约束并恢复软件市场的有效竞争。该案表明，在平台经济领域，巨大的

① 参见侯利阳、贺思迈：《平台封禁行为的法律定性与解决路径》，载《财经法学》2022年第3期。

在位优势使其他企业难以通过面对面的竞争取代垄断者，成功的挑战往往源于邻近市场，即通过互补产品或服务差异化实现对垄断者的演化式替代。① 正因如此，强制协议互操作，拆除“围墙花园”以及各种不合理的数据、流量“护城河”，防止市场碎片化，确保互补性数字产品在技术上互联互通，是恢复良性竞争环境的一种卓有实效的救济措施。②

不过，协议互操作往往涉及互联互通标准的制定以及为适应新产品、新功能对标准的修订，少不了反复的沟通、博弈、试错和调适，这些工作需要反垄断执法机构持续参与和监督，并非一蹴而就。再者，尽管被合理定义和管理的标准可以促进协议互操作，有助于恢复市场竞争，但标准化的过程也可能产生垄断协议、滥用市场支配地位等反竞争风险。此外，由于涉及对平台、网络、服务、数据、流量等资源或要素的持续访问和调用，反垄断执法机构在设定公平合理非歧视的访问条件、保障访问的安全性等问题上，不得不对复杂多样的利益做出艰难平衡。

（2）全协议互操作义务。全协议互操作是指两个或多个具有替代关系的数字产品之间在技术上相互连接的能力。例如，网易邮箱、新浪邮箱、QQ 邮箱等电子邮件服务之间的互联互通，以及微信支付、阿里支付、京东支付等支付服务之间的互联互通，等等。相较于协议互操作义务，全协议互操作义务是对责任主体规模经济、范围经济、网络效应、数据集聚效应等不当垄断优势的全面攻击，即要求责任主体与直接竞争对手全面分享上述优势，以根本性地解除用户锁定、降低转换成本、扭转市场倾覆，重置有效的市场竞争条件。

尽管具有潜在的积极功效，但全协议互操作更像是一剂“猛药”。第一，责任主体的在位优势不全是垄断行为所致，强制竞争性产品全面互联互通，可能助长弱者对强者的“搭便车”行为。第二，全协议互操作需要更深层次的集成和标准化，面临着互连安全性、经济合理性、公平公正性、配合协调性等难题，其管理和执行成本之高，以至于有可能把反垄断变成事实上的监管——类似于电信网基础业务互联互通的监管。第三，竞争性产品之间的全面标准化互

① 参见［美］卡尔·夏皮罗、［美］哈尔·R. 范里安著：《信息规则：网络经济的策略指导》，孟昭莉、牛露晴译，中国人民大学出版社 2017 年版，第 155 – 159 页。

② 参见焦海涛：《平台互联互通义务及其实现》，载《探索与争鸣》2022 年第 3 期。

连，还可能引发标准锁定下的产品创新不足、种类减少、差异化缩小、质量下降等问题，同时放大竞争者从事垄断协议、滥用共同市场支配地位行为的风险。

综上可见，就削弱不当垄断势力、恢复市场竞争而言，互操作义务有其功效也有其局限。无论何种互操作机制，皆需要反垄断执法机构进行持续监督乃至广泛干预，似乎更适宜作为平台经济事前监管制度的一部分。但即便如此，"反垄断法可以探索制定一般的先决条件，为可能出现的监管制度提供更基本的、有利于竞争的导向"。[①]

6. 强制结构性分离

强制结构性分离即结构性救济，涉及对企业产权的重新分配和企业行动激励、能力的改变，遵循"彻底切断原则"（clean break principle），是旨在恢复市场竞争结构的一次性救济措施。

（1）禁止集中。平台企业通过内涵式生长获得规模经济、范围经济、网络效应、数据集聚效应等优势，进展慢、时间长、成本高，而通过各种形式的集中行为则可以快速汇聚用户、数据、流量、技术、产品、服务等资源，从而在竞争中取得比较优势。适用事前申报的经营者集中审查制度旨在预防不利于有效竞争的市场结构和市场行为的产生。如果预见集中行为将不可逆转地恶化市场竞争条件，使集中后的实体形成或加强垄断势力，而附加限制性条件的承诺方案又不足以解决涉案竞争问题，那么禁止集中对维持（恢复）有效竞争的市场结构就是必要的。国家市场监管总局禁止虎牙公司与斗鱼国际控股有限公司合并，便是这方面的典型案件。不容否认，禁止集中是一种化解竞争问题的长效机制，而且避免了附条件批准集中情形下大量的监督和执行成本。但是，禁止集中也可能导致特定于集中的经济效率、集成创新、消费者福利等潜在利益无法实现，因而在作出禁止决定前，应尤其注重反事实评估和成本收益衡量。

（2）拆分和剥离。拆分和剥离都涉及对企业产权结构的调整，拆分救济主要针对"企业的结构本身导致持久或反复的垄断行为"，剥离救济主要针对"因垄断行为而存在的企业结构"。[②] 就前者而言，由于责任主体的结构蕴含着

---

① See Jacques Crémer, Yves - Alexandre de Montjoye, Heike Schweitzer, *Competition Policy for the Digital Era*, p. 109, https://ec.europa.eu/competition/publications/reports/kd0419345enn.pdf.

② Cyril Ritter, *How Far Can the Commission Go When Imposing Remedies for Antitrust Infringements*?, 9 Journal of European Competition Law & Practice 587, 596 (2016).

不可调和的利益冲突，本身就与有效竞争的市场条件不相容，因而若不对这种结构做出拆分，则持久和反复的垄断行为风险就一直存在。主张对 Facebook 等超级平台及其关联业务实行拆分的观点，正是基于这种考虑。① 就剥离救济而言，如果相关交易达到集中申报标准，未申报实施集中、申报后未经批准实施集中或者违反审查决定的，均构成违法实施集中，此际，反垄断执法机构可以对责任主体施加限期处分股份或者资产、限期转让营业等剥离救济，以矫正市场竞争条件的不正当变化。此外，当责任主体通过滥用市场支配地位或垄断协议行为积累相关资产、改变自身结构、巩固垄断优势，也可能面临剥离救济。例如，Facebook 在早年收购 Instagram、WhatsApp 时虽未受到美国反垄断执法机构的调查，但之后美国联邦贸易委员会针对 Facebook 的垄断行为提起诉讼，开始要求其剥离包括 Instagram、WhatsApp 在内的相关资产和业务，并采取其他足以恢复市场竞争的救济措施。②

拆分和剥离遵循"彻底切断原则"，不需要反垄断执法机构持续监督，是削弱责任主体不当垄断势力、恢复市场竞争的长效机制，但也并非尽善尽美。一方面，由于涉及对责任主体产权的重新分配，拆分或剥离救济可能对其生产效率、经营管理、相关者利益造成不利影响。考虑到责任主体的各项资产可能是高度依存的，强制将它们分离，可能削弱企业的服务质量、创新能力和安全保障。另一方面，尽管在责任主体业务线清晰的情况下，可以较容易地实现资产分割，但如果它们是紧密整合的，决定哪些资产应当被剥离、剥离给谁，无疑充满争议且旷费时日。而且，责任主体的资产可能是高度专业化的，有能力的适当买家可能不易找到，即资产剥离不一定能创造出成功的、可行的新竞争对手。

（二）新型恢复性救济措施及其潜在利弊

所谓新型恢复性救济措施，即在域内外执法实践中鲜有付诸运用，但有助于消解平台企业的不当垄断势力、重置有效市场竞争条件的措施，主要包括算法共享义务、责令暂时停业、将罚款用于恢复竞争等。

---

① See Lina M. Khan, *The Separation of Platforms and Commerce*, 119 Columbia Law Review 973 (2019).

② See Federal Trade Commission v. Facebook, 1: 20 - cv - 03590 CRC (D. D. C. Dec. 9, 2020).

1. 算法共享义务

驱动平台经济巨大价值的核心要素，一方面在于数据，另一方面在于算法（算力）。平台企业要取得算法优势，依赖诸多因素，如算法的理论模型、计算能力、存储和快速检索数据的能力等，但其中最重要的莫过于数据的质量。算法可通过对具有海量性、实时性、高速性、多样性、价值性的数据进行学习，不断改进决策参数并优化自身性能，从而给企业带来倍增的经济效益。算法共享义务，即要求责任主体与竞争对手共享其算法，其理据和前提在于，算法优势来源于对非法获取数据的学习。例如，某平台企业通过非法排他性协议锁定用户进而圈占大规模商户数据和消费者数据，用以改进商品推荐算法，强化用户黏性，促成更多交易，提升市场占有率和市场支配地位。由于非法获取的数据与算法优势存在因果关系，强制共享算法便成了一种潜在的救济选择。其优点在于：第一，竞争对手不需要经历访问、积累、理解、处理数据的漫长过程，就可将责任主体的优势算法迁移并应用于自家业务和数据处理，这对于快速恢复市场竞争具有重要意义。第二，共享算法不涉及对责任主体的用户数据的持续调用和访问，对数据隐私和数据安全造成不利影响的可能性较小。第三，责任主体的算法经过反复的数据学习具备了卓越性能，蕴含着巨大的经济效益，“一刀切”地禁止使用这种算法或责令删除相关代码，无疑会减损经济效率、消费者利益，而通过共享“非法成果”，既削弱了不当垄断势力，又不至于使经济效率、消费者利益变得更糟。①

但此举也面临一些难题。第一，从技术上看，所共享的算法未必与竞争对手的数据集互操作，此时需要对算法进行修改，或采用新的数据格式。也就是说，并非所有算法都能无缝迁移，可能存在互操作成本。第二，共享算法限定于特定情形，即算法优势源于对非法获取数据的学习。但是，责任主体的算法优势可能是源于对“混合数据”的学习，即非法与合法获取的数据同时存在。此际，只有基于非法数据学习所得的“增量”算法性能（代码/知识）适宜被共享。然而，要准确作出这种区分即使不无可能，难度也不小。第三，共享算法还可能导致技术趋于单一的问题，而一定程度的算法多样性可能对市场和消

---

① See Michal S. Gal, Nicolas Petit, Radical Restorative Remedies for Digital Markets, https://papers.ssrn.com/sol3/papers.cfm?abstract_id=3687604.

费者是有利的。此外，若算法包含反竞争或侵犯消费者权益的参数，在共享前未被审查出来，则可能助推“坏”算法的传播。

2. 责令暂时停业

责令暂时停业，即暂时停止与垄断行为相关的数字产品及服务。这种措施兼具惩戒性、预防性、恢复性，在域外反垄断法中不乏其例。[①] 比如，意大利《竞争与公平法》第15条规定，竞争主管机构可以责令不遵守救济措施的企业暂停其商业活动30天。[②] 而当美国参议员约翰·谢尔曼被国会问及与他提出的法案有关的救济措施时，他提到了“驱逐公司”（ouster of the corporation）。[③] 责令暂时停业是一种“休克疗法”，其作用机理在于通过暂时停止责任主体的相关应用程序或用户界面，释放被其规模和范围经济、网络效应、数据集聚效应等不当优势牢牢锁定的用户，即以“数字戒毒期”（digital detox）的方式解救一些由于有限理性和行为偏差而深度成瘾、无法自拔的用户，[④] 逼迫他们接触、使用竞争性数字产品，并预期至少实现部分转移，从而为竞争性数字产品快速增长、获得临界规模提供机会。停业有严格的时间限制，需考虑用户了解并留存于竞争性数字产品的合理时间，以及竞争性数字产品实现临界规模的合理时间等因素。

不过，责令暂时停业也可能导致意想不到的不利后果。一方面，反垄断法通过保护竞争来提升消费者福利，市场上存在越多的竞争者特别是高质量竞争者，就越接近反垄断法的意旨，即反垄断法一般不会取缔企业（包括具有市场支配地位的责任主体）的竞争资格。试想，如果谷歌搜索服务因垄断行为被叫停，其卓越的搜索算法可能是短期内其他竞争对手所无可比拟的，停业意味着消费者无法继续享受这种搜索算法带来的好处，由此导致的社会福利损失可能更大。另一方面，平台企业具有多边架构、生态化运营的特点，暂停某一数字

---

① 对一些“屡教不改”的垄断行为可考虑责令其暂停营业。参见王先林著：《竞争法学》，中国人民大学出版社2009年版，第340页。

② 参见时建中主编：《三十一国竞争法典》，中国政法大学出版社2009年版，第151页。

③ See Stephen Fraidin, Dissolution and Reconstitution: A Structural Remedy, and Alternatives, 33 George Washington Law Review 899 (1964).

④ See Lior Frank, *Boundedly Rational Users and the Fable of Break - Ups: Why Breaking - Up Big Tech Companies Probably Will Not Promote Competition from Behavioral Economics Perspective*, 46 World Competition 369, 373 (2020).

服务的影响不单及于使用该服务的消费者，还可能导致平台以及跨平台上的广大商户承受已投入费用、专用性资产等沉没成本的损失，供应商、承包商、加盟商、灵活就业劳动者等众多关联主体的利益也可能受到损害。

3. 将罚款用于恢复竞争

行文至此可见，恢复性救济主要依赖责任主体对相关义务的履行。作为对这种“自力救济模式”的变式和补充，还可以借助“外力救济模式”，即发挥平台企业等经营者实施垄断行为被科处的巨额罚款之效用，取其一部分用于建立“恢复竞争保障基金”，由国务院反垄断委员会统筹管理，作为应对和救济重大竞争损害的后备资金。

（1）将罚款用于供给侧救济。恢复竞争保障基金可用于供给侧救济，如补贴因垄断行为受害的竞争对手，或补贴其他足以削弱责任主体不当垄断势力的潜在竞争对手。补贴特别是有选择性的补贴可能对竞争造成扭曲，因而受到竞争政策和反垄断法的严格控制。但在恢复性救济的场合，恰当的补贴可能会让受益者获得成本优势，将产品的价格或非价格条件设定在优于责任主体的水平上，进而给其施加竞争约束，为市场重新注入竞争。进一步讲，资助哪家企业的标准是所选企业通过差异化替代品的市场化在恢复竞争方面的预期成功。虑及反垄断当局可能缺乏足够的信息作出这种判断，不妨采取拍卖补贴权的方式，让企业在竞拍时披露行业及自身相关信息。此外，也可考虑通过补贴用户的方式（如发放代金券）来间接补贴竞争对手。代金券应设置有效期，以加强市场进入和扩张的激励，达到迅速恢复竞争的效果。这种方式较适合于订阅类、交易类平台模式，突出优点在于降低主观判断的恣意性风险，让市场选择哪个竞争对手应得到补贴。

但补贴救济也有弊端。第一，企业的成长并非一蹴而就，补贴可能难以产生立竿见影的效果。即便采取间接补贴方式，也面临追踪用户、监测代金券的有效使用等成本。第二，选择性补贴的效果取决于决策的信息基础和认知能力，一旦处理不当，不仅浪费财政收入，而且可能造成扭曲市场激励、助长不劳而获等负面影响。第三，反垄断法的基本精神是“保护竞争而非保护竞争者”，将分配补贴的任务交给反垄断当局，似乎是对其职能的不当延伸。

（2）将罚款用于需求侧救济。恢复竞争保障基金也可用于需求侧救济，旨在通过便利消费者行使个人数据可携权和改善消费者决策来加强市场竞争。个人数据可携权，也称个人数据迁移权或转移权，最早由欧盟引入，后为美国加州、新加坡、澳大利亚、中国等立法所参考。个人数据可携权的有效行使，即个人数据在不同平台企业之间的可迁移性，可以降低个人对特定数据控制者的依赖度，赋予数据主体摆脱受特定数据控制者“锁定”及选择替代性服务的能力。① 可见，个人数据可携权与恢复性救济在很大程度上具有一致的目标。然而，受限于平台企业之间技术不兼容、数据互操作标准不健全、不对称权力结构下消费者行权面临障碍等因素，个人数据可携权的实现状况并不乐观。为应对这些问题，可将恢复竞争保障基金用于改善数据可携权的实现条件：第一，可以资助相关数据互操作标准的创建、更新、维护，确保责任主体与竞争对手能以机器可读、普遍可用、结构化的形式传输、接收、存储、利用消费者个人数据，降低消费者行权障碍。第二，可以资助建立从事个人数据管理服务的商业企业、公共企业、社会组织等新型中介机构。这些中介机构可以访问规模以上平台企业的消费者可携性数据，由其集中持有和管理，并应消费者的请求移转这些数据。也就是说，中介机构为消费者行使数据可携权提供了方便快捷、低成本、准确和中立的渠道。第三，强制责任主体免费配合可携性数据的转移，可能使其负担过重的成本，甚至超过垄断行为的收益。在我国个人数据携转收费模式等基础制度尚不健全的情况下，可考虑对严格履行义务的责任主体予以适当补贴，以激励责任主体积极保障个人数据可携权的实现。

此外，恢复竞争保障基金还可用于改善消费者决策，如资助一站式服务、比价网站、数字管家、算法型消费者等商业工具的开发和完善。这些工具有助于消费者克服短视、惰性、框架、惯性、信息和选择不足或超载等偏差，在一定程度上缓解锁定效应，促进消费者接受多归属服务，从而为市场注入竞争。

五、制定实施恢复性救济的潜在挑战和原则方略

综合上述传统和新型恢复性救济措施的应用潜力来看，要彻底消除垄断行为所致竞争妨碍因素、重置有效的市场竞争条件，可能面临反事实状态难于阐述、进入壁垒不易确定、市场可竞争性存疑、时度效不易把握等挑战。然而，作为市场竞争的坚定捍卫者，反垄断执法机构应直面挑战，遵循有效性、净收

① 参见王锡锌：《个人信息可携权与数据治理的分配正义》，载《环球法律评论》2021年第6期。

益性、及时性、可管理性等原则和方略，统筹救济制定、实施、监督、矫正和保障，以充分实现反垄断执法的价值。

（一）制定实施恢复性救济的潜在挑战

其一，恢复性救济旨在重置无垄断行为的情况下本应存在的市场竞争状况，即一种反事实或假定的竞争均衡状态。然而，在复杂的平台商业生态中，洞察和阐述反事实状态并不容易。因为，平台企业的垄断势力可能源于多重因果关系，如效能竞争、随机事件、政府扶持、监管套利、垄断行为等。准确区分不同因果关系并制定有针对性的恢复性救济方案，需要反垄断执法机构具备扎实的信息基础、业务技能、理解产业的能力以及良好的体制资源、组织架构等软硬功底。

其二，在位平台企业的不当规模经济、范围经济、网络效应、数据集聚效应是平台竞争的妨碍因素，但这些相对优势在多大程度上构成其他竞争者无法逾越的进入壁垒，存在认识分歧。例如，有学者基于数据非竞争性、非排他性以及凸形回报等特点，质疑“数据垄断”的说法。[①] 再如，有学者指出构成进入壁垒的更可能是经过数据训练改进的算法、产品设计。[②] 可见，对竞争妨碍因素仅作局部的、孤立的、定性的了解是不够的，救济方案的健全有效性还依赖于对进入壁垒作整全的、联动的、精细的解析。

其三，平台垄断、赢者通吃、市场倾覆是否意味着市场接近于一种永久性的市场失灵，这同样是存在争议的问题。如果平台经济的基本属性是“为市场竞争”（competition for the market），而不是“在市场竞争”（competition in the market），即接近于一种永久性的市场失灵，单凭反垄断的恢复性救济恐怕于事无补，而将在位平台企业作为自然垄断或公用事业，为其设置事前监管措施，似乎更可取。[③] 不过，实证经验与这种论调并不吻合，差异化替代品以及邻近市场上看似不起眼的应用程序往往是推动平台竞争的重要引擎。近年来，以抖音为代表的短视频娱乐平台的强势崛起，对微信、百度、淘宝（天猫）形成强

---

① See Catherine Tucker, *Online Advertising and Antitrust: Network Effects, Switching Costs, and Data as an Essential Facility*, CPI Antitrust Chronicle, April 2019, p. 3.

② See Erika M. Douglas, *Monopolization Remedies and Data Privacy*, 24 Virginia Journal of Law & Technology 41 (2020).

③ 参见高薇：《平台监管的新公用事业理论》，载《法学研究》2021 年第 3 期。

大的竞争压力和替代效应，就是一个典型例子。其启示在于，恢复性救济不是一味地“头痛医头、脚痛医脚”，有时“辨证施治、另辟蹊径”反而效果更好，这就需要执法机构对产业的发展趋势和差异品的演化式替代苗头保持敏感。

其四，恢复性救济的显著特点是为竞争对手争取更有利的地位。这意味着救济措施往往采取积极的行为义务和拆分、剥离等结构性分离义务，且这些义务不必与垄断行为存在严格意义上的相关性。① 这样，在个案处理时反垄断执法机构可在广泛的救济措施中进行选择组合，但同时也使过度或激进的救济方案造成适得其反的风险增加。换言之，恢复性救济的时度效不易把握，面临复杂的利益衡量，其制定和实施需要遵循科学的原则和方略。

（二）制定实施恢复性救济的原则和方略

从动态视角看，恢复性救济须统筹处理好三方面的任务：一是恢复性救济的制定；二是恢复性救济的实施和监督；三是恢复性救济的矫正和保障。

就恢复性救济的制定而言：（1）应确立统筹性原则，即反垄断执法机构应兼顾行为定性和救济措置，目光不断穿梭于二者之间，尤其在发动案件前以及在案件处理过程中，应尽早筹划可行的恢复性救济方案，不能只顾抓住“坏”行为，而全然不顾如何消除其不利影响。（2）应贯彻磋商性原则，即反垄断执法机构在制定恢复性救济时，应注重不同主体及其信息、观点、立场、利益的交涉，从而增强救济措施的可执行性和遵从性。在救济磋商中，责任主体自愿承诺的义务以及自行披露的信息，通常可作为确定恢复性救济方案的基础。（3）应遵循有效性原则，这意味着：其一，所选取的救济措施应具备适当性，严格服务于恢复竞争的目标，而不应逾越“恢复”的边界进一步寻求“促进”或“加强”市场竞争的措施。其二，恢复性救济不应超过实现目标所需的必要限度，如果有多种方案都能实现目标，应当选择对责任主体负担最小或利益受损最小的方式。② 其三，反垄断执法机构不仅要对相关救济措施可能如何改变市场竞争格局和发展走势形成较为确切的预期，还要对责任主体可能的反应有所预见，以防止其策略性地规避该等措施。（4）应坚持净收益性原则，即反垄

---

① See A. Douglas Melamed, *Afterword*: *The Purposes of Antitrust Remedies*, 76 Antitrust Law Journal 364 (2009).

② 参见焦海涛：《我国反垄断法修订中比例原则的引入》，载《华东政法大学学报》2020 年第 2 期。

断执法机构应平衡恢复性救济的相对成本和收益，选择竞争收益最大而经济社会成本最小的救济方案。这至少意味着救济措施不应引发新的、更多的竞争问题或其他非意图损害，以至于救济比垄断行为更糟糕。

就恢复性救济的实施和监督而言：（1）应恪守及时性原则，即依法制定的恢复性救济方案及相关义务应能够迅速付诸实施、履行并产生预期效果，否则效果来得太慢或太晚，市场竞争条件、竞争对手处境、经济效率、消费者利益等可能进一步恶化。因此，对于行为性救济确定的义务，一般不设过渡期，救济决定作出时责任主体应立即履行义务。对于结构性救济确定的义务，由于涉及业务分解、寻找适当买家等烦琐事项，其过渡期最长一般不应超过 1 年，在此期间责任主体可以自行或委托有关专业团队落实结构性分离。（2）应严守可管理性原则，即恢复性救济应当与反垄断执法机构的职责、组织、资源、能力等相适应。为切实提升救济管理和监督能力：第一，反垄断执法机构应特别重视知识投资、理论研究、经验借鉴、人才培养、技术支撑，深化对平台经济的竞争逻辑、运行规律、演变趋势的理解，强化对各种恢复性救济措施的运用把控能力。第二，可以从内部组织变革入手来提升救济实施和监督的能力，如在查处垄断行为的业务处室之外，增设“救济监察执法处”，由其统筹负责救济实施和监督工作。第三，可充分借助监督受托人和剥离受托人制度，由适格的受托人监督救济的实施情况或负责出售剥离业务并向执法机构报告。第四，鉴于救济特别是行为性救济所涉义务的履行容易出现争议，在发挥监督受托人争议解决作用的同时，还可以通过指定仲裁的方式来快速处理义务履行过程中可能发生的纠纷。① 第五，为避免反垄断执法机构演变为事实上的行业监管者，所有行为性救济措施应明确期限，如规定相关义务自履行之日起 5 年后自动解除，或规定相关义务自履行之日起 5 年后当事人可向反垄断执法机构提出解除义务的审查申请。

就恢复性救济的矫正和保障而言：（1）应纳入矫正性原则，即救济一般在经历制定和实施（监督）两个阶段后即告完结，但如果发生作出救济决定时无法预料的情况，如相关市场竞争状况发生实质性变化、实施某些救济措施面临严重障碍或无必要等，那么反垄断执法机构可以依职权对相关救济措施予以变

① 参见孙晋：《谦抑理念下互联网服务行业经营者集中救济调适》，载《中国法学》2018 年第 6 期。

更或解除，责任主体也可以依申请变更或解除相关救济措施。矫正机制主要针对行为性救济措施，仍然需要依据磋商性、有效性、净收益性等原则重新审查、评估和确定。（2）应秉持保障性原则，即救济的有效运作须以制裁等强制性手段为根本保障，否则相关义务恐会变得毫无拘束力。例如，根据《欧盟理事会第1/2003号条例》第24条规定，如果企业或企业协会不遵守委员会在垄断协议和滥用市场支配地位案件中作出的救济决定，那么从决定作出之日起每延迟一天，征收不超过其上一年度日平均营业额5%的罚款。① 从行政行为属性上看，这种“日罚款”即加处罚款，是行政强制执行的一种方式。遗憾的是，我国《反垄断法》缺少类似的规定。② 将来《反垄断法》修订有必要予以补充规定。（3）应注重回顾性原则，即有必要对完结案件的恢复性救济开展回溯评估，检验其现实成效，反思个中救济措施的利弊得失并积累经验教训，通过以评促改持续优化将来案件的救济制定实施。

六、超越责令停止违法行为

2022年我国《反垄断法》首次修正。新法尤其加强了对违法行为的惩罚威慑力度，③ 但明显忽略了恢复性救济在制度构造上的缺陷。就有效终止垄断协议、滥用市场支配地位行为并消除其对竞争的不利影响而言，单凭《反垄断法》里的“责令停止违法行为”难以提供充分的保障力度。尽管基于反垄断执法机构的固有职权，在责令停止违法行为之外作出其他恢复竞争的命令未尝不可，但这种文本缺陷和法律责任方式的结构性失衡是客观存在的。理想的修法方案是将“责令停止违法行为”改为“责令采取有效终止违法行为并消除行为对竞争不利影响的必要措施”，以此健全恢复性救济的法律基础，并形成垄断协议、滥用市场支配地位、违法实施经营者集中在法律责任方式上的相似构造和连贯逻辑。鉴于《反垄断法》短期内不会再次修改，退而求其次的举措是通过配套规章和执法指南的修改，更正“责令停止违法行为”并引入以上内容。

总而言之，加强和改进平台经济领域反垄断，须统筹行为定性和救济措置，

---

① 参见许光耀主编：《欧共体竞争立法》，武汉大学出版社2006年版，第273－274页。

② 参见王晓晔主编：《中华人民共和国反垄断法详解》，知识产权出版社2008年版，第239页。

③ 参见时建中：《新〈反垄断法〉的现实意义与内容解读》，载《中国法律评论》2022年第4期。

高度重视恢复性救济。否则如果反垄断执法机构证明了责任主体的“坏”行为，却不能找到恰当的救济措施恢复市场竞争，则反垄断执法的价值和反垄断法目标的实现就会大打折扣。

第三节 垄断协议类型序列的立法完善

垄断协议禁止制度是各法域反垄断法实体制度的基础支柱之一。我国《反垄断法》把“垄断协议”置于“总则”之后，在第二章用4个条文规定了垄断协议的定义、横向垄断协议的类型、纵向垄断协议的类型、垄断协议的豁免、行业协会对该法的适用，并在第56条规定了达成、实施垄断协议的法律责任。垄断协议的学理或逻辑类型虽然丰富多样，但唯独横向垄断协议与纵向垄断协议才是“法定”的规范类型。按照《反垄断法》第16条和第17条的规定，横向垄断协议即“具有竞争关系的经营者”达成的垄断协议，纵向垄断协议即“经营者与交易相对人”达成的垄断协议。《反垄断法》自2008年实施以来，执法机构和法院处理了大量垄断协议案件，[①] 取得成效和积累经验的同时，也暴露出垄断协议相关规定在制度构造、表述、理解、运用等方面的问题，[②] 其中就包括垄断协议在规范类型设置方面的不足。在此背景下，本节对横向与纵向垄断协议的法定分类进行反思，对垄断协议基本类型序列的立法完善予以探讨，兼评《反垄断法》修法草案的相关条文。

一、垄断协议的类型化：理论基础与规范现状

类型化是一种重要的认知方法，也是一种较为普遍的法律方法。[③] 讨论我国垄断协议类型序列的问题及改进方案之前，有必要先对类型化的价值和意义

---

① 参见时建中、焦海涛、戴龙主编：《反垄断行政执法：典型案件分析与解读（2008－2018）》，中国政法大学出版社2018年版，第179－272页；时建中、戴龙、焦海涛主编：《反垄断诉讼：典型案件分析与解读（2008－2018）》，中国政法大学出版社2018年版，第205－255页。

② 参见王先林：《论我国垄断协议规制制度的实施与完善——以〈反垄断法〉的修订为视角》，载《安徽大学学报（哲学社会科学版）》2020年第1期。

③ 参见李可：《类型思维及其法学方法论意义——以传统抽象思维作为参照》，载《金陵法律评论》2003年第2期。

稍作铺垫，并对横向与纵向垄断协议类型法定化的背景和理据进行考察。

（一）类型化的价值和意义

“反垄断所面临的最基本的问题是通过那些能力有限的机构来处理复杂的市场信息”。[①] 很多时候，企业对自己做出的商业行为，难以给出合理有效的解释，要么是因为市场中的很多行为具有随机性，要么是因为行为具有跨期效应，而解释的时机还未成熟。[②] 在充满无限经验、偶然性和可能性的复杂市场，任何主体都难以挣脱认识上的局限，而反垄断的核心任务就是竭力化约复杂性，尽可能准确辨别商业行为的竞争意义和效果，对其作出相对公允的评价。为此，就有必要诉诸法律。[③]

《反垄断法》不是对纷繁复杂的商业行为及其无限信息和经验的镜像表现，而是通过对这些素材的深度解构、处理并经规范提炼、建构，形成体系化的判断标准。其中，抽象的概念，例如“垄断行为”“垄断协议”“滥用市场支配地位”“具有或者可能具有排除、限制竞争效果的经营者集中”等，是这一体系化作业最基础的“建筑材料”，亦是最一般的判断标准。它们以可概观的方式对纷繁复杂的商业行为进行筛选和凝练，赋予其特定的法律效果。然而，概念越抽象、可概观性程度越高，其内涵越匮乏，也就越容易陷入意义空洞化的倾向。因此，“当人们借助抽象而普遍的概念及其逻辑体系都不足以清晰明白地把握某生活现象或者某种意义脉络时，首先想到的是求助于‘类型（Typen）’的思维方式”。[④] 就此，考夫曼指出，“法律以及法律发现的成功或失败，端赖能否正确地掌握类型。我们今日的不安定性——法律的不安定性——主要并非肇因于法律在概念上的掌握较以往拙劣；而是不能再确切无误地掌握位于法律概念背后的类型”。[⑤] 实际上，“概念没有类型是空洞的，类型没有概念是盲

---

① ［美］赫伯特·霍温坎普著：《反垄断事业——原理与执行》，吴绪亮等译，东北财经大学出版社2011年版，第11页。

② See Frank H. Easterbrook, *The Limits of Antitrust*, Texas Law Review, Vol. 63: 1, p. 4-9 (1984).

③ “法是社会子系统……为保障和扩大自由，就应竭力化约复杂性，这就应求诸法。法是建立在被一致普遍化的规范性行为预期之上的社会系统，是成全预期的设施”。参见翟小波：《“软法”概念何以成立——卢曼系统论视野内的软法》，载《郑州大学学报》2007年第3期。

④ ［德］卡尔·拉伦茨著：《法学方法论》，黄家镇译，商务印书馆2020年版，第577页。

⑤ ［德］亚图·考夫曼著：《类推与事物本质——兼论类型理论》，吴从周译，台湾新学林出版股份有限公司1999年版，第113页。

目的”。[①]《反垄断法》所规定的垄断协议的一般概念[②]与类型序列，理应是彼此呼应、互为支撑的，共同构成调整垄断协议行为的两大规范基础。[③]

现实中，经营者之间的合作方式何其多样，几乎所有的经济安排都需要广泛的合作。[④] 这些合作可能有利于促进其他领域的实质性竞争，但也可能是不当限制经营者之间或经营者之外的竞争。为了更好区分有益和有害的合作，更恰当地在竞争与合作之间做出“平衡”，在一般概念之外，建构垄断协议的适当规范类型序列，例如“横向/纵向垄断协议序列”“价格/非价格垄断协议序列”“纯粹/附属限制竞争的垄断协议序列”等，不仅有助于搭建分析特定合作行为的相对稳定的认知模型，节约执法和司法的信息成本、管理成本，提升反垄断规制和裁判的效率，而且有助于保障反垄断法的安定性，增强经营者对自身行为的预期，同时还有利于垄断协议法律规范的结构化和体系化。尽管如此，类型化并非绝对或一成不变，过度类型化或不当类型化可能堵塞规范之间的意义脉络，减损反垄断法的调整功效，阻碍经营者合理的商业努力，甚至扭曲市场的配置功能和激励机制。

（二）横向与纵向垄断协议类型法定化的背景和理据

我国《反垄断法》第17条第1款规定，“禁止具有竞争关系的经营者达成下列垄断协议”；第18条规定，“禁止经营者与交易相对人达成下列垄断协议”。可见，根据经营者所处的“经济层次、环节或阶段”的不同，[⑤] 横向垄断

---

① ［德］亚图·考夫曼著：《类推与事物本质——兼论类型理论》，吴从周译，台湾新学林出版股份有限公司1999年版，第117页。

② 《反垄断法》第16条规定：“本法所称垄断协议，是指排除、限制竞争的协议、决定或者其他协同行为。”该定义不仅是对垄断协议内涵的揭示，而且在许多司法案件中被用作判断行为违法与否的标准。然而深究起来，这一定义在形式逻辑和周延性方面还存在不足，“排除、限制竞争”的指向也不明（目的和/或效果）。这方面的探讨，参见刘继峰：《再论垄断协议的概念问题》，载《法学家》2020年第6期；金善明：《〈反垄断法〉文本的优化及其路径选择——以〈反垄断法〉修订为背景》，载《法商研究》2019年第2期。

③ 但也有学者指出，“在反垄断法领域，面对纷繁的商业形式，单凭概念工具难以涵摄，法律体系不应再局限于用抽象概念搭建的体系，而应更多地借助于类型建构体系，并以类型—类推作为法律适用中的主要方法。”参见江山：《论垄断行为的类型化规整》，载《经贸法律评论》2021年第2期。

④ 参见［美］拜瑞·J. 内勒巴夫、［美］亚当·M. 布兰登勃格著：《合作竞争》，王煜全、王煜昆译，安徽人民出版社2000年版，第11－44页。

⑤ 参见刘继峰著：《竞争法学》，北京大学出版社2016年版，第86页；吕明瑜著：《竞争法教程》，中国人民大学出版社2015年版，第88页。事实上，相较于“经济层次、环节或阶段”，“经营者相互间关系”或“参与主体的关系”在分类标准的表述上更准确。

协议与纵向垄断协议被确立为我国反垄断法上垄断协议的基本规范类型。

事实上，除了横向与纵向垄断协议的划分外，垄断协议的学理或逻辑分类还有很多。例如，以主体是否具有营利性为标准，可分为营利性组织实施的垄断协议与非营利性组织实施的垄断协议；以意思表达的形式为标准，可分为协议型垄断协议、决定型垄断协议与协同行为型垄断协议；以协议的目的为标准，可分为纯粹限制竞争的垄断协议（目的限制竞争协议）与附属限制竞争的垄断协议（效果限制竞争协议）；以行为的内容为标准，可分为价格型垄断协议与非价格型垄断协议（涉及数量、技术、产品、设备、交易对象、交易地域乃至商品或服务的质量等）。[①] 那么，为什么《反垄断法》唯独选择将横向垄断协议与纵向垄断协议作为法定的规范类型？原因在于以下两方面。

一方面，我国《反垄断法》的实体制度设计，主要借鉴了欧盟竞争法和德国反对限制竞争法的相关经验。[②]《反垄断法》长期的立法工作，很大程度上是以 2005 年第七次修订前的《德国反对限制竞争法》作为主要范本和参照，其在第七次修订前分别于第一章和第二章详细规定了“卡特尔”（横向垄断协议）与“纵向协议”（纵向垄断协议）。[③] 然而，为了配合欧盟竞争法的现代化改革，其在第七次修订时，废除了长期以来横向与纵向垄断协议相区分的立法模式，并将二者统归于第一章“限制竞争的协议、决议及协同行为”。[④] 实际上，《欧盟运行条约》《美国谢尔曼法》《英国竞争法》《瑞典竞争法》《巴西反垄断法》《俄罗斯有关保护竞争的联邦法》等国家和地区的反垄断法也仅概括性地规定或例举了“垄断协议”，[⑤] 只是在有关规例、指南及反垄断实践中，才明确区分横向与纵向垄断协议。

另一方面，我国立法者将横向与纵向垄断协议提升为法定的规范类型，也

---

① 参见种明钊主编：《竞争法》，法律出版社 2016 年版，第 216－217 页；孟雁北著：《反垄断法》，北京大学出版社 2017 年版，第 99－103 页。

② 参见王晓晔：《〈中华人民共和国反垄断法〉析评》，载《法学研究》2008 年第 4 期。

③ 参见尚明主编：《主要国家（地区）反垄断法律汇编》，法律出版社 2004 年版，第 3－11 页。

④ 参见王健：《德国竞争法的欧洲化改革——〈反限制竞争法〉第 7 次修订述评》，载《时代法学》2006 年第 6 期；方小敏：《从比较法角度论完善我国反垄断法草案中的禁止垄断协议法律制度》，载《经济法研究》2007 年第 5 卷。

⑤ 全国人大常委会法制工作委员会经济法室编：《中华人民共和国反垄断法：条文说明、立法理由及相关规定》，北京大学出版社 2007 年版，第 69－79 页。

有实质性理由。一般认为，横向垄断协议发生在竞争者之间，他们放弃独立决策、规避竞争风险、选择相互协调，“是对竞争危害最为严重的反竞争行为，其排除、限制竞争的效果是不容置疑的”。① 因此，诸如固定价格、限制产量、划分市场等“恶性卡特尔”，适用存在即违法的认定原则。② 而纵向垄断协议并非发生在直接竞争者之间，“其对生产的社会化、经济的协调发展具有一定的积极意义，如保证产品或服务质量、经营者声誉以及消费者安全，消除搭便车现象，促进售后服务，增强不同品牌的同类商品间的竞争等。它对竞争的危害相对于横向垄断协议来说要小一些，因而在受规制的范围和程度上也较小，往往要区分不同的类型来分别对待”。③ 此外，这样的设置能使垄断协议的法律规定呈现出较清晰的结构，即“横向与纵向有别”，有助于缓和《反垄断法》抽象性、粗线条的特点，也有助于执法者、司法者、守法者尽快把握垄断协议的大致特点，降低法律实施的成本。④

尽管将横向与纵向垄断协议作为两种法定的规范类型，有相应的背景、理据，但也可能带来规范类型失调和规范类型缺漏的问题。一方面，过于关注分类的表面形式，将其“分得太清”，可能歪曲甚至掏空垄断协议之所以违法和有害的实质内涵，造成框架效应、思维定式等弊端，助涨规则操纵、选择性执法等风险；并且，过分凸显二者的区分，缺乏对其协同并用的眼光，还难以对共谋、排斥、扭曲、剥削等反垄断法意义上的损害形成全面关注。另一方面，在横向与纵向垄断协议的类型化规则下，违法主体的范围被限定在“具有竞争关系的经营者”和“经营者与交易相对人”，实际上无法周延地覆盖所有从事垄断协议尤其是轴辐协议的违法主体，使有关主体逃逸于《反垄断法》的制裁。

二、规范失调：平行排斥和轴辐协议对二分类型的冲击

作为逻辑上的纯粹类型，横向与纵向垄断协议是彼此独立的。但是，将其

---

① 叶卫平：《反垄断法分析模式的中国选择》，载《中国社会科学》2017 年第 3 期。

② 参见安健主编：《中华人民共和国反垄断法释义》，法律出版社 2007 年版，第 39 页。

③ 王先林著：《竞争法学》，中国人民大学出版社 2009 年版，第 241 页。

④ 参见时建中：《我国〈反垄断法〉的特色制度、亮点制度及重大不足》，载《法学家》2008 年第 1 期。

上升为法定规范类型，并试图以此涵摄繁复多样的案件事实，则它们之间难免存在交叉。也就是说，《反垄断法》适用于具体案件时，横向与纵向垄断协议的二分类型，无法做到非此即彼、相互隔绝。“横向与纵向”法定区分所导致的框架效应和思维定式，可能妨碍两类规定的彼此观照和协调并用，束缚对行为准确全面的定性和案件周延通透的处理。

（一）横向垄断协议中的纵向因素

横向垄断协议案件涉及的主体关系和行为事实，并非总是局限在法条所谓“具有竞争关系的经营者”之中，还可能涉及具有纵向交易关系的主体以及纵向限制因素或行为。从原理上讲，要建立和实施稳定、持久的横向垄断协议（卡特尔），参与的经营者需要解决四个核心问题：一是须找到易于协调的“焦点”，对共谋计划、利益分配等达成共识；二是须对潜在的背叛行为进行有效监测；三是须对背叛行为建立可信且严厉的惩戒机制；四是有效抵御外部竞争者对共谋结构的威胁和破坏。① 其中，第四个问题颇为棘手。对此，横向垄断协议的参与者可能需要借助排他交易、搭售、捆绑、忠诚折扣以及威胁拒绝交易（附条件的拒绝交易）等纵向限制措施，共同对上游供应商或下游客户进行大范围的市场圈占，形成“原料封锁”和“客户封锁”，即卡断外部竞争者的重要供应来源和销售渠道，抑制其竞争能力，从而避免外部竞争者破坏共谋结构的稳健性。例如，在我国时有发生的平价眼镜店遭“封杀”事件，实际上就是传统品牌眼镜店为了稳固价格同盟，应对平价眼镜店的低价冲击，进而诉诸上游供应商，通过断供、威胁断货、限定交易等手段来打压平价眼镜店的竞争能力，化解其竞争威胁。② 很明显，以上事实不仅涉及具有竞争关系的品牌眼镜店之间的横向共谋，还涉及它们媒介于上游供应商（交易相对人）而从事的纵向封锁行为。

其实，横向垄断协议中的纵向限制因素不仅限于上述情形。经济学研究表明，当横向垄断协议成员建立起稳定的共谋结构，即成为协调良好的卡特尔后，

① See George J. Stigler, *A theory of Oligopoly*, The Journal of Political Economy, Vol. 72: 1, p. 44 – 61 (1964)。

② 参见《低价销售挑战行业潜规则 平价眼镜店遭“致命封杀”》，载央广网，http://china.cnr.cn/yaowen/201308/t20130814_513312136.shtml。

它们作为整体组成了类似于具有市场支配地位的“单个经营者”,[①] 进而会实施类似于滥用市场支配地位的行为,[②] 也即所谓的平行排斥行为（parallel exclusion）。例如，横向垄断协议的成员联合起来，针对交易相对人施加转售价格维持、最惠国待遇条款、搭售、捆绑、排他购买或供应、拒绝交易等纵向限制行为。[③] 这里平行排斥的目的，不仅仅是“消极防御”，即抵御现实或潜在的外部竞争威胁，防止协调良好的卡特尔被外部力量破坏；更重要的，还是为了“积极扩张”，即通过打压竞争对手的竞争动机或能力，不断巩固和加强共同的垄断性地位（共同市场优势地位），寻求更多的额外利润，用于提升集体福利，以及成员之间收益和损失的再分配，即为横向垄断协议的有效协调和持久存续注入强劲的长期利益动力，亦即最小化背叛行为所能带来的即期收益，防止成员打破共谋性均衡。[④]

以上分析表明，达成和实施横向垄断协议的过程，所涉及的主体关系和行为事实并非仅仅局限在“具有竞争关系的经营者”之中，横向共谋者施加于交易相对人的不当纵向限制行为，也需要《反垄断法》对其作出调整。因此，就有必要诉诸《反垄断法》的纵向垄断协议规则,[⑤] 乃至滥用市场支配地位规则。[⑥] 换言之，横向垄断协议引发的反垄断法意义上的损害，不仅限于“共谋”，还可能涉及“排斥”“扭曲”“剥削”等。[⑦] 单凭横向垄断协议规则，难

---

① 参见张晨颖:《共同市场支配地位的理论基础与规则构造》，载《中国法学》2020 年第 2 期。

② See Robert C. Marshall, Leslie M. Marx, Lily Samkharadze, *Dominant - Firm Conduct by Cartels*, (February 15, 2011), https://www.researchgate.net/publication/228987383.

③ See C. Scott Hemphill, Tim Wu, *Parallel Exclusion*, Yale Law Journal, Vol. 22: 1, p. 1200 - 1209 (2013).

④ 参见［美］罗伯特·C. 马歇尔、［美］莱斯利·M. 马克思著:《共谋经济学——卡特尔与串谋竞标》，蒲艳、张志奇译，人民出版社 2015 年版，第 72 页。

⑤ 有必要说明的是，这种情况并非法律规范竞合。法律规范竞合是指同一事实符合数个规范之要件，致该数个规范皆得适用的现象。法律规范竞合产生的前提是一个法律事实，若行为人实施了数个行为，分别触犯不同的法律规范，则不属于法律规范竞合。参见沈志先主编:《法律方法论》，法律出版社 2014 年版，第 131 页。这里卡特尔存在“两阶段行为”：第一阶段行为是消除内部竞争暨建立内部协调机制，主要由横向垄断协议规则对其进行调整；第二阶段行为是共同打压或排挤外部竞争者，主要由纵向垄断协议规则或滥用市场支配地位规则对其进行调整。

⑥ 参见时建中:《共同市场支配地位制度拓展适用于算法默示共谋研究》，载《中国法学》2020 年第 2 期。

⑦ 参见郝俊淇:《市场支配地位与实质性市场势力之辨析——兼及〈反垄断法〉第 17 条第 2 款的修改》，载《当代法学》2020 年第 3 期。

以周延地、自足地对这些损害予以全面关注。一旦人们深陷于横向与纵向垄断协议规则的分类框架，过分强调二者的区隔，缺乏对其协调并用的眼光，就可能造成遗漏某些重大损害的风险，最终束缚对行为准确全面的定性和案件周延通透的处理。

（二）纵向垄断协议中的横向因素

与上述情况类似，纵向垄断协议案件涉及的主体关系和行为事实，也并非总是局限在法条所谓"经营者与交易相对人"之中，诸如转售价格维持等纵向垄断协议除了对交易相对人的决策机会、定价自由、形成交易条件的自由造成限制，还可能起到帮助供应商或销售商共谋的作用。[①] 如前文所述，横向垄断协议的建立和实施，需要成员解决一系列核心问题，包括找准协调的"焦点"、形成信息监测机制以及防止作弊的惩戒机制。这些工作高度复杂，单靠横向成员难以有效解决。如果引入转售价格维持等纵向约束，获得上游或下游经营者（交易相对人）在传递信息、协调策略、实时监控、惩戒作弊等方面的帮助，那么，横向垄断协议的共谋结构将变得稳定和持久。[②] 在这种情况下，纵向垄断协议与横向垄断协议之间具有一定的牵连关系，即前者是后者的原因（手段），后者是前者的结果（目的）。类比刑法上的牵连犯理论，似乎择一责任更重的行为处置即可。[③] 但是，鉴于纵向垄断协议规则所保护的法益不仅限于竞争或效率，[④] 还涵盖经营者的决策自由和交易条件公平合理等关注，因而具有独立适用的意义。[⑤] 此外，至为重要的一点是，协同适用纵向垄断协议规则，有助于解决纵向"帮助者"或"组织者"的归责问题。总的来看，纵向与横向垄断协议规则可以从各自的角度涵摄行为事实，共同对案件作出调整，并非只

---

① 参见时建中、郝俊淇：《原则性禁止转售价格维持的立法正确性及其实施改进》，载《政治与法律》2017 年第 11 期。

② 参见郝俊淇：《反垄断法上的交易相对人及其三重角色》，载《中国价格监管与反垄断》2020 年第 7 期。

③ 参见张明楷著：《刑法学》，法律出版社 2011 年版，第 439－410 页。

④ 参见兰磊：《反垄断法唯效率论质疑》，载《华东政法大学学报》2014 年第 4 期。

⑤ 参见［美］戴维·J. 格伯尔著：《二十世纪欧洲的法律与竞争》，冯克利等译，中国社会科学出版社 2004 年版，第 5 页；另见 2005 年修订前的《德国反对限制竞争法》第 14 条关于纵向协议的规定："企业之间就与本法适用范围内的市场相关的商品或服务所订立的协议，如对一方当事人在其与第三人就所供商品、其他商品或服务所达成协议时的定价自由或形成交易条件的自由予以限制，则该协议是禁止的。"尚明主编：《主要国家（地区）反垄断法律汇编》，法律出版社 2004 年版，第 9 页。

能择一规则适用。①

在“上海日进电气诉松下电器垄断案”中，法院就存在这方面的疏忽：原告日进公司主张，被告松下电器公司组织实施经销商客户划分的行为以及经销商的协同行为，构成修订前《反垄断法》第13条规定的分割销售市场的垄断协议；上海一中院向原告释明，本案不适用修订前《反垄断法》第13条，而是具备构成第14条规定的纵向垄断协议的可能性；原告坚持按照修订前《反垄断法》第13条主张权利；最终法院以被告行为不属于横向协议为由驳回诉讼请求。② 在此，“法院似乎过于轻率地排除了对纵向协议可能被用于协助横向共谋的考察”。③ 进一步看，不排除转售价格维持等纵向垄断协议仅是装扮出来的，即只是掩盖横向共谋的幌子。尽管这样，也不影响纵向与横向垄断协议规则的协同适用。并且在以上情形下，涉案的“具有竞争关系的经营者”以及“经营者与交易相对人”，即存在于横向与纵向关系中的所有经营者，都可依据《反垄断法》第56条第1款的责任条款，受到相应制裁。

其实，以上所论述、例举和分析的，正是纵向与横向垄断协议交织形成的典型“轴辐协议”（hub - and - spoke conspiracy）。轴辐协议是一种特殊形式的垄断协议，“它将当事人的行为比喻为一个自行车轮，其包含一个轴心（hub）和多个辐条（spokes），轴心与辐条并不处在市场的同一层次，往往是上下游关系，辐条之间则互为竞争对手，但辐条之间没有直接的意思联络，它们间的横向联系以每个辐条与轴心之间的纵向关系为纽带”。④ 事实上，轴辐协议虽然有

---

① 实践中，我国反垄断执法机构对一些案件的查处同时运用了两类规则。例如，在2014年的“汽车业反垄断风暴”中，湖北省物价局对一汽大众、上海市物价局对克莱斯勒、江苏省物价局对奔驰进行调查，一方面认定经销商之间的协议构成违反修订前《反垄断法》第13条的横向协议，另一方认定生产商在组织经销商达成并实施价格垄断协议的过程中起到了主导作用，违反修订前《反垄断法》第14条的纵向协议。并且，相较于经销商，生产商受到了更严厉的处罚。参见时建中、焦海涛、戴龙编：《反垄断行政执法：典型案件分析与解读（2008 - 2018）》，中国政法大学出版社2022年版，第80页。

② 上海日进电气有限公司诉松下电器中国有限公司等垄断纠纷案，上海市第一中级人民法院（2014）沪一中民五（知）初字第120号民事判决书。

③ 兰磊：《论横向垄断协议与纵向垄断协议的区分——评上海日进电气诉松下电器等垄断纠纷案》，载《上海交通大学学报（哲学社会科学版）》2018年第2期。

④ 焦海涛：《反垄断法上轴辐协议的法律性质》，载《中国社会科学院研究生院学报》2020年第1期。关于纵向与横向垄断协议交织所构成的轴辐协议的认定标准、构成要件的详细探讨，还可参见吴韬、何晴：《美国“苹果电子书价格垄断案”争点释疑》，载《法学》2017年第2期；郭传凯：《美国中心辐射型垄断协议认定经验之借鉴》，载《法学论坛》2016年第5期。

自身独特的结构，但不全然“是一种游离在横向垄断协议、纵向垄断协议之外的新型垄断协议”；[①] 认为“轴辐协议虽然同时涉及横向协议与纵向协议，但从竞争效果出发应当将其视为横向协议（原则上应当用本身违法的分析方法来处理）”的观点，[②] 尽管在一定程度上把握了行为违法性的本质，却忽视了横向与纵向垄断协议的类型法定化及其相应规则所框定的“假定条件”。[③]

讨论轴辐协议不能脱离《反垄断法》文本。轴辐协议给我国《反垄断法》及其实施带来的真正问题在于：依托于纵向垄断协议的典型轴辐协议，尚能在横向与纵向垄断协议二分的规则框架内予以有效应对，且其中所涉横向、纵向经营者的责任和制裁也有明确的法律依据；但是，转换到“非典型”轴辐协议的场合，横向与纵向垄断协议的类型化规则涵摄不充分、假定条件覆盖主体不全面、轴心主体责任依据缺失等关联问题，就立马暴露出来了。

三、规范缺漏：非典型轴辐协议对二分类型的挑战

轴辐协议中“辐条”（spokes）与“轴心”（hub）的联结方式有许多，纵向垄断协议是最典型、最经典的一种。此外，中性的纵向协议（不违反或尚不确定是否违反纵向垄断协议规则）、非纵向协议等其他联结方式，也可以帮助横向经营者（辐条）形成共谋（轮缘共谋），这里将其概称为“非典型轴辐协议”。实际上，非典型轴辐协议才是一种真正游离在横向与纵向垄断协议规则之外的垄断协议，其表现情形不一而足，挑战了二分类型及其相应规则的有效性，暴露了垄断协议规范类型序列的不完善。

---

① 张晨颖：《垄断协议二分法检讨与禁止规则再造——从轴辐协议谈起》，载《法商研究》2018 年第 2 期。类似的观点，“组织帮助型协议是区别于横向垄断协议和纵向垄断协议的混合型垄断协议”。戴龙：《论组织帮助型垄断协议的规制——兼议我国〈反垄断法〉的修订》，载《法学评论》2021 年第 1 期。

② 侯利阳：《轴辐协议的违法性辨析》，载《中外法学》2019 年第 6 期。有学者提出了类似认识，“‘中心辐射型’卡特尔是兼具纵向垄断协议和横向垄断协议双重性的一种特殊垄断协议形式……因‘中心’是下游主体，被‘辐射’的范围为不同品牌的竞争者，故本质上，它属于横向垄断协议。由此决定了它适用本身违法原则、无须考察市场力量、可以适用宽大政策等”。刘继峰：《“中心辐射型卡特尔”认定中的问题》，载《价格理论与实践》2016 年第 6 期。

③ 根据“新三要素说”，法律规则的逻辑结构要素包括假定条件（假定）、行为模式（处理）、法律后果（制裁）。其中，假定条件的内容包括：法律规则的适用条件（生效时间、生效地域及对什么人生效），行为主体的资格构成，行为的情景条件。参见舒国滢主编：《法理学导论》，北京大学出版社 2006 年版，第 103 页；沈志先主编：《法律方法论》，法律出版社 2014 年版，第 121 页。

（一）非典型轴辐协议的情形

“湖南娄底保险业垄断协议案”“安徽信雅达等密码器企业垄断协议案”贴切地反映了非典型轴辐协议的场景。[①] 两个案件的共同之处在于，作为轴心主体的湖南瑞特保险经纪有限公司与中国人民银行合肥中心支行，对涉案横向经营者达成和实施共谋都起到了积极帮助或组织的作用，但是二者皆逃脱了《反垄断法》的制裁。

“湖南娄底保险业垄断协议案”中，娄底市保险行业协会牵头，组织湖南省11家财险公司与湖南瑞特保险经纪有限公司（以下简称瑞特公司）共同组建娄底市新车保险服务中心，由娄底市保险协会领导。新车保险服务中心是受到瑞特公司控制的“独家销售渠道”，与11家财险公司分别签订“合作协议”，规定所有新车保险业务必须集中在娄底新车保险服务中心办理，以此帮助各公司形成划分新车保险业务市场份额的意思联络。最终，娄底市保险行业协会和主要几家财险公司被湖南省物价局给予行政处罚，而瑞特公司的协调、帮助行为虽然被执法机关认定排除、限制了竞争，却没有受到《反垄断法》制裁。[②] 其实，瑞特公司之所以“免于处罚”，不是因它的行为不具有可谴责性，而是因为它与财险公司之间的纵向协议系概括性合作协议，无法构成纵向垄断协议中的转售价格维持，也难以归入排他交易、排他分销等纵向非价格限制情形，即超出了《反垄断法》第18条的调整范围。此际，瑞特公司成为了游离在“具有竞争关系的经营者”（横向垄断协议规则）和“经营者与交易相对人”（纵向垄断协议规则）之外的经营者。质言之，虽然瑞特公司理应受到法律制裁，但由于其不是法定类型下横向和纵向垄断协议的适格主体，即不符合垄断协议类型化法律规则的假定条件（主体要件），因而也就无法对应到《反垄断法》中的责任条款并受到制裁。

“安徽信雅达等密码器企业垄断协议案”中，信雅达等三家具有竞争关系的密码器经营者，未直接签订书面协议，但共同参加中国人民银行合肥中心支行组织召开的相关会议进行了意思联络，实施了固定销售价格等多项共谋行为。

---

① 参见王先林：《我国反垄断法修订完善的三个维度》，载《华东政法大学学报》2020年第2期。

② 参见《娄底市保险行业价格垄断被查处》，载搜狐网，http://roll.sohu.com/20121229/n361967937.shtml。

原安徽省工商局未回避本案中的行政性垄断问题，指出中国人民银行合肥中心支行组织行为的违法性，但未对其作出处罚。[①] 此案与前一案的相似之处在于，中国人民银行合肥中心支行（行政主体），实质性地参与了经济活动并影响了市场竞争，其实可被认作是《反垄断法》第15条规定的“经营者”，[②] 但是，它组织召开相关会议的行为不是《反垄断法》第18条禁止的纵向垄断协议，也难以用“具有竞争关系的经营者”与“经营者与交易相对人”的主体要件对其进行涵摄。不过，《反垄断法》第44条倒是规定：“行政机关和法律、法规授权的具有管理公共事务职能的组织不得滥用行政权力，强制或者变相强制经营者从事本法规定的垄断行为。”乍一看，该规定似乎可对此作出调整，但问题在于，中国人民银行合肥中心支行并未“强制”经营者从事垄断协议，而是对其进行“组织”和“帮助”。可见，《反垄断法》第44条具有规范非典型轴辐协议的潜力，但需要加以完善。

实际上，非典型轴辐协议的场景还有很多，除了上述案件情形，还可以呈现为诸多不依赖纵向垄断协议的“三方协同”，包括但不限于：（1）经济学教科书中的经典例子，小镇上的两家加油站，共谋提高汽油销售价格，为了防止彼此欺骗，他们寻求某甲的帮助，甲不干别的事，每天只待在小镇的塔楼上，用望远镜观察和监督每个加油站的汽油标价。（2）某机构开发出一种动态定价软件，有关经营者纷纷采用，在该软件（算法）的帮助下，它们实时地分享信息、协调策略、追踪监测、施加报复，形成了稳定持久的卡特尔。[③]（3）三家原料药供应商A、B、C与经营者D签订真实的代理协议，[④] 共同委托D独家代理其产品在相关地域的销售，以帮助原料药供应商形成牢固的价格同盟和垄断高价。[⑤]

---

① 参见《安徽工商查处信雅达等三家密码器企业垄断协议案（附处罚决定书全文）》，载北京东城范文网，http://www. bjdcfy. com/qita/xzldal/2017 - 3/932558. html。

② 参见焦海涛：《论〈反垄断法〉中经营者的认定标准》，载《东方法学》2008年第5期。

③ See Ariel Ezrachi, Maurice E. Stuke：《人工智能与合谋：当计算机抑制了竞争》，焦海涛译，载韩伟主编：《数字市场竞争政策研究》，法律出版社2017年版，第340 - 364页。

④ 代理人与本人之间存在真实的代理协议，即代理人不承担任何财务或商业风险，或仅承担可忽略的风险。此时代理人不是独立的经营者，其与本人的代理协议不能适用纵向垄断协议规则。换言之，真实的代理协议，在本节的语境下，即可被视为“中性纵向协议”——纵向垄断协议之外的一种联结方式。参见韩伟主编：《美欧反垄断新规选编》，法律出版社2016年版，第114页。

⑤ 参见时建中、童肖安图：《原料药“独家经销”模式的垄断责任主体认定》，载《海南大学学报（人文社会科学版）》2021年第2期。

(4) 上例也可变式为更一般的情形，即位于产销链同一环节的多个竞争性经营者，共同组建单一的采购实体或销售实体，以协调原本需各自独立决策的采购价格（地域、对象）或销售价格（地域、对象）。此即德国学说实务上所称的“共同销售（采购）机构”。[①] (5) 世界拉面协会中国分会从2006年底到2007年7月初，先后三次召集组织有关企业参加会议，协商方便面涨价事宜。[②] 这一由行业协会驱动的轴辐协议情形，直接促使全国人大常委会对反垄断法草案进行第三次审议时，临时增加了现行《反垄断法》第21条的规定，即“行业协会不得组织本行业的经营者从事本章禁止的垄断行为”。[③] (6) 在招投标过程中，招标者组织、帮助、协调有关投标者，排挤其他竞标者。[④] 这又是一种极为鲜活的不依托于纵向垄断协议的轴辐共谋场景。招标者与投标者之间虽存在纵向关系，但其行为无法构成纵向垄断协议中的转售价格维持，也难以归入排他交易、排他分销等纵向非价格限制情形。[⑤] 其实，在2007年《反垄断法》正式出台前，已经有敏锐的学者指出，“招投标过程是一个较为典型的有可能出现混合垄断协议的领域，这也是有些国家设立独立条文对招投标中的垄断协议予以规制的重要原因之一”。[⑥]

① 赖源河编审：《公平交易法新论》，中国政法大学出版社2002年版，第245页。实际上，共同销售（采购）机构也可被纳入企业联营的范畴，而“企业联营既有可能构成反竞争的经营者集中，也有可能构成垄断协议。”参见江山：《论协议型企业联营的反垄断规制》，载《环球法律评论》2017年第6期。在数字经济时代，共同销售（采购）机构或企业联营，可变式表现为经营者为共享数据或沟通信息而设立“数据池”，造成反竞争的共谋风险。参见时建中、王煜婷：《“数据池”共享行为的竞争风险及反垄断法分析》，载《江淮论坛》2021年第2期。

② 参见《方便面中国分会串通涨价国家发改委严肃处理》，载中国日报网，http://www.chinadaily.com.cn/hqzg/2007-08/17/content_6031261.htm。

③ 参见王晓晔：《〈中华人民共和国反垄断法〉析评》，载《法学研究》2008年第4期；徐士英：《行业协会限制竞争行为的法律调整——解读〈反垄断法〉对行业协会的规制》，载《法学》2007年第12期。

④ 2017年修订前的我国《反不正当竞争法》第15条规定：“投标者不得串通投标，抬高标价或者压低标价。投标者和招标者不得相互勾结，以排挤竞争对手的公平竞争。”后一句规定所描述的行为情景正是非典型轴辐协议。

⑤ 参见江山：《论垄断行为的类型化规整》，载《经贸法律评论》2021年第2期。有学者认为，“投标者和招标者相互勾结，排挤竞争对手公平竞争的行为，这种行为本质上是以不当手段争夺客户，属于不正当竞争行为”。参见焦海涛：《不正当竞争行为认定中的实用主义批判》，载《中国法学》2017年第1期。这即是说，不正当竞争行为也可以成为非典型轴辐协议的一种联结方式。

⑥ 时建中：《试评我国反垄断法草案有关垄断协议的规定》，载《中国工商管理研究》2007年第6期。

（二）非典型轴辐协议挑战二分类型的有效性

以上分析可见，非典型轴辐协议的视角下，游离在“具有竞争关系的经营者”（横向垄断协议规则）和“经营者与交易相对人”（纵向垄断协议规则）之外的其他经营者或主体不胜枚举，既可以是我国《反垄断法》上的两种特定主体——行业协会、行政主体（行政机关和法律、法规授权的具有管理公共事务职能的组织），也可以是能以“经营者”的实质性标准①来加以涵盖的公司法人、组织团体、事业单位、科研机构、互联网平台企业、代理人、招标人、自然人等等。它们都可以通过纵向垄断协议以外的中性纵向协议、非纵向协议等联结方式，对横向垄断协议的达成和实施起到组织或帮助作用。

毋庸讳言，当轴心主体积极地组织、帮助、便利、协调横向垄断协议的达成和实施时，应当承担《反垄断法》上的责任并受到制裁。其法理基础与根本理据在于，这样做有助于实现《反垄断法》的立法目的，即“预防和制止垄断行为，保护市场公平竞争，提高经济运行效率，维护消费者利益和社会公共利益，促进社会主义市场经济健康发展”。并且，将起到组织、帮助作用的轴心主体纳入反垄断法的责任和制裁范围，还能提升《反垄断法》对垄断协议行为的整体威慑力。毕竟，垄断协议被视作威胁竞争的“极大邪恶”（supreme evil），② 而通过加强威慑形成的预防功效，胜过垄断协议造成危害后的任何救济。③

然而，要通过《反垄断法》来制裁这些轴心主体，却面临着横向与纵向垄断协议类型化规则涵摄不充分、轴心主体责任依据缺失的问题（见表 3 – 1）。问题的核心在于，横向与纵向垄断协议的类型法定化及其相应规则，把适格主体限定为“具有竞争关系的经营者”和“经营者与交易相对人”（纵向限制竞争协议的主体），造成垄断协议的类型序列及其法律规则的假定条件覆盖的主体范围不全面。此即法律方法论上所谓“公开的漏洞”。④ 类比推理是填补公开的

① 实际上，参与或者影响市场竞争的任何人或组织，都应属于反垄断法上的经营者。参见焦海涛：《论〈反垄断法〉中经营者的认定标准》，载《东方法学》2008 年第 5 期。

② Verizon Commc'ns Inc. v. Law Offices of Curtis V. Trinko, LLP, 540 U. S. 398, 408 (2004).

③ 预防垄断行为，需要采取体系性反垄断监管特别是前置式反垄断监管。参见时建中、郭江兰：《论平台经济领域前置式反垄断监管》，载《探索与争鸣》2021 年第 9 期。

④ “如果对一个法律问题，在可能的法律文义范围内解释，法律违反计划地没有给出肯定的回答，就只能超出法律文义寻找肯定的回答，那么公开的漏洞得以成立。”［奥］恩斯特·A. 克莱默著：《法律方法论》，周万里译，法律出版社 2019 年版，第 163 页。

法律漏洞最主要方法。但类比推理须是“待处理的不受调整的案件与产生疑问的法条所依据的‘价值模板’一致”，即“意义相同的地方，遵循同样的规则”。① 就此来看，很难说非典型轴辐协议与横向垄断协议、纵向垄断协议所依托的“价值模板”是一致的。尤其涉及到轴心主体的组织、帮助行为，其最主要的作用在于分享、疏通和对称信息，而“商业活动本身就是以事实的全面知识为基础所作出的信息交换”，② 因而对组织、帮助行为的《反垄断法》评价不能一概而论，其受到质疑和非难的程度也应不同于横向共谋行为和纵向限制行为。此外，填补该漏洞似乎可以诉诸垄断协议的“一般条款”，即通过一般条款的法律续造功能来规范非典型轴辐协议。但是，我国《反垄断法》上是否设置了垄断协议的一般条款，是存在疑问的。一般条款须包含垄断协议的全部要件，③ 而《反垄断法》第16条的规定，即“本法所称垄断协议，是指排除、限制竞争的协议、决定或者其他协同行为”，并没有包含主体、主观合意等要件；并且，以上条款没有处在统辖所有垄断协议规则的条文序位上，也没有与概括性的禁止规定相搭配，因而其“一般条款”的定位实难成立。④

表3-1 轴辐协议类别、规范类型涵摄不足与主体责任依据缺失

类别	联结方式	轴心主体	是否被《反垄断法》第17条或第18条的规范类型涵摄	轴心主体在《反垄断法》上的责任依据
典型轴辐协议	纵向垄断协议	经营者（交易相对人）	是	《反垄断法》第46条第1款
非典型轴辐协议（组织帮助型垄断协议）	中性纵向协议	经营者	否	缺失
	非纵向协议等其他联结方式	经营者	否	缺失
		行业协会	否（但被《反垄断法》第21条部分涵摄）	《反垄断法》第56条第3款
		行政主体	否（但被《反垄断法》第44条部分涵摄）	《反垄断法》第61条

① ［奥］恩斯特·A. 克莱默著：《法律方法论》，周万里译，法律出版社2019年版，第172-173页。

② 江山：《论横向信息分享安排的反垄断规制》，载《价格理论与实践》2016年第8期。

③ 参见张新宝：《侵权行为法的一般条款》，载《法学研究》2001年第4期。

④ 是否需要在《反垄断法》上构造垄断协议的一般条款，以及如何构造？这是需要考虑的重要问题。论旨所限，本节不对此展开讨论。

综上所述，横向与纵向垄断协议的二分类型序列是不完善的，其规范漏洞很难通过类比推理和法律续造来填补。因而，非典型轴辐协议成为一种真正游离在横向与纵向垄断协议规则之外的垄断协议，其表现情形不一而足，挑战了立法上横向与纵向垄断协议二分类型及其相应规则的有效性。相较于前一部分所述的规范类型失调问题，这里的规范类型缺漏问题更为棘手和严重，需要修法工作者高度重视和妥善应对。

第四节 数字市场滥用市场支配地位行为的反垄断法规制

一、问题的提出及其意义

滥用市场支配地位行为是各法域反垄断法重点规制的对象。我国《反垄断法》第 7 条规定：具有市场支配地位的经营者，不得滥用市场支配地位，排除、限制竞争。《反垄断法》第 22 条对不公平高价、不公平低价、掠夺性定价、拒绝交易、搭售、附加不合理的交易条件、限定交易、差别待遇等滥用行为作了禁止性列举。一般认为，不公平高价、不公平低价、附加不合理的交易条件是典型的剥削性滥用行为，即经营者利用其市场支配地位所赋予的商业机会和谈判势力，通过直接侵害交易相对人或消费者利益的行为方式（不涉及对竞争过程的损害），榨取其在正常和充分有效竞争情形下无法获取的商业利益。而掠夺性定价、搭售、限定交易、差别待遇则通常被认为是典型的排他性滥用行为（也称排挤性滥用行为或妨碍性滥用行为）。然而，对于何为排他性滥用行为，或者说排他性滥用行为的规范定义和检验标准是什么？国内理论和实务界大多语焉不详，要么将其粗糙地理解为排除、限制竞争的滥用行为，要么有意无意地回避该问题，以至于只使用“排他性滥用行为”的术语，而不深究和解释其含义。之所以形成这种局面，重要原因在于，我国理论和实务界习惯聚焦特定的行为类型，构建相应的违法性认定规则。例如，搭售要被认定为排他性滥用行为，一般须满足以下要件：一是经营者在搭售品市场具有市场支配地位；二是搭售品与被搭售品属于不同的独立产品；三是搭售造成反竞争的封锁效应。

再如，限定交易要被认定为排他性滥用行为，一般须满足以下要件：一是实施限定交易的经营者具有市场支配地位；二是限定交易造成的市场净封锁率一般不低于30%；三是限定交易不能提前终止或并非短期安排；四是不存在可行的替代性交易安排。

诚然，基于行为类型化的规则构建具有重要的理论和实践价值，尤其有助于降低法律实施成本和发生错误的概率。但是，强调“规则之治”的重要性，并不排斥提炼排他性滥用行为的一般性规范定义和检验标准的必要性。一方面，排他性滥用行为远不限于《反垄断法》列举的掠夺性定价、拒绝交易、搭售、限定交易等典型情形，从欧美等法域经验看，还可能涉及策略性的产能结构、限制性定价、售后市场锁定、掠夺性的产品设计或更新、与标准制定相关的专利伏击或专利劫持、滥用政府程序操纵管制措施，以及新兴于平台经济领域的强制“二选一”、自我有待、强制性搭便车、平台包抄等非典型情形，要对这些繁复多样的潜在排他性滥用行为一一构建类型化规则，恐怕力有不逮，且难以保证所构建规则的体系性和有效性，反而可能造成“只见树木、不见森林”的窘境。换言之，在类型化规则存在漏洞或空白的情形下，一般性的规范定义和检验标准能够起到拾漏补缺的作用。另一方面，事物具有普遍联系，不同排他性滥用行为在对竞争过程和消费者的损害机理上存在共通之处，提炼排他性滥用行为的一般性规范定义和检验标准有助于发掘反垄断法规制这些行为的普遍规律和基本法理，有利于推动“规则—标准”的良性互动，促进具体排他性滥用行为类型化规则的完善，增进排他性滥用行为法律规范体系的融贯性，缓解反垄断法的不确定性，提升经营者对自身行为的合法预期。有鉴于此，本节结合作为全球竞争论坛一部分的经合组织圆桌论坛会议，[①] 讨论数字市场滥用市场支配地位行为的反垄断规制问题。

二、滥用市场支配地位制度的立法与历史背景

许多司法辖区的反垄断法规定了滥用支配地位制度，其核心目标相似，但

---

① See OECD (2020), *Abuse of Dominance in Digital Markets: Background Note*, www. oecd. org/daf/competition/abuse - of - dominance - in - digital - markets - 2020. pdf. Also See OECD (2020), *Abuse of Dominance in Digital Markets: Executive Summary*, https://one. oecd. org/document/DAF/COMP/GF (2020) 7/en/pdf. Also See OECD (2020), *Abuse of Dominance in Digital Markets: Summary of Discussion*, https://one. oecd. org/document/DAF/COMP/GF (2020) 8/en/pdf.

往往存在术语上的差异。例如，欧盟、印度、南非称之为“滥用支配地位”（abuse of dominance），美国称之为“垄断（化）”（monopolisation），日本称之为“私人垄断（化）”（private monopolisation），墨西哥称之为“相关行为”（relative practices），澳大利亚称之为“滥用市场力量”（misuse of market power），巴西称之为“反竞争行为”（anticompetitive conduct）。尽管具有制度目标和构成的相似性，但这些规定的适用情况却存在很大差异，其主要原因在于：不同的历史背景和法律哲学，竞争主管机构的立场、观点和优先考虑事项不同，法院在解释法律时存在重大差异。① 因此，面对不同司法管辖区处理的案件类型及结果的差异，“抽象地批评不一致的结果，不考虑不同的基础和目标，类似于拿苹果和橘子做比较”。② 实际上，在涉及数字市场的案件中，不同司法管辖区对滥用市场支配地位案件的处理方式也有所不同。下文将探讨导致差异性的一些关键因素。

（一）形式主义的分析与基于效果的分析

一般来说，滥用市场支配地位行为不适用“本身违法”的分析。换言之，法律一般不会不分情况地对某一类滥用行为予以概括禁止。然而，在不同司法管辖区，分析的深入程度却不相同，有的只需要形式主义的分析，有的则需要基于效果的分析。在形式主义的分析中，一旦证明了一个企业具有支配地位，潜在的滥用行为在很大程度上将被视作违法。也就是说，竞争主管机构没有义务确定消费者受到实际损害。现今，使用形式主义分析框架的司法管辖区相对较少。③

形式主义的分析可能给竞争主管机构带来一些好处：一方面，可以减少滥用支配地位案件所需的资源，加快案件处理；另一方面，可以为市场参与者提供更大的确定性。然而，形式主义的分析仍需要进行复杂的相关市场界定，不

---

① Eleanor M. Fox, *Monopolization and Abuse of Dominance: Why Europe Is Different*, 59 Antitrust Bulletin, 129 - 152 (2014).

② Ariel Ezrachi, *EU Competition Law Goals and the Digital Economy*, Oxford Legal Studies Research Paper No. 17/2018, https://papers.ssrn.com/sol3/papers.cfm?abstract_id=3191766.

③ 例如，印度名义上采用了一种形式主义的方法，但在实际分析中，已在某些情况下包含了对效率的识别，因而趋向于效果主义的方法。再如，南非只对某些类型的行为采取形式主义的做法，如过高定价、拒绝接入必需设施等。

能完全防止主观臆断；同时，也存在执法过度的风险，即错误地谴责实际上有利于竞争的行为。鉴于此，越来越多的人呼吁建立基于效果的滥用支配地位分析框架。实际上，形式主义和基于效果方法的差异，可以用人们对执法错误风险的不同看法来解释。① 形式主义的方法之下，反垄断规则相对严厉，意在避免执法不足而错误宽赦或遗漏实际有害的行为（此类错误也称作假阴性错误、第二类错误、漏判错误）。基于效果的方法之下，反垄断规则相对宽松，意在防范执法过度而错误谴责或禁止实际有益的行为（此类错误也称作假阳性错误、第一类错误、错判错误）。换句话说，奉行形式主义方法的人，更介意反垄断法执行不足的问题；奉行基于效果方法的人，更担心反垄断法执行过度的风险。此外，形式主义的方法可以被视为注重保护竞争过程，并间接地推断消费者将受到损害。相比之下，基于效果的方法侧重于证明对消费者的直接损害。

关于形式主义和基于效果的方法的辩论在欧洲特别活跃。作为对这一争论的回应，欧盟委员会在2009年发布了其滥用支配地位执法优先事项的指南，其中强调了效果的重要性和对消费者福利的关注。在美国，滥用支配地位案件通常是根据合理原则（即基于效果的方法）来分析的。但情况并非总是如此。20世纪40年代至70年代，美国法院扩大了“本身违法”的适用范围，诸如搭售、独家交易等行为一度在形式主义的方法下受到禁止。然而，从20世纪70年代起，美国摆脱了这种形式主义的做法，因为受到“本身违法”禁止的行为也具有促进竞争的效果。现今，美国法院在应用合理原则时放弃了纯粹的合理原则（全面的合理原则），采用了一套举证责任转移机制（结构化的合理原则），并且任何潜在的滥用支配地位行为都不会被先入为主地推定具有反竞争效果。

（二）不同方法对分析数字市场中滥用支配地位案件的影响

欧盟和美国的方法差异，说明了不同的背景和框架如何影响数字市场中滥用市场支配地位案件的裁决。首先，与欧盟相比，美国更注重满足效果方面的举证责任。一些人认为，欧盟“尤其关心为竞争对手维持一个公平竞争环境，

① See Frank H. Easterbrook, *Workable Antitrust Policy*, 84 Michigan Law Review, 1696 – 1713 (1986).

这在美国不是一个重要问题”；在美国，“垄断者的责任仅限于采取旨在维持或扩大其地位的行为，而这种行为在商业或效率方面是不合理的”。[①] 有人进一步认为，无论是传统市场还是数字市场，欧盟竞争法侧重于保护竞争对手，而美国竞争法侧重于保护竞争。更广泛地说，美国试图通过关注对价格和产出的影响（即关注市场结果而不是竞争过程）来管控执法过度的风险。[②] 最后，剥削性滥用——企业利用支配地位向消费者强加不公平的价格或条件，在欧盟竞争法中是一个特别关注的问题，最近也出现过一些案例，但在美国不存在这方面的关注和案例。

实际上，近年来欧盟委员会处理的数字市场滥用支配地位案件，没有一起与美国的案件类似。例如，为了回应欧盟委员会 2007 年对微软的裁决（关于美国当局尚未提起诉讼的质疑），美国负责反垄断事务的助理司法部长在一份新闻稿中强调了两个司法管辖区之间的区别，“在美国，反托拉斯法的执行是通过保护竞争来保护消费者，而不是保护竞争对手”。[③] 再如，2017 年，欧盟委员会对谷歌处以 24.2 亿欧元的罚款，原因是谷歌滥用其在综合搜索市场的支配地位，在搜索结果页面中偏袒自己的垂类比较购物服务。本案引用了欧盟法院在大陆罐案（Continental Can）中的裁决，认为没有必要表明对消费者的直接影响，就足以证明有关行为损害了竞争。相比之下，美国联邦贸易委员会（FTC）曾对谷歌的搜索业务展开调查，但后来终止了对其“搜索偏袒”指控的调查。FTC 认为，谷歌通过算法和设计调整来展示内容的方式，改善了产品质量（搜索结果），既不妨碍竞争，也不损害消费者利益。[④] 尽管两个司法辖区处理的案件类型和结果存在明显差异，但近年来，美国立法和执法机构加强了对大型数字平台滥用支配地位行为的关注，并展开了多次反垄断调查。这似乎表明两个司法管辖区之间的一些融合正在发生。

---

① James Calder et al., *A review of similarities and contrasts between American Antitrust and European Union Competition Law*, 2004 Columbia Business Law Review, 380 – 418 (2004).

② See Lina M. Khan, *Amazon's Antitrust Paradox*, 126 Yale Law Journal, 710 – 805 (2017).

③ US Department of Justice, Assistant Attorney General for Antitrust, Thomas O. Barnett, *Statement on European Microsoft Decision*, https://www.justice.gov/archive/atr/public/press_releases/2007/226070.htm.

④ See Federal Trade Commission, *Statement of the Federal Trade Commission Regarding Google's Search Practices*, In the Matter of Google Inc., FTC File Number 111 – 163, http://www.ftc.gov/sites/default/files/documents/public_statements/statementcommission – regarding – google.

三、数字市场中市场支配地位的证明

反垄断法中的滥用支配地位条款，对具有支配地位的企业在其商业决策方面施加了特殊义务。这些特殊义务通常根植于关于市场力量的经济学见解。市场力量可以被定义为在相当长的一段时间内，“企业单方面将价格提高到高于竞争性水平的能力（或将价格压低到低于竞争性水平的能力）”。[①] 市场力量既可以表现为静态意义上的高价或低价，也可以表现为动态意义上的懈怠（减少努力）。一般来说，当一个企业不受竞争对手、消费者的约束而可以单方面地决定产品价格或质量时，便存在市场力量（重大/显著/实质性的市场力量）。市场力量可以是一系列因素的结果，包括创新、进入壁垒、知识产权和管制等。

虽然不同司法管辖区的反垄断立法、判例和指南存在差异，但涉及支配地位，一般可被认为是一种特殊形式的市场力量，这种市场力量既持久（不是短暂的），又相对地不受实际和潜在竞争对手以及消费者的约束。换句话说，虽然一些反垄断立法和判例法考虑了市场份额等支配地位的指标，但它们仅仅是指标（indicators）。滥用支配地位的损害理论，其背后的核心经济原理与市场力量紧密相关。因此，英国关于滥用支配地位的指南明确将支配地位等同于“实质性市场力量”（substantial market power）。[②] 美国、日本等一些司法管辖区的反垄断法，使用的是垄断（化）（monopolisation）的概念，而不是滥用支配地位。不过，基于市场力量的类似逻辑也同样适用：企业不必成为垄断者才受反垄断法约束，但必须拥有“巨大而持久的市场力量”。[③] 市场力量（支配地位）的存在，可以决定一个给定的商业策略是促进竞争的还是反竞争的。

（一）相关市场界定

支配地位指的是一个企业在特定产品和地域市场中的地位。因此，滥用支

① OECD (2019), *Practical approaches to assessing digital platform markets for competition law enforcement: Background Note by the Secretariat for the Latin American and Caribbean Competition Forum*, https://one. oecd. org/document/DAF/COMP/LACF (2019) 4/en/pdf.

② See Office of Fair Trading (UK) (2004), *Abuse of A Dominant Position: Understanding Competition Law*, https://assets. publishing. service. gov. uk/government/uploads/system/uploads/attachment _ data/file/284422/oft402. pdf.

③ Federal Trade Commission Guidance, *Monopolisation Defined*, https://www. ftc. gov/tips – advice/competition – guidance/guide – antitrust – laws/single – firm – conduct/monopolization – defined.

配地位案件通常需要进行相关市场界定。在数字市场中，相关市场界定存在一些特别挑战。

1. 竞争的非价格维度

在数字市场中，相关市场界定的一个关键挑战是，需着重关注竞争的非价格维度，避免将价格作为竞争的单一维度。在数字市场，价格不是竞争的唯一因素，甚至不是最重要的因素。消费者可以通过零价格获取各种数字产品和服务，生动地说明了这一点。然而，如何考虑创新、质量等非价格竞争因素，颇具挑战性。经合组织指出，竞争主管机构需要根据消费者所看重的特征确定相关竞争维度；同时权衡不同竞争维度（如价格与质量）之间的关系。[①] 由于数字市场零价格竞争的特点以及"小而显著的非临时性涨价"测试 SSNIP 测试方法难以使用，对消费者偏好、弹性和替代的充分理解——无论是使用调查还是公司内部关于预期消费者行为的文件，都可以用于建立非价格竞争的定性市场界定。

2. 界定一个还是多个相关市场

数字市场涉及将不同用户群体连接在一起的平台，属于多边市场。数字平台相关市场界定的一个主要问题是，应该界定一个市场还是多个市场？换句话说，竞争主管机构需要确定平台各边是相互关联的独立市场，还是在整体上属于一个市场？平台经济学表明，一个企业要么在一个多边市场的整体上拥有市场力量，要么没有市场力量；换言之，它不可能在平台的一边占据支配地位，却在另一边面临竞争压力。[②] 因此，如果实务中选择界定多个独立的相关市场，可能难以对其中的市场力量给出有说服力的证明。也就是说，在其他条件相同的情况下，将数字平台界定为单一的相关市场更为可取。交易匹配类平台尤其如此，因为它们为不同的用户群体提供类似的服务（搜寻和匹配），两边用户都受益于跨平台的外部性（外部性是双向和对等的）。提供注意力的平台（如视频流服务平台）的情况要复杂一些，因为网络外部性可能不是双向的，但为了反映平台某一边累积的效率，仍可考虑单一的市场界定。即便如此，在竞争

---

① OECD (2018), *Non - price Effects of Mergers: Background Note by the Secretariat*, https://one.oecd.org/document/DAF/COMP (2018) 2/en/pdf.

② See OECD (2018), *Rethinking Antitrust Tools for Multi - Sided Platforms*, https://www.oecd.org/daf/competition/Rethinking - antitrust - tools - for - multi - sidedplatforms - 2018. pdf.

评估中也应留意平台双边之间的重要联系。

3. 界定数字市场的证据和分析工具

克服数字经济领域相关市场界定带来的挑战，竞争主管机构可考虑如下策略：一是向当事人收集证据。内部文件对于确定竞争的相关维度非常重要（例如高管陈述、关于竞争定位的电子邮件和战略计划），这些文件提供了企业如何看待竞争的清晰画面。二是从第三方和消费者调查中获取证据。消费者调查有助于了解平台在消费者心目中的可替代性。行业和投资分析报告能提供市场未来发展的有用信息，帮助确定潜在的竞争参数。三是改进假定垄断者测试。在零价格的情况下，零价格一侧的 SSNIP 测试不会产生有意义的结果。要正确运用 SSNIP 测试，竞争主管机构需要在交易总成本的基础上进行，并对需求弹性和跨平台网络外部性的价值进行可靠的估计。当非价格竞争很重要时，另一种选择是“小而显著的非短暂性质量下降”测试（SSNDQ 测试），但该测试对数据的要求也很高，很少被定量地应用。尽管如此，SSNIP 和 SSNDQ 测试仍能为相关市场界定的定性分析提供有用的原则。

（二）市场支配地位的指标

一个企业需要多大的市场力量才能被认定具有支配地位？对此，没有简单的衡量规则，因为每个市场的特征和导致市场力量的因素是不同的。以下描述了数字市场中支配地位的一些潜在指标，包括直接指标（基于可替代性评估）和间接指标（基于进入壁垒、盈利能力和市场份额的评估）。

1. 可替代性

支配地位源于市场中缺乏合适的替代品。具体来说，消费者无法获得支配企业产品的替代品，而且没有潜在的竞争者有能力迅速进入市场，以约束支配企业。也就是说，在需求和供给两方面，对支配企业产品的替代都有局限性。当可替代性受到限制时，支配企业可以独立于其竞争对手、客户和最终消费者做出决策。

弹性的计算是评估可替代性的一种直接、定量的方法。需求弹性衡量的是消费者对企业产品变化的反应。这可能包括价格（需求价格弹性），但在许多数字市场，竞争的其他维度更相关，同时也更难量化。尽管这样，弹性的概念在任何情况下都应指导对支配地位的评估。[①] 在难以对需求弹性进行完整的计量估计的情况下，事件研究（event studies）可以提供一种实用的替代方法。这些研究可以观察变化对市场的影响，例如搜索算法、数据收集政策或服务质量的某些方面的修改对消费者选择的影响。[②]

2. 进入壁垒与潜在竞争

支配地位可以是市场进入壁垒的结果，因此，对进入壁垒的分析可以提供一种间接的支配地位的指示。虽然这一逻辑很简单，但要准确地确定市场的进入壁垒是什么却颇具挑战性。此外，虽然进入壁垒可以提供一些迹象，表明企业是否面临市场竞争的威胁，但进入壁垒本身并不能决定支配地位的存在。因为，即使在有进入壁垒的市场，一个足够强大的实际或潜在竞争者（比如一个小型的、破坏性的初创公司）也可能对在位企业施加约束。

究竟什么构成进入壁垒，何种成本应被列为进入壁垒，这些是经济学家争论不休的问题。然而，不论对进入壁垒采取何种认识，在数字市场中有几个特定的因素确会影响市场进入。首先，数字市场通常具有显著的规模经济效应，固定成本高，可变成本低或为零。因此，未来进入市场的企业将比现有企业承担更高的成本，至少在它们能够吸引用户之前是这样。虽然该特征在长期内可能不是永久性的，因为过时的产品需要再次产生固定成本，但它们可能会减慢进入速度。例如，当市场中的用户表现出高度的品牌忠诚度，且存在较高的固定成本时，进入就会受到阻碍。其次，数字市场的另一个共同特征是网络效应。网络效应阻碍进入的程度取决于所涉及的市场。当用户不太可能更换供应商时，由于转换成本高、数据可移植性有限、使用习惯、学习新系统的成本以及需接受捆绑和搭售等因素，网络效应可能是进入的一个重大障碍。[③] 对多归宿的限制会阻碍用户选择新产品，同样构成进入的重大障碍。最后，一个相关的潜在因素是数据收集。在位企业可能会积累大量的数据集，并利用这些数据集进入

---

① See Gregory J. Werden, *Demand Elasticites in Antitrust Analysis*, 66 Antitrust Law Journal, 363 – 414 (1998).

② See OECD (2018), *Non – price Effects of Mergers: Background Note by the Secretariat*, https://one.oecd.org/document/DAF/COMP (2018) 2/en/pdf.

③ See Kenneth A. Bamberger, OrlyLobel, *Platform Market Power*, 32 Berkeley Technology Law Journal, 1051 – 1092 (2017).

其他市场。鉴于数据收集可能涉及在位企业的重大成本，而进入者可以购买相同或替代的数据集，因此在个案分析时，应考虑数据的构成以及是否在市场进入中发挥重要作用。

3. 盈利能力的衡量

如果一家企业与市场上的其他企业相比，表现出较高的利润水平，这可能是一个潜在的支配地位指标。但需要进一步的证据来说明这一点，比如结果是否反映了某一特定成本计量中未包括的研发投资的回收。还应注意，这里采用的是经济而非会计的利润衡量方法。来自 Tremblay 的调整后的勒纳指数（Lerner index）是一个很好的替代选择，有助于避免数据限制和业务绩效会计定义的问题，其计算方法为：平台总利润 + 平台固定成本除以平台总收益。①

4. 市场份额

市场份额本身并不是市场力量或支配地位的可靠指标，因为其未能捕捉到企业因替代而面临的动态竞争压力，特别是在产品存在差异的情况下。例如，一些拥有较大市场份额的企业，可能由于竞争对手即将进入而拥有十分有限的市场力量。再如，一些数字市场可能会表现出“为市场而竞争”（competition for the market）的动态，即企业将在有限的时间内激烈竞争，以成为特定产品或服务的主要提供者。②

尽管如此，市场份额经常被认为是评估支配地位的一部分和分析起点。若干司法管辖区还制定了以市场份额为基础的标准，向企业明确说明不被视为具有支配地位的情况。例如：欧盟委员会表示，市场份额低于 40% 的企业不太可能具有支配地位；美国反垄断执法机构认为，虽然一些法院要求更高的市场份额，但垄断案件中的企业通常至少拥有 50% 的市场份额；日本公平交易委员会表示，将优先处理涉及市场份额至少达到 50% 的供应商的案件；巴西反垄断法规定，当一个企业或一群企业能够单方面或共同改变市场状况，或当其控制了 20% 或更多的相关市场时，就被推定具有支配地位，但该份额比例可由竞争管理局针对特定经济部门进行调整。

---

① See Mark J. Tremblay, *Market Power and Mergers in Multi - Sided Markets*, https://papers.ssrn.com/sol3/papers.cfm?abstract_id=2972701.

② 市场份额指标特别适用于用户不太可能多归属、存在显著的网络效应、竞争产品之间的差异相对较小的情况。

数字市场的市场份额同样需要根据正确的衡量标准来判断。平台的多边性意味着，需要考虑多种衡量标准。例如，衡量以零价格提供的服务的市场份额，可以采取用户份额、互动份额、交易份额等标准。

四、数字市场中滥用支配地位行为的类型

以往的反垄断执法案例和相关文献，勾勒出了数字市场中可能构成滥用支配地位的主要行为类型，例如拒绝交易、掠夺性定价、利润挤压、排他交易与忠诚折扣、搭售与捆绑、不公平高价等。[①] 然而，这些行为类型不是详尽无遗的，考虑到数字市场已经形成的新商业模式和竞争策略，对新型滥用行为持开放态度尤为重要。[②] 此外，数字市场的共同特征，如多边市场、网络效应、低可变成本等，可能会增加损害理论构建和经济分析的复杂性。

（一）拒绝交易

拒绝交易是数字市场中发现的主要竞争担忧之一。这些担忧集中于获得对竞争至关重要的投入、原料、技术或分销网络（以下统称“投入”），有时被称作“必需设施”（essential facility）。其损害机理在于，一个拥有关键投入的支配企业，可以通过拒绝竞争对手获得这种资源，剥夺其参与竞争的权利。拒绝交易一般分为三种情形：一是无条件的拒绝交易（unconditional refusal），即在任何情况下一概拒绝供应；二是有条件的拒绝交易（conditional refusal），即除非买方接受某些条款，否则拒绝供应；三是实质性的拒绝交易（constructive refusal），即供应商表面上同意交易，但给出的条件使买方处于重大竞争劣势。实际上，拒绝交易的损害理论是有争议的，在违法认定上也存在一些操作和概念上的挑战。

第一，秉持单一垄断利润理论的人认为，一个企业封锁与它竞争的下游企

---

① 根据国际竞争网络（ICN）的一项调查，数字市场中最常被调查的行为是拒绝交易（在30个司法管辖区的调查中有12个），其次是搭售（在30个司法管辖区的调查中有11个）和独家交易（在30个司法管辖区的调查中有5个）。See ICN（2020），*Report on the Results of the ICN Survey on Dominance/Substantial Market Power in Digital Markets*，https://www.internationalcompetitionnetwork.org/wp-content/uploads/2020/07/UCWG-Report-on-dominance-in-digital-markets.pdf.

② 这些行为大多涉及排他性滥用，但收取过高价格或过度恶化质量等剥削性滥用行为，在数字市场上受到越来越多的关注。

业没有任何好处。换句话说，如果企业拒绝与下游竞争对手交易，那一定是出于效率考量或与排斥竞争对手无关的商业原因。因此，任何强制提供投入的执法措施都不可能降低价格或为消费者带来好处。然而，由于数字市场的某些特征，如平台竞争、跨界竞争等，单一垄断利润理论很可能具有误导性。因为，数字市场的拒绝交易可以是支配企业提升竞争对手成本的有效措施（例如当交易相对人在多个市场与支配企业进行竞争），即一种防御型拒绝交易，而不一定意味着支配企业试图扩张市场力量、垄断两个市场（进攻型拒绝交易）。①

第二，一些人指出，即使拒绝交易可能会导致竞争封锁，但为救济这种情况而采取的过度执法行动也存在风险。因为，强制要求向竞争对手分享重要投入的义务，可能会削弱企业开发此类投入的动机，甚至在更大范围减损其他企业（包括竞争对手自身）创新和投资的激励。②

第三，在数字市场，边际成本很低或为零，此时只关注同等效率的竞争对手可能不太合适，因为即使效率较低的竞争对手也可以给支配企业施加竞争约束。然而，应用这一方法的精确机制目前尚未开发出来。③

第四，与拒绝交易案件有关的一个概念上的重大挑战，是需要确定所涉投入的不可或缺性（indispensability）。如果投入存在有效的替代品，或者复制具有可行性，拒绝交易就不可能封锁竞争。在数字市场上，确定哪些投入是不可或缺的，以及这些投入是否可以被竞争对手复制，存在很大难度。数据通常被认为是数字市场的重要投入，可以用来获取网络效应、争夺目标客户、制定个性化定价、提高产品质量、推出新产品，以及实施一系列商业战略。甚至，在一些人看来，一些支配企业所掌控的数据集是其他企业能够在特定市场上竞争的先决条件。④ 一些研究表明，数字平台可能“将自己定位为合作伙伴和客户之间的强制性瓶颈（mandatory bottleneck）”，换言之，数字服务本身可能构成

---

① See OECD (2007), *Competition Policy Roundtables: Refusals to Deal*, http://www.oecd.org/daf/43644518.pdf.

② See Damien Geradin, *Refusal to Supply and Margin Squeeze: A Discussion of Why the "Telefonica Exceptions" are Wrong*, https://papers.ssrn.com/sol3/papers.cfm?abstract_id=1750226.

③ See OECD (2018), *Rethinking Antitrust Tools for Multi - Sided Platforms*, https://www.oecd.org/daf/competition/Rethinking - antitrust - tools - for - multi - sidedplatforms - 2018.pdf.

④ See OECD (2016), *Big Data: Bringing Competition Policy into the Digital Era - Background paper by the Secretariat*, https://one.oecd.org/document/DAF/COMP (2016) 14/en/pdf.

不可或缺的投入。然而，很难断言拒绝向竞争对手提供数据是否构成反垄断法背景下的拒绝交易。[①] 数据集是单个数据点的集合，很难判断什么时候数据集将变得不可或缺，也很难判断从中获得的见解（知识）或价值是否可以从其他来源获得。在某些情况下，数据可以从第三方数据聚合者处购买，不同的数据集可以用来生成相同的见解。此外，数据的大部分价值来自其组织和分析方面的处理方式，这需要大量投资，因此，尚不清楚获得原始数据是否对竞争对手有帮助，也不清楚获得数据的救济措施是否会造成数据处理投资方面的障碍。[②] 此外，数据可以用来提高质量或提供附加功能，并不总是构成企业竞争中不可或缺的投入。因此，在拒绝交易案件中，区分“有就好”的数据和“必须有”的数据也很重要。[③]

第五，拒绝交易案件也可以根据“交易”是否可行（feasibility）来作出评估。换言之，必须在技术上和操作上存在获得投入的可行途径。例如，在搜索引擎提供给消费者的数字产品的视觉位置方面，某客户要求获取搜索结果排名的顶部位置，这可能很难建立可行的救济措施。[④] 实践中，判断可行性的最直接方法是确定企业是否已经向一些客户提供了投入。此外，一直存在的交易关系，后来突然终止了，这也有助于说明交易的可行性。不过，即使提供投入具有可行性，在判断施加交易义务是否相称以及是否有利于消费者之前，也需十分谨慎。

第六，即使明确了拒绝交易的封锁效应，竞争主管机构还面临制定适当救济措施的挑战。潜在的解决方案包括结构性的业务拆分、设置获取投入的条件等。这些救济措施不仅异常复杂、难以定义，而且对创新和投资激励构成潜在的威胁。在无条件拒绝交易的情况下，设置救济措施须更为谨慎。因为，考虑获取投入的价格、数量、时长、根据哪些条款、如何解决争议等事项，对竞争

---

① See OECD (2020), *Consumer Data Rights and Competition: Background Note by the Secretariat*, https://one.oecd.org/document/DAF/COMP (2020) 1/en/pdf.

② See Michael L. Katz, *Multisided Platforms, Big Data and a Little Antitrust Policy*, 54 Review of Industrial Organization, 695 – 716 (2019).

③ See Greg Sivinski, Alex Okuliar & Lars Kjolbye, *Is big data a big deal? A Competition Law Approach to Big Data*, 13 European Competition Journal, 199 – 227 (2017).

④ See Marina Lao, *Search, Essential Facilities, and the Antitrust Duty to Deal*, 11 Northwestern Journal of Technology and Intellectual Property, 275 (2013).

主管机构来讲是特别烦琐的任务，其制定和监测需要大量资源，并且有很高的出错风险。这样做，实际上让竞争主管机构充当了行业监管者的角色，创制了新的行业规范。因此，作为救济措施的一种替代选择，竞争主管机构可以考虑倡导（advocacy），即思考行业监管是否比反垄断执法更有效？如果更有效，则可以动议向现有的行业监管机构赋予额外权力，或者建立新的行业监管机构。也就是说，在某些情况下，基于竞争原则的行业监管，比滥用支配地位案件中实施复杂的获取投入的救济措施更容易实施。

（二）掠夺性定价

掠夺性定价是企业采取的一种封锁策略，通过牺牲短期利润将竞争对手逐出市场，并寻求后期更高的价格来弥补损失。这种行为的一种典型形式，被称为低于成本的掠夺性定价（通常是低于平均可变成本的定价），这意味着与支配企业同等效率的竞争对手将无法与之竞争。① 但是，在高于成本的掠夺性定价的情况下，需要从更广泛的角度来确定这种行为是否具有封锁竞争对手以外的商业理由。在美国等一些司法管辖区，正当的低价竞争与掠夺性定价的区别在于，该策略是否能够使企业在竞争对手被驱逐后通过更高的价格来弥补其损失。

在数字市场中，掠夺性定价案件涉及几个概念上的挑战。第一，数字市场的边际成本通常非常低，确定正确的成本衡量标准并不容易。此外，许多数字企业以零价格提供产品，在这种情况下，机械地应用价格—成本测试难免会产生假阳性错误。②

第二，数字平台通常涉及不同业务之间的交叉补贴。平台一侧的低价格或零价格可能是一种最大化网络效应的策略，即吸引用户群来增加平台对另一侧用户群的价值（一侧的损失可以在另一侧弥补）。因此，平台一侧低于成本的价格可能是一种促进竞争的策略。③ 进一步讲，这里对掠夺性定价的分析，需

① See OECD (2004), *Competition Policy Roundtables: Predatory Foreclosure*, https://www.oecd.org/competition/abuse/34646189.pdf.

② 零价格可能反映了一系列商业策略，例如“免费增值”（freemium）策略，即企业既提供零价格版本的产品，也提供付费版本的产品。在这些情况下，低于成本的定价可能不会产生掠夺性封锁效应。

③ See OECD (2018), *Rethinking Antitrust Tools for Multi - Sided Platforms*, https://www.oecd.org/daf/competition/Rethinking - antitrust - tools - for - multi - sidedplatforms - 2018.pdf.

要考虑市场各方面的总体成本和价格水平。有学者主张将平台的总体价格水平与总体平均可变成本进行比较。①

第三，在多边市场中，仅仅基于支配企业自身的成本—价格展开分析，恐怕无助于掠夺性定价的发现。② 因为，在平台经济领域，用户基础、规模效应、网络效应对于竞争至关重要。有效的竞争压力可能源自尚未产生临界规模的新竞争对手，尽管其效率不如在位支配企业。此时，支配企业的低价策略，可能妨碍新竞争对手争取用户以实现最低有效规模，进而封锁市场竞争。换句话说，掠夺性定价可能对数字市场造成损害，即使它损害的企业在效率上低于支配企业。这使得确定何种效率水平应该用于价格－成本测试成为一项挑战。此外，有学者提出了“削弱—收购”的损害机制，并认为其本质是掠夺性的：平台使用一种定价算法，以低于竞争对手的价格销售，待竞争对手的实力被削弱后将其收购。③

第四，证明弥补损失的潜力也是一项挑战。这除了与多边市场的复杂性有关外，在价格波动迅速而频繁的在线市场，评估是否可能或已经发生了损失补偿是非常困难的。实际上，数字企业的特点是看重长期增长而非短期利润，投资者也认为短期和中期的损失是合理的。因此，考虑到许多数字企业的商业战略和投资动态，在掠夺性定价案件中考虑弥补损失的潜力时，要有更长远和更广阔的（多市场）视野。

（三）利润挤压

利润挤压的损害理论，主要集中在能源、广播、电信等网络产业，涉及在上游或下游具有重大市场力量的纵向整合企业，其通过交叉补贴或歧视性待遇来挤压、减损竞争对手的利润。事实上，在平台经济领域，利润挤压的损害理论亦可适用。④ 主要包含以下两种机制。

---

① See Stefan Behringer, Lapo Filistrucchi, *Areeda - Turner in Two - Sided Markets*, 46 Review of Industrial Organization, 287 -306 (2015).

② See OECD (2018), *Rethinking Antitrust Tools for Multi - Sided Platforms*, https://www.oecd.org/daf/competition/Rethinking - antitrust - tools - for - multi - sidedplatforms - 2018.pdf.

③ See Lina M. Khan, *Amazon's Antitrust Paradox*, 126 Yale Law Journal, 710 -805 (2017).

④ See Friso Bostoen, *Online Platforms and Vertical Integration: the Return of Margin Squeeze*? 6 Journal of Antitrust Enforcement, 355 -381 (2018).

1. 交叉补贴

利润挤压的一种损害机制，是具有支配地位的供应商对上游重要投入收取高价，而对下游产品收取低价，这意味着竞争对手将面临过高的投入成本和过低的产品价格（产品价格甚至无法弥补成本）。对支配企业而言，下游市场产品低价带来的损失，可以通过在上游市场收取高昂的投入价格来弥补，但竞争对手却无法做到这一点。因此，此种情形的利润挤压可以被认为是一种掠夺性定价策略。① 同等效率竞争者测试可以应用于这种类型的利润挤压。此项测试的核心在于：如果支配企业的下游业务是独立的，且必须支付与竞争对手相同的投入价格，它是否有利可图？

2. 歧视性待遇

利润挤压的另一种损害机制，是具有支配地位的供应商在重要投入的价格或交易条件上，优待自己的下游业务（获取投入的价格较低），劣待竞争对手的下游业务（获取投入的价格较高）。② 这种行为提升了竞争对手的成本，迫使其提高产品价格，从而减轻支配企业自家下游产品的竞争压力，最终导致消费者价格上涨或质量下降、创新减少。其实，歧视性待遇还可能以非价格条款的形式出现，例如对投入采取差异性交易条件，或对投入采取差异性质量，等等。欧盟的滥用支配地位案件对此种类型的利润挤压有所关注，而美国的垄断案件则没有。不过，美国执法机构在纵向并购的背景下考虑了类似的损害理论。③ 一般来说，企业有权选择其交易对象和商业伙伴；企业收取歧视性价格也可能具有正当理由，例如，为了收回投资成本。因此，竞争主管机构可以把重点放在损害迹象明显的案件上：其一，所涉及的投入是不可或缺的，在这种情况下，利润挤压可以被视为一种实质性拒绝交易；④ 其二，这种行为导致竞争对手退出市场，而不是简单地减损其利润；其三，这种情况导致竞争对手的利润率为

---

① See OECD（2020）, *Lines of Business Restrictions: Background Note by the Secretariat*, https://one. oecd. org/document/DAF/COMP/WP2（2020）1/en/pdf.

② 也可以是具有支配地位的下游分销商，在接入分销网络的价格或条件上，优待自己的上游业务，劣待竞争对手的上游业务。

③ See Carl Shapiro, *Testing Vertical Mergers for Input Foreclosure*（*Note for OECD Roundtable*）, https://one. oecd. org/document/DAF/COMP/WD（2019）75/en/pdf.

④ See OECD（2009）, *Competition Policy Roundtables: Margin Squeeze*, http://www. oecd. org/regreform/sectors/46048803. pdf.

负，而竞争对手在效率上与支配企业相当。

上述利润挤压的两种损害机制，在数字市场同样具有适用性。实际上，欧盟委员会在谷歌比较购物服务案中提出的歧视性杠杆理论（discriminatory leveraging theory），[①] 本质上就是利润挤压损害理论的变体，只不过换了一种说法而已。

（四）排他交易和忠诚折扣

实际上，数字市场中的滥用支配地位案件，大多与支配企业获取排他性（购买较高的客户市场份额）相关。这些条款既可以针对供应商或平台一侧的商户，也可以针对消费者或平台另一侧的用户；既可以采取合同中明确的排他条款的形式，也可以基于某种激励安排，比如允诺达到一定购买量或购买份额可获得的折扣，即所谓的忠诚折扣。

排他协议和忠诚折扣对竞争的影响需结合个案来分析。在一些情况下，这些措施通过防止供应商在分销过程中进行免费投资，或实现更有效的定价，或加强品牌之间的竞争，或刺激对每个客户和消费者的激烈竞争，进而可以提高效率。换言之，这是一种企业为了成为市场的主导者而积极竞争的趋势，即“为排他而竞争”（competition for exclusivity）。[②] 然而，排他协议和忠诚折扣可能不是实现这些目标的唯一手段，也就是说，可能存在对竞争损害更小的替代措施。比如，基于客户购买数量的折扣比基于客户购买份额的折扣（个性化折扣），在客户诱导效应和竞争封锁效应上更小，因而更合理。[③] 实际上，排他协议和忠诚折扣可以产生类似的限制竞争效果，特别是涉及下列情形。

第一，支配企业签订独家供应协议，以提高竞争对手的成本，削弱其竞争能力。例如，支配企业与上游重要供应商签订独家供应协议，从而封锁竞争对手获得关键投入的渠道，或者使竞争对手仅能获得质劣价高的替代性投入，推高竞争对手的成本，最终产生与拒绝交易类似的反竞争效果。[④]

---

① See *European Commission Decision in Case AT. 39740*. 27 June 2017, https://ec. europa. eu/competition/antitrust/cases/dec_docs/39740/39740_14996_3. pdf.

② See OECD (2018), *Rethinking Antitrust Tools for Multi – Sided Platforms*, https://www. oecd. org/daf/competition/Rethinking – antitrust – tools – for – multi – sidedplatforms – 2018. pdf.

③ See OECD (2016), *Fidelity Rebates – Background Note by the Secretariat*, http://www. oecd. org/officialdocuments/publicdisplaydocumentpdf/?cote = DAF/COMP (2016) 5&docLanguage = En.

④ See Thomas G. Krattenmaker, Steven C. Salop, *Anticompetitive Exclusion: Raising Rivals' Costs to Achieve Power over Price*, 96 Yale Law Journal, 209 – 294 (1986).

第二，支配企业可能会与客户签订独家协议或提供忠诚折扣（特别是个性化的追溯折扣），以削弱竞争对手的规模效应或网络效应，提升其经营成本。然而，很难在概念上区分企业只是在积极进取地竞争还是在滥用支配地位。事实上，一些排他协议和忠诚折扣可以被更有效地视为掠夺性定价，即一种暂时的低价策略，以逼迫竞争对手退出市场，此后支配企业可以利用其增强的市场力量收取更高的价格。然而，在以多边市场为特征的平台经济领域，排他协议和忠诚折扣不必涉及短期的利润牺牲。例如，一个平台企业可以在市场的一边使用排他性的折扣来削弱竞争对手的规模、提升其成本，同时在市场的另一边弥补损失（交叉补贴）。① 这意味着，即使有任何利润牺牲，也会实时得到补偿。更普遍地说，在数字市场中，排他性策略是一个特别值得关注的问题。其形式多样，不限于排他协议和忠诚折扣，还包括以免费附加服务的形式提供的折扣，限制数据的可移植性，限制用户多归属或者降低使用多种服务的便利性，等等。② 在这当中，限制用户多归属，尤其需要引起高度重视，因为这种排他性策略可以显著地加剧市场“倾斜”并产生垄断的趋势。

第三，支配企业可以利用忠诚折扣对竞争对手的销售“征税”。假设A公司为其客户提供一种全部产品的购买折扣，条件是该客户从A公司购买其产品需求的至少90%。也就是说，如果客户打算购买100个单位的产品，只要从A公司购买90个单位，就可以享受折扣。但是，如果客户考虑从A公司的竞争对手那里购买第101个产品，这个产品的成本将相当大，不仅包括产品的价格，还包括从A公司购买的90个产品所丧失的折扣。这类似于对竞争对手的销售征税。这种逻辑是美国两起垄断案件的基础，其中一起涉及数字行业的英特尔公司。③

---

① 有学者建立了一个模型来分析欧盟谷歌Android案的条件，这个模型展示了一个支配企业如何利用排他性支付来阻碍竞争对手的规模，然后在平台其他侧使用“分而治之的策略”（a divide and conquer strategy）来最小化排他性支付的代价。See Federico Etro, Cristina Caffarra, *On the economics of the Android case*, 13 European Competition Journal, 282 – 313 (2017).

② 这些排他性策略可用于阻止竞争对手获得足够的用户基础从而产生网络效应，提高竞争对手的成本，降低市场的可竞争性。

③ See OECD (2016), *Fidelity Rebates – Background Note by the Secretariat*, http://www.oecd.org/officialdocuments/publicdisplaydocumentpdf/?cote = DAF/COMP (2016) 5&docLanguage = En.

（五）搭售和捆绑

数字产品，无论是硬件、软件还是网络服务，通常以模块化或与其他产品的连接为特征。这些联系可以来自需求方面，如两个在功能上互补的产品；也可以来自供应方面，如专利技术、配件、程序等投入的组合。一般来说，当两个以上数字产品的现有或潜在消费者重叠时，企业具有将这些产品予以搭售（tying）[①] 或捆绑（bundle）[②] 的动机。搭售和捆绑在生活中十分常见，并且在很多情况下是以效率为依据的，即有助于企业实现规模经济、范围经济、网络效应，防止劣质产品搭便车而损害商誉等。[③] 因此，搭售和捆绑不应被视作当然违法。然而，如果企业在至少一个产品市场拥有市场支配力，搭售或捆绑可能会损害消费者和竞争。具体来说，企业可以利用一个市场的市场力量来妨碍另一个市场的竞争，造成反竞争的封锁效应。这些情况在数字市场中很常见，包括但不限于：（1）当被搭售或捆绑产品所在市场存在不完全竞争，表明搭售或捆绑可以获得额外利润。尤其当被搭售或捆绑产品所在市场存在重大进入壁垒时，搭售或捆绑更加有利可图。[④] 这种策略有时候也被称为“平台包抄”（platform envelopment），即利用一个市场的支配地位切入另一个市场，随后封锁该市场的竞争。[⑤] （2）被搭售或捆绑的产品是垄断产品外部用途（outside uses）的补充。在某些情况下，这意味着竞争对手没有足够的规模在被搭售或捆绑产品所在的市场上盈利，甚至被迫退出市场。当垄断产品本身是一个系统时，搭售或捆绑可能导致竞争对手的产品无法兼容于系统，由此产生的反竞争风险更大。（3）当存在对被搭售或捆绑产品的重复购买时（通常是耐用品售后

---

① 搭售是指一个企业要求客户购买其产品的同时也购买其另一种产品，并把购买第二种产品作为允许其购买第一种产品的条件。搭售分为协议型搭售和技术型搭售。全线强制（full line forcing）是搭售的一种情形，即客户想要购买一种产品，却被迫购买一整套产品。

② 捆绑是指一个企业将多种产品作为一个整体打包出售。它既可以通过纯捆绑的方式销售，也可以通过混合捆绑的方式销售。纯捆绑即搭售；混合捆绑即产品可以单独出售，同时也以折扣的方式打包出售。

③ See Federico Etro, Cristina Caffarra, *Tying and Bundling in the Digital Era*, 14 European Competition Journal, 342 – 366 (2018).

④ See OECD (2020), *Roundtable on Conglomerate Effects of Mergers – Background Note by the Secretariat*, https://one.oecd.org/document/DAF/COMP (2020) 2/en/pdf.

⑤ See Thomas Eisenmann, Geoffrey Parker, Marshall Van Alstyne, *Platform Envelopment*, 32 Strategic Management Journal, 1270 – 1285 (2011).

市场的配套产品)，比如当用户倾向于购买新版本或升级版本时，搭售或捆绑会提升用户的转换成本，造成用户锁定效应，使竞争对手的产品难以接触到用户。[①]（4）当网络效应对于竞争至关重要时，搭售或捆绑可以是巩固或扩展支配企业自身产品网络效应，从而阻碍竞争对手产品形成网络效应的重要手段。[②]

事实上，数字市场的某些特征，比如规模经济、范围经济、低边际成本、网络效应、反馈循环（feedback loop）等，使搭售和捆绑策略更具吸引力。数字产品的性质使技术型搭售和捆绑相对容易实现，也就是说，产品设计可以用来限制互操作性，并在不同产品之间创建一个生态系统或无缝界面。众所周知，搭售或捆绑的损害理论要求存在两种相互独立的不同产品。然而，在数字市场上，产品之间的联系如此普遍，以至于很难区分什么是搭售或捆绑，而什么不是。例如，当一个新的特性或功能被添加到一个数字产品时，这是否属于一个单独的产品被捆绑到原来的产品上？解决这个问题的一种方法，是确定新特性或功能是否由市场上的其他企业独立提供。也可以采访调查消费者，以确定相关产品是否存在未被搭售或捆绑而独立提供的情形。[③] 此外，在一些人看来，搭售和捆绑在数字市场上不限于通过协议或技术来实现产品联系，还会呈现出新形式，比如借助消费者的认知偏差形成事实上的搭售和捆绑。[④] 例如，企业在其手机操作系统中预先安装互补性的应用软件，消费者通常会保留默认选项，这可能对市场产生与搭售和捆绑同样的实际效果。[⑤] 不过，也有人质疑，这种策略是否真的可以被称为“没有强制”的搭售或捆绑。[⑥] 换句话说，单纯地利

---

① See Dennis W. Carlton, Michael Waldman, *Tying, Upgrades, and Switching Costs in Durable - Goods Markets*, NBER Working Paper No. 11407, https://www.nber.org/papers/w11407.

② See Marc Bourreau, Alexandre de Streel, *Digital Conglomerates and EU Competition Policy*, http://www.crid.be/pdf/public/8377.pdf.

③ See Pinar Akman, *The Theory of Abuse in Google Search: A Positive and Normative Assessment under EU Competition Law*, 2017 University of Illinois Journal of Law, Technology & Policy, 301 - 374 (2017).

④ See Federico Etro, Cristina Caffarra, *Tying and Bundling in the Digital Era*, 14 European Competition Journal, 342 - 366 (2018).

⑤ See Mary Steffel, Elanor F. Williams, Ruth Pogacar, *Ethically Deployed Defaults: Transparency and Consumer Protection through Disclosure and Preference Articulation*, 53 Journal of Marketing Research, 865 - 880 (2016).

⑥ See Pinar Akman, *The Theory of Abuse in Google Search: A Positive and Normative Assessment under EU Competition Law*, 2017 University of Illinois Journal of Law, Technology & Policy, 301 - 374 (2017).

用消费者的认知偏差或者没有尊重消费者的知情权、选择权，是否就满足了违法搭售或捆绑所需的“强制”要件？其实，这种策略更接近于混合捆绑，其反竞争效果和违法性很大程度上取决于个案情况。

最后，关于搭售和捆绑的救济措施，可以根据所施加的是消极义务（如停止对产品的搭售和捆绑）还是积极义务（如采取措施以实现互操作性）来区分。例如，欧盟委员会对 Windows 与 Windows Media Player 搭售案的处理，最初采取的救济措施是施加消极义务，即要求提供一个没有 Windows Media Player 的 Windows 版本，但其市场效果并不理想。随后，各方同意了另一种救济办法，即把确保竞争对手的媒体播放器能够访问 Windows 这一积极义务纳入进来。①

（六）剥削性滥用

在一些司法管辖区，支配企业利用市场力量向消费者强加不公平价格或其他条件的情形，构成反垄断法禁止的剥削性滥用支配地位。② 这反映了特定的政策理念和取向。③ 特别是，具有支配地位的企业负有特殊义务，不仅不应当从事反竞争行为（排他性行为）来损害竞争，也不应当滥用支配地位为其带来的商业机会和交易优势，采取不公平价格或其他条件（剥削性行为）来直接损害消费者。④

事实上，对数字市场上的某些行为感到担忧的竞争主管机构，已经开始使用或考虑使用剥削性滥用的损害理论。传统市场的剥削性滥用行为，更多表现为支配企业向消费者或客户收取过高价格或者施加不合理的交易条款。在数字市场，剥削性滥用可能呈现出其他形式，比如恶化向消费者提供的隐私条款和

---

① See Pablo Ibáñez Colomo, *Indispensability and Abuse of Dominance: From Commercial Solvents to Slovak Telekom and Google Shopping*, https://papers. ssrn. com/sol3/papers. cfm?abstract_id = 3502519.

② 然而，也有一些司法管辖区（如美国）未采取剥削性滥用的损害理论及制度，而是使用一些替代工具，包括市场研究、行业监管等。

③ See Michal Gal, *Abuse of Dominance – Exploitative Abuses*, in Lianos and Geradin eds. , *Handbook on EuropeanCompetition Law*, Edward Elgar, p. 385 – 442 (2013).

④ See Wolf Sauter, *A Duty of Care to Prevent Online Exploitation of Consumers? Digital Dominance and Special Responsibility in EU Competition Law*, TILEC Discussion Paper No. 2019 – 002, https://papers. ssrn. com/sol3/papers. cfm?abstract_id = 3353280.

数据收集条款,[①] 明确限制消费者将其数据或内容携带到其他平台，等等。这些情形都意味着服务质量的降低，而非收取的价格过高。也就是说，剥削性滥用还可以被定义为支配企业向消费者收取过高的非货币价格，如过度的数据收集或广告曝光等。[②] 此外，数字市场也可能充斥着个性化定价或其他定制化的服务条款，在某些情况下，可能符合价格歧视或歧视待遇的违法要件，从而构成对支配地位的剥削性滥用。[③]

处理剥削性滥用案件，最核心的挑战在于如何确定有关行为是否“不公平”。从经济角度看，非价格效应与价格效应都会对消费者福利产生影响。然而，数字市场中剥削性滥用行为包含的非价格因素，可能会给市场参与者带来显著的不确定性和模糊性。[④] 因此，需要确保案件关注的非价格竞争维度，是那些对消费者实际很重要的维度，而不是仅仅反映消费者“应该”关心什么的主观判断。为了说明这种复杂性，有学者将 Facebook 的数据收集行为，置于欧盟法院的判例要旨下进行考量，即“价格过高，因为它与所提供的产品的经济价值没有合理的关系”。[⑤] 分析发现，用户对 Facebook 的重视超过了该公司平摊到每个用户身上的广告营收。然而，这些发现并不完全可靠，因为用户对他们数据被收集、使用的情况可能缺少了解，而且当前的收益可能并不是未来数据价值的可靠指标。尽管这样，它确实说明亟须更好的分析工具和框架来评估一个支配企业是否提供了过高的价格或其他不公平的条件。德国联邦卡特尔局对 Facebook 数据收集行为的调查，以不公平交易条款而不是过高价格为突破口，实际上回避了此类分析的挑战。[⑥]

---

① See Maurice E. Stucke, *Should We Be Concerned about Data - Opolies?* 2 Georgetown Law Technology Review, 275 - 324 (2018).

② See Aleksandra Gebicka, Andreas Heinemann, *Social Media & Competition Law*, 37 World Competition, 149 - 172 (2014).

③ See OECD (2018), *Personalised Pricing in the Digital Era: Background Note by the Secretariat*, https://one. oecd. org/document/DAF/COMP (2018) 13/en/pdf.

④ See Michal Gal, *Abuse of Dominance - Exploitative Abuses*, in Lianos and Geradin eds. , *Handbook on EuropeanCompetition Law*, Edward Elgar, p. 385 - 442 (2013).

⑤ Friso Bostoen, *Online Platforms and Pricing: Adapting Abuse of Dominance Assessments to the Economic Reality of Free Products*, 35 Computer Law & Security Review, 263 - 280 (2019).

⑥ See Marco Botta and Klaus Wiedemann, *Exploitative Conducts in Digital Markets: Time for a Discussion after the Facebook Decision*, 10 Journal of European Competition Law & Practice, 465 - 478 (2019).

此外，查处数字市场的剥削性滥用案件，还面临救济措施方面的挑战。关键在于，得出一个企业的数据收集是否过度的结论，需要判断什么水平是不过度的。这往往会使竞争主管机构处于作为行业（或隐私）监管机构的困难境地。尽管存在挑战，一些潜在的救济措施包括：实施某些标准，如《欧盟一般数据保护条例》确立的若干数据保护原则和规则；施加数据可移植性的要求；为消费者提供有意义的选择机会，如在数据收集方面为消费者提供更多程序选项；等等。

（七）数字市场滥用支配地位的新形式

上述滥用支配地位案件的类型和公认的损害理论，可以帮助竞争主管机构对手头的事实进行类比，并对案件作出处理。实际上，在许多司法管辖区，滥用支配地位的立法也适用于上述具体情况之外的情形。鉴于数字市场的独特的市场条件和行为形式，发展新的损害理论的建议层出不穷。但这些新的损害理论并非没有争议。在一些人看来，它们不符合既定的理论和分析框架，特别是背离了传统基础（芝加哥学派），给市场参与者带来了很大的不确定性。不过，在某些情况下，所谓新的损害理论，实际上与传统损害理论之间具有紧密联系，因而可借此来理解和评价新的损害理论。

1. 强制性搭便车

强制性搭便车（forced free riding）的损害理论，侧重于数字平台所扮演的独特角色——既是平台（特别是交易和内容类平台）的经营管理者，又是平台内的企业，即与依赖该平台的其他企业开展竞争。“当一个平台挪用了其他依赖该平台获取消费者的企业之创新时”,[①] 就会出现强制性搭便车的现象。也就是说，具有支配地位的平台可以利用其中介的角色，获取平台上卖家和消费者的创新、数据或者内容，进而做出有利于自身利益的策略安排。例如，在数字平台上匹配和促进交易的一个支配企业，利用买家和卖家的数据来推销（跟卖）类似的自营产品。[②] 这种策略不仅免费搭乘了平台内竞争对手创新及其他收益的便车，而且还可能严重封锁平台内相关市场的竞争。

---

① See Howard A. Shelanski, *Information, Innovation, and Competition Policy for the Internet*, 161 University of Pennsylvania Law Review, 1663 – 1705 (2015).

② 欧盟委员会对亚马逊展开的反垄断调查，其中就包括这类损害理论。

强制性搭便车的损害理论还处于探索阶段，出现损害的必要条件也不明确。不过，该损害理论与拒绝交易有一些相似之处，即都涉及到一项重要资产（在本例中是一个平台），没有这一资产，下游企业或平台内的企业将很难接触到消费者。因此，一些与拒绝交易案例相同的标准似乎可以适用，比如关于平台的不可或缺性的标准。实际上，在某些情况下，强制性搭便车的损害理论与利润挤压的损害理论更加接近，用后者来处理强制搭便车的情形可能更加适合。因为，具有支配地位的平台，可以选择为平台内的竞争对手提供不同的接入价格或服务、质量等其他条件，使其经营处于重大劣势甚至难以为继，从而造成反竞争的封锁效应。

2. 滥用杠杆或自我优待

滥用杠杆或自我优待（abusive leveraging or self - preferencing）的损害理论，涉及活跃在多个相关市场的支配企业（无论这些市场是纵向相关的，还是横向相关的）。与挪用竞争对手的创新等强制性搭便车的情形相比，滥用杠杆或歧视性杠杆损害理论侧重于支配企业如何将一个市场的支配力量辐射或传导到另一个市场，并偏袒该市场上自家的产品或服务。① 由于数字平台在多个相关市场运营，其商业模式通常以从另一个市场收回投资为前提，因而此类案例可能会越来越频繁。欧盟委员会查处的谷歌比较购物服务案即为一例。

该损害理论与拒绝交易也有一些相似之处，因为它们都涉及一项重要的投入。一个支配企业可能使用杠杆来事实上封锁竞争对手，而不必明确地拒绝供应投入从而触发拒绝交易案件。例如，一家企业可能会利用消费者的行为偏差，或选择更明显选项的倾向，以封锁竞争对手。在欧盟的谷歌购物案中，执法机构并未考虑“不可或缺性”的条件。其认为，由于救济措施是基于总体原则，不包含谷歌分享资产或与其他企业达成协议的积极义务，因而拒绝交易案件的相关要件并不适用。

滥用杠杆的损害理论也可能与搭售和捆绑表现出一些相似之处。两者都专注于利用一个市场的支配力量来封锁另一个市场的竞争。一方面，搭售和捆绑行为本身就表现出“自我优待”的倾向。另一方面，滥用杠杆可以被视为搭售

① See Pablo Ibáñez Colomo, *Self - Preferencing: Yet Another Epithet in Need of Limiting Principles*, 43 World Competition, 417 - 446 (2020).

或捆绑的一种形式，比如通过平台设计进行技术捆绑或者混合捆绑，以实行折扣和其他激励措施。此外，利润挤压也可以被看作是一种滥用杠杆或自我优待。也就是说，从事滥用杠杆的企业在提供关键投入，或在接入平台的交易条件上，优待自身业务而劣待竞争对手业务，造成竞争封锁。

3. 隐私政策搭售

有学者指出，数字市场中可能出现的一种特殊类型的包抄策略（envelopment strategy），即隐私政策搭售（privacy policy tying），亦即一家支配企业向消费者强加数据收集条款，允许其在多种情况下使用消费者数据。这种策略可以利用在具有支配地位的市场（原始市场）中收集的数据，切入一个具有重叠用户基础的新市场。此际，支配企业可以在新的目标市场上积极竞争，如通过原始市场的补贴将目标市场的产品价格设定为零。反过来，企业可以使用在新市场收集的数据，巩固或加强其在原始市场的支配地位。

考虑到这种行为对目标市场的封锁和对原始市场支配地位的强化，其可以被视为排他性滥用；考虑到这种行为对消费者强加广泛的不公平的数据使用条款，其也可以被视作排他性滥用和剥削性滥用的结合。对于隐私政策搭售的救济，确保消费者对数据的可移植性或可携带性是一种适当的工具。①

五、数字市场上的滥用支配地位案件：面临的局限与可能的应对

如上所述，数字市场中的滥用支配地位案件涉及一系列分析挑战。近年来，竞争政策界就以下问题展开了积极的辩论：一是如何修改滥用支配地位规则，以考虑数字市场的特征；二是滥用支配地位规则何时是解决特定竞争问题的正确工具。有代表性的建议如下。

（一）改进滥用支配地位的调整方法

针对目前滥用支配地位的规范程序和立法，人们提出了一系列改变，以解决数字市场特有的问题。

1. 发布更多的指引

大多数人指出，滥用支配地位规则在数字市场如何适用，需要竞争主管机构

① See Daniele Condorelli, Jorge Padilla, *Harnessing Platform Envelopment Through Privacy Policy Tying*, https://papers.ssrn.com/sol3/papers.cfm?abstract_id=3504025.

发布更明确透明、更具可预见性的指引。在某个司法辖区未就某一损害理论作出过既定判例的情况下，这种需要尤为明显。指引可以采取发布指南的形式，甚至可以通过修改立法来明确关键概念在数字市场如何应用。市场参与者将受益于这种确定性。例如，“德国竞争法 4.0 委员会”（Competition Law 4.0 Commission）概述了什么是数字市场中的市场力量，并就该主题发布了指导意见。①

2. 应用新的经济工具并修改现有的经济工具

一些建议则侧重于竞争主管机构用来评估行为效果的经济工具。例如，在案件评估中通过分析质量调节价格（quality - adjusted prices），更广泛地考虑竞争的非价格方面；又如，在评估市场力量和行为效果时，更多地利用行为经济学的见解；等等。

3. 重新平衡执法过度和执法不足的风险

如上所述，滥用支配地位的规范框架和案件裁决反映了对假阳性和假阴性之间平衡的判断。一些人认为，在某些司法管辖区（如美国），目前的做法过分偏向于避免假阳性，即存在执法不足。有观点进一步指出，长期以来，美国的反垄断执法更情愿在“宽赦潜在的反竞争行为方面犯错”，而欧盟的反垄断执法则更情愿在“禁止潜在的反竞争行为方面犯错”。②

4. 更多地使用临时措施来保护竞争

由于数字市场的快速演变，以及滥用支配地位案件可能需要花费大量时间（特别是在诉讼模式下），有人指出，竞争主管机构有必要迅速采取行动，防止市场受到损害。因为一旦竞争者被排挤出市场，可能很难消除滥用行为造成的损害。例如，英国数字竞争问题专家小组建议更多地使用临时救济措施（interim remedies）来应对潜在的滥用行为，从而避免损害在案件裁决期间扩大。③

---

① See Competition Law 4.0 Commission (2019), *A New Competition Framework for the Digital Economy*: *Report by the Commission 'Competition Law 4.0'*, https://www.bmwi.de/Redaktion/EN/Publikationen/Wirtschaft/a - new - competition - framework - for - the - digital - economy.pdf? __blob = publicationFile&v = 3.

② See Jacques Crémer, Yves - Alexandre de Montjoye, Heike Schweitzer, *Competition Policy for the Digital Era*, https://ec.europa.eu/competition/publications/reports/kd0419345enn.pdf.

③ See Digital Competition Expert Panel, *Unlocking Digital Competition*: *Report of the Digital Competition Expert Panel*, https://assets.publishing.service.gov.uk/government/uploads/system/uploads/attachm ent_data/file/785547/unlocking_digital_competition_furman_review_web.pdf.

5. 立法完善

一些关于滥用支配地位规则的立法完善建议，主要包括：（1）取消界定相关市场的要求，允许通过不受竞争压力约束的反竞争行为的存在来推断市场力量。（2）实行举证责任倒置，使某些行为被推定为反竞争行为。这可能特别适用于具有强烈网络效应市场中的拒绝互联互通的行为（互操作性问题），以及当平台充当“中介基础设施”（intermediation infrastructure）时的自我优待行为。（3）对于尚未占据支配地位，但由于具有市场“倾斜”趋势而可能成为支配地位的企业，可以适用支配地位滥用的禁止性规定。

（二）滥用支配地位的替代性解决方案

滥用支配地位规则并不能解决数字市场中可能出现的所有竞争问题。其实，即便滥用行为的损害理论是确凿无疑的，也不一定要发起滥用支配地位案件，因为其他竞争政策工具可以更有效地解决问题。例如，相较于通过事后调查来解决市场力量的滥用问题，并购审查可以从源头上防止市场力量的出现，因而更能从根本上解决竞争担忧。考虑到数字市场上不断涌现的颠覆性创新以及新进入者迅速改变市场的可能性，支配企业对新兴竞争对手的收购（掐尖式并购）需要引起特别关注。①

竞争主管机构也可以利用其倡导职能（advocacy powers），进行市场研究，解决数字市场中的竞争问题。市场研究可以对市场竞争进行更结构性的分析，而不局限于以行为为中心的分析，因而有助于从更全面的视角来确定竞争问题。此外，通过市场研究可以做到未雨绸缪，即在滥用支配地位行为出现之前寻求促进竞争的方法。② 不过，目前只有少数司法管辖区有权在市场研究后实施救济措施。欧盟委员会已经为新竞争政策工具制定了一项提案，以使市场研究能够解决市场中的结构性竞争问题。

最近的几份专家报告更进一步建议建立新的数字市场监管机构，以促进数字市场的竞争。这样的监管机构将促进竞争作为主要任务之一，但其工具和方

---

① See OECD（2020）, *Start – ups*, *Killer Acquisitions and Merger Control*: *Background Note by the Secretariat*, https://one. oecd. org/document/DAF/COMP（2020）5/en/pdf.

② See OECD（2020）, *Using Market Studies to Tackle Emerging Competition Issues*, https://www. oecd. org/competition/globalforum/using – market – studies – to – tackleemerging – competition – issues. htm.

法有所不同。例如，对竞争主管机构而言，监测和执行复杂的行为救济措施是一项挑战，但数字市场监管机构可以通过事前规则更好地承担这一任务。此外，数字市场监管机构可以更好地将可能与支配企业的行为相关但不符合滥用支配地位框架的替代性政策目标纳入考虑。概括来讲，数字市场监管机构可以解决以下问题：（1）对具有支配地位或战略性市场地位的平台（“瓶颈”平台或“看门人”平台）制定规则，如与公平、歧视、自我优待、互操作性有关的规则。（2）针对可能巩固市场力量的竞争问题制定相关措施，如建立数据可移植性规则，建立“用户友好型”的数据托管人制度，等等。

六、重要启示

当前，全球正处于新一轮科技革命和产业变革的历史交汇期，数字经济方兴未艾、加速演进，其迥异于工业经济的运行机制和竞争特点，不仅放大了企业滥用支配地位的风险，而且给传统滥用支配地位制度带来了一系列挑战。OECD“数字市场的滥用支配地位”论坛，对这些风险、挑战以及应对举措作了富有启示性的阐发，有助于我们从事实、规范、价值等维度重新认识、定位、完善滥用支配地位制度。

第一，把握数字经济的运行机制和竞争特点，是更好改进滥用支配地位制度的前提。数字经济的蓬勃发展，离不开数据要素、网络载体与 ICT 技术动力，具有支撑技术化、经营平台化、程序刚性化、行为数据化、数据数字化、平台生态化、营销精准化等特征。① 在数字经济中，市场竞争的维度极大拓展，不仅包括传统企业注重的价格、产量竞争，还包括更能决定企业成败的数据、质量、算法（技术）、创新、流量、注意力等竞争。数字经济中的竞争行为通常以实现和巩固多边架构、规模效应、范围经济、网络效应、平台生态为导向，并呈现出投资活跃、产融结合、并购频繁、创新密集、动态循环、赢者通吃等特征。

第二，数字经济的上述运行机制、竞争特点，使企业更易获得持久且稳定的支配地位，且数字商业模式的独特性质放大了支配地位被滥用的风险。一方

---

① 参见时建中：《共同市场支配地位制度拓展适用于算法默示共谋研究》，载《中国法学》2020 年第 2 期。

面，规模经济、范围经济、网络效应在数字市场上扮演着至关重要的角色，它们可以帮助一个企业率先锁定消费者，培育用户基础；规模、范围、网络等方面的壁垒，加之消费者的某些行为偏见，使潜在进入者很难在市场上获得立足点，遑论打入多个市场与在位者竞争。这意味着，数字市场上的支配地位具有趋于持久和稳定的特点。另一方面，尽管基于效能竞争的支配地位本身无可厚非，[①] 但数字平台纵向整合、跨业混合经营的独特商业模式，使支配企业更容易滥用其“中介基础设施”、“强制性瓶颈”或“守门人”的地位，实施拒绝交易、利润挤压、掠夺性定价、搭售、捆绑、排他交易（“二选一”）、自我优待、强制性搭便车、隐私政策搭售（过度收集使用数据）、大数据杀熟、不公平交易等滥用行为。这意味着，数字市场上的滥用支配地位行为更为纷繁复杂，也更为普遍。

第三，全面看待和准确把握滥用支配地位的损害效果，对于滥用支配地位的损害理论，既不过度保守、也不过度开放。其一，基于效果的分析是当前各司法管辖区处理滥用支配地位案件的通行做法。我国《反垄断法》所禁止的滥用支配地位行为，多限定为“没有正当理由”的情形，这实际上包含了对行为正反两方面效果予以考量的要求。换言之，在我国反垄断法上，不存在“本身违法”的滥用支配地位行为。其二，以美国为代表的一些司法管辖区，往往把滥用支配地位行为的损害效果局限于某种效率损失，并通过经济学的福利概念来加以量化。然而，在数字经济领域，这种狭隘的视角和方法恐怕更加不敷适用。就其本质来看，数字经济是“促进公平与效率更加统一的新经济形态”，[②] 这意味着，对滥用支配地位损害效果的考量，起码有效率和公平两个视角。[③] 相应地，滥用支配地位的损害理论起码有两大分支：一是基于效率的损害理论，如排斥理论、掠夺理论、杠杆理论、提升竞争对手成本的封锁理论等限制竞争理论；二是基于公平的损害理论，如直接损害交易相对人（中小微企业、消费

① 参见郝俊淇：《基于不同成因的市场支配地位及其反垄断法关注与应对》，载《岭南学刊》2020年第4期。

② 国务院：《“十四五”数字经济发展规划》，载中国政府网，http://www.gov.cn/zhengce/content/2022-01/12/content_5667817.htm。

③ 参见郝俊淇：《竞争政策和法律中的公平考量——OECD“竞争何以促进社会公平”论坛介评》，载《中国价格监管与反垄断》2021年第10期。

者）利益的不公平定价理论、歧视性待遇理论、隐私政策搭售理论、不公平交易理论等剥削理论。其三，数字经济的特点虽然使滥用支配地位行为更加纷繁复杂，但很多时候我们可以穿透行为的表象，运用传统的损害理论对其作出处理，而不必一味地寻求新的概念语词和开发新的损害理论。例如，当下被一些媒体炒得火热的平台“封禁”行为，实际上可以通过拒绝交易的规范模型来加以处理；平台“二选一”行为也可以通过排他交易（限定交易）的规范模型来作出分析。换言之，数字经济虽然有很多新的商业模式和策略行为，但从反垄断法和滥用支配地位制度的视角看，其损害机理与传统行为的损害机理可能别无二致。因此，在损害理论和制度规范的发展上，既不能顽固保守，也不能盲目求新。其四，在滥用支配地位规则运用的技术细节上，论坛提供了诸多富有启发性的见解。比如，更多考虑竞争的非价格维度，不过分执着于相关市场的界定，利用行为经济学的见解来评估支配地位和行为效果，更多地使用临时救济措施来应对潜在的滥用行为，将滥用支配地位制度拓展适用于试图获取支配地位的不当单边行为，等等。

第四，对滥用支配地位制度在数字经济领域的整体定位，不能脱离具体的国情和政策环境。由于不同的历史背景、国内环境、法律哲学、执法（司法）政策，滥用支配地位制度在不同司法管辖区的适用情况有很大差异。就我国而言，《反垄断法》是保障社会主义市场经济体制的基本法律制度，因此无论是传统经济还是数字经济，滥用支配地位制度都具有普遍适用性。同时，考虑到近年来我国资本、数据等生产要素的体量规模不断增大，向头部企业加速集聚，逐利冲动和扩张势能日益高涨，平台垄断、竞争失序、野蛮生长等乱象逐步凸显，给经济社会的持续健康发展带来重大威胁。因此，国家作出了“强化反垄断和防止资本无序扩张”等战略部署。在这样的宏观背景下，我们更应当着力完善滥用支配地位制度，深入推进该制度在数字经济领域的实施，以维护公平竞争、创新活力、中小企业和消费者利益，保障公平正义和经济社会安全稳定。但必须强调的是，强化反垄断、深入推进滥用支配地位制度在数字经济领域的实施，须把握好时度效：一方面，要加强统筹协调，坚持系统观念，稳定市场主体预期，提振市场主体信心，平衡好法律执行过度和执行不足的风险，更好统筹效率与公平、活力与秩序、创新与保护、发展与安全，促进经济高质量发展；另一方面，要认识到滥用支配地位制度的限度，它只是数字经济风险治理体系的一种机制，不能“越俎代庖”，也无法“包治百病”。[1] 因此，我们必须紧扣反垄断法的立法目的，清醒认识滥用支配地位制度的功能边界和适用范围。

第五节 从传统经济到数字经济：差别待遇反垄断规则的改进

在许多国家和地区的反垄断法中，禁止不合理的价格歧视、歧视性待遇或者差别待遇（以下统称“差别待遇”）的规定往往是其重要内容，且这些规定大多嵌套在规范企业单边行为即滥用支配地位行为的制度框架中，比如《欧盟运行条约》第102条第2款第（c）项，《德国反限制竞争法》第20条，《美国克莱顿法》第2条以及整部《罗宾逊—帕特曼法》，等等。我国《反垄断法》第22条第1款第6项借鉴了上述立法经验，[2] 该项规定，“禁止具有市场支配地位的经营者从事下列滥用市场支配地位的行为……（六）没有正当理由，对条件相同的交易相对人在交易价格等交易条件上实行差别待遇”。这些规定产生于传统经济的背景下，有着特定的理论基础和构成要件。然而，面对数字经济的兴起及其迥异于传统经济的运行机制和竞争特点，上述规定能否有效规范数字平台实施的纷繁复杂的差别待遇行为？如果存在适用和功效上的局限性，应当作出何种改进？这是本节着重探讨的问题。

一、传统经济中的差别待遇行为及其反垄断法规则

在传统经济时代，市场竞争的核心维度是价格，因而被纳入反垄断法视野的差别待遇行为主要是价格歧视。

（一）传统经济中的价格歧视行为及其效果

在传统经济中，价格是市场竞争的核心维度。企业围绕价格采取各种竞争

---

① 参见时建中：《反垄断法不是治理平台的唯一机制，无法“包治百病”》，载 https://xw.qq.com/cmsid/20211220A0BH8V00?f=newdc。

② 参见全国人大常委会法制工作委员会经济法室：《中华人民共和国反垄断法：条文说明、立法理由及相关规定》，北京大学出版社2007年版，第102－109页。

策略，如共谋定价、掠夺性定价、限制性定价、单一产品折扣（搭售）、多产品折扣（捆绑）、忠诚折扣、价格挤压、最惠价格待遇条款、超高或超低定价、价格歧视等策略。传统反垄断法的制度规则，正是围绕这些行为构建起来的，并且在实施过程中多依赖经济学上的价格理论。①

在以上各种策略性行为中，价格歧视是危害性和违法性特征相对模糊的一种行为，也是人们争议最大的一种“垄断行为”。价格歧视在生活中十分常见。在许多经济学家看来，严格意义上的价格歧视，即“企业以不同的价格出售两种具有相同边际成本的近似产品或者服务”，② 是再正常不过的商业行为，往往是由利润最大化的企业相互竞争所驱动，因而其经济效果在很多情况下是正面的。比如，价格歧视有助于提升产出和回收成本、加剧市场竞争、瓦解卡特尔和寡头共谋、增进社会总体福利等。

不过，经济学家也承认，如果企业具有较大程度的市场力量，且能够在一定程度上洞悉购买者的支付意愿并防止其套利，价格歧视也可能造成竞争损害。一方面，价格歧视可能造成初级损害/一线损害（primary - line injure），即实行价格歧视的企业打压同级竞争对手，损害其所处市场的竞争。例如，支配企业实施选择性降价行为，即区分自己的客户和竞争对手的实际或潜在客户，并向后者提供更优惠的价格乃至掠夺性的价格，对竞争对手形成排挤或驱逐。由于损害发生在企业及横向竞争对手之间，因而也可以把初级损害视作横向竞争损害或反竞争的排他效应。③ 另一方面，价格歧视可能造成次级损害/二线损害（secondary - line injure），即在某一层级市场开展业务的企业，没有进行一体化整合，但对与其非关联的客户实行价格歧视，扭曲该市场的竞争。例如，某电信运营商对与其非关联但条件相同的两个客户实行不同的接入价格，扭曲二者所在市场的竞争。由于损害发生在跨级市场，因而也可以把次级损害视作纵向

---

① 参见金善明：《反垄断法解释中经济学分析的限度》，载《环球法律评论》2018 年第 6 期。

② OECD（2016），*Price Discrimination*：*Executive Summary of the Roundtable*，p. 2，https://one. oecd. org/document/DAF/COMP/M（2016）2/ANN5/FINAL/en/pdf.

③ 横向竞争损害的案例在很多时候也涉及“纵向”因素。比如，一个纵向整合的支配企业，优待自身下游关联产品或服务，而劣待、排挤下游与其竞争的产品或服务。此时，由于损害发生在下游的同一层级，因而仍属于横向竞争损害。

竞争损害或反竞争的扭曲效应。[①]

（二）传统反垄断法的差别待遇规则及其构成要件

纵观美国、欧盟、我国等司法管辖区的反垄断立法，其中有关差别待遇的规则，很大程度上吸收了价格歧视的经济学原理。

在美国，1914 年颁布的《克莱顿法》第 2 条为规范差别待遇（价格歧视）行为铺垫了基础。1936 年的《罗宾逊—帕特曼法》对这一规定进行了修订和扩展。《罗宾逊—帕特曼法》第 2 条第（a）款规定，“从事商业的人在其商业过程中，直接或间接地对同一等级和质量商品的买者实行价格歧视，如果价格歧视的结果在实质上减少竞争或旨在形成对商业的垄断，或妨害、破坏、阻止同那些准许或故意接受该歧视利益的人之间的竞争，或者是同他们的顾客间的竞争，是非法的”。可见，差别待遇行为构成违法的前提条件包括：一是对不同交易对象采用“不同价格”；二是“不同价格”针对的是“同一等级和质量的商品”；三是对竞争造成损害，包括对卖方所在市场造成的损害（初级损害），也包括对买方所在市场造成的损害（次级损害）。

在欧盟，差别待遇的法律规范涵盖于《欧盟运行条约》第 102 条第 2 款第（c）项的规定中，即“这些滥用行为主要有……（c）对同等交易的其他交易方适用不同的条件，从而使其处于竞争劣势”。可见，违法的差别待遇行为至少要满足以下条件：一是其他交易方之间存在竞争关系；二是属于“同等交易”；三是对交易“适用不同的条件”；四是致某一交易方“处于竞争劣势”。

在我国，如前所述，《反垄断法》第 22 条第 1 款第 6 项规定，“禁止具有市场支配地位的经营者从事下列滥用市场支配地位的行为……（六）没有正当理由，对条件相同的交易相对人在交易价格等交易条件上实行差别待遇”。可见，违法的差别待遇行为至少要满足：一是存在“条件相同的交易相对人”；二是支配企业在“交易价格等交易条件上实行差别待遇”；三是“没有正当理由”。

很明显，以上司法管辖区的差别待遇规则，都反映了经济学上价格歧视的内涵，即企业以不同的价格出售两种实质性相同（具有相同边际成本）的产品或者服务。其中“实质性相同的产品或者服务”这一关键要义，就反映在“同

---

① See OECD (2016), *Price Discrimination: Executive Summary of the Roundtable*, p. 18 – 19, https://one.oecd.org/document/DAF/COMP/M (2016) 2/ANN5/FINAL/en/pdf.

一等级和质量的商品”（美国法用语）、“同等交易”（欧盟法用语）、“条件相同的交易相对人”（中国法用语）的要件中。进一步看，该等要件虽然在称谓上有差别，但其中的构成要件要素是相同的，主要包括：产品或者服务的性质相同或近似；交易的时间相同或接近；企业与它们交易承担的成本相同或接近，这可能需要进一步分析与交易相关的数量规模、安全性、信用状况、所处的交易环节等因素。①

（三）传统反垄断法差别待遇规则的实施状况

尽管传统反垄法中的差别待遇规则反映了价格歧视的经济学原理，但推动这些规则实施的更多是经济学原理之外的因素，其实施效果并不理想。

在美国，国会和执法机构担心的是大型连锁商店的发展、独立贸易商的衰落以及小型零售商四面楚歌的命运，因而希望通过《罗宾逊—帕特曼法》对大型连锁商店的差异性价格予以限制，以保护小企业的竞争和福利。② 因此，在法律适用上，不仅不要求企业具备较高程度的市场力量，也不拘束于“同一等级和质量的商品”等要件。换言之，该法在实践中反对的不是严格意义上的“价格歧视”，而是针对中小微企业遭受的“差异性价格”。以至于有人认为，《罗宾逊—帕特曼法》仅仅是装扮成了反托拉斯法的样子，但在很大程度上阻碍了价格竞争，因而主张将其废除。③ 实际上，二十余年来，联邦执法机构对该法的实施并不积极。④

在欧盟，《欧盟运行条约》第102条第2款第（c）项至今仍存在很大的解释争议。⑤ 在实践中，该项规定更多地被用来谴责国有垄断企业或受政府管制的企业在提供产品或服务时，直接或间接依凭客户国籍或住所地施以价格等交易条件上的差别待遇，即所谓的“国籍歧视”或“分割市场的歧视”。对此，

---

① 兰磊：《非法价格歧视行为的判断标准研究》，载《竞争政策研究》2015年第2期。

② Hugh C. Hansen, *Robinson – Patman Law: A Review and Analysis*, 51 Fordham Law Review, 1113 – 1123 (1983).

③ ［美］赫伯特·霍温坎普著：《联邦反托拉斯政策——竞争法律及其实践》，许光耀、江山、王晨译，法律出版社2009年版，第312页。

④ ［美］欧内斯特·盖尔霍恩、［美］威廉姆·科瓦西奇、［美］斯蒂芬·卡尔金斯著：《反垄断法与经济学》，任勇、邓志松、尹建平译，法律出版社2009年版，第419页。

⑤ 争议的核心在于：通说认为，条约第102条第2款第（a）项的规定是剥削性滥用的法律基础，第（b）项的规定是排他性滥用的法律基础，那么，第（c）项的规定有无独立的意义？R. O' Donoghue & J. Padilla, *The Law and Economics of Article 82 EC*, Hart Publishing, 2006, p. 195 – 201.

很多人提出批评：这些滥用行为不是企业独立做出的，为该等行为承担责任的应当是控制这些企业的成员国（政府），因而运用《欧盟运行条约》第 106 条关于公共企业的规定来解决这类问题更加妥当。①

在我国，执法机构和法院依据《反垄断法》第 22 条第 1 款第 6 项处理的案件屈指可数，因而在规范或教义方面的探索、阐释和积累十分有限。一方面，与欧盟的情况类似，原地方工商行政管理部门查处的几个案件，都涉及烟草、盐业、港口航运等政府高度管制的行业。② 另一方面，法院受理的几个案件，原告都是消费者，且都败诉，原因是无法证明被告具有支配地位或被告举证了“正当理由”的存在。③

二、数字经济中的差别待遇行为及其对传统规则的挑战

当前，全球正处于新一轮科技革命和产业变革的历史交汇期，数字经济方兴未艾、加速演进，其迥异于传统经济的运行机制和竞争特点，不仅放大了企业滥用支配地位的风险，而且给传统滥用支配地位制度带来了一系列挑战。④实际上，相较于传统经济领域的价格歧视行为，数字经济领域的差别待遇行为更加纷繁复杂，沿用传统的差别待遇规则对其进行调整，难免存在局限性。

（一）数字经济领域的差别待遇行为

电子商务、社交、搜索、出行、支付、短视频等平台经济，是数字经济的典型表现形式。互联网平台作为平台经济的主要载体，是通过网络信息技术，使相互依赖的双边或者多边主体在特定载体提供的规则下交互，以此共同创造价值的商业组织形态。事实上，集团化、生态化、整合化经营是我国平台经济的重要特点。⑤ 也就是说，现实中的平台经营者并不局限在单一业务领域，而

---

① Damien Gerard, *Price Discrimination under Article* 82（2）（*C*）*EC*: *Clearing up the Ambiguities*, https://ssrn.com/abstract=1113354.

② 时建中、焦海涛、戴龙主编：《反垄断行政执法：典型案件分析与解读（2008－2018）》，中国政法大学出版社 2018 年版，第 24－330 页。

③ 时建中、戴龙、焦海涛主编：《反垄断诉讼典型案件分析与解读》，中国政法大学出版社 2018 年版，第 325－331 页。

④ OECD（2020）, *Abuse of Dominance in Digital Markets*: *Background Note*, p. 1, https://www.oecd.org/daf/competition/abuse-of-dominance-in-digital-markets-2020.pdf.

⑤ 参见侯利阳：《互联网平台反垄断的局限与突破：由“腾讯封禁抖音案”引发的思考》，载《商业经济与管理》2021 年第 4 期。

是围绕核心平台业务，叠加汇聚众多子平台业务。比如，以社交作为核心平台业务，在此基础上衍生出支付、购物、出行、短视频娱乐等业务，最终形成融汇业务、数据、流量、技术、资本、规则等于一体的闭环生态。在这样的生态体系中，经营者一方面掌控着具有“关键通道”甚至“瓶颈设施”属性的核心平台业务，制定平台运营的管理规范和业务规则，另一方面又在衍生领域与其关联子平台内的其他经营者展开竞争。这样的商业模式和经营特点，意味着大型互联网平台兼具经营者和管理者的角色，既充当“运动员”，也担任“裁判员”。①

鉴于上述双重角色，大型互联网平台往往具有很强的动机和能力来实施各种差别待遇行为，包括但不限于下列情形：（1）对自家产品、服务、应用、内容、外链等予以自我优待，而对竞争对手的产品、服务、应用、内容、外链等施加歧视性待遇，即采取屏蔽内容、不予直链、关闭接口、阻塞通道、产品不兼容等封禁或阻碍措施；（2）诱导或胁迫商户接受独家入驻义务，即所谓的平台“二选一”，以获得折扣、优惠、流量等资源优待，否则遭到屏蔽店铺、商品下架、搜索降权、流量限制、技术障碍、扣取保证金、提高服务费、缩小配送范围等不利待遇；②（3）强制性搭便车的行为，即擅自挪用平台上第三方卖家的经营数据，复制及“跟卖”其热销品类，推出类似自营产品，并操纵搜索结果以偏袒自家产品；（4）区分自己的顾客和竞争对手的实际或潜在顾客，通过定向“烧钱”和精准补贴，向后者提供更优惠的价格乃至掠夺性的价格，意图抢占竞争对手的顾客并侵蚀其用户规模和网络效应，使其经营变得不经济甚至被迫退出市场；（5）基于大数据和算法，分析、预测消费者的消费偏好、使用习惯、支付意愿等特征，并对其采取差异性的交易价格或其他条件，即所谓的“大数据杀熟”或个性化定价。

（二）传统差别待遇规则面临的挑战及因应

数字平台经营者独特的运作机制以及纷繁复杂的差别待遇行为，给传统反

---

① 参见时建中、马栋：《双重身份视角下平台自治与反垄断监管的界限》，载《竞争政策研究》2020 年第 4 期。

② 参见卢均晓：《论类型化的不正当限制交易行为——以“二选一”行为规制为视角》，载《价格理论与实践》2020 年第 8 期。

垄断法的差别待遇规则带来了诸多挑战，需要我们准确把握并予以有效应对。

首先，传统规则是以价格为中心，将价格歧视作为原型进行规范建构，所援用的理论基础是经济学上的价格歧视理论，因而所谓差别待遇行为，很大程度上就是没有成本依据的价格差异。在这种范式下，考察产品的价格、成本以及比率等技术细节是规则运用的关键。但是，在数字经济中，价格已经不是市场竞争最重要的维度，很多数字产品或服务的价格是“零”，并且提供这些产品或服务的边际成本也几近于“零”，因此，价格歧视的经济学理论在这里很难运用，甚至是无效的。实际上，数字经济中的竞争行为通常以实现和巩固多边架构、规模效应、范围经济、网络效应、平台生态为导向，诸如数据、隐私、质量、算法、算力、流量、用户注意力等非价格维度的竞争，对于数字平台的生存和成功具有更加显著的重要性。因此，如何从定性和定量的角度，对主要涉及非价格因素的差别待遇行为作出经济合理性以及违法性方面的判断，是数字经济时代完善差别待遇反垄断规则的重要问题。显然，解决该问题，离不开经济学对差别待遇理论范式的革新。

其次，传统的差别待遇规则主要关注造成一级损害（横向竞争损害）和二级损害（纵向竞争损害）的情形，这一点在美国反托拉斯法上表现得最明显。通过《罗宾逊—帕特曼法》保护中小微企业的竞争和福利的执法努力，被诟病为“装扮成了反托拉斯法的样子”。[①] 然而，需要反思的是，中小微企业、消费者等交易相对人的利益是否真的不能通过差别待遇规则来直接保护？其实，这与我们所秉持的政策理念和判断标准息息相关。[②] 鉴于任何形式的持久的差别待遇，都致力于获取更多的交易相对人（包括中间层的中小微企业和终端消费者）的剩余，使福利从交易相对人向卖方转移，因而差别待遇可能是企业剥削交易相对人的策略，造成交易相对人的利益减损。[③] 考虑到数字经济时代，大型互联网平台一方面掌握着平台内中小微企业经营者的大量数据，在算法等数

① 无独有偶，德国《反限制竞争法》第 20 条关于“禁止歧视、禁止不公平阻碍”的专门规定，不仅适用于具有支配地位的企业，也适用于具有相对优势地位的企业。后者很大程度上也是对交易相对人的竞争和福利的保护。

② 参见张永忠：《反垄断法中的消费者福利标准：理论确证与法律适用》，载《政法论坛》2013 年第 3 期。

③ OECD (2016), *Price Discrimination: Background Note by the Secretariat*, p. 18 – 19, https://one.oecd.org/document/DAF/COMP (2016) 15/en/pdf.

字技术的加持下，能够从价格或非价格交易条件上对其进行精准盘剥，甚至可以轻易地榨取其专业化收益以及创新收益；另一方面，可以借助算法和各种渠道的数据对消费者进行精准画像和营销，实施行为定向歧视以及算法价格歧视（大数据杀熟）。[①] 因此，如果我们认为互联网巨头利用市场势力来转移或榨取交易相对人的福利是有害的，维护中小微企业、消费者的利益是反垄断法的重要目标和关注，那么就应当拓宽差别待遇的损害理论，将剥削性的差别待遇行为纳入调整。可喜的是，《国务院反垄断委员会关于平台经济领域的反垄断指南》第 17 条的规定回应并承认了这一点，即“分析是否构成差别待遇，可以考虑以下因素：（一）基于大数据和算法，根据交易相对人的支付能力、消费偏好、使用习惯等，实行差异性交易价格或者其他交易条件；（二）实行差异性标准、规则、算法……”

最后，传统差别待遇规则中“条件相同的交易相对人”之要件，是对“具有相同边际成本的产品或者服务”这一价格歧视的经济学要义的反映，即需要在技术层面验证价格比率与企业提供产品或服务的边际成本比率是否相同。但正如前文所述，数字时代的差别待遇行为更多涉及非价格因素，且数字产品的价格和边际成本通常为“零”，因而聚焦成本—价格的技术路径很难适用。换言之，在数字经济时代，该“要件”的必要性已经动摇，其相关性也大大减弱。进一步看，保留该要件，反而会严重制约差别待遇规则的损害理论的扩展，并阻碍对大型数字平台实施的各种差别待遇行为特别是自我优待行为的有效规范。自我优待有许多表现形式，在传统经济中主要表现为价格挤压，而在数字经济中主要表现为非价格维度的各种挤压。比如，谷歌基于自己在通用搜索引擎市场的支配地位，在搜索结果中偏袒自己的比较购物服务，加大对自身比较购物服务的引流和曝光，同时劣待竞争对手的比较购物服务，限制其流量和展示位置。再如，眼下国内讨论得沸沸扬扬的互联网平台“互联互通”问题，其中的关切之一是，有的大型社交平台对自己的外链内容毫无延迟地予以高质量呈现，而对竞争对手以及潜在竞争对手的外链内容虽然并不彻底屏蔽或完全关闭接口，但是通过附加跳转操作、延误时间、增加成本、降低用户体验等歧视性手段，打压其竞争能力。从行为外观和事实构成上看，上述自我优待行为难

① 参见焦海涛：《数字市场中的行为歧视及其法律规制》，载《中国市场监管研究》2021 年第 3 期。

以放到《反垄断法》第22条所列不公平定价、掠夺性定价、拒绝交易、限定交易、搭售等行为的规范框架进行处理，唯独第6项所列差别待遇行为的规范框架较为适合。然而，在上述平台自我优待的情形中，“条件相同的交易相对人”的要件几乎无法满足。因为，平台面对的两个交易相对人是完全不同的，一个是平台的关联方，本身就嵌入在平台一体化整合的生态中，即很大程度上实现了外部效应内部化；而另一个是平台的非关联方，不可避免地涉及更多的交易成本。因此，强行要求满足“条件相同的交易相对人”的要件，使得反垄断法的差别待遇规则无法处理自我优待等行为，人为地限缩了其所能关注到的排他性损害（排他性差别待遇）的诸多情形。[①] 实际上，即便在剥削性差别待遇的案件中，“条件相同的交易相对人”之要件也是多余的。以算法价格歧视为例，其违法性依赖于两种判断：一是行为造成宏观意义上的消费者总福利受损；二是行为在个体意义上违背消费者对公平合理交易的实质性期待。[②] 换言之，消费者条件是否相同，并非分析判断的关键。或许正是为了化解这种窘境，《国务院反垄断委员会关于平台经济领域的反垄断指南》第17条才特意强调，“平台在交易中获取的交易相对人的隐私信息、交易历史、个体偏好、消费习惯等方面存在的差异不影响认定交易相对人条件相同”。进一步看，同样作为算法价格歧视的潜在法律依据，我国《个人信息保护法》就没有强调“条件相同的交易相对人”，而是规定“个人信息处理者利用个人信息进行自动化决策，应当保证决策的透明度和结果公平、公正，不得对个人在交易价格等交易条件上实行不合理的差别待遇”。这里，“不合理的差别待遇”赋予了规则适用的弹性和灵活性。实际上，“条件相同的交易相对人”之要件，仅对造成二级损害即扭曲竞争效果的差别待遇行为（扭曲性差别待遇行为）具有必要性，但在字面上删除以上表述，对其违法分析并无太大影响，因为《反垄断法》第22条第1款第6项设置了“没有正当理由”的限定条件，完全可以将交易相对人条件是否相同的判断放在其中进行考虑。

---

① 换句话说，设置“条件相同的交易相对人”的要件，很大程度上使该项只适合处理支配企业针对竞争对手顾客（条件相同的顾客）的选择性降价行为——排他性的选择性降价行为。

② 郝俊淇：《平台经济领域差别待遇行为的反垄断法分析》，载《法治研究》2021年第4期。

三、差别待遇行为的经济学原理及经济效果

当代反垄断法的解释和适用，与经济学存在紧密联系。[①] 对差别待遇行为的理解，不能脱离经济学中的价格歧视理论。因为，交易上的差别待遇，最主要的一种表现就是价格歧视。并且，价格歧视是一个包容性很强的经济学概念，包含了任何可以转化为价格优势或劣势的不同交易条件，比如产品的等级和质量差异，购买数量和购买时间的差异，运输成本和适销条件的差异，等等。因而可以说，差异性价格是任何不同交易条件的表征。

（一）价格歧视的含义、实现条件及分类

在市场经济条件下，价格歧视是一种普遍现象。比如，旅游景点对学生和老人收取半票，而对其他人收取全票。又如，平台企业通过收集消费者移动设备的位置、键入的搜索词、浏览记录、购买的物品、虚拟购物车中的商品以及来自物联网的数据等信息，分析和预测消费者的不同支付意愿，从而对其消费的商品或服务收取不同的价格。

从经济学的角度来看，价格歧视是指企业以不同的价格出售两种具有相同边际成本的相似产品或服务。换言之，当产品或服务的价格比率与其边际成本比率不同时，企业就在进行价格歧视。从边际成本的角度对价格歧视作出定义，技术上是正确的，但对于政策制定者来说却不总是有用。因为在信息和技术密集产业中，固定成本很高，边际成本几近于零。鉴于此，也有学者认为，价格歧视是对实质性相同的产品或服务向不同的买方收取不同的价格。[②] 经济学研究表明，要有效实施价格歧视，须满足三项条件：（1）企业具有一定程度的市场势力。如果企业在一个完全竞争的市场上运作，它是竞争性价格的接受者，不能设置不同的价格。（2）通过一定的方法来估算购买者的支付意愿（保留价格），以及对购买者和潜在市场进行细分的能力。（3）有限的套利空间。套利空间，即那些支付较低价格购买产品的买家将产品转售给那些原本支付意愿较高的买家，从而破坏企业为特定买家设定较高价格的获利能力。

---

① 参见金善明：《反垄断法解释中经济学分析的限度》，载《环球法律评论》2018 年第 6 期。

② 参见［美］欧内斯特·盖尔霍恩、［美］威廉姆·科瓦契奇、［美］斯蒂芬·卡尔金斯著：《反垄断法与经济学》，任勇、邓志松、尹建平译，法律出版社 2009 年版，第 506 页。

传统上，人们按照经济学家庇古的分类来区分三种类型的价格歧视：（1）一级价格歧视，也称完全价格歧视，是指企业为每一产品或服务设定的价格，与每位买家购买该产品或服务的保留价格恰好吻合。完全价格歧视在传统上被认为是一个理论概念。不过，在数字经济时代，完全价格歧视或许是一个可以利用大数据和算法分析而无限接近的现实概念。（2）二级价格歧视，即企业提供一系列不同的可选“交易”，诱导买家进行自分类或自排序，并选择其中某个“交易”。二级价格歧视通常是根据买家购买的产品数量来设定不同的价格，比如数量折扣、捆绑折扣、两部定价等，体现了非线性定价的特征。二级价格歧视也可以通过创建产品的不同版本来实现，即版本控制，比如区分商务舱和经济舱、片剂药和溶剂药等。（3）三级价格歧视，即根据可观察的不同顾客群体的特征及需求弹性差异，对其收取不同的价格。在这种情况下，追求利润最大化的企业有动力实施针对这些群体的“反向弹性规则”，即对弹性较低的顾客收取较高价格，对弹性较高的顾客收取较低价格，也即所谓的“拉姆齐定价”（Ramsey pricing）。

（二）价格歧视的经济效果

在很多经济学家看来，价格歧视是十分正常的商业行为，它既可以发生在竞争激烈的市场上，也可以发生在寡头或垄断市场上，且往往是由追求利润最大化的企业相互竞争所驱动，因而其经济效果在很多情况下是正面的，或者至少具有正反两面的经济效果。

价格歧视可能带来的正面经济效果主要包括：（1）增进整体福利。企业针对不同消费者的支付意愿和购买能力打造多层次的产品线，让更多消费者获得产品或服务，促进了交易、扩大了消费市场。在完全价格歧视的情形下，生产者的边际收入等于边际成本，产出最大化，实现了与完全竞争情形同等的配置效率。（2）提升产出和回收成本。价格歧视优化了企业的定价结构，有助于其提升产出和回收固定成本。实际上，如果某个行业不具备固定成本回收的特征，这个行业几乎不可能发生有价值的投资。（3）加剧市场竞争。在统一定价策略下，企业只能就边际消费者展开争夺，但通过价格歧视，企业可以争夺市场中的所有顾客，包括那些对竞争对手有着强烈品牌忠诚度的顾客。（4）瓦解卡特尔和寡头协调。卡特尔和寡头协调的条件之一是价格较为透明且定价机制简单，即不存在复杂的定价结构。如果某个卡特尔成员或寡头企业进行秘密的价格减让（价格歧视），成员间的协调均衡将被打破。

价格歧视可能带来的负面经济效果主要包括：（1）造成一线损害（primary－line injure），即实行价格歧视的企业打压其同级竞争对手，损害其所处市场的有效竞争。由于损害发生在企业及其竞争对手之间，因而一线损害也被称作横向竞争损害。[①] 这种损害往往表现为排挤竞争对手或妨碍潜在竞争对手进入市场，因而可以将其等同于排他效应（exclusionary effects）。实际上，诸如掠夺性定价、拒绝交易、独家交易、搭售等典型的排他行为，都可能涉及价格歧视的因素。在此意义上，价格歧视作为一种笼统的手段，可能有助于支配企业维持或加强其市场支配地位。（2）造成二线损害（secondary－line injure），即在某一层级市场（比如上游市场）开展业务的企业，其本身不出现在其他层级市场（比如下游市场），或者说其业务没有进行一体化整合，但它却对其他层级与之非关联的不同客户实行价格歧视，使某些客户处于不利的竞争地位，进而扭曲该市场的有效竞争。由于二线损害是对非关联客户所在跨级市场的竞争损害，因而也被称为纵向竞争损害——有学者将之概称为扭曲效应（distortionary effects），以区别于排他效应。[②]（3）减损消费者福利，以及利用和剥削消费者。任何形式的持久价格歧视，都致力于获取更多的消费者剩余，使福利从消费者向卖方转移。如果防止市场势力的倒退性财富分配，保护消费者利益，使消费者获得公平分配和合理对待是反垄断政策的重要关注，那么价格歧视就很可能引起反垄断法上的问题。[③] 此外，价格歧视依赖于企业对消费者及潜在市场做出细分的能力。如果企业无节制地、不当地对消费者的个人数据进行追踪、收集和处理，甚至故意利用消费者的认知偏差和行为偏差，通过行为定向手段“欺骗”消费者进行消费，那么相较于福利转移所造成的利益减损，这些服务对于利润攫取的不当数据收集和处理、行为歧视、分化策略等手段而言，则具

---

① 横向竞争损害的案例在很多时候也涉及“纵向”因素。比如，一个纵向整合的企业，优待自身下游关联产品或服务，而劣待、排挤下游与其竞争的产品或服务。此时，由于损害发生在下游的同一层级，因而仍属于横向竞争损害。

② See OECD, *Price Discrimination*, Background Note by the Secretariat, 2016, p. 18 – 19. https://one. oecd. org/document/DAF/COMP (2016) 15/en/pdf.

③ See Sean F. Ennis, Pedro Gonzaga, Chris Pike, *The Effects of Market Power on Inequality*, CPI Journal Fall 2017.

有更加明显的剥削效应（exploitative effects）。

（三）对反垄断政策的启示

以上分析，对差别待遇行为的反垄断政策具有关键启示：（1）差别待遇（价格歧视）是一种常见的商业行为，其经济效果具有复杂性和模糊性。鉴于其在很多情况下有助于强化竞争尤其是寡头竞争（瓦解寡头协调）、提升产出、回收成本、刺激投资、增进社会总体福利，因而不能当然地将各种形式的差别待遇行为视作违反反垄断法。不加鉴别地禁止差别待遇行为，不仅对经济有害，而且与反垄断法保护竞争的初衷背离。（2）差别待遇（价格歧视）行为具有强烈的福利转移效应。广泛的定价选择和差异性的交易方案，一方面刺激了消费需求、扩大了消费市场，另一方面是牺牲消费者特别是支付意愿较高的消费者的福利来增加企业的利润。加之，为了更大程度地实现福利转移，在数字技术的助推下，企业可能更容易利用消费者的认知偏差和行为偏差，夸大消费者的实际需求和支付意愿，扭曲其消费决策。鉴于“维护消费者利益”是我国《反垄断法》的明确目标之一，确保消费者获得“公平价格”和“合理交易条件”，也是该法的重要关注。因此，即便不涉及竞争损害，针对消费者的剥削性差别待遇行为，也构成我国反垄断法必要和适当的关注。[①]（3）差别待遇（价格歧视）行为虽然通常是由企业利润最大化的动机所驱动，但也可以是基于企业排除、限制竞争的目的而催生。对差别待遇行为的竞争损害效应，不应一概而论，有必要区分两种不同情形：一是造成一线损害或横向损害的排他性差别待遇行为；二是造成二线损害或纵向损害的扭曲性差别待遇行为。

综上所述，差别待遇是一个笼统宽泛的概念，其行为表现多样，经济效果复杂，以可能导致的反垄断法意义上的损害为基础，可分为三种类型，即剥削性差别待遇行为、扭曲性差别待遇行为、排他性差别待遇行为。

四、平台经济领域剥削性差别待遇行为的反垄断法分析

剥削——纯粹的剥削，作为反垄断法意义上的一种损害，不涉及先前的排

---

① 参见郝俊淇：《滥用市场支配地位与排除、限制竞争的可分性》，载《中国市场监管研究》2020年第6期。相反的观点认为：竞争法的理念应当是促进并保障市场竞争，而不是维护公平价格或遏制经济强制。参见董笃笃：《竞争法理念的缘起：从公平价格到市场竞争》，载《经贸法律评论》2021年第2期。

除、限制竞争行为，而是对消费者利益的直接侵害。[①] 剥削性滥用行为，即企业利用支配地位带来的商业机会，通过操纵价格结构或交易条件来榨取消费者利益，获取其在正常和充分有效竞争情形下无法获取的商业利益。传统上，典型的剥削性滥用行为包括不公平高价、不公平低价以及附加不合理的交易条件等。在平台经济领域，潜在的剥削性滥用行为尤其还包括针对消费者的算法价格歧视，即所谓的个性化定价——一种剥削性差别待遇行为。

（一）个性化定价的运作机理

以数字化、智能化、平台化、网络化为核心特征，人类步入了以大数据引擎为动力的数字经济时代。"在线生存"成了人们的真实写照。在线环境下，个人的身份数据、行为数据、关系数据、偏好数据等海量数据，可以在持续、动态、微粒的基础上被企业追踪、收集和处理，再加上机器学习算法的力量，催生了大规模的个性化定制，从个性化新闻、广告、能量测算、健身管理、约会配对，直至个性化定价，即企业基于大数据和算法，分析、预测不同消费者的支付意愿并为其提供差异性交易价格。企业实施个性化定价，一方面依赖于数据基础，其中包括消费者自愿提供的数据（自愿数据）、通过 cookie 追踪获取的数据（追踪数据）、通过算法分析和机器学习推断得到的数据（推断数据）；[②] 另一方面，需要不断对算法分析模型进行投资和改进，以此提升预测的精准性。消费者的数据信息大量聚集在企业，信息严重不对称，加之不断强化的算法，致使"大数据杀熟"的现象司空见惯，"完全价格歧视"的理论假设成为现实。[③]

个性化定价作为在线环境中针对消费者的价格歧视行为，不仅可能减损消费者利益，而且可能违背消费者对公平交易的实质性期待，因而会受到消费者保护法、个人信息保护法、反歧视法、电子商务法乃至反不正当竞争法（不公

---

① 实际上，任何滥用市场支配地位行为最终都会对消费者造成损害，因而可以说它们都是宽泛意义上的剥削性滥用行为。但是，在个案分析中，纯粹的剥削性滥用行为不涉及先前的排除限制竞争行为。

② See OECD, *Personalised Pricing in the Digital Era*, Background Note by the Secretariat, 2018, p. 10－11. https://one. oecd. org/document/DAF/COMP（2018）13/en/pdf.

③ 参见时建中：《共同市场支配地位制度拓展适用于算法默示共谋研究》，载《中国法学》2020 年第 2 期。

平商业行为法）的关注。[①] 不过，对于同样注重维护消费者利益，关注消费者所获交易价格、交易条件公平合理的我国《反垄断法》，个性化定价行为不是其法外之地。[②] 实际上，《反垄断法》第 22 条第 1 款第 6 项有关“对条件相同的交易相对人在交易价格等交易条件上实行差别待遇”的禁止性规定，构成调整个性化定价的基本依据。对此，可以从构成要件符合性和实质违法性两个方面加以解析。

（二）构成要件符合性

从构成要件符合性上看，初步违反《反垄断法》第 22 条第 1 款第 6 项的滥用行为，有两个基本要件：一是条件相同的交易相对人；二是在交易价格等交易条件上实行差别待遇。个性化定价系对不同消费者采取差异性交易价格，符合第二个要件，自不待言。就第一个要件看，我国《反垄断法》区别了“经营者”和“消费者”概念，因而言及“交易相对人”，不仅包括“经营者”，也包括“消费者”，即为满足生活消费需要而购买、使用商品或接受服务的个人。[③] 难点在于如何理解和判断“条件相同”的消费者。宽泛而言，由于性别、年龄、身份、收入、性情、偏好等方面的差异，几乎不存在条件完全相同的消费者。对消费者条件相同与否的判断，显然不能采取毫无限定的做法。我们认为，在线环境下，如果平台企业未在事前披露其基于算法定价的相关信息，比如收集、处理消费者数据的目的、种类、方式和期限，影响算法定价的变量等，那么就可以推定平台企业面向的所有消费者都是“条件相同”的。原因在于：其一，市场交易的道德合法性取决于交易各方的知情同意；其二，作为人们长期互动所形成的社会规范或惯例——除非是那些约定俗成的可被社会普遍接受的价格差异（比如针对弱势群体的价格折扣），消费者通常具有一种实质性期待，即自己和他人处于同等地位和条件，价格在同一时段是以统一、普遍、透

---

① 对这种“多对一”现象的理论分析，参见焦海涛：《经济法法典化：从“综合法”走向“整合法”》，载《学术界》2020 年第 6 期。

② 参见叶明、郭江兰：《数字经济时代算法价格歧视行为的法律规制》，载《价格月刊》2020 年第 3 期。

③ 参见郝俊淇：《反垄断法上的交易相对人及其三重角色》，载《中国价格监管与反垄断》2020 年第 7 期。

明的方式提供的。① 或许是基于同样的考虑，《国务院反垄断委员会关于平台经济领域的反垄断指南》第 17 条更进一步，明确指出："平台在交易中获取的交易相对人的隐私信息、交易历史、个体偏好、消费习惯等方面存在的差异不影响认定交易相对人条件相同。"这实际上是对消费者"条件相同"的普遍推定，而不论消费者的"数字画像"有何差异，彰显了对消费者公平交易权的尊重与捍卫。

（三）实质违法性

从实质违法性上看，个性化定价可基于剥削效应而受到禁止。这种剥削效应既可以从宏观层面加以证立，即个性化定价减损了消费者整体福利；也可以从微观层面加以证立，即个性化定价违背了消费者个体对获得公平价格和合理交易条件的实质性期待。

就宏观层面的剥削效应而言，个性化定价是否一定会减损消费者整体福利，目前无法得出确切的结论。就像传统的价格歧视一样，平台经济领域的个性化定价也会产生福利转移效应（分配效应），可能对消费者有利，也可能对消费者有害，只不过影响的程度要大得多。经济学研究表明，除了单一企业作为垄断者实施的个性化定价会减少消费者整体福利外，其他情形下消费者整体福利所受影响是模糊的。因此，有必要采取个案分析的方式，对个性化定价的福利效应进行具体评估。大量研究还表明，在不完全竞争条件下，如果企业是利用消费者的品牌偏好或忠诚度进行个性化定价，即存在"最佳反应不对称"（best - response asymmetry），那么个性化定价趋向于加剧企业之间的竞争、使平均价格下降并增加消费者整体福利；相反，如果企业是利用消费者的搜索成本或比较成本（消费者对价格不敏感，或缺乏搜索、比较不同产品和服务的动力或能力）进行个性化定价，即存在"最佳反应对称"（best - response symmetry），那么个性化定价趋向于弱化企业之间的竞争、使平均价格上升并减损消费者整体福利。② 这意味着，个案分析的重点，是识别支撑个性化定价的信息类型，

---

① 参见［美］莎拉·马克斯韦尔著：《如何正确定价》，陈汝燕等译，电子工业出版社 2009 年版，第 51 - 60 页。

② See Christopher Townley, Eric Morrison, Karen Yeung, *Big Data and Personalised Price Discrimination in EU Competition Law*. https://ssrn.com/abstract=3048688.

以及导致企业和消费者之间信息不对称的系列因素。

就微观层面的剥削效应而言，企业针对消费者个体或某个群体实施的个性化定价，要证立其违法性，关键在于评估相关行为是否违背了消费者对获得公平价格和合理交易条件的实质性期待。实际上，对于那些支付意愿较高的消费者来讲，他们是个性化定价最直接和主要的“受害者”，因为购买同样的商品，却因与成本完全无关的原因支付了更高的价格。当商品实际发生的成本与收取的价格存在过高差额，或者与其他类似交易相比价格明显不合理，就可以成立反垄断法禁止的不公平高价行为。[①] 这即是说，个性化定价还可能构成不公平的高价行为。回到差别待遇行为的角度，心理学研究表明，人们对公平的情绪反应是与生俱来的：如果消费者知道卖方在同一时段以较低的价格向他人出售完全相同的商品，就不会溢价购买此商品，其与卖方的交易合同赖以存在的双方同意基础也就被破坏了。[②] 质言之，市场交易的道德合法性取决于交易各方的知情同意。因此，企业是否在事前披露个性化定价的运作计划，使相关信息透明公开，确保消费者知情和自愿同意，构成了违法评估的关键所在。实际上，支付意愿较高的消费者，在受教育程度、个人素养、经济状况等方面通常更为良好，可能更加注重个人数据和信息保护，即属于“隐私敏感型”消费者；[③] 企业在未经其知情和同意的情况下，追踪、收集、处理其个人数据，建立个性化定价赖以运行的个人“数字画像”，严重背离了消费者对获得合理交易条件和公平交易价格的实质性期待。这也即是说，相较于“过高价格”和“差异性价格”的表面症状，这些服务于财富攫取的不当数据追踪、收集、处理行为，以及针对消费者的行为歧视和分化策略，具有更为显著的剥削效应。[④] 基于类似的考虑，德国联邦卡特尔局和最高法院认定，Facebook 滥用其在德国社交网

---

① See R. O'Donoghue & J. Padilla, *The Law and Economics of Article* 82 *EC*, Hart Publishing, 2006, p. 609.

② 参见［美］莎拉·马克斯韦尔著：《如何正确定价》，陈汝燕等译，电子工业出版社 2009 年版，第 10 – 11 页。

③ 相反，那些支付意愿较低的消费者，在受教育程度、个人素养、经济状况等方面通常相对落后，可能不太注重个人数据和信息保护，也即对隐私不敏感，他们或许愿意以个人信息的泄露来换取更敏捷、更精确、更定制化的商品和服务。

④ 参见［英］阿里尔·扎拉奇、［美］莫里斯·E. 斯图克著：《算法的陷阱：超级平台、算法垄断与场景欺骗》，余潇译，中信出版社 2018 年版，第 134 – 153 页。

络市场的支配地位，未经用户“自愿同意”（违背用户的合理期待），从第三方网站和应用程序收集用户数据，并与用户 Facebook 账户中的其他数据关联融合，构成了剥削性滥用行为。[①] 不过，有必要说明的是，上述行为也可能违反个人信息保护法上的知情同意、公平透明、目的限制、数据最小化、数据完整性和保密性等原则，因而构成违法的数据处理行为。这就带来了个人信息保护法与反垄断法的关系问题，以及如何在反垄断执法机构与个人信息保护机构之间建立协调合作机制的问题。[②]

五、平台经济领域扭曲性差别待遇行为的反垄断法分析

在理论和实务中，相较于剥削性滥用和排他性滥用，扭曲效应以及扭曲性滥用似乎一直没有得到足够的重视。这要么是因为扭曲性滥用被认为包含于排他性滥用，要么就是因为人们认为，支配企业缺乏可信的动机去损害与其非关联的处于另一层级市场的竞争对手之间的竞争。然而，现实中确实存在扭曲性滥用的案例。例如，发生于信息通信产业的“华为公司诉 IDC 公司滥用市场支配地位案”，IDC 公司作为专利主张实体，并不进行任何实质性生产，仅以专利许可作为其经营模式，IDC 公司对华为公司就涉案标准必要专利许可费前后多次报价均明显高于其对苹果公司、三星公司、RIM 公司、HTC 公司的专利许可费。我国法院认为，IDC 公司的差异性许可费，“将导致华为公司要么放弃相关终端市场的竞争，要么不得不接受不公平的定价条件，从而使华为公司在相关终端市场竞争中成本增加、利润减少，直接制约其竞争能力”。[③] 这清楚地表露了对造成扭曲效应的差别待遇行为的反垄断法关注。实际上，《反垄断法》第 22 条第 1 款第 6 项有关“对条件相同的交易相对人在交易价格等交易条件上实行差别待遇”的禁止性规定，为扭曲性差别待遇行为的规制，提供了坚实的分析框架。

---

① See Thomas Höppner, *Data Exploiting As an Abuse of Dominance*: *The German Facebook Decision*, https://ssrn.com/abstract=3345575.

② 对这些问题的初步研究，参见［比］保罗·尼豪尔、［比］彼得·范·克莱恩布吕格尔主编：《创新在竞争法分析中的角色》，韩伟等译，法律出版社 2020 年版，第 71 页。

③ 参见华为技术有限公司与 IDC 公司滥用市场支配地位纠纷上诉案，广东省高级人民法院（2013）粤高法民三终字第 306 号民事判决书。

（一）对差别待遇行为的判断

首先要明确，扭曲性差别待遇行为的对象是具有竞争关系的交易相对人。由于消费者之间不存在反垄断法意义上的“竞争关系”，因而这里的交易相对人特指经营者，即从事商品生产、经营或者提供服务的自然人、法人和其他组织。其次要明确，扭曲性差别待遇案件中，平台企业与交易相对人不存在竞争关系，否则相关的反垄断法关注就不是扭曲效应，而可能是排他效应。为了便于说明如何对差别待遇行为进行事实认定，假设如下例子：在某电商平台入驻的两家品牌保健品企业A和B，二者的产品和目标消费群体高度相似，存在激烈竞争；由于电商平台暂不从事自营保健品销售，与A和B不存在任何竞争；电商平台对A和B的每笔销售可能收取相同比例或不同比例的佣金。

1. A和B构成条件相同的交易相对人

对“条件相同的交易相对人”的判断，不能仅着眼于A和B的自身情况，比如A刚刚创立而B已经成立多年，或A是国内品牌而B是国外品牌，而应综合考虑电商平台与其交易（A和B的产品在电商平台上分销）所承担的成本，以及交易标的的性质、发生时间等因素。其核心在于电商平台与A和B进行交易的对等性。需要考虑的因素主要包括：（1）与A和B进行交易，电商平台承担的成本近似。严格按照经济学的理解，价格歧视是指没有任何成本依据的价格差异。这即是说，在跟A和B交易时，如果其销售数量、受众群体、信用状况、独家分销/多家分销等适销条件上不存在明显差异，那么该电商平台承担的交易成本就是相同或相似的，因而不能据此实行价格歧视或差别待遇。换言之，对任何一项扭曲性差别待遇行为的指控，都应当首先考虑该差别待遇给卖方带来了何种成本节省或回报率差异。（2）A和B的性质相似。这涉及对A和B的保健品销售价格、用途功能、受众群体等因素的评估，即确认A和B的保健品是否具有充分的替代性。（3）与A和B进行交易的时间相同或接近。满足交易对等性，还要求电商平台与A和B的交易在发生时间上相同或接近。因为，一旦交易发生的时间不同，市场需求变化、技术改进、产品升级等因素，可能造成二者适销条件的根本差异。

2. 对A和B在交易价格等交易条件上实行差别待遇

在市场经济中，效率首先是由竞争驱动的，包括对最佳销售条件的竞争。

不同客户面临不同交易条件实属常态。《反垄断法》第 22 条第 1 款第 6 项对差别待遇的表述相当宽泛——交易价格等交易条件的差别。如果纯粹从事实层面看，交易价格等交易条件的差别不仅包括名义价格的差异，也包括以折扣、返点、津贴等可以直接以金额计算的减让，同时还包括不直接体现为一定金额但实际代表一定好处的交易条件的差异，比如一次性付款还是分期付款，是否提供某些服务或配套设备等。① 但若从差别待遇行为的法律构成上看，对“交易价格等交易条件上的差别待遇”之恰当界定，必须以“条件相同的交易相对人”作为参照，否则反垄断法谴责的行为就太宽泛了。沿用上述例子，交易价格等交易条件上的差别待遇，存在以下两种情况：（1）A 和 B 属于条件相同的交易相对人，但电商平台对二者收取不同的交易佣金，比如对 A 的每笔销售收取 3% 的交易佣金，对 B 的每笔销售则收取 5% 的交易佣金。（2）A 和 B 不属于条件相同的交易相对人，但电商平台对二者的每笔销售却收取 5% 的同等交易佣金。由此可见，《反垄断法》第 22 条第 1 款第 6 项的规定也可以被解释为：对条件不同的交易相对人在交易价格等交易条件上实行相同待遇。很明显，前述平台经济领域的反垄断指南第 17 条的指引，遗漏了这一重要的变式情形。

（二）差别待遇行为导致扭曲效应

在上述例子中，假设 A 和 B 属于条件相同的交易相对人，电商平台对 A 的每笔销售收取 3% 的交易佣金，对 B 的每笔销售收取 5% 的交易佣金。此际，差别待遇行为导致 B 相较于 A 处于竞争劣势，但这一事实本身并不等同于竞争损害，也不应由此推定竞争损害的存在。一般而言，证立扭曲性差别待遇行为，除了表明某个交易相对人受到劣待因而处于不利的竞争地位以外，还应当证明差别待遇行为导致了扭曲效应。

一方面，需要对扭曲效应的发生机理，建立一种可信的解说。一般而言，扭曲效应主要有两种发生机理：（1）基于效率差异的扭曲效应。不同客户的内部效率可能存在差异，与效率较低的客户相比，效率较高的客户可能对投入品或关键平台的需求弹性较低——高效率是建立在高产出运营的基础上，在不降

① 参见兰磊：《非法价格歧视行为的判断标准研究》，载《竞争政策研究》2015 年第 2 期。

低效率的情况下无法减少产出。根据“反向弹性规则”，支配企业具有对高效率客户收取更高价格，而对低效率客户收取更低价格的激励。这意味着，低效率客户支付较低的价格，实际产出比应然产出多；高效率客户支付较高的价格，实际产出比应然产出少。整体上看，竞争过程被扭曲，相关市场的价格高出应有水平，消费者将支付更高的价格。（2）防御纵向整合的扭曲效应。具有一定市场势力的客户，在与支配企业谈判以图获取较低的投入、许可或接入价格时，一旦支配企业不予允诺，该客户可能会威胁向支配企业所在的市场进行一体化整合。但是，如果这种整合是冒进的、低效的，随之而来的可能是，支配企业会对其收取更高的投入、许可或接入价格。客户进行一体化整合的可信度和可行性意味着，支配企业设定价格的策略是，对市场势力较弱的客户收取较低的价格，对市场势力较强的客户收取相对较高的价格，同时确保后者获得足以使一体化整合策略丧失吸引力的利润。在这种情况下，可以预期竞争过程依然被扭曲，消费者最终会付出更高的价格。①

另一方面，还需要揭示扭曲效应的严重程度，即表明：（1）支配企业几乎是涉案客户不可避免的交易对象；（2）差别待遇必须是显著的，即不受优待的客户所支付的费用必须远超受优待客户所支付的费用；（3）支配企业所提供的产品或服务应当占据客户总成本的较大比例，否则差别待遇很难对客户的活动和市场竞争过程产生实质性影响；（4）差别待遇不是短暂的，须持续较长时间。②

六、平台经济领域排他性差别待遇行为的反垄断法分析

排他效应，是各司法管辖区反垄断法的核心关注。排他性滥用，即支配企业采取排他性策略行为，限制竞争对手的商业机会或打压竞争对手的竞争反应，进而损害竞争过程，以此维持或加强其市场支配地位，但却未合乎比例地带来补偿性利益尤其是消费者利益。对于排他性差别待遇行为的违法认定，具有决定性意义的因素不在于歧视或差别待遇本身，而在于行为是否导致了反竞争的

---

① See OECD, *Price Discrimination*, Background Note by the Secretariat, 2016, p. 19. Available at https://one. oecd. org/document/DAF/COMP（2016）15/en/pdf. last visited on January 11, 2021.

② See R. O'Donoghue & J. Padilla, *The Law and Economics of Article* 82 *EC*, Hart Publishing, 2006, p. 577.

排他效应。为了避免双重标准和防范操纵规则，我国《反垄断法》第 22 条第 1 款第 6 项有关差别待遇的禁止性规定，不应被盲目扩张适用，它不是规制和分析排他性滥用行为的适合框架。

（一）平台经济领域排他性滥用行为的歧视因素

近年来，平台企业实施的许多行为，受到了排他性滥用的质疑或指控。这些行为通常包含一定的歧视或差别待遇因素，在描述而非规范的意义上，可将它们概称为“排他性差别待遇行为”。因为，其中的歧视或差别待遇因素对滥用行为的违法认定来讲，至多是相关或重要因素，但不具有决定性意义。具有决定性意义的因素在于行为是否导致了反竞争的排他效应，其论证依赖于多元细致的损害理论和检验标准。

典型的例子包括：（1）亚马逊的掠夺性定价，即亚马逊区分自己的顾客和竞争对手的实际或潜在顾客，通过选择性降价向后者提供更优惠的价格，锁定竞争对手的顾客，以此建立、维持和加强其市场支配地位。不过，仅仅观察到区分顾客和选择性降价的事实，不足以说明这种行为的违法性。根本性的问题在于，较低的价格是否具有掠夺性，即价格是否低于某种成本标准，以至于这种降价除了服务于排除、限制竞争，别无任何其它经济意义。其实，歧视因素在这当中也非毫不相关。运用价格歧视，亚马逊在掠夺期间承受的损失不会像全面降价时那么大，即有助于分摊损失。（2）苹果的自我优待，表现为一种价格挤压，即苹果涉嫌滥用其应用内购买系统的支配地位，对竞争对手的应用程序抽取售价 30% 的交易处理费，而对自有的应用程序免收交易处理费。同样，仅仅表明存在差异性的交易处理费，不足以说明行为的违法性。核心的关注在于，这种差异性的交易处理费，对竞争对手的成本提升，是否使有效率的竞争对手的经营变得不经济，从而造成反竞争的封锁效应。（3）谷歌的自我优待，表现为一种质量挤压，即谷歌滥用其在通用搜索引擎市场上的支配地位，在搜索结果中偏袒自己的比较购物服务，加大对自身比较购物服务的引流和曝光，同时劣待竞争对手的比较购物服务，限制其流量和展示位置。与苹果的自我优待类似，仅仅表明相互竞争的比较购物服务在所获流量、排序位置等方面的差异，不足以确立行为的违法性。关键在于，这种差异性的流量支持，是否严重削弱了竞争对手的比较购物服务质量，使其无法达到最低有效的点击量或浏览量（活跃用户规模），进而造成反竞争的封锁效应。（4）微软的搭售，即微软滥用其 Windows 操作系统的支配地位搭售 IE 浏览器，排挤竞争对手的浏览器。在经济学中，搭售与数量折扣、忠诚折扣等，通常被视为二级价格歧视的方式。由于这种价格歧视的福利效应是模糊的，因而证明搭售行为的违法性，需要建立可信的损害机理：比如依据“杠杆理论”表明，微软通过搭售将 Windows 的垄断势力传导至 IE 浏览器，从而排除、限制了浏览器市场的竞争；又如依据“提升竞争对手成本的封锁理论”表明，微软通过搭售提升了竞争对手的成本，阻碍竞争对手在浏览器市场或操作系统市场的扩张或进入。（5）阿里巴巴的独家交易，即阿里巴巴滥用其在网络零售平台服务市场的支配地位实施“二选一”行为。所谓“二选一”，即阿里巴巴寻求或迫使商户退出竞争对手的网络零售平台，将天猫作为独家入驻平台。“二选一”可以基于独家交易协议，也可以基于相关惩罚或激励措施形成的约束，甚至还可以基于协议、激励、惩罚等叠加措施来强化约束。实际上，无论“二选一”基于何种手段，其都体现出对不同商户在交易条件上的差别待遇——接受或服从独家义务的商户可以获得折扣、优惠、流量等资源优待，不接受不服从独家义务的商户则可能受到屏蔽店铺、搜索降权、流量限制、技术障碍、扣取保证金等不利待遇。不过，仅仅表明针对商户的差别待遇，同样不足以确立“二选一”行为之排他性滥用的定性，而需要在“阿里巴巴锁定商户→竞争性平台受损（遭到客户封锁）→反竞争的排他效应”的逻辑层面，建立可靠的竞争损害机理。（6）Apple Store、Google Play、微信等“必需设施”的拒绝交易，即该等“必需设施”拒绝竞争对手的应用程序上架，或拒绝将 API 接口分享给竞争性产品或服务。这实际上是优待自有产品或服务、劣待竞争性产品或服务的一种较为极端的变式。仅仅表明这种差别待遇，显然也不足以证立排他性滥用，而需要十分严格的论证。比如，需证明据称的“必需设施”对竞争是客观必要的，且不能复制、自建或只能以极不经济的代价复制、自建，而拒绝行为将严重限制或消除相关市场的竞争，等等。

（二）“差别待遇”条款不应适用于排他性滥用行为

几乎所有的排他性滥用行为都需要进行严密的效果分析，如何证立排他性滥用行为，是世界各司法辖区的共同难题。① 在学术研究和执法实践的不断探索下，人们相继提出了一些较为可靠的损害理论和检验标准，用以结合个案事实，证立排他性滥用行为。例如，利润牺牲检验、无经济意义检验、传导或杠杆检验、提升竞争对手成本的封锁检验（同等效率竞争者检验）、消费者损害检验、相称性检验，等等。我国《反垄断法》第 22 条第 1 款诸项所禁止的掠夺性定价、拒绝交易、限定交易（独家交易）、搭售等行为，一般被认为是典型的排他性滥用行为。这些"排他性滥用"条款的适用，不能仅凭形式化的判断，而需要依托适当的损害理论和检验标准，用以涵摄涉案行为和事实。

这即是说，我国《反垄断法》第 22 条第 1 款第 6 项的"差别待遇"条款，与其他诸项"排他性滥用"条款，所依托的损害理论、检验标准和分析框架是不同的，"差别待遇"条款不应适用于排他性滥用行为。事实上，泛化"差别待遇"条款，对其采取扩张解释和适用，无疑会使《反垄断法》列举的掠夺性定价、拒绝交易、限定交易、搭售等滥用行为，仅仅根据其是否涉及歧视或差别待遇因素的人为区分，而在违法认定上陷入双重标准。比如，尽管该法第 22 条第 1 款第 2 项有关掠夺性定价的规定，明确了以低于成本的价格销售商品的检验要求（利润牺牲或无经济意义检验标准），但是，如果按照第 6 项"条件相同的交易相对人""交易价格等交易条件上的差别待遇"的要求，检验所谓的"歧视性掠夺定价行为"，不仅有操纵规则之嫌，还可能导致对某些行为的不合理禁止，比如禁止"歧视性的高于成本的定价"。概言之，没有理由根据歧视性做法和非歧视性做法的人为区分，对掠夺性定价等排他性滥用行为采取双重标准。

需要说明的是，对"差别待遇"条款适用范围的限缩，并不妨碍涉案有关行为同时触发多个条款，同时成立不同类型的滥用行为。例如，如果某电商平台的"流量/服务政策"，具有强烈的商户诱导效应和锁定效应，造成对竞争性平台的封锁和排挤，就可能成立排他性的限定交易行为；同时，如果这种"流量/服务政策"对条件相同的平台内经营者（与平台非关联的商户）具有歧视性，也可能成立扭曲性的差别待遇行为；再者，如果这种"流量/服务政策"

① 参见钟刚：《平台经济领域滥用市场支配地位认定的证据规则思考》，载《法治研究》2021 年第 2 期。

包含对平台内经营者的数据、信息收集处理的不合理条款，还可能成立剥削性的不合理交易条件。概言之，不同性质或类别的滥用行为，可以共存于同一案件，但它们所依据的法律条款、损害理论、分析框架、检验标准可能存在差异。

总之，差别待遇是一个笼统宽泛的概念，其行为表现多样，经济效果复杂。在平台经济领域，具有市场支配地位的平台企业实施的滥用行为，大多包含歧视或差别待遇因素。我国《反垄断法》第22条第1款第6项有关“对条件相同的交易相对人在交易价格等交易条件上实行差别待遇”的禁止性规定，有其适用边界，不应扩张适用于所有涉及歧视或差别待遇因素的滥用行为。该项规定是调整剥削性差别待遇行为（个性化定价）和扭曲性差别待遇行为的适当依据，但却不是调整排他性滥用行为的恰当基础。

由此来看前述平台经济领域的反垄断指南第17条关于差别待遇行为的指引，可谓亮点和不足并存。其亮点在于：一是明确了“大数据杀熟”可能构成滥用市场支配地位的差别待遇行为，并且提出了相关考虑因素，其中包括“平台经济领域经营者基于大数据和算法，根据交易相对人的支付能力、消费偏好、使用习惯等，实行差异性交易价格或者其他交易条件”。二是对判断“条件相同”的消费者（交易相对人）提供指引，明确了“平台在交易中获取的交易相对人的隐私信息、交易历史、个体偏好、消费习惯等方面存在的差异不影响认定交易相对人条件相同。”这实际上是对消费者“条件相同”的普遍推定，而不论消费者的“数字画像”有何差异，彰显了对消费者公平交易权的尊重与捍卫。三是非穷尽地列举了平台经济领域经营者实施差别待遇行为可能具有的正当理由，为经营者的抗辩提供了指引。不过，该条也存在以下不足：一是缺乏清晰的分类思维，未能从反垄断法所关注的实质性损害的层面，提炼不同类型的差别待遇行为，界定我国《反垄断法》第22条“差别待遇”条款的适用范围和情形。二是偏重事实描述，疏于规范解析。例如，该条虽然突出了对“大数据杀熟”（个性化定价）的关注，但似乎只是对其作了事实层面的描述，缺乏充分的规范解析和判断标准的建构，因而其指引和规范功能较为有限，难以使经营者获得稳定的合法预期。[①] 三是对基本构成要件的解释不尽充分。“条件

① 参见郝俊淇、刘维俊：《反垄断指南的功能探讨》，载《中国价格监管与反垄断》2015年第9期。

相同的交易相对人”和“交易价格等交易条件上的差别待遇”是我国《反垄断法》第22条第1款第6项的基本构成要件，然而指南对上述要件涉及的“要件要素”缺乏较全面的分析和解释，对两个要件之间的关系也缺少辨析，以致遗漏了“对条件不同的交易相对人在交易价格等交易条件上实行相同待遇”的变式情形。

第四章

数字经济中的税法激励

当前，我国税制改革相对滞后于数字经济的快速迭代，部分新兴税源游离于传统税制之外，因此既未创设出高度契合数字经济发展要求的数字税制，亦未能给财政收入带来应有的增量。本章聚焦于数字税收法律问题，从财税法治创新角度，重点探究了新一轮房地产税试点改革的转型逻辑和 REITs 税收激励机制与税收优惠。只有积极回应数字税制的现实需求，确保其与传统税制的顺畅衔接，才能实现税法对数字经济高质量发展的激励作用。

第一节　新一轮房地产税试点改革的转型逻辑

继 2011 年上海和重庆两地实施房产税改革试点以来，2021 年全国人大常委会作出决定，授权国务院启动新一轮房地产税转型改革试点。本轮试点旨在重构我国房地产税制结构，建立以“破除障碍”为导向的房地产保有环节的直接税设计，形成适应房地产市场稳定发展预期的地方税激励约束长效机制。这体现了新形势下房地产税对引导住房合理消费和土地资源节约集约利用的重要工具性价值，更彰显了立法机关对依法调控房地产市场所持的积极而审慎的态度。

一、房地产税：有机整合现有房地产税收体系的新税种

如何理解“房地产税”这一概念，事关社会各界对本轮房地产税制改革举措的支持与纳税遵从问题。自 20 世纪 90 年代住房市场化改革以来，我国房地产税改革曾以“物业税”之名被提上议事日程。2003 年 10 月 14 日，党的十六届三中全会通过的《中共中央关于完善社会主义市场经济体制若干问题的决

定》明确提出："实施城镇建设税费改革，条件具备时对不动产开征统一规范的物业税，相应取消有关收费。"随后，国民经济和社会发展"十一五"规划将"物业税"直接写进财税体制改革任务中，进一步明确"改革房地产税收制度，稳步推行物业税并相应取消有关收费"。后来，在国民经济和社会发展"十二五"规划中，"物业税"一词被正式改为"房地产税"，该规划提出要"研究推进房地产税改革"。2013 年 11 月 12 日，党的十八届三中全会通过了《中共中央关于全面深化改革若干重大问题的决定》，在完善税收制度部分，该决定提出"深化税收制度改革，完善地方税体系，逐步提高直接税比重"以及"加快房地产税立法并适时推进改革"的要求，再次强调了"房地产税"这一概念的使用。此后，国家"十三五"规划和"十四五"规划都继续沿用了"房地产税"概念，分别提出要"完善地方税体系，推进房地产税立法"以及要"推进房地产税立法，健全地方税体系，逐步扩大地方税政管理权"。

回顾历史，我国房地产税制先后经历了起步（1949—1956 年）、倒退（1956—1978 年）、调整（1978—1990 年）和改革（1990 年至今）等不同发展阶段。目前，我国针对土地和房屋的税种杂多，主要有城镇土地使用税、耕地占用税、土地增值税、房产税、增值税、企业所得税、个人所得税、契税以及印花税等。这些税收主要集中在土地使用、房屋建设、房屋销售、房屋出租以及有关合约签订等不同环节。近年来，"房地产税"概念的提出，克服了过去我国引入"物业税"概念后所产生的不必要误解，避免了与所谓物业费"费改税"的形式混淆，税改目的直指相关税种的集中整合，对房屋和土地等不动产的存量改在保有环节进行征税，并改按以公允价值为基础的市场评估价值计征，这与当前因房地产的移转、变动而课征的所得税、流转税、行为税有着显著区别。

需要说明的是，房地产税与房产税并非同一概念，后者在我国现行地方税体系中是既有的一个直接税税种，其开征依据是 1986 年国务院颁布的《房产税暂行条例》。除了房产税，2009 年之前我国还专门针对外资企业和外籍个人征收了城市房地产税。这种内外有别的税制，在 2009 年《城市房地产税暂行条例》被废止后完成了最终的统一，实现了内外资企业和个人统一缴纳房产税的彻底转变。2011 年，沪渝两地的房产税改革试点，就是把改革重心放在了房产税上。本轮改革的房地产税，则属于即将面世的一个"新税种"，一定程度上讲，这预示着此前沪渝两地房产税改革试点正在进行“全面扩围”，意味着房地产税改革试点从此步入了综合性改革的“深水区”。

可以说，改革现有房地产税费制度，简并税种，构建统一规范的新型房地产税制，已成为我国今后地方税改革工作的重要共识和发展目标。因此，本轮试点需要科学界定房地产税的法律概念，在有机整合现有房地产税收体系中揭示房地产税的法律特征，从根本上厘清房地产税的构成要素，客观反映房地产的市场价值评估方法和纳税人的承受能力，保持新旧税法之间的协调和税改前后税负的基本相当，澄清人们心中的各种认识误区，防止出现不必要的担心与抵触情绪，通过“减税”有效减少改革试点的阻力。

二、坚持“一地一策、因地制宜”原则：差异化的地方改革方案样本

实行分税制以来，我国虽然建立了地方税体系，但并未改变长期以流转税为主体的税制结构，财产税在整个税收体系中的占比并不突出。作为新型的财产税和地方税，房地产税在弥补地方政府财政收入不足、调节房地产资源与社会财富分配、促进房地产市场稳定健康发展等方面有着重要的财政调控功能，有望化解地方政府的“土地财政”困局，走出“炒地”“炒房”“鬼城”“价格高企”等市场怪圈。

开征房地产税，意味着对现有房地产税种的整体替换和优化整合，税改方案内容会全面涉及纳税人、征税对象、征税范围、计税依据、税率税目、征税环节、纳税期限、纳税地点、税收优惠以及法律责任等税收要素的科学设计。目前，国务院及其有关部门正在积极制定本轮房地产税试点具体办法，在试点地区确定后，地方政府还需要进一步制定当地具体实施细则。我们建议，本轮房地产税改革试点仍需坚持“一地一策、因地制宜”原则，在改革方案中体现出各地自身的独有特色与价值取向，明确不同试点地区的房地产税改革重点，用不同改革样本广泛收集各类有用的试点信息，及时总结试点经验和相关教训，在不断完善试点措施中促进地方政府合理利用财产税手段调控本地房地产市场发展。

与之前沪渝两地房产税试点相比，本轮试点的试点地区范围更广，改革所涉税种更多，纳税人和征税对象明显扩大，税率税目的设计更为复杂。按照全国人大常委会的授权决定要求，“试点地区的房地产税征税对象为居住用和非居

住用等各类房地产，但不包括依法拥有的农村宅基地及其上住宅。土地使用权人、房屋所有权人为房地产税的纳税人。非居住用房地产继续按照《房产税暂行条例》、《城镇土地使用税暂行条例》执行。”这些要求实际上为接下来的房地产税改革试点划出了两条“底线”。其一，改革范围限于城市土地与房屋，农村宅基地及其上住宅被直接排除在外；其二，非居住用房地产继续征收房产税和土地使用税。这两条“底线”既考虑到了城乡二元结构下农村土地及其上住宅的非市场性与弱流动性，也考虑到了保持地方政府收入的相对稳定性与安全保障性，从而为改革试点找准了着力点和工作方向，为不同税改方案的设计出台设定了发挥边界。

各地税改方案的差异化安排，是一个技术性很强的问题，尤其在税目税率和税收优惠的设计上应尽量体现不同类型房地产的应税属性，处理好自住与租住、一套与多套、豪宅与普通住宅、有人居住与常年空置等不同类型房产的比较税负关系。只有找准地方房地产市场发展的突出症结，才能在改革试点中做到有的放矢，实现有效调控。

三、严格执行“授权立法”：正确处理好改革与法治的关系

实践表明，把改革与法治紧密结合起来，既是改革的需要也是法治的需要。正确处理好改革与法治的关系，就是要坚持改革与法治相统一、相促进。习近平总书记提出：“在整个改革过程中，都要高度重视运用法治思维和法治方式，发挥法治的引领和推动作用，加强对相关立法工作的协调，确保在法治轨道上推进改革。”这些年来，坚持以法治凝聚改革共识，坚持以立法引领改革、以立法授权改革、以立法预留改革空间、以立法破除改革障碍，已经成为习近平法治思想的科学方法，我们在深入推进房地产税改革试点过程中，必须坚定不移地坚持习近平法治思想的指导地位，并运用其科学方法，做好房地产税改革试点的“授权立法”工作，将新一轮房地产税改革试点纳入税法控制。

根据全国人大常委会的授权决定要求，新一轮房地产税改革试点仍将采用“行政法规 + 政府规章”立法模式。一方面，国务院需要根据授权制定房地产税试点具体办法；另一方面，试点地区人民政府需要制定具体实施细则。在推进这一“授权立法”的过程中，国务院及其有关部门、纳入试点的地方政府应当构建科学可行的征收管理模式和程序。我国《立法法》第 10 条对“授权立

法”作出了明确规定，全国人大及其常委会有权专门作出决定，授权国务院根据授权决定行使立法权。至于全国人大及其常委会对地方政府的“授权立法”，虽然《立法法》没有将其作为一项基本制度进行规定，但在立法实践中已被认为也是合法的，是可以作为个案来处理的。

从税改路径看，房地产税改革试点应当基于上述“授权立法”，严格坚持修法先行，进而为试点地区的房地产税改革试点提供具体的法律依据，这在我国现有的国情下显得尤为重要。否则，税改试点无视形式正义，一旦缺乏合法性根据，纳税人的遵从度难免会越来越低。而且，仅靠出台税收政策来推行房地产市场调控措施，很难消除市场上的阻力，也很难获得纳税人的支持。为此，我们需要做的是，把税法从工具、从制度变成治国理政的根本理念，通过“授权立法”的公平、公正、公开、透明来稳定房地产市场的税改预期。

第二节　REITs 税收激励机制：课税原则与税收优惠

2020 年上半年，中国版基础设施不动产投资信托基金（Real Estate Investment Trusts，REITs）试点的正式启动，标志着金融市场在贯彻落实党中央、国务院关于深化投融资体制改革、积极稳妥降低企业杠杆率、保持基础设施补短板力度等决策部署方面迈出了关键一步。[①] 基础设施 REITs 的推出，代表着 REITs 行业有望在我国重点地区、[②] 重点行业[③]实现率先突破，多年来一直困扰信托业，尤其是 REITs 行业有效拓展的税收优惠等配套制度安排问题需要尽快提上议事日程。

---

① 2020 年 4 月 24 日，中国证监会和国家发改委联合发布《关于推进基础设施不动产投资信托基金（REITs）试点相关工作的通知》（证监发〔2020〕40 号），明确了基础设施 REITs 试点的重要意义、基本原则、试点项目要求和试点工作安排，强调按照市场化、法治化原则，充分依托资本市场，积极支持符合国家政策导向的重点区域、重点行业的优质基础设施项目开展 REITs 试点。随后，中国证监会同步就《公开募集基础设施证券投资基金指引（试行）》公开征求意见，2020 年 8 月 6 日正式颁行该指引。

② 这主要体现在 REITs 将优先支持京津冀、长江经济带、雄安新区、粤港澳大湾区、海南、长江三角洲等重点区域，支持国家级新区、有条件的国家级经济技术开发区。

③ 这方面主要体现在 REITs 将优先支持基础设施补短板行业，包括仓储物流、收费公路等交通设施，水电气热等市政工程，城镇污水垃圾处理、固废危废处理等污染治理项目，同时鼓励信息网络等新型基础设施以及国家战略性新兴产业集群、高科技产业园区、特色产业园区等。

从理论上看，税收对信托的基础性影响既可能表现为扩张性税收政策的激励效应，也可能表现为紧缩性税收政策的抑制效应。完善、合理的信托税制有利于确保信托业在宽松和公平的环境下稳健发展；不合理的信托税制则可能造成信托业经营困难、风险增大，甚至扭曲社会经济资源的合理配置。[①] 本节聚焦于我国 REITs 的税收激励机制研究，从信托导管与税收正义入手，重点围绕 REITs 在经济与法律上的可税性审视以及有关 REITs 的税收负担原则考察，通过深入探讨美国 REITs 发展实践中的税收优惠安排，提出科学构建我国 REITs 税收优惠制度的法律建议。

一、REITs 中的信托导管原理与税收正义

REITs 作为信托的一种类型，其税收理由和标准都源自信托本身的工具性价值和产业性价值，需要在保护国家利益、社会整体利益的基础上，充分考虑信托的本质以及信托主体的实际利益。REITs 税收激励与惩罚机制的设计，应以促进资源利用的效率为宗旨，但这在一定程度上受制于政府部门以及社会公众对信托的接受态度与自觉应用。对 REITs 而言，是否对信托的工具性和产业性价值属性形成科学而理性的认识，事关信托课税中税收正义的真正实现。

在现代法治国家，税收仅当符合宪法价值秩序下的正义要求时，才具有正当化基础。[②] 税收正义由于涵盖平等课税、公平税负以及税收效率等基本价值，因此仅仅依据国家财政之需要，并不能证明税收的正当性且给出其标准。REITs 课税本质上属于财政法问题，而不是信托法问题。它直接涉及到国家公权力的行使以及信托主体基本财产权利的保护。正因为如此，REITs 课税的正当性把“问题”与“主义”进行了必要链接，并在信托制度体系化的需要中寻求税法的创新与突破，以更好地、更有针对性地破解 REITs 发展中的涉税机制与制度性障碍。

在信托制度框架下，信托的工具性价值对 REITs 课税具有突出意义。从国际范围看，信托税制的设计均采取“实质课税主义”，在信托收益课税中正视信托导管原理的运用，并把受益人负担、避免重复征税、扶植公益事业、兼顾

---

① 参见李青云：《信托税收政策与制度研究》，中国税务出版社 2006 年版，第 58 - 59 页。
② 参见施正文：《论程序法治与税收正义》，载《法学家》2004 年第 5 期。

公平效率等确定为信托税制的基本原则。根据信托导管原理，受托人取得信托财产时即视为受益人取得了该项财产，因而，受托人管理和运用信托财产时发生应税项目，应视同受益人亲自运用该信托财产时发生的应税项目。受益人纳税义务在应税项目发生时产生，所需税金直接由受托人从信托财产中代扣代缴。①

在信托起源地英国的法律传统中，受托人所取得的只是信托财产的名义所有权，其不仅应严格按照普通法的形式要求进行信托财产管理，更应该根据衡平法的良心和正义要求为受益人利益而认真履行其管理职责，如此一来，信托财产不仅被置于普通法规则的约束之下，更被置于衡平法规则的治理之中。税法在面对信托双重所有权理论时，需要刺破信托的“面纱”，将焦点锁定在受益人所享有的衡平法所有权上。换言之，受托人并不享有信托财产权的所有权能，对信托财产利益的享有是受益权的主要内容，受益人所获得的信托财产利益才是税法上的课征对象，信托被视为委托人对受益人的一种财产性赠与，这种利益的实现借助了信托财产权的移转与分离设计，目的就是为了实现委托人的意愿而使受益人获利。因此，只有从总体上考虑信托收益的归属，才能避免重复征税。② 或许理解受益人权利性质更为实际的观点是英国 Baker v. Archer Shee 案③中的表述，该案表明了普通法中的对物权（right *in rem*）与民法中的物权（real right）是完全不同含义的术语。④

二、可税性审视：REITs 在经济与法律层面的可税性分析

税收在各国财政收入中占据至尊地位，这使得现代国家已经成为名副其实的“税收国家”。国家征税通常要考虑两个方面，一方面是经济上的可能性与可行性，这可称之为“经济上的可税性”；另一方面，是法律上的合理性与合法性，这称之为“法律上的可税性”。⑤ 一直以来，REITs 的交易结构与类型化

---

① 参见徐孟洲、席月民：《论我国信托税制构建的原则与设计》，载《税务研究》2003 年第 11 期。

② 参见徐孟洲主编：《信托法学》，中国金融出版社 2004 年版，第 171 页。

③ Baker v. Archer Shee ［1927］ AC 844，HL.

④ 参见张天民著：《失去衡平法的信托——信托观念的扩张与中国〈信托法〉的机遇和挑战》，中信出版社 2004 年版，第 24 页。

⑤ 参见张守文著：《财税法疏议》，北京大学出版社 2005 年版，第 139 页。

发展，同样面临着来自经济层面可税性与法律层面可税性的双重审视。

（一）经济上的可税性

从经济层面看，收益性和营利性是确定可否征税的基础性因素。REITs 是依照营业信托原理设计的投资工具，属于“信托 + 不动产租赁”模式的金融产品，实践中，通过 REITs 可以快速实现不动产长期租赁市场的资金回流，缩短不动产租赁市场的开发建设周期，有效解决资产固定性与权益流动性的矛盾，将经营统一性与资金多元化分离，让金融投资者分享不动产租金收益，这对不动产租赁市场开发商、运营商和众多金融投资者而言，无疑型构了多方共赢局面，进而使 REITs 的利用形成新的信托产业。就 REITs 来说，其经济上的可税性主要体现为不动产的租金收入以及 REITs 产品流通中的营业额、增值额，其市场规模受不动产租赁市场租金收益率影响较大，通常与一国不动产行业的税收体系勾连在一起。

（二）法律上的可税性

税收法定是税法的重要原则之一，它集中体现了现代宪法所确立的民主原则与法治原则，对保障人权、维护国家利益和社会整体利益而言举足轻重，不可或缺。按照该原则，没有法律依据国家不能征税。从法律层面上看，合理性与合法性的要求是对国家或其职能部门的要求，特别是对立法机关与税务机关的要求。对 REITs 而言，法律上的可税性既需要关注其交易结构及其类型化区分的合法性根据，如《信托法》《证券投资基金法》《慈善法》等法律中有关营业信托、资金信托、慈善信托等规定，也需要明确征税所依据的现行有关流转税、所得税、财产税、行为税等方面的具体税法规定。只有同时符合课税要素法定、课税要素明确、课税程序合法，REITs 才具有法律上的可税性。

（三）税收优惠对可税性的影响

受税收政策目标多元化的影响，一国与 REITs 有关的税收优惠政策往往对信托税制本身构成一定的“侵蚀性”，这是因为税收优惠会导致国家牺牲掉部分税收利益，使原本具有可税性的 REITs 增值、REITs 收益、REITs 行为不再具有“实际上的可税性”。正因为如此，从国际范围看，税收优惠成为各国 REITs 产生发展的重要驱动力。税收优惠体现的是国家对 REITs（实践中又可区分为不同类型 REITs）的差异化税收态度，属于正常课税的例外规定，这些例外主要表现为不同形式的减免退税措施以及其他优惠形式。这里的其他优惠形式，还可以选择税式支出、投资抵免、税前还贷、加速折旧、亏损结转抵补以及延期纳税等。基于法律上的可税性原理，REITs 税收优惠政策的推出，也必须符合税收法定原则，在优惠对象、优惠范围、优惠方式、优惠地域、优惠期限等方面，通过具体的信托税制安排进行合理界定，进而科学引导和有效调节 REITs 投资，尽量减少重复征税。无论是直接优惠还是间接优惠，REITs 税收优惠都在国家与 REITs 主体之间、不同类型的 REITs 业务之间形成税法上利益分配的均衡配置与公平正义。

三、税收负担原则考察：受益人课税与受托人课税

日本学者渡边智子教授认为，所谓理想的信托税制，应该是从各种各样的信托结构中选出能产生最大的税前收益（信托利益和信托报酬的合计额度）的结构，建立起不会阻碍实务利用的中立的税收制度。[①] 这种观点表明，REITs 本身的信托结构会因信托财产的不同而产生不同的税前收益，针对信托收益探讨课税方法是信托税制中最根本的问题。如此一来，信托收益的归属便成为问题的焦点，进而也就依此标准确立了相应的纳税义务人。由于 REITs 所产生的信托收益会以信托利益和信托报酬形式在受益人和受托人之间进行分割，因此有关 REITs 的税收负担原则考察，就需要分别从受益人课税与受托人课税双向展开，尽力防止产生同一 REITs 中的重复征税现象。

REITs 的发展与不动产紧密相连，其课税对象与范围在整体构造上与不动产税收负担直接挂钩。有关 REITs 税收优惠制度的定位，就必须借助一国税收结构体系中与不动产有关的流转税、所得税、财产税和行为税等来进行探讨，把 REITs 行业发展所需要的税收优惠设计置于复杂精密的税法体系之下，在穿透性的基于税种的类型化研究中把握 REITs 的税负变化，合理区分 REITs 课税中的信托收益市价基础与信托目的实现基础，形成基于受益人课税原则的受益人所得课税与基于受托人课税原则的受托人营业课税、所得课税、财产课税、行为课税有机统一的复合型 REITs 税收体系。

---

① 参见［日］渡边智子、［日］岡村忠生著：《日本信托银行年报与信托税制》，姜雪莲等译，中国金融出版社 2018 年版，第 29 页。

一方面，从受益人课税看，如何确保受益人信托利益不被侵害是其中的关键，同时也需要考虑存在共同受益人情况下的税负分配问题。在信托课税中，通常认为信托是给予受益人利益的一项制度，所以由受益人负担信托税负是适当的。当然这里主要涉及的是个人所得税、企业所得税，在有遗产税和赠与税的国家和地区，还会涉及遗产税和赠与税。有关受益人课税的本质，其实可以理解为是对信托财产“所得”的课税。但问题在于，受益人之间采用何种方式决定税负分配，并不属于税法问题，而是被信托当事人作为私法问题来解决的。正常情况下，都会由受托人根据信托文件载明的收益分配方案来确定。即便受托人无法确定分配方式，也可以参照默认的习惯规则来进行。在受益人连续型信托中，通常会由一定时期内的最后一位受益人承担全部税负。对共同受益人课税，需要尽力避免共同受益人之间的税负转嫁问题。另外，在受益人不存在或未特定期间，则需要考虑受托人课税的替代性方案。

就 REITs 来说，在存在受益权转让的情况下，对于有偿转让和无偿转让受益权则需要作出必要区分，后者应该不发生课税关系。在 REITs 实践中，还需要注意的一点是，信托收益中的信托报酬会不会因受益人课税而被减少，信托报酬的计提究竟应放在受益人课税之前还是之后，针对信托报酬的征税是否会产生重复征税。这样看来，在 REITs 税收优惠制度研究中，深入探讨避免出现双重征税的课税方法是十分必要的，REITs 课税的正当化必须建立在信托导管原理的基础之上，并始终坚持税收中性原则。

另一方面，从受托人课税看，其纳税义务人则锁定为营业信托的受托人，征税对象主要是信托机构的信托经营行为及其所管理运用的信托财产以及所获得的信托报酬。在 REITs 中，受托人往往是专业的信托机构，其信托业务经营活动会涉及流转税中的增值税及其附加和土地增值税，所得税中的企业所得税，财产税中的房产税、土地使用税和契税，以及行为税中的印花税等税种。采用受托人课税原则，需要结合信托设立、变更与终止的不同阶段进行分析，受托人所负担的信托相关租税源自其信托经营行为及其所获得的信托报酬本身，这主要是因为受益人并不实际参与信托财产的管理、运用和处分，在信托业务的主体归属问题上，受益人的存在并不改变受托人的信托业务独立性。REITs 受托人的信托经营行为是一种纯商业行为，其独特魅力即体现在不动产物业的证券化本身，即便将信托目的设计为发展公益事业，也并不排斥信托报酬的计取。

由 REITs 的受托人及其业务所构成的 REITs 行业，以其不动产金融信托的行业性价值作为受托人课税原则的客观基础，因而在汇聚社会资本、盘活不动产物业存量并促进投资的同时开辟出自身的合理税源。

问题在于，REITs 中不动产租赁物一旦发生价值变动，究竟应由出租人还是承租人承担相应损益，这在衡量受托人的营业规模、营业收入以及所管理的信托财产的市值时可能会成为一个问题，进而可能影响到受托人的税负计算。当然，这需要在信托合同中事先进行书面约定，尤其对不动产的租金调整与受益权份额的流通价格作出市场化的风险归属安排。只有这样，才能使受托人课税在复杂的 REITs 市场变化中得到便宜、简单的计算与处理，这也从 REITs 的行业性价值层面进一步说明了其经济上的可税性，并在 REITs 的设立环节、持有环节和退出环节形成差异性的税负结构安排。

REITs 是资本市场的大类资产，在我国现行税制结构下，REITs 设立环节的税负，会因存在受让资产和受让股权两种交易模式而有所不同，受让资产时所涉税种主要是契税和印花税，受让股权时则只有印花税一项；REITs 持有环节的税负，则体现在物业出租和物业持有行为上，物业出租所涉税种有增值税及其附加、印花税，物业持有的税种有房产税、土地使用税和企业所得税等。REITs 退出环节的税负与设立环节的资产转让或者股权转让相联系，在发生资产转让后涉及增值税及其附加、土地增值税、印花税、企业所得税，在发生股权转让时则需要承担企业所得税和印花税。

四、美国经验：美国 REITs 的发展转型及其税收优惠实践

在全球金融体系中，REITs 是不动产金融的重要支柱。作为一种满足特定投资需求的金融信托产品，REITs 自美国诞生到现在已经历经 60 年的发展与全球性扩张。作为 REITs 市场的起源地，也是当今世界 REITs 市场最为发达的国家，美国 REITs 投资经营的不动产物业类型包括酒店、写字楼、公寓楼、仓库、林地、农田、工业园、基础设施、购物中心、健康护理中心、数据中心以及电影院、赌场等。综合全美房地产投资信托协会（National Association Of Real Estate Investment Trusts ，NAREIT）和欧洲公共房地产协会（European Public Real Association，EPRA）的统计数据，截至 2019 年 6 月，全球共有 42 个国家

和地区出台 REITs 制度，全球公募 REITs 市场的总市值已经超过 2 万亿美元。①

1960 年美国房地产投资信托法案和国内税收法典修订案，为创设传统型 REITs 提供了重要的法律依据和税收激励措施。REITs 的创设，首次将房地产与股票投资的最佳属性结合在了一起，一方面使得物业资产原拥有者能够从个人投资者手中募集更多资金，另一方面又使得个人投资者有机会参与并享受由专业运营团队管理的高价值物业地产的收益。值得一提的是，美国 REITs 从一开始就高度重视税收工具的调节作用，尤其注意从所得税层面给予 REITs 相应的税收激励。根据上述法案，REITs 只要符合股权结构、资产、收入、分配等方面的条件，② 就具备享受税收优惠政策的资格，其分配给投资者的收益分红就可以在所得税前予以扣除。当时，传统型 REITs 只拥有但不经营房地产资产，其通过协议安排聘请专门的房地产企业对所投资资产进行经营管理。利用 REITs 这种方式，可以使房地产企业节省约合其市值 4% 的直接税费以及 1% ~ 4% 的避税费用。③ 传统型 REITs 尽管为投资者带来了一定的税收优惠，但其委托第三方经营的特点仍带来一定的局限性。

1976 年和 1986 年的两次税收改革法案（The Tax Reform Acts of 1976 and 1986）则改变了 REITs 的经营范围和方式，其中前者放宽了 REITs 组织形式的限制，后者则允许 REITs 直接经营管理其投资的房地产资产，同时对有限合伙企业向投资者传递亏损能力做出了限制，取消了房地产资产加速折旧的规定和记账方式，引导 REITs 从被动管理向主动管理转型，进而促使权益型 REITs 逐渐发展起来。20 世纪 90 年代初，有学者对美国 1976 年和 1986 年两次税收改革法案带给 REITs 投资者收益的影响进行了实证研究，发现尽管 1976 年税收改革法案包含许多影响房地产业的变化，其对投资者收益的影响显著为正，1986 年税收改革法案是自 1976 年法案之后唯一一部影响 REITs

---

① 参见蔡建春、刘俏、张峥、周芊等著：《中国 REITs 市场建设》，中信出版社 2020 年版，第 15 页。

② 这些条件主要有：REITs 的证券持有人必须维持在 100 人以上，最大的 5 个主要投资者合计持有份额不得超过其发行份额的 50%；总资产的 75% 必须投资于房地产、抵押贷款或其他证券等；由应纳税 REITs 子公司股票构成的资产不得超过 20%；REITs 的应税收益除资本利得与确定的非现金应税收益外，至少 90% 以股利的形式派发给投资者等。

③ See Joseph Gyourko, Todd Sinai: *The REIT Vehicle: Its Value Today and in the Future*, Journal of Real Estate Research, Vol. 18: 2, p. 355 – 376 (1992).

的主要税收改革，其通过结构性调整提高了 REITs 运营的灵活性，在保持税收中立中对投资者收益的影响显著为负，但两次税收改革都有效降低了整个市场的系统性风险，相比之下，非 REITs 房地产公司的系统性风险在同一时期都显著增加，两个法案中 REITs 条款所允许的额外的经营灵活性应该是造成这种差异的原因。①

1992 年之后，UPREITs 和 DOWNREITs 所带来的 REITs 运行模式创新，使市场上大量的存量资产通过税务递延的方式转化为 REITs。② 1997 年的《REITs 简化法案》（The REITs Simplification Act of 1997）和 1999 年的《REITs 现代化法案》（The REITs Modernization Act of 1999），以及 2003 年的《REITs 改进法案》[The REITs Improvement Act（RIA）of 2003] 与 2008 年的《REITs 投资多元化和赋权法案》（The REITs Investment Diversification and Empowerment Act of 2008）等，都在强化其中对美国 REITs 和直接房地产市场影响的规定。可以说，与公开市场其他房地产经营公司或私人市场上的直接房地产资产相比，美国税法针对联邦所得税的税收转嫁处理，使 REITs 具有了自身的税收优惠，这在 REITs 的发展与转型中发挥出了重要的激励作用。事实上，自 20 世纪 60 年代以来，美国国会始终没有停止采取实质性行动来升级 REITs 的原始操作系统。近年来，有学者通过“全球资金流控制模型”和“传统事件研究模型”这两个经验模型方法，提出并检验了美国每次税制改革后房地产投资信托都获得了比之前更多的超额收益。③ 上述有关不同时期美国税收改革法案的主要内容及其影响见表 4 -1。

---

① See Gary C. Sanger, C. F. Sirmans and Geoffrey K. Turnbull, *The Effects of Tax Reform on Real Estate: Some Empirical Results*, Land Economics, Vol. 66: 4, p. 409 -424 (1990).

② UPREITs 即 Umbrella Partnership REITs 的简称，翻译为伞形合伙类 REITs，DOWNREITs 并非与 UPREITs 相对立，它们都属于 REITs 产品结构上的改革创新。在 UPREITs 结构中，UPREITs 并不直接持有物业资产，而是通过投资成为经营性合伙企业的普通合伙人，由该经营性合伙企业实际持有和管理物业资产。DOWNREITs 结构中并非由单个经营性合伙企业持有全部资产，而是在 REITs 纳入新的物业资产时另设一个或几个经营性合伙企业，使 REITs 成为其普通合伙人，即形成 REITs 项下有多个经营性合伙企业的结构。若把新成立的项目公司作为一个统一的整体看，那么 DOWNREITs 结构仅是 UPREITs 结构的轻微变种。

③ Yishuang Xu, Chung YimYiu: *The Impacts of Tax Reforms on REITs, An International Empirical Study*, Academic Journal of Economic Studies, Vol. 3: 1, p. 11 -22 (2017).

表 4－1　美国税收改革法案的主要规定及其预期影响表

法案名称	签署时间	主要规定	预期影响
1976 年税收改革法案	1976 年 10 月 8 日	放宽 REITs 的组织结构限制： （1）允许 REITs 对其租户提供常规服务； （2）通过延长使用寿命和不允许加速折旧扣除来减少折旧扣除	会使 REITs 的既有规定更有效： （1）通过为 REITs 的潜在资产吸引更多服务客户； （2）为 REITs 提供相对优势，直接房地产投资失去了部分税收实力
1986 年税收改革法案	1986 年 10 月 24 日		
1997 年 REITs 简化法案	1997 年 8 月 5 日	（1）允许 REITs 向租户提供少量（少于总收入的 1%）原本不允许的服务； （2）允许 REITs 保留应税资本收益的税后收益，同时维持单一税制； （3）废除 REITs 30% 的总收入测试，同时保持对经销商财产销售的 100% 消费税基本不变	（1）会有助于吸引欣赏辅助服务的优秀客户； （2）为 REITs 提供有吸引力的资金来源； （3）会消除 REITs 通过在四年内利用买卖一揽子房地产的机会来获利的障碍
1999 年 REITs 现代化法案	1999 年 11 月 17 日签署，2001 年 1 月 1 日制定	（1）允许 REITs 拥有应纳税子公司并向客户提供辅助服务； （2）将强制性支出要求从收入的 95% 降低到 90%； （3）允许酒店 REITs 将其酒店出租给应税 REITs 子公司，并保留与租赁有关的营业利润； （4）允许健康护理中心 REITs 雇用承包商在 6 年内运营其设施，而无须为此设施缴纳公司税； （5）其他放宽监管规定	（1）可能使 REITs 产生更高的收入； （2）会显著增加股东的抵押型 REITs 的财富，同时略微增加股权型 REITs 股东的财富； （3）对酒店 REITs 有利； （4）可以满足健康护理中心 REITs 的长期需求
2003 年 REITs 改进法案	2004 年 10 月 22 日	（1）允许 REITs 提供某些贷款并进行木材销售，以符合 100% 禁止交易税的新安全港要求； （2）使买卖 REITs 的外国股东的待遇与其他美国上市公司的外国股东的待遇一致	（1）放宽 REITs 的债务限制并改变 REITs 的资本结构； （2）会使 REITs 在市场上处于竞争劣势

续表

法案名称	签署时间	主要规定	预期影响
2008年REITs投资多元化和赋权法案	2008年7月30日	(1) 允许REITs通过其应税REITs子公司从事更高水平的创业活动; (2) 在1999年REITs改进法案之后,使健康护理中心REITs可以像酒店REITs一样进行组合投资	(1) 会增加REITs的总收入; (2) 会对使用设施的健康护理中心REITs产生积极影响

Note: The table is reproduced from the article by Yishuang Xu and Chung YimYiu: *The Impacts of Tax Reforms on REITs, An International Empirical Study*, Academic Journal of Economic Studies, Vol. 3: 1, p. 11 – 22 (2017).

可以说,REITs在美国经济史上一直表现出色,其行业业绩记录已引起机构投资者、财务顾问和散户投资者的广泛认可,在市场规模、影响力以及市场接受度方面获得长足进步。如今,美国REITs拥有大约3.5万亿美元的房地产总资产,其中超过2万亿美元来自公开上市和非上市REITs,其余来自私有REITs,这些资产的经济和投资影响力已经遍及美国各地的数百万美国人。[①] 总的来看,美国REITs的发展与转型离不开其税制改革与税收优惠支持。在REITs全球性扩张过程中,澳大利亚、加拿大、日本、新加坡、法国、英国以及中国香港等国家和地区大多遵循美国经验,[②] 在税制设计中几乎均保持了税收中性原则,免除REITs的租金收入等一般性收入的所得税,避免投资者入手的现金流被双重征税。换言之,REITs结构的关键优势是可以避免双重纳税。[③]

① 这些数据来源于全美房地产投资信托协会,美国Nareit官网:https://www.reit.com/data-research/data/reits-numbers,2020年11月11日访问。

② 加拿大REITs始于1994年,被称为共同基金信托(MFTs)。法国和英国是欧洲规模最大的两个REITs市场,其市场分别启动于2003和2007年。亚太地区上市REITs的市场规模占全球市场的15%,其中澳大利亚、日本、新加坡和中国香港地区是4个最具代表性的市场。从发展历史看,这4个国家和地区的REITs市场依次始于1971年、2001年、2002年和2005年。

③ 参见[美]拉尔夫·L.布洛克著:《REITs:房地产投资信托基金》,宋光辉、田金华、屈子晖译,机械工业出版社2015年版,第31页。

五、税收激励建议：科学构建我国 REITs 税收优惠制度的具体措施

REITs 是我国未来不动产金融供给侧结构性改革的重要抓手之一，从今后一段时期看，房地产与基础设施等不动产投资证券化仍将是我国经济增长的重要动能。科学构建我国 REITs 税收优惠制度，有助于推动成熟不动产物业在资本市场的证券化运作，通过合理估值、定价、发行和交易，实现不动产物业在资本市场上的价格发现功能，从而定向引导资源的有效配置。

（一）研究制定《REITs 促进法》，合理设定 REITs 税收优惠的市场准入条件

目前看来，单纯依靠现行《信托法》《证券投资基金法》《慈善法》等信托立法是不够的，及时制定一部适合我国当前国情的《REITs 促进法》，对 REITs 行业的系统转型和长远发展而言意义重大。通过专门立法，依法落实党中央和国务院的决策部署，有效化解不动产金融风险；依法明确 REITs 市场的发展目标、发展原则；依法界定 REITs 的市场定位、市场功能、市场规模、市场结构；针对 REITs 市场主体以及 REITs 持有管理的不动产物业类型，科学选择 REITs 产业的促进激励措施等。只有实施依法调控，才能为今后一段时期我国 REITs 市场健康发展确立可持续的预期导向和法律保障。

我国住房市场化改革以来，房地产和基础设施投资一直是经济增长的重要驱动力。突飞猛进的繁荣景象背后是城乡地区和市场结构层面的供需失衡，住房空置率居高不下，重复投资、低效投资比较严重，给实体经济和金融体系带来巨大风险。美国哈佛大学著名经济学家爱德华·格莱泽（Edward Glaeser）和安德鲁·施莱弗（Andrei Shleifer）的研究团队曾在 2017 年发表了一篇关于中国房地产市场的研究报告，① 其分析指出，在中国地级市层面，人均 GDP 和人均住房面积增长之间存在非常显著的负相关关系，经济发展相对落后的城市 2000—2010 年人均住房面积增长幅度更大，显示出更加激进的房地产投资，而经济相对发达的城市则在房地产投资方面没那么激进。近年来，我国房地产市场已经从“增量时代”转入“存量时代”，房地产业“去库存”“去杠

---

① See Edward Glaeser, Wei Huang, Yueran Ma, Andrei Shleifer, *A Real Estate Boom with Chinese Characteristics*, Journal of Economic Perspectives, Vol. 31: 1, p. 93 - 116 (2017).

杆”“降成本”“补短板”压力始终存在，从房地产投资到基础设施投资，我国亟须利用 REITs 的市场化功能优势，在关键领域和薄弱环节把房地产业价值链的重心从销售环节向运营环节转移，更好发挥有效投资对化解债务风险、优化资源配置的重要作用，培育不动产租赁市场的长效发展机制。前述美国经验表明，REITs 行业的长期稳健发展离不开专门立法的促进与税收改革的支持。

我国这些年已经在产业促进法领域积累了一定的立法经验，我们建议通过专门立法将“合格不动产投资”作为 REITs 税收优惠的前提条件。在 REITs 税收优惠制度中，对享受税收优惠的 REITs 产品规定相应的资产结构，有助于提高市场交易标的质量。这不但需要对底层资产权属提出一定要求，而且需要考虑底层资产的稳定性，如资产运营时间期限以及市场收益率表现等。在此前提下，只有满足 REITs 中不动产投资比例的最低要求，严格控制其不动产占总资产的最低比例，并对 REITs 进行房地产开发、短期交易、持有其他公司股票等加以明确限制，并可以区分地区和物业类型等因素，通过具体条文在专门立法中加以规定。

（二）按照现行税制结构，分门别类地确立 REITs 营业机构的税收优惠措施

我国 REITs 市场起步较晚，REITs 产品的试水始于 2009 年，十多年来逐步开发了一些具有中国特色的类 REITs 产品。从类 REITs 到公募 REITs，我国需要借力税制改革来推进 REITs 市场发展与转型。REITs 并非一般意义上的抵押融资或者资产证券化，其通常实行主动管理模式，以公开募集与上市交易的 REITs 产品为市场建设的标志，同时也会给予私募 REITs 足够的发展空间，因而 REITs 的产品价值事实上高度依附于专业管理人对不动产资产的专业管理与合理投资决策，这为受托人课税原则的确立奠定了事实基础。

过去，我国房地产规模快速扩张，房地产增值收益明显大于租赁收益，导致现在的一些不动产物业价格已经严重透支未来租赁收益。因此，在扎实推进 REITs 市场发展中，我国需要修改《证券投资基金法》，在将 REITs 纳入其适用范围的同时，依法区分权益型 REITs、公司型 REITs、抵押型 REITs 以及混合型 REITs，通过税收优惠措施积极支持和发展权益型 REITs，探索公司型 REITs，

严格限制抵押型 REITs，谨防资产原始权益人在 REITs 产品发行中采用次级抵押贷款式的过度包装，依靠弄虚作假、虚增租金收入与资产价值等形式达到巨额套现目的。针对 REITs 产品的税收，仍需要坚持受托人课税原则，将 REITs 营业机构的经营行为纳入现行税制结构框架之下，并在严格规范 REITs 投融资行为、做好底层资产的筛选尽调的同时，分税施策，综合利用减免退税等税收优惠措施，精准引导 REITs 资金投资于不同地区、不同领域、不同类型、不同期限的优质不动产物业，适当控制不同 REITs 的杠杆率。这样做的主要目的在于适当控制用 REITs 收入偿付过多利息，避免降低公司型 REITs 股东或权益型 REITs 份额持有人与债权人之间的利益冲突，进而有效保护 REITs 投资人的投资积极性。

具体说来，REITs 在依法享受我国不动产租赁相关税收优惠待遇的同时，还需要注意以下问题：首先，信托机构从事 REITs 业务因涉及收取信托报酬，故会发生企业所得税义务。但当信托财产在信托关系人之间基于信托关系而发生移转或为其他处分的，基于信托导管原理，不应课征企业所得税。除信托报酬外，REITs 收益只能以受益人为纳税主体。其次，按照我国现行税收法律法规规定，信托机构在管理和运营 REITs 过程中，当 REITs 涉及销售不动产、不动产租赁服务以及转让土地使用权时，会产生增值税义务。根据信托导管原理，REITs 财产在下列信托关系人之间移转或为其他处分的，应当不适用增值税的销售规定：一是因信托行为成立而在委托人与受托人之间；二是信托关系存续中受托人变更时原受托人与新受托人之间；三是因信托行为不成立、无效、解除、撤销或信托关系消灭时委托人和受托人之间。再次，在 REITs 管理阶段，当信托机构本着信托本旨，将作为信托财产的房地产对外有偿转让并取得超额收入时，则会发生土地增值税义务。为避免重复征税，体现税收公平，REITs 所涉房地产在信托关系人之间移转财产权利时，同样应免征土地增值税。复次，由于 REITs 交易往往涉及不动产，因此在 REITs 设立和管理的环节还有可能发生契税义务。对契税来说，REITs 所涉房地产在信托关系人之间移转财产权利时，同样应予以免征。再者，房产税是对城镇房屋依据房产价格或房产租金向房屋拥有人或使用人征收的一种财产税，既可以从价计征，也可以从租计征，并实行按年征收，分期缴纳。对 REITs 而言，如果底层资产为城镇房屋，则必然涉及房产税责任。为鼓励 REITs 的顺利发展，国家可以规定在 REITs 依法设立后3年内暂停征收房产税。另外，REITs土地使用税的税收优惠，应采取与上述房产税优惠同样的方式。最后，就印花税而言，则会发生在REITs交易的各个阶段。因为从REITs设立到结束都有可能发生合同、产权转移书据、营业账簿以及权利、许可证照等行为，但按照信托导管原理，如果在REITs设立阶段已经缴纳过印花税，则同一REITs文件在REITs结束时应免征印花税。总之，为有效引导和激励REITs市场发展，针对受托人的税收优惠工具选择及其应用还可以更丰富一些。

（三）建立REITs利润强制分配制度，对REITs投资者的收益予以免税

不动产资产是对抗通胀的重要资产类别，也是具有配置价值的大类资产。“高房价”时代“买房”具有高门槛、重税负以及低流动性的特点，对个人投资者的收入和财富水平有着很高要求，而REITs能够显著降低不动产物业的投资门槛，并增强其流动性，有利于进一步丰富投资者的资产配置，实现不动产资产与金融产品的有机匹配。REITs主要投资标的是成熟的不动产资产，以不动产物业产生的长期、稳定的租金现金流作为主要收益来源，国外相关立法对REITs投资经营产生的租金收益均实行强制分红政策。换言之，REITs在负债方面表现出一定程度的节制，其可分配利润应高比例地分配给投资者，这为受益人课税提供了基本的经济依据。

REITs旨在通过证券市场，将存量不动产产生的大规模、长期、稳定的现金流进行证券化，从而实现资源整合与跨期配置。在REITs市场发展中，对个人投资者而言，应确立鼓励长期投资的税收导向。[①] REITs收益需要坚持税收中性原则，这是与REITs相适应的不动产资产证券化的基本要求。REITs的交易结构安排需要重视对投资人受益权的最终保护，而这种受益权的核心就是让投资者获取不动产物业的资产管理收益。实施强制分红，有助于保障REITs投资者利益并降低其投资风险，因此在鼓励长期投资的价值取向中，我国宜建立REITs利润强制分配制度，将其中90%以上的净收入强制分配给投资者。在REITs所得税方面，税法需坚持受益人课税原则，确保投资者利益获得法律保护，减少REITs市场的过度投机行为。对强制分红所产生的收益，应区分机构

---

① 参见汪诚、戈岐明：《房地产投资信托基金的税收问题探究》，载《税务研究》2015年第7期。

投资者和个人投资者，对机构投资者采取适当性管理并减征企业所得税，对个人投资者则免征个人所得税，利用免税政策广泛吸引个人投资者对 REITs 进行投资。同时，还应注意吸引外国投资，给予非居民投资者以适当的税收优惠待遇。①

总之，从世界范围看，REITs 行业的快速增长正在为投资者创造新的投资机会，REITs 制度是税收驱动的，具体表现为在 REITs 层面进行所得税免除，在 REITs 市场形成发展过程中实施一定的税收优惠政策。REITs 作为重要的投融资工具，与信托公司的房地产信托业务有着明显差别，房地产信托主要以贷款债权形式为主，资金主要用于房地产开发，与房地产开发周期相匹配，相比之下，REITs 在有效盘活存量不动产、疏通储蓄转化投资通道、化解地方债务风险、降低实体经济杠杆等方面已被寄予厚望。只有通过科学合理的税收优惠政策措施，有针对性地引导和促进 REITs 行业的稳健发展，我国才能在全球 REITs 市场的激烈竞争中赢得新的机会，为不动产物业管理市场和资本市场的良性运转注入更多活力。

---

① 参见马伟、余菁：《各国（地区）房地产投资信托税收待遇比较及借鉴》，载《国际税收》2016 年第 4 期。

第五章

数字经济中的金融法保障

数字金融发展对我国金融法治改革产生深远影响，如何有效平衡数字金融创新与监管是我国金融法理论研究的时代主题。本章立足于数字金融法治创新问题，主要就数据安全与数据信托制度建构、社会资本下乡的风险处置、校园贷的异变、成因与治理等问题进行深入探讨，以期解决我国数字金融发展中所遇到的一些痛点或难点问题，为数据安全、普惠金融等提供可靠的金融法保障。

第一节 数据安全与数据信托制度建构

随着数字经济的快速发展，数据已经成为各国政府及其企业日益重视的核心资产。我国《国民经济和社会发展第十四个五年规划和2035年远景目标纲要》明确提出，要建立健全数据要素市场规则，统筹数据开发利用、隐私保护和公共安全，加快建立数据资源产权、交易流通、跨境传输和安全保护等基础制度和标准规范。在激活数据要素潜能、强化数据资源全生命周期安全保护的过程中，信托工具基于所有权与控制权分离的设计，近年来在数据治理领域引起了一些国家和地区的重视。

数据信托虽然是信托大家族中的一个新成员，但其受欢迎程度正在增长，围绕数据信托的研究、试点、实验、评估以及政策与法律建议正在逐步展开。①数据信托是信托类型化研究和当代信托立法中典型的新生事物，系指委托人基

① 英国开放数据研究所（Open Data Institute，ODI）即为一个典型。近年来该所一直在持续研究数据信托并发表多份研究报告，开展了诸如电动汽车停车位、社区取暖系统能源使用、非法野生动物贸易、食品浪费等试点数据信托项目研究。See Mark Bunting and Suzannah Lansdell, *Designing Decision Making Processes for Data Trusts: Lessons from Three Pilots*, April 2019.

于对受托人的信任，将其数据权益委托给受托人，由受托人按委托人意愿以及法律规定，以自己的名义，为受益人的利益或者特定目的进行管理或处分的行为。数据信托在有效平衡数据主体与数据控制人的数据权益结构、维护数据安全、促进和保障数据市场健康发展等方面具有突出的工具性价值。① 为了挖掘数据在我国经济社会发展中的潜在效益，推动大数据采集、清洗、存储、分析、可视化算法等技术创新及其应用，适应数据跨境安全有序流动的新趋势，我们需要更多值得信赖的数据管理工具。数据信托在实现数据安全管理、有效保护隐私和个人信息方面应该有所作为。

一、数据信托是实现数据安全管理的一种有效方式

数据信托的提出，目的是为机器学习、人工智能治理与数据保护等提供一种数据共享利用机制，以确保重新利用的数据只能以尊重数据主体权利和利益的方式使用。我国《信托法》已经实施了20年，为数据信托的制度构建提供了坚实基础。应该说，数据安全是数据治理的重要目标之一，数据信托是实现数据安全管理的一种有效方式，可以确保数据处于有效保护和合法利用的状态，并在期限上有机匹配保障持续安全状态的能力。正因为如此，数据信托正在逐渐被合理地接受为实现个人信息保护的新的替代性手段。

第一，数据信托的核心目的是数据安全。数据信托的应用场景十分广泛，每一个数据信托都是在其信托目的的指引、制约和驱动下设立并运行的，这些信托目的往往与利益相关者的需求、愿望、权利、利益等交织在一起。数据信托旨在数据共享利用中保护数据共享人的利益乃至社会公共利益，尊重并保护对数据拥有合法权利的数据主体的权利，确保数据使用符合道德标准、法律标准以及数据信托的具体规则，确保受数据信托规则约束的数据控制人在数据利用行为上具有安全性与可靠性，并在数据信托结束时使信托数据得到适当处理。上述信托目的无不围绕着维护数据安全而展开，数据安全是数据信托追求的重要目标和前提条件。

第二，信托数据的管理、运用措施重在维护数据安全。通常认为，数据的匿名化处理是实现个人信息安全的重要方式，这对数据信托而言同样适用。然

① 参见席月民：《数据信托的功能与制度建构》，载《民主与法制》2021年第3期。

而，匿名化与去匿名化之间存在着一定张力，其对数据分类应用场景的要求会因信托目的的不同而有所区别，为此相关立法和数据信托合同[①]需要对其作出明确规定或约定。数据信托利用信托的结构化框架，使受托人的信义义务在《信托法》和《数据安全法》等法律的多重规制下成为可实际执行的现实义务和责任，以确保数据安全得以真正实现。一些特殊的数据信托，对信托数据的管理常常涉及众多个人信息权益的集体管理，在建立数据共享规则标准的同时，受托人还需代表数据提供者或数据使用者的利益作出有关决定。

第三，数据信托期限更适合保护数据安全。信托是中长期财富管理和投融资工具的最佳选择，数据信托并不适合那些短期利用数据尤其是一次性使用数据的市场行为。数据从重要资源转变为市场化配置的关键生产要素，在这一过程中政府与企业均着眼于数据服务的长效治理实践。这既包括引导和培育面向应用的原始数据交易市场，又包括在衍生数据增值服务中提供解决方案。我国《数据安全法》已经确立了数据分级分类保护制度，数据信托的中长期配置更有利于实现不同级别和类型的数据在安全治理方面的长效治理目标。

第四，数据信托具有自身的比较优势。数据安全保护理论上可以采用信托模式、[②] 合同模式、[③] 公司模式[④]以及公共机构模式[⑤]等不同制度设计。这些模式[⑥]在法律机理、实施条件、实现机制、法律效果上有所不同。数据信托的优势在于，其具有为受益人利益管理数据资产的既定法律结构，受托人基于委托

---

① 需要注意的是，实务中的一些互联网平台和App的隐私政策条款并不构成数据信托合同，要避免混淆。

② 信托模式指数据信托，主要依据信托法保护数据安全。其通过信托原理架构数据提供者与数据处理者、数据使用者等市场主体之间的数据法律关系。

③ 合同模式指数据合同，主要依据合同法保护数据安全。数据提供者与数据处理者、数据处理者与数据使用者分别签订数据服务合同，其中数据处理者往往采用知情同意规则收集和处理数据。合同模式缺乏独立的可被信任的中间主体作出决策和收集数据，数据提供者在合同关系中处于弱势地位，面对海量数据，该模式显得笨拙且效率不高。

④ 公司模式指数据公司，主要依据公司法保护数据安全。在公司模式中，数据提供者成为公司股东，与数据处理者之间形成股权关系，数据权利归属于公司。实务中，由数据提供者设立公司难度较大，即使成立了公司，数据安全也主要依靠公司董事、经理等高级管理人员完成，成本较高，容易导致数据治理中的内部人控制。

⑤ 公共机构模式指数据监管部门，主要依据数据安全法保护数据安全，通过法定公共机构对数据处理应用进行集中统一的安全监督管理执法来完成，属于非市场化的政府监管范畴。

⑥ 需要说明的是，数据安全还可以通过技术模式来完成，但因为技术模式重在技术创新与技术控制，会绕过法律要求，本质上不属于法律制度范畴，因此这里不再讨论。

人的信任必须同时严格遵守信托法律规则和数据安全法律规则，这在数据市场化条件下对数据提供者而言十分有利。相比较而言，信托模式在主体结构安排方面优于合同模式，其三元主体相较于合同模式的二元主体更有利于实现企业数据权与个人信息权的分离保护，其对受托人义务的要求也通常高于合同模式。同时，信托模式回避了公司模式在资本、组织机构、登记、数据权属等方面的实体和程序双层强制性规定与数据利益的冲突，便于向更广泛的公众提供数据利益。而信托模式与公共机构模式相比，其完全可以适应数据市场化的需要，在管理成本和管理效率方面更具优势。

二、数据信托的财产基础分析

数据安全事关国家安全和经济社会发展，与个人信息保护、企业数据权益保护息息相关。《数据安全法》的出台，确立了我国数据安全领域的基础性法律制度，并与《国家安全法》《网络安全法》《电子商务法》等形成穿透性互动。数据信托借助信托工具的专业性与灵活性，在数据治理中致力于数据的安全有效管理与数据流动，进而驱动《信托法》与《数据安全法》等有机对接。

设立数据信托，基本条件是数据能否成为信托财产以及能否保持作为信托财产的独立性。近些年来，民法学界对数据财产性问题给予了高度关注，数据信托的创设遭遇了“数据并非财产”的普遍质疑。在数据财产性问题出现之前，民法对网络的关注仅限于人格权或个人信息保护领域，建立在数据所携带信息的认定和规制基础上，在权利基础、行为定性和责任追究上都严格遵循人格保护的规则体系，由此网络仅获得了人格权侵权工具的意义。[①] 随着网络纠纷与数据纠纷日渐增多，数据财产性问题在司法裁判过程中成为一个不容回避的关键问题，不同法官往往基于不同的专业背景，尝试采取自认为最方便、直观且接近传统的法律定性来解决涉案问题。[②] 这些年来有关数据的财产性争论一直强调的是物与财产权客体的物权法视角，数据的非独占性、可复制性与物

---

① 梅夏英：《数据的法律属性及其民法定位》，载《中国社会科学》2016 年第 9 期。

② 近年来的典型案例有大众点评诉百度反不正当竞争案，参见上海知识产权法院（2016）沪 73 民终第 242 号民事判决书；新浪微博诉脉脉非法获取用户信息案，参见北京知识产权法院（2016）京 73 民终第 588 号民事判决书；淘宝诉美景反不正当竞争案，参见浙江省杭州市中级人民法院（2018）浙 01 民终第 7312 号民事判决书等。

权法的财产概念背道而驰，这导致数据确权似乎障碍重重。一些研究认为，在目前的法律状态下，法院极不可能将信息或数据归类为一种传统意义上的财产。①

然而，在数字经济的前沿领域，对财产的传统理解似乎已经落伍，知识产权等无形财产就是典型例外。任何依赖排斥侵入者的有形财产概念都跟不上现代财产的应用实践。在许多情况下，要求无形财产具有排他性权利显得过于夸张，缺少这样一个权利并不会影响该财产的享有。作为现代市场经济中的要素资源，数据通过互联网商业模式的持续创新所产生的巨大经济利益已经不容忽视，这使得企业的数据权与个人的信息权在相互区分、彼此独立中成为数据财产性问题的一体两面，"数据"与"信息"这两个概念在一些学术成果和立法成果中反复出现且交互使用。这种概念上的不一致并非简单的措辞不同，而是真正廓清了从民商法跨越到经济法的部门法分工以及从个人信息权到经营者数据权的双重保护问题。从我国现有法律规定看，《数据安全法》第7条明确规定"国家保护个人、组织与数据有关的权益"，《民法典》第111条和第1034条则规定"自然人的个人信息受法律保护"，《消费者权益保护法》第14条规定消费者"享有个人信息依法得到保护的权利"。"数据"与"信息"的密切关联在彼此的语义阐释中获得了最直观的注脚。这从数据与个人信息的法律定义中也可窥见。根据我国现行法律规定，数据系指任何以电子或者其他方式对信息的记录；② 个人信息则指以电子或者其他方式记录的、能够单独或者与其他信息结合识别特定自然人的各种信息，包括自然人的姓名、出生日期、身份证件号码、生物识别信息、住址、电话号码、电子邮箱、健康信息、行踪信息等。③可见，数据只是信息表达的方式，是信息存在的媒介，是对信息的记录。在数字经济中对个人信息权的保护无法脱离数据市场秩序而独立完成。

数据信托的信托财产为数据权，而非数据本身。数据的财产性，一方面体现为其承载的信息具有的使用价值，另一方面也体现为信息流通带来的交换价值。换言之，数据的财产价值并非来源于数据本身，而是借由当事人的控制行

① See Jeffrey Ritter & Anna Mayer, *Regulating Data as Property: A New Construct for Moving Forward*, Duke Law & Technology Review, Vol. 6, p. 220, 247 – 252 (2018).

② 参见我国《数据安全法》第3条第1款。

③ 参见我国《民法典》第1034条第2款。

为而获得,[①] 这种控制实际体现为数据主体的数据权。当然，数据的财产性并非只是与记录其上的信息价值相联系，在市场经济社会，从原始数据到衍生数据，数据的财产价值也包括知识产权、商业秘密以及数据提供者、数据处理者等不同利益相关者的经济利益在内。虽然这使得数据的财产性特征更加复杂多样，数据管理需要给予这些不同权利和利益以应有的尊重和保护，但这并不妨碍对数据财产价值的认定，并不影响数据的开发利用以及对其财产性权利的保护。企业在行使其数据权利时，应当对用户信息内涵的基础权利尽到安全保护义务，兼顾企业数据权利与用户信息权利的保障。[②] 实践中，有关数据处理的收集、储存、使用、加工、传输、提供、公开等行为，均与数据的财产价值的生成与增长联系在一起。数据市场中不断涌现的各种数据交易生动地说明了数据所具有的财产性特征。围绕数据交易问题，我国在交易载体、机制和技术上已进行了深入探索，在实现数据定价[③]和数据确权方面积累了一些试点经验。[④]

三、从“入托”到“出托”：数据信托的数据分类保护及其限制

在数据信托中，数据的“入托”与“出托”都涉及数据安全问题，而解决这一问题的逻辑起点是科学认识信托数据的法律特性。以数据的流动过程进行区分，“入托”的数据可以称为信托原始数据，“出托”的数据可以称为信托衍

---

① 参见王玉林、高富平：《大数据的财产属性研究》，载《图书与情报》2016 年第 1 期。有些学者将数据称为信息财产，参见高富平著：《信息财产——数字内容产业的法律基础》，法律出版社 2009 年版；陆小华著：《信息财产权——民法视角中的新财富保护模式》，法律出版社 2009 年版；齐爱民著：《捍卫信息社会中的财产——信息财产法原理》，北京大学出版社 2009 年版等。

② 马宇飞：《企业数据权利与用户信息权利的冲突与协调——以数据安全保护为背景》，载《法学杂志》2021 年第 7 期。

③ 如 2021 年初南方电网发布《中国南方电网有限责任公司数据资产定价方法（试行）》，在兼顾电网数据成本与市场供需的基础上，创新运用了多维数据资产定价方法，通过不同定价方法进行相互校验和修正。

④ 从 2014 年到 2021 年，我国各地相继成立了十余家数据交易中心、平台、公司或交易所，如北京大数据交易服务平台、贵州大数据交易所、武汉东湖大数据交易中心、河北大数据交易中心、重庆大数据交易平台、上海大数据交易中心、浙江大数据交易中心、哈尔滨数据交易中心、山东数据交易有限公司、北部湾大数据交易中心、湖南大数据交易中心、北方大数据交易中心、粤港澳大湾区数据平台、北京国际大数据交易所等，并成立了全国数据交易联盟。先行先试的政府和企业开始共同尝试探索数据确权、数据定价和数据交易等领域的体制、机制和制度建设，数据要素参与分配的价值红利逐步释放。赛迪顾问统计显示，2020 年中国大数据产业规模达 6388 亿元，同比增长 18.6%，预计未来三年增速保持在 15% 以上，到 2023 年产业规模将超过 10,000 亿元。参见中国大数据产业生态联盟：《2021 中国大数据产业发展白皮书》，https://bdinchina.com/ueditor/php/upload/file/20210728/1627450992976794.pdf。

生数据，二者的区别在于这些数据是否控制在受托人之手。其中，信托原始数据是提供给信托的数据，由受托人控制；信托衍生数据是从数据信托中获取的数据，由市场上的数据用户控制。

（一）信托数据的法律特性

无论是提供给信托的数据，还是从信托中获取的数据，其本质、特性均与我国《数据安全法》所保护的数据完全一致。数据的分级分类保护对于数据信托来说同样重要，不同来源、不同类别的数据都需要接受法律规则体系的种种约束。数据信托需要坚持合法性原则，信托数据必须是合法数据，其是否受到访问限制或使用限制，不仅取决于我国有关数据的法律、行政法规的既有规定，也与数据信托合同以及其他信托文件的规定有关。如果在数据跨境流动中形成国际信托，[①] 则还要求信托数据不能与一些域外立法，如《欧盟通用数据保护条例》以及英美等国的《数据保护法》等相冲突。对数据信托而言，数据的“入托”与“出托”都需要满足合法性要求，进行必要的合法性评估，否则无法有效设立数据信托，也无法通过信托进行数据共享。只要数据法律规则体系对数据的访问、使用或者处理等建立了相应控制，则无论这种控制采用的是何种形式，数据信托都需要予以充分考虑和遵守。这意味着数据信托中的数据必须同时满足各种法定或约定的条件，并根据数据来源、数据类别以及信托目的的限制等进行“入托”管理或“出托”管理。只有深刻认识到这一点，才有可能在数据信托中创建自身的数据管理“工具箱”，在实现数据共享的过程中不断优化数据用户对信托数据的访问、使用以及技术创新方式，在数据信托的法律框架、合同框架以及技术框架下坚持守护数据安全。

（二）信托原始数据：提供给数据信托的数据

数据信托的创建离不开数据，提供给数据信托的数据是通过信托方式实现数据利用与共享的物质基础。虽然数据提供者可以自由许可使用其数据，但数据信托受托人在收到这些信托原始数据时必须注意立法所施加的种种限制。依照数据主体的不同，信托原始数据可分为个人数据和商业数据两大类型。[②]

---

① 所谓国际信托，是指信托当事人中有一方在一国国外，或信托行为跨国进行的信托。参见徐孟洲主编：《信托法学》，中国金融出版社 2004 年版，第 10 页。

② 政府数据虽然也是一种独立的数据类型，且体量庞大，但其属于非市场化数据，故这里不作探讨。

1. 对个人数据的保护与处理限制。个人数据是指已识别到的或可被识别的自然人的所有信息，包括姓名、身份证号码、手机号码、电子邮箱、银行账号、定位数据、在线身份等数据，或者通过自然人的物理、生理、遗传、心理、经济、文化、社会身份的一项或多项要素可以识别自然人身份的信息。在识别特定个人身份时，这些数据可以单独使用，也可以结合起来共同使用。实践中，一些设备信息等是否属于个人数据、如何对个人数据进行去识别化、去识别化的数据是否仍属于个人数据等问题非常值得探讨。例如，在欧盟，网络用户的IP地址被司法实践视为个人数据，因为用户可以被精确识别到；[①] 网站运营商拥有合法手段使其能够使用互联网服务提供商拥有的关于该人的附加数据以识别数据主体。[②] 我国有企业规定，如果个人数据掺杂了非识别性数据，则依旧会被视作个人数据处理。[③] 我国《民法典》和《消费者权益保护法》确认了个人信息权，这为数据信托中的个人数据保护提供了重要法律依据。此外，我国《个人信息保护法》已经出台，在对个人数据的保护方面，该法和《数据安全法》一样被寄予厚望。

隐私保护是个人数据处理中最为敏感也最为重要的法律问题。为保护个人隐私，数据立法往往对个人数据处理作出一些必要限制，尤其针对个人敏感信息会作出比一般信息更为严格的规定。在欧盟，《通用数据保护条例》第6条规定，除非有合法依据，[④] 否则禁止处理个人数据。在数据信托中，识别和遵守针对个人数据的这些法律限制至关重要。收集个人信息必须坚持正当、合法、必要原则；处理个人信息应当限于实现处理目的所必要的最小范围，采取对个人权益影响最小的方式，明示处理目的、方式和范围，并保证个人信息的质量。针对个人敏感信息、未成年人信息以及人脸识别、人工智能等新技术、新应用，

---

① Scarlet Extended SA v Societe Belge des Auteurs, Compositeurs et Editeurs SCRL (SABAM) (Case C－70/10) (2011) ECR I－11959.

② Breyer v Bundesrepublik Deutschland (Case C－582/14) (2017) 1 WLR.

③ 例如华为技术有限公司的《个人数据保护声明》，载华为网，https://www.huawei.com/cn/events/huaweiconnect2021/privacy－policy/online。

④ 这些依据具体包括：(1) 同意，即个人明确同意处理其个人数据；(2) 合同，即为履行与个人的合同所必需的处理或者在签订合同之前已经要求组织采取某些步骤；(3) 法律义务，即为遵守非合同义务所必需的处理；(4) 切身利益，即保护某人生命所必需的处理；(5) 公共事务，即执行法律确定的公共事务所必需的处理；(6) 合法利益，即为个人自身合法利益或第三方合法利益而必需的处理，除非隐私利益凌驾其上。

数据信托的受托人需要严格遵守专门保护标准，在数据提供者明确同意的前提下，接受比一般信息处理更严格的法律要求，积极履行好个人数据保护义务。

2. 对商业数据的保护与处理限制。商业数据与产业发展联系在一起。工业、农业、能源、通信、交通、金融、旅游、物流、教育、健康医疗等行业大数据是商业数据的典型样态，体现了不同产业价值链上的集合信息，包括商业企业的研发数据、产品数据、销售数据、技术数据、投融资数据、管理数据等内容。商业数据是数据信托中原始数据的重点类型，在范围上可以覆盖数据基础设施、数据服务与数据融合应用等大数据产业发展的不同层次。法律对商业数据的保护是立体的，从《数据安全法》到《电子商务法》《专利法》《反不正当竞争法》《反垄断法》等，共同搭建起我国商业数据保护的法律体系。

数据信托对商业数据的收集与使用也面临法律上的一些限制，这与立法对商业数据的保护相统一，与信托对数据安全的特别关注相一致。在这个问题上，数据信托需要重点处理好两对关系：一是与知识产权保护的关系，二是与竞争执法的关系。一方面，数据已经成为创造和捕获价值的新型经济资源，数据分析、人工智能、区块链、物联网、云计算以及所有基于互联网的服务发展迅猛，以数据为中心的商业模式不仅被数字平台采用，也越来越多地被各个行业的领先公司采用。数据开发应用中的商业秘密保护与知识产权保护日益重要，数据信托的受托人需要防止信托原始数据的知识产权被侵权或负面利用，也需要保护数据中存在的第三方知识产权。另一方面，数字竞争日益加剧，有关商业数据处理的法律限制与竞争法的执行相关联，尤其在数字平台领域，界定相关市场、评估市场力量滥用的可能性以及更新经营者集中审查工具等都需要广泛适用市场竞争法律规则，需要符合商业伦理道德和国家竞争政策。而且，在任何情况下，数据信托的委托人都不希望信托原始数据被其竞争对手使用以获取竞争优势。总之，只要对信托原始数据的访问和使用有限制，数据信托受托人均需要注意，谨防超出信托目的之外的任何应用。

（三）信托衍生数据：从信托中获取的数据

与“原始”相对应，“衍生”揭示的是信托数据的去向特征。信托衍生数据虽然也称为衍生数据，但与通常理解的衍生数据并不完全相同。其区别在于，信托衍生数据的主体与信托原始数据的主体并非同一人，而通常使用的衍生数据和原始数据在主体上可以为同一人，也可以不是同一人。信托衍生数据是数据信托的受托人在接受信托数据后将其交付数据用户进行数据共享和使用后的数据。简言之，这类数据是从信托中获取的数据，至于是否经过算法加工、计算、聚合等而形成系统的、可读取的、有使用价值的新数据，对信托衍生数据的判定影响并不大。

信托衍生数据同样强调数据安全问题。无论是个人数据还是商业数据，信托衍生数据的形成均需接受信托目的的制约与检验。信托目的是确定数据信托的法律结构与治理框架的基本依据，是完成从信托原始数据向信托衍生数据转化的基本依据，是设定潜在数据用户访问信托数据的条件的基本依据。数据用户访问和使用数据的规则条款必须与设立数据信托的目的一致，并坚持“公平、安全、合理、互利”的数据共享使用原则。这是因为，数据信托的信任机制是数据共享和使用的重要基础，而数据安全事关数据信托信任机制的建立和维系；只有平等保护数据提供者、数据处理者与数据使用者的利益，才能在数据信托主体之间夯实信任基础，确保数据共享和使用的公平性、安全性、合理性及互利性，才能避免使受托人陷入数据管理运用的不当风险之中。同时，我们还要注意“数据输出”规则与“数据输入”规则的关联性，切实维护信托数据“出托”后的合法性，在考虑确立信托数据访问规则的要素和制定共享使用条款时防止出现简单的“一刀切”。

四、主体厘定与数据信托的安全信任机制

尽管每个数据信托因信托目的不同而呈现出不同特色，但数据信托的主体结构是法定的，也是恒定与稳定的，受益人的存在为信托数据的利益归属提供了特别渠道。这种结构充分适应了数据应用中不同类型数据主体的利益诉求，进而超越了合同模式中合同主体的相对性限制。“三元结构”是数据信托的既定主体结构，囊括了数据市场中数据提供者、数据处理者和数据使用者三类市场主体。这些主体围绕信托数据各自享有一定的权利和利益，使得数据信托在数据服务与管理市场中占据一席之地，并通过信托权益的结构化安排及其信任机制实现对数据安全的特别维护。

（一）数据信托主体的资格界定

数据信托主体即数据信托当事人，是数据信托法律关系中主体要素的集中

体现。这些主体活跃于数据市场，基于《信托法》和《数据安全法》等法律规定而分别享有权利并承担相应义务。具体说来，数据信托主体包括委托人、受托人和受益人。在数据信托关系中，委托人是创设数据信托的人，是将数据资产交付给受托人进行管理、运用和处分的人；受托人是接受委托人的委托并专门从事信托数据的管理、运用和处分的人；受益人则是享受信托数据利益的人，由委托人在信托文件中指定。有学者认为，在数据信托法律关系中，数据主体既是委托人又是受益人，数据控制人为受托人。[①] 这种观点将数据信托统一设定为自益信托，并不能完全适应数据共享实践的需要，因为数据信托也可以是他益信托或公益信托。数据信托主体在法律资格上必须符合《信托法》的规定，否则会导致信托无效。

首先，委托人应当是具有完全民事行为能力的自然人、法人或者依法成立的其他组织。[②] 数据信托的委托人可以是数据提供者，也可以是数据处理者，统称为数据主体也无不可，其在主体形态上包括了持有数据的任何自然人、法人或者其他组织。委托人将其控制的数据交由受托人管理、运用和处分，由受托人按照信托目的就数据利用作出决定。

其次，受托人应当是具有完全民事行为能力的自然人、法人，如果法律、行政法规对受托人的条件另有规定，则从其规定。[③] 数据信托的受托人通常是数据处理者，如互联网平台等，其承担《信托法》规定的受托责任，即以受益人的最佳利益对数据利用作出决定。数据信托被看作是解决数据合同关系中委托代理问题[④]的重要方案，其通过解决信托主体之间任何潜在的冲突来确保委托人和受托人的利益与动机持续一致，使受托人的行动与目标符合委托人的初衷并达成受益人利益的最大化，以此最小化委托代理风险。受托人的信义义务有助于增加个人和组织对数据使用方式的信任。实践中，并非每个与数据用户打交道的自然人或法人都可以成为受托人。一般而言，信任是信托的基础，只

---

① 参见冯果、薛亦飒：《从“权利规范模式”走向“行为控制模式”的数据信托——数据主体权利保护机制构建的另一种思路》，载《法学评论》2020 年第 3 期。

② 参见我国《信托法》第 19 条。

③ 参见我国《信托法》第 24 条。

④ 委托代理问题的核心是代理人的道德风险，代理人有动机为自己而非委托人的最佳利益行事。委托人和代理人的利益不能完全一致，委托人无法完全监控代理人的行为，且代理人掌握委托人所没有的信息。

有当他们通过向公众展示其作为尊重隐私和保护个人信息的主体赢得了数据主体的信任，且数据主体有理由相信他们不会泄露或滥用其个人信息时，这些自然人或法人才可能成为受托人。

再次，受益人可以是自然人、法人或者依法成立的其他组织。① 数据信托的受益人通常为数据提供者，他们是需要从数据创建的内容中受益的人，当然也可以是那些有权访问数据的数据使用人。

最后，委托人可以是受益人，也可以是同一信托的唯一受益人；受托人可以是受益人，但不得是同一信托的唯一受益人。② 这就意味着，数据提供者既可以是委托人，也可以是受益人，而且可以是同一信托的唯一受益人；数据处理者可以是委托人，也可以是受托人，还可以是受益人，但不得是同一信托的唯一受益人。实践中，数据提供者、数据处理者、数据使用者在数据信托中的地位要依具体情形而定，他们可以成为共同受益人。同一信托的受托人可以有两个以上，共同受托人共同处理信托事务，③ 因此数据信托也可以设定共同受托人。共同受益人与共同受托人为数据信托主体结构的进一步优化提供了现实可能。

（二）数据信托治理：数据安全信任机制的透视

我们认为，数据信托宜采用信托的法定概念，并将其适用于数据共享。英国开放数据研究所将数据信托定义为“提供独立数据管理的法律结构”，④ 其中的“管理”涉及决定谁有权访问数据、访问条件以及谁从数据访问中受益。这一定义与我国《信托法》上的定义有所不同，更突出了信托治理的结构化安排。⑤ 理论上，数据信托的主体结构可以灵活设计，以满足数据应用和管理的实际需要。在谈到包含某种程度的自主权的数据共享安排时，数据信托是最常用的术

---

① 参见我国《信托法》第43条第1款。

② 参见我国《信托法》第43条第2款、第3款。

③ 参见我国《信托法》第31条。

④ Defining a “data trust”（Oct 19, 2018）, Open Data Institute, https://theodi.org/article/defining-a-data-trust/.

⑤ 我国《信托法》第2条将信托定义为“行为”，即“委托人基于对受托人的信任，将其财产权委托给受托人，由受托人按委托人的意愿以自己的名义，为受益人的利益或者特定目的，进行管理或者处分的行为”。海牙国际私法会议在其《关于信托的法律适用及其承认公约》（Convention on the Law Applicable to Trusts and on Their Recognition）第2条第1款中将信托定义为“法律关系”，即“当财产为受益人的利益或特定目的而置于受托人控制之下时，信托一词是指委托人设定的在其生前或死后发生效力的法律关系”。这些定义反映出对信托含义的侧重点明显不同。

语，这一点并非偶然。[1] 无论是否采取共同受托人或共同受益人形式，委托人对受托人的信任是数据信托的基础，委托人可以保留直接分配信托利益的权力而享有受益权，也可以与受托人一起享有共同受益权。

在数据信托的信任机制上，信托提供的解决方法是以治理为基础的“排他性”安排。数据信托委托人利用信托财产的独立性对受托人进行有效“排他”，但也给予其相对完全而不受束缚的管理与运用决策平台。这使得受托人的“数据管理与处分”角色在“被动”中多了受信任者应有的“主动”成分，并在数据信托治理中发挥出自身的相对主导性，依法享有实质性的管理与运用权力。通常情况下，委托人、受托人、受益人相互独立且权利明晰。强加给受托人各种义务和责任的目的在于排除他从持有的信托资产中获益，受益人则通过各种权利和权力拥有信托财产的衍生所有权。受益人必须排除不受欢迎的第三方，但又不能不当干预受托人的工作。委托人的恰当作用包括支配信托条款，甚至参与投资和分配。[2] 信托主体的权益结构是以信托财产和信托受益权为核心的复合结构，其最大优点和特征在于赋予受托人管理权限的同时，对享有信托利益的受益人安排了诸多保障措施，委托人、受托人和受益人这些信托主体的债权人不得对信托财产有所请求或主张。在出现共同受益人时，受益人大会可以发挥出重要的民主决策与监督作用，切实保护好共同受益权。总之，数据信托允许收集、维护和共享数据，同时保护可能因开放这些数据而受到影响的各方隐私。[3]

五、受托人信义义务：数据安全责任认定的实质性条件

数据信托的主体结构及其信任机制是预设在有效管理和利用数据的基础之上的。委托人对受托人的信任基础，源自受托人恰当管理信托财产的丰富经验、专业能力与市场声誉，正因为如此，受托人往往会将接受信托视为一种荣誉。

① BPE Solicitors, Pinsent Masons, and Chris Reed, *Data Trusts: Legal and Governance Considerations*, April 2019, p. 42.

② 刘鸣炜：《信托制度的经济结构》，汪其昌译，上海远东出版社 2015 年版，第 183、199 页。

③ Moritz Godel, Ashiwini Natraj, *Independent assessment of the Open Data Institute's work on data trusts and on the concept of data trusts*, London Economics, April 2019, p. 1.

数据信托展示的是数据资产与数据权利的双重分离特征，从而使受益人及其受益权在信托法框架下获得了特别保障。在数据信托中，为有效保护受益人及其受益权，实现数据共享目的，维护数据安全，受托人需要承担和履行信义义务，为受益人的最大利益行事。

（一）受托人义务的强制性与任意性

数据信托的设立离不开数据信托合同、遗嘱或者法律的直接规定，受托人义务因而可以区分为法定义务和约定义务。从法定义务角度看，我国《信托法》规定的受托人义务主要有：诚实、信用、谨慎和有效管理义务；忠实义务；分别管理义务；亲自管理义务；保存记录义务；定期报告义务；依法保密义务；向受益人支付信托利益的义务。① 从约定义务角度看，受托人义务主要是委托人在数据信托合同或遗嘱中确定的义务。该类义务一定程度上体现了受托人义务的任意性质，体现了委托人的主观意志。当然，在数据信托中，受托人义务的绝大部分内容仍是强制性的，这些强制性义务来源于我国《民法典》《信托法》《数据安全法》《消费者权益保护法》《个人信息保护法》等法律的直接规定，甚至是域外立法的规定，既包含积极义务也包含消极义务。这些法律为数据信托主体建立信任关系提供了制度性激励。在某种意义上可以说，数据信托中委托人对受托人的信任是对法律强制执行的信任，因此单纯从合同法角度解释数据信托以及受托人义务，可能会失之偏颇。

（二）对受托人信义义务的理解与适用

在数据信托中，确保数据安全是受托人信义义务的题中应有之义。信义义务是针对那些对于处置别人的事务有裁量权的人所施加的一种特别的义务。② 现代信托法确立了两条最为重要的受托人的行为标准，即忠实义务和谨慎义务，以规范受托人自由裁量权的行使。③ 不同数字企业的信义义务范围并不相同。④

---

① 参见徐孟洲主编：《信托法学》，中国金融出版社 2004 年版，第 157 - 164 页。

② 赵廉慧著：《信托法解释论》，中国法制出版社 2015 年版，第 305 页。

③ 张天民著：《失去衡平法的信托——信托观念的扩张与中国〈信托法〉的机遇和挑战》，中信出版社 2004 年版，第 76 页。

④ See Jack M. Balkin, *Information Fiduciaries and the First Amendment*, UC Davis Law Review, 2016 (4), p. 1229.

数据信托中数据控制人与一般数据共享平台的差异主要体现在，数据控制人在数据信托中享有更大的权限并承担更严格的信义义务。①

其一，忠实义务是受托人对受益人所负的信托根本性义务，各国信托法对此均作出了明确规定。忠实义务要求受托人忠实于受益人，必须仅为受益人的利益而管理信托，避免自身利益或第三人利益与受益人利益冲突。具体而言，忠实义务包括三项原则：一是受托人不得置身于受益人利益与自己的个人利益相冲突的地位；二是受托人在处理信托事务时，不得以个人利益而为之；三是受托人在办理信托事务时，不得为第三人谋求利益。② 这些义务要求受托人获得的自由裁量权必须用于正确的目的。③ 需要说明的是，该义务在受托人成为共同受益人时是个例外，因为该情形下的“忠实”在一定程度上表现出受托人“自利性”的一面。当然，对该义务的理解可以触探至受托人一些消极义务的更深层面，包括从信托获益、利益冲突、与信托财产交易等，④ 但“不冲突”始终是忠实义务的核心。在数据信托中，受托人必须通过技术和法律两个手段确保信托原始数据不会被数据信托滥用，确保数据的共享和利用行为完全符合信托目的。

其二，谨慎义务要求受托人处理信托事务时要如同处理自己的事务一样警惕而小心，要依照信托的本旨履行善良管理人的注意职责。受益人有数人时，受托人应公平地分配信托利益；共同受托人应相互监督，如有受托人从事违反信托目的的行为，其他受托人应立即阻止；信托财产有毁损或灭失之虞时，受托人应立即采取适当的保存行为；第三人侵害信托财产时，受托人应采取诉讼或其他适当的保全行为。⑤ 对数据信托而言，受托人的谨慎义务需要坚持“安全第一”原则。例如在执行信托事务时，需要严格区分数据用户中的直接用户和间接用户——前者与数据信托之间有协议约定且可以直接获取信托数据，后者则在获取信托数据时与数据信托之间没有直接的协议约定——通过这种区分，

---

① 冯果、薛亦飒：《从“权利规范模式“走向“行为控制模式”的数据信托——数据主体权利保护机制构建的另一种思路》，载《法学评论》2020 年第 3 期。

② 转引自张淳著：《信托法原论》，南京大学出版社 1994 年版，第 149 页。

③ Eclairs Group Ltd v. JKX Oil & Gas plc，(2015) UKSC 71，p. 15.

④ See J. E. Penner，*The Law of Trusts*，Butterworths lexisNexis，p. 320 (2002).

⑤ 赖源河、王志诚著：《现代信托法论》，五南图书出版公司 2001 年版，第 105 页。

将数据使用协议尽量标准化、公开化,[①] 避免数据用户责任的混淆，进而严格区分数据用户的违约责任与侵权责任。又如，在数据信托实施中要把如何提供、存储和访问数据的技术方案纳入数据信托的整体设计中，这些技术方案和相关操作流程需要具有可行性、可持续性和可扩展性，防止因为技术操作障碍而阻碍数据信托目标的实现。诸如此类的措施都旨在实现数据安全的目的，形成预防为主、防控与补救相结合的数据信托安全治理体系。

信义义务是信托法上受托人的核心义务，早已明文写入了我国《信托法》中。受托人对数据信托履行忠实义务和谨慎义务，是利用信托工具服务数据共享利用实践的实质性要求，构成了受托人所应承担的数据安全责任的实质性条件。受托人在作出数据管理和运用决策时，应当科学权衡不同方案的实际影响，认真倾听来自利益相关者的声音，以负责、包容的态度践行对个人信息权和企业数据权的双重保护。把受托人的信义义务与其他义务区别开来是一种传统，例如，区别于按照信托条款保护信托财产和分配信托财产等义务。[②] 信义义务属于受托人的强制义务，也是绝对义务。受托人的分别管理、保密等其他义务是信义义务的细化与延伸，这些义务越具体明确，受托人的数据管理和运用就做得越好，越有利于信托目的和数据安全目标的实现。从受托人的数据安全责任角度而言，受托人是否违反信义义务、如何认定其违反信义义务、是否造成实际损害结果、主观上是否存在过错、是否存在并符合免责条件等，应成为追究数据信托受托人责任时重点考虑的因素。在不能证明其履行了高标准的信义义务时，受托人通常应承担连带责任。

总之，数据治理是一个国内治理和国际治理相结合的复合型命题。[③] 从国际范围看，理论界针对数据信托的研究仍在持续深入。目前，英美两国各自发

---

① 一般而言，数据使用协议的主要内容应包括：(1) 成为数据用户的标准（包括任何技术性要求）；(2) 订立合同的步骤、过程；(3) 使用范围；(4) 对数据使用目的的具体限制；(5) 财务或费用条款；(6) 许可授予；(7) 可能适用的信息自由；(8) 技术标准和要求；(9) 对数据提供者和数据信托的可归责情形和免责声明；(10) 审计监督；(11) 数据治理和争议解决方式；(12) 个人数据保护特别条款（包括安全性、数据泄露报告义务、国际传输、后续传输、数据处理者的使用、数据主体权利以及详情表）；(13) 担保；(14) 数据访问条款的变更；(15) 数据期限、终止和数据返还；(16) 适用法律等。

② Lionel Smith, *The Duties of Trustees in Comparative Perspective*, European Review of Private Law, Vol. 6, p. 1039 (2016).

③ 参见孔庆江、于华溢：《数据立法域外适用现象及中国因应策略》，载《法学杂志》2020 年第 8 期。

展出了不同的数据信托构想，即英国的“数据信托”构想与美国的“信息受托人”构想，两者都有非常深厚的普通法上的信托理论与实践背景。① 在我国，对数据信托的研究不能囿于金融信托的现有框架和信托文化，需要从民事信托、法定信托视角展开更多分析，并融入全球化的数据治理和数据安全保护之中。

数据信托既可以采用意定信托，即基于数据主体与数据处理者之间自愿订立的数据信托合同而设立；也可以是法定信托，即直接在数据分级分类保护的立法中确认相关主体之间的数据信托关系，尤其在公共数据开放领域更是如此，其更方便实现隐私保护与数据安全。通过“信托”概念清晰表达数据主体与数据控制人之间的法律关系，不仅可以从立法层面回避目前有关数据控制人的数据赋权与证成中的种种障碍，也能有效保护数据主体的个人信息权。特别是，法定信托可以有效避免意定信托中数据控制人所要签署的海量信托文件，有利于提高数据市场交易效率和交易安全。② 总之，维护数据安全是数据信托的信托目的，无论是意定信托还是法定信托，数据信托的引入对我国数据安全管理和数据共享实践都具有重要现实意义，需要我国立法者和数据处理者在大数据产业的关键领域积极尝试并采取实际行动。

第二节 社会资本下乡的风险处置

社会资本下乡为乡村振兴注入新动能。当前，在全面推进乡村振兴中，国家积极鼓励社会资本参与农村新型基础设施、新型交通水利工程和新型城镇化建设，积极参与农村公共服务供给和生态保护修复。2021 年 2 月国家乡村振兴局正式成立后，农业农村部办公厅、国家乡村振兴局综合司印发《社会资本投资农业农村指引（2021 年）》，在 2020 年指引的基础上继续支持社会资本参与农村人居环境整治提升五年行动。深刻认识社会资本下乡的三类风险，积极采取有效应对处置措施，对于扎实推进乡村全面振兴、深入开展农村产业帮扶与

① 参见翟志勇：《论数据信托：一种数据治理的新方案》，载《东方法学》2021 年第 4 期。

② 参见席月民：《数据信托的功能与制度建构》，载《民主与法制》2021 年第 3 期。

就业帮扶意义重大。

一、高度警惕农户土地利益被不法侵害风险

由于信息不对称以及农户谈判能力偏弱等因素，农户的土地承包经营权在“下乡资本”承接和实施相关项目过程中容易遭受一些不法侵害。主要表现为：一些地区的农村土地流转并未严格遵循平等协商、依法、自愿、有偿的原则，有关土地转包、出租、互换、转让、入股、信托等不同类型的土地流转方式并不为农户所真正了解和接受，有的没有尊重农户独立的法律主体地位，有的采取强制缔约方式，有的则想方设法压低价格或拖欠款项，从而直接侵犯农户土地利益。一些农村地区的土地征用不符合国家政策和法律规定，引发农户集体上访，导致地方政府、社会资本与农民之间的矛盾比较突出。另外，一些失地农民的就业难问题较为严峻，他们在乡村振兴中“被边缘化”，沦为现代农业的“局外人”或“旁观者”。

改革开放以来，我国一直实行农村土地承包经营制度，农村土地承包经营权经历了从《经济合同法》《合同法》所确立的“债权保护模式”到《农村土地承包法》与《物权法》所确立的“物权保护模式”的重大转变。2003 年《农村土地承包法》生效以来，在 2009 年和 2018 年分别作了两次修正，明确要保持农村土地承包关系稳定并长久不变，巩固和完善以家庭承包经营为基础、统分结合的双层经营体制。按照该法规定，农村土地承包采取农村集体经济组织内部的家庭承包方式；家庭承包的承包方是本集体经济组织的农户；承包方承包土地后，享有土地承包经营权，可以自己经营，也可以保留土地承包权，流转其承包地的土地经营权，由他人经营。承包方可以自主决定依法采取出租（转包）、入股或者其他方式向他人流转土地经营权，并向发包方备案。该法还明确了土地经营权流转的原则、价格确定方式、收益归属、流转合同条款、流转期限等内容。重要的是，我国《民法典》把土地承包经营权作为用益物权的一种作出了专章规定，并在其第 334 条中，重申土地承包经营权人依照法律规定，有权将土地承包经营权互换、转让。未经依法批准，不得将承包地用于非农建设。

针对社会资本通过流转取得土地经营权问题，《农村土地承包法》强调县级以上人民政府应当建立工商企业等社会资本通过流转取得土地经营权的资格

审查、项目审核和风险防范制度。农民对美好生活的向往始终建立在农村土地承包经营权之上，坚持土地公有制性质不改变、耕地红线不突破、农民利益不受损是当前农村发展改革的三条底线。在推进社会资本下乡中，要高度重视农户土地利益被不法侵害风险，对于“下乡资本”与农户之间的土地经营权流转合同纠纷，实践中需要畅通多元化纠纷解决渠道，通过《农村土地承包经营纠纷调解仲裁法》和《民事诉讼法》，及时妥善处理好相关利益冲突。地方政府和地方法院要严格审查合同内容，严格坚持依法、自愿、有偿原则，对争议合同条款采取有利于农户和农民的解释，谨防“强资本—弱农户”市场关系的出现，依法保护农户和农民合法权益。

二、及时识别社会资本违法投资经营风险

社会资本下乡是否守法经营是一个重点问题，其违法投资经营风险是客观存在的。这既可能表现为“下乡资本”偏离政府鼓励投资的重点产业和领域，挤占耕地，采取非粮化、非农化经营，进而危害国家粮食安全，也可能表现为经营中出现各种短期行为，进行掠夺性开发等。目前社会资本下乡可能采取的投资方式包括独资、合资、合作、联营、租赁等，在创新投入方式上也会采取特许经营、公建民营、民办公助等不同方式，但由于资本的逐利性以及农民的弱势市场地位，“下乡资本”的扩张冲动较为明显，种粮积极性不高，有的直接圈占农地建工厂、盖别墅、开发房地产，甚至撂荒耕地进行资本化运作，也有的热衷于搞“短、平、快”项目，对土地资源进行掠夺性开发经营，造成土地硬化、退化等问题，还有的无视农村市场规律，盲目上项目，甚至圈钱跑路，最后把投资风险转嫁给当地农民。

针对社会资本违法投资经营风险，各地需要严格遵循《社会资本投资农业农村指引（2022 年）》规定，因地制宜地制定本地投资目录，科学设定投资导向，对重点项目提供必要的财政支持。2022 年指引与 2021 年、2020 年指引在结构设计上保持了一致，均由总体要求、鼓励投资的重点产业和领域、创新投入方式、打造合作平台以及营造良好环境等五部分构成，其中的细分要点也基本保持了稳定，从而在很大程度上体现了政府引导社会资本投资农业农村政策的连续性和稳定性。值得注意的是，2021 年指引新增加了农业对外合作内容，这对引入外国资本、构建双循环新发展格局意义重大，2022 年指引再次强化了

这方面内容。此外，供应链金融和乡村振兴票据等创新性金融产品被纳入其中，成为当前社会资本投资农业农村保障措施发生积极变化的一个缩影。

对地方政府而言，要严格遵循指引规定，事前搭建政企、农企合作平台，为社会资本投资农业农村提供规划、项目信息、融资、土地、建设运营等一揽子、全方位投资服务，为社会资本下乡提供科学决策支持。通过政府部门的牵头组织，加强企业与农户、村集体的沟通、交流、对接，寻找更贴合本地农村实际的产业和项目，找准利益汇合点，构建“户企融合”的农户紧密型利益联结机制，把农户利益有机嵌入“下乡资本”的产业链上。在编制本地投资目录时，要突出“下乡资本”的“务农”本色和发展定位，逐级论证并形成科学、完备的农业发展规划，引导社会资本重点从事农民“干不了、干不好、干不划算”的产业，探索建立并不断完善社会资本下乡项目数据库。对于链条长、农民参与度高、受益面广的产业项目，要把就业岗位更多留给当地农民，并积极创造条件为就业农民办理社会保险，增强农村经济增长的内生动力。对于不符合本地投资目录的项目，严禁改头换面，包装入市。对于重点投资项目，要依法制定地方税收优惠政策，地方政府可以通过贴息、补助、奖励等形式提供必要财政支持，促进社会资本建设项目与农村金融服务有效对接。

三、有效应对地方政府招商引资压力大与监管能力不足风险

地方政府在招商引资过程中，目前存在着招商引资压力大与监管能力不足的风险。这主要体现在：一些地方缺乏农村投资金融方面的专业管理人才，没有制定科学系统的配套政策、专项规划与支持制度，导致招商引资计划指标不切实际，对社会资本缺乏必要事前审查，容易陷入不必要的资本引入困境，被迫为“问题下乡资本”埋单。长期以来，我国农村金融发展一直落后于城市，农民融资难问题突出，农业和农村发展主要依靠政府投资，社会资本下乡虽然可以解决农村资金缺口并发挥资金补充作用，但却面临诸多制度供给不足问题。对鼓励社会资本投资的乡村项目，一些地方政府仍缺乏体系化的专项配套政策与制度安排，一些政府官员还缺乏对社会资本下乡进行监管的实际能力，“下乡资本”的安全风险防控存在现实薄弱环节。

加强对“关键少数”领导岗位的人员配置，严格依法办事、依法行政，夯实“下乡资本”监管的制度基础，是做好风险防控的重要内容。为此，需要从

以下五个方面入手：

其一，要从社会上积极选拔一批懂农业、懂金融、会管理、有经验的年轻领导干部充实到基层一线干部队伍中，坚持抓住领导干部这个“关键少数”，加强专业知识培训，提高领导干部运用法治思维和法治方式深化改革、推动发展、化解矛盾、维护稳定、应对风险的能力，提高领导干部对我国乡村振兴的阶段性、多样性、复杂性和特殊性的认识。

其二，要建立和完善社会资本下乡的监督管理制度。在《种子法》《农产品质量安全法》《农业法》《农业机械化促进法》《农业技术推广法》《农村土地承包法》《保障农民工工资支付条例》等法律法规基础上，进一步完善乡村振兴投资基金、农村土地信托、水利工程、节水灌溉、生态循环农业以及政府与社会资本合作等方面的法律制度，合理确定招商引资项目，严格资本准入条件，明确负面清单，设立“防火墙”，不断创新全产业链开发模式和区域整体开发模式，依法依规分类规范和监管社会资本涉农投资行为，坚决防止危害粮食安全、导致耕地退化、寄生土地食利的“问题社会资本”下乡，确保引入的社会资本真正下乡“务农”。

其三，要充分调动村集体经济组织以及村“两委”的积极性，发挥其在农村土地经营权流转市场的第三方评估与监督作用，注重听取其意见和建议。

其四，要坚持过程监管。除了在社会资本展开大规模投资前审查其提供的可行性报告、风险评估报告、利润分配方案等文件外，在项目实施过程中，要积极开展定期或不定期的专项检查，及时了解农地用途、项目实施、经营效益、风险防范、农民满意度等情况，探索利用网络、遥感等现代科技手段实施土地和项目的动态监测机制。

其五，要及时制止和处罚违法违规行为。对撂荒耕地、擅自改变农地用途、污染土地等违法行为，要严肃查处并依法追究相关人员责任。对失信社会资本，要通过国家企业信用信息公示系统向社会公示，并启动联合惩戒机制。

社会资本是我国乡村振兴不可或缺的重要力量，社会资本下乡必须秉承负责任投资原则，不偏离“三农”发展宗旨，不危及国家粮食安全，不损害农民主体利益，不破坏农村生态环境，避免“富了老板，亏了老乡”。我们要充分认识新发展阶段全面推进乡村振兴的必要性和紧迫性，正确把握社会资本的投融资特性和市场规律，在激发社会资本投资活力的同时为“下乡资本”设置好

"红绿灯",更好满足社会资本下乡的政策需求与制度需求,营造公平竞争、预期稳定的市场法治环境。

第三节 校园贷的异变、成因与治理

一、校园贷的源流、异变及危害

(一)校园贷的源流

校园贷,即校园网贷,是在我国大学生申请信用卡受到诸多限制的背景下,随着互联网金融发展而衍生的针对大学生贷款的各类网贷业务。在我国,最早的校园贷可追溯至21世纪初。当时一些银行瞄准大学生高涨的消费欲望,向其发放信用卡,提供校园信贷服务。2004年9月20日,金诚国际信用管理有限公司联名广东发展银行北京分行,发行了国内首张大学生信用卡。在此之前,向无收入人群发放信用卡是银行发行的"禁区"。此后,各大银行纷纷加入大学生信用卡市场,Young卡、Fantasy卡等相继面世,呈现出一派激烈竞争的景象。① 各大银行为了抢占市场陷入非理性竞逐,不断降低发卡门槛,风险控制极为薄弱,逾期率高、坏账率高、注销率高、睡眠率高等乱象接踵而至。② 为整治乱象和化解风险,原中国银监会印发《关于进一步规范信用卡业务的通知》(银监发〔2009〕60号),对银行业金融机构向大学生发放信用卡施加了极为严格的限制,几近于"叫停"大学生信用卡的发放。③

由于受到政策限制,以信用卡为依托的早期校园贷很快陷入沉寂。但是大学生的信贷需求是客观存在的,有需求就有供给,这是市场规律。自2005年我国网

① 参见陶红亮编著:《校园贷知识读本》,应急管理出版社2019年版,第8页。

② 参见张欣:《大学生信用卡风险控制研析》,载《金融理论与实践》2010年第3期。

③ 该通知明确要求:"银行业金融机构应遵循审慎原则向学生发放信用卡。不得向未满18周岁的学生发放信用卡(附属卡除外)。向经查已满18周岁无固定工作、无稳定收入来源的学生发放信用卡时,须落实第二还款来源,第二还款来源方应具备相应的偿还能力。银行业金融机构发放信用卡前必须确认第二还款来源方已书面同意承担相应还款责任,否则不得发卡。银行业金融机构应积极向学生家长或其他有关管理人告知学生申请领用信用卡的相关信息。"

民规模突破1亿后，国内互联网迎来快速发展。① 2009年至今，“互联网+”方兴未艾，受国家普惠金融政策②的鼓励，互联网金融逐渐渗透到大学生群体，大量非银行机构与平台依托互联网进军校园市场，推出各种新型校园贷，填补了大学生日益高涨的消费和信贷需求。目前的校园贷主要包括以下五种类型：一是电商平台提供的信贷服务，其基本模式是“电商场景+网络小贷及分期购物服务”，例如阿里的蚂蚁花呗、借呗，京东的白条，美团的生活费，苏宁的任性付等。二是分期购物平台提供的信贷服务，例如向大学生提供分期购物和现金消费的趣分期、分期乐等。三是社交平台提供的信贷服务，例如腾讯的微粒贷，借助微信、QQ的社交大数据，融合京东、美团、大众点评网（腾讯入股企业）等消费场景和消费数据，满足大学生应急、购物消费等短期资金周转需求。③ 四是P2P网贷平台提供的信贷服务，例如名校贷、爱学贷等平台为大学生提供创业、助学等贷款。五是民间借贷平台提供的贷款服务，即线下与线上相结合的私贷，其主体是民间放贷机构和放贷人，通常在互联网上进行宣传，然后在线下签约，收取较高利率。

相较于其他借贷形式，校园贷具有以下特点：其一，在校大学生是主要的借贷主体。有调研显示，大学生每月的生活费主要来自家庭供给、勤工俭学，集中在800元到2000元。④ 但这仍难以满足部分大学生的日常开销，由此引发校园贷需求。以蚂蚁花呗为例，在我国近1.7亿90后中，超过4500万人开通使用蚂蚁花呗。⑤ 其二，借款用途广泛。主要涉及两大类别：一是用于购物、娱乐、交友恋爱等以享乐为主的消费性校园贷；二是用于学习、培训、求职、创业以及被动借贷等非消费性校园贷。有调研表明，消费性借贷比重约占总借

---

① 参见中国网络空间研究院：《中国互联网20年发展报告》，人民出版社2017年版，第9－10页。

② 2013年11月召开的十八届三中全会作出决议，正式提出：“发展普惠金融。鼓励金融创新，丰富金融市场层次和产品。”这是党中央正式文件中首次使用“普惠金融”概念。随后，2015年12月，国务院印发《推进普惠金融发展规划（2016—2020年）》（国发〔2015〕74号）。

③ 参见刘洋著：《消费金融论》，北京大学出版社2018年版，第179页。

④ 参见黄志敏、熊纬辉：《“校园贷”类P2P平台面临的风险隐患及监管对策》，载《福建警察学院学报》2016年第3期。

⑤ 参见肖昀激、王春婷、田露等：《电商背景下校园贷对大学生消费观及消费行为的影响——以贵州大学为例》，载《时代金融》2020年第29期。

贷的63%。[①] 在电商平台、分期购物平台提供的校园贷中，消费性借贷的比重更是占到95%。[②] 即便是主打助学的名校贷等P2P网贷平台，仍有不少学生将贷款用于消费和旅行。[③] 其三，放款门槛低。一方面，诸如“0抵押0担保”“小额贷款，随借随贷”“当天放款，方便快捷”等宣传语泛滥于网络和校园。另一方面，大学生在一些情况下仅需要提供身份证、学生证，以及父母联系方式、家庭住址、宿舍地址、同学或老师的电话号码等信息就能完成注册和放贷。[④] 其四，隐形费用高。一些平台巧立名目，将一部分利息变成服务费，或者对实际收费标准、逾期滞纳金、违约金等刻意隐藏或模糊化。其五，借贷双方信息不对称。我国央行征信系统还未完全覆盖大学生群体的信用数据，校园贷市场上借贷双方信息收集的成本高昂，一些大学生能够在不同平台多头借贷，甚至可以假借他人信息或身份获得贷款。

（二）校园贷的异变

近年来，随着“互联网+”的快速发展，互联网金融在政策层面得到一定支持。[⑤] 诸如蚂蚁花呗、微粒贷、京东白条、趣分期、名校贷等网贷业务本质上都是互联网金融的衍生品。这些新业态新模式本身蕴含诸多价值。一方面，它们为难以获得银行信贷的大学生特别是自控能力强、有兼职收入的大学生提供了一个很好的“缓冲区”，有助于满足大学生在学习、生活、培训、求职、创业创新等方面的正当资金需求，纾解其融资困难。另一方面，这些网贷业务是推进普惠金融发展的重要方式，使长期被排斥在传统金融体系之外的大学生群体获得更均等的金融服务。大学生作为公民也具有获得金融特别是普惠金融

---

① 参见刘春霖：《基于大学生金融安全的高校服务育人工作路径探究——对高校非消费性“校园贷”现象的反思》，载《文化创新比较研究》2019年第34期。

② 参见徐娟、朱荣华：《基于“校园贷”事件的高校教育工作微探》，载《湖北开放职业学院学报》2019年第7期。

③ 参见邓伟维：《我国“校园贷”的实证分析与规制路径——以重庆市四所高校为样本》，载《司法改革评论》2019年第2期。

④ 参见罗江、李金红：《网贷平台“抢滩”校园暗藏多少风险》，载《光明日报》2016年1月14日，第5版。

⑤ 中国人民银行、工业和信息化部等多部委在2015年联合印发《关于促进互联网金融健康发展的指导意见》（银发〔2015〕221号），对互联网金融提出“鼓励创新、防范风险、趋利避害、健康发展”的总体要求。

服务的基本权利。① 发展普惠金融，就是“以可负担的成本为有金融服务需求的社会各阶层和群体提供适当、有效的金融服务”，以此“促进金融业可持续均衡发展，推动大众创业、万众创新，助推经济发展方式转型升级，增进社会公平和社会和谐”。②

然而，校园贷亦是一把“双刃剑”。近年来，校园贷越发偏离普惠金融的价值定位，呈现出野蛮生长态势，异变为花样翻新的骗局和陷阱。诸如“美容贷”“培训贷”“刷单贷”“多头贷”“高利贷”“套路贷”“裸条贷”等违法违规贷款不断披上校园贷的“马甲”，使“校园贷”沦为“校园害”。近年来发生的典型恶性校园贷事件见表 5 – 1。

表 5 –1　典型恶性校园贷事件

发生时间	事件概况
2016 年 3 月	河南某高校一名大学生，冒用同学身份，从不同校园贷平台获得无抵押信用贷款高达数十万元，当无力偿还时跳楼自杀
2016 年 11 月	10G 裸贷数据遭泄露，167 名女大学生手持身份证的裸照及视频被公开
2017 年 8 月	吉林某高校学生联合校园贷客户经理及线下代理商找学生“刷单”，导致学生巨额钱财被骗
2018 年 4 月	厦门某高校大学生在多个校园贷平台借款，仅在“今借到”平台就累计借入 57 万元之多，累计笔数 257 笔，期间多次收到“催款裸照”，当无力还款时在宾馆自杀
2019 年 8 月	北京某高校大学生在多个网贷平台借款，累计 13 万余元，其中一笔借款数额为 1100 元，一周后需还 1600 元，周利息高达 500 元，当无力还款时，在吉林老家溺水而亡，此后其手机仍不间断收到威胁恐吓的催款信息

资料来源：根据新闻报道整理。

（三）不良校园贷的危害

恶性校园贷事件的频发造成了多方面的社会危害。其一，不良校园贷误导大学生的价值观、消费观，使大学生的消费欲望被过度刺激，形成透支消费、

① 参见李国辉：《普惠金融应是人的基本权利》，载《金融时报》2018 年 3 月 20 日，第 5 版。

② 参见《推进普惠金融发展规划（2016—2020 年）》，载中国政府网，http://www.gov.cn/zhengce/content/2016 – 01/15/content_10602.htm。

符号消费、攀比消费等恶习。其二，不良校园贷危及大学生及相关人员的个人信息安全，个人信息遭泄露、盗用、非法利用的风险增加。其三，不良校园贷阻塞大学生合理适度的金融需求空间，侵犯其正当权利，致大学生救急不成，反而陷雪上加霜境地，使其上当受骗、耽误学业、损财耗神，甚至引发殒命之虞。① 其四，不良校园贷损害大学生身心健康，使其处于自责、无助、愧疚、惶恐等心理状态，不利于大学生健全人格的养成，同时影响了大学生的家人、老师、同学的正常生活。其五，不良校园贷对学校、社会的稳定秩序产生了威胁，一些大学生为了偿还债务，被逼从事赌博、盗窃、抢劫等违法犯罪活动，不但严重妨碍学校的教学管理秩序、侵蚀清朗的校园风气，而且衍生出一系列社会矛盾纠纷，给学校管理和社会治理带来较大的负担和挑战。

二、校园贷异变的成因探析

（一）校园贷异变的外部原因

1. 校园贷平台主体责任落实不到位。网贷平台兼具企业经营者和市场管理者的双重角色，② 作为校园贷的供给方或信息中介机构，应当强化主体责任意识、完善平台治理结构、全面加强平台自律。然而，现实中很多平台只顾营利、疏于管理，主体责任意识淡薄，欠缺最基本的风险管理制度和风险预警机制，合规体系建设滞后，贷前调查评估虚置，不严格审核评定贷款大学生的资质，不重视贷后管理监督以确保资金流向符合合同规定，甚至为追求短期利益或暴利而频频僭越底线，进行违法违规操作。某些平台为了抢占市场和谋求私利，故意将借贷过程中的风险因素忽略，不断简化手续，把放贷门槛一降再降——大学生申贷只需要身份证、学生证以及家长、老师、同学的相关信息。这样一来，不仅滥贷现象严重，偷盗信息冒名借贷屡屡发生，而且虚假宣传、超高利息、隐形费用、虚构标的、暴力催收等违法违规情形层出不穷。③

2. 校园贷政府监管体系不健全。校园贷市场是我国民间借贷市场的一部

---

① 参见丁卫东：《聚力整治“校园贷”乱象》，载《中国银行保险报》2021 年 4 月 22 日，第 2 版。

② 参见时建中、马栋：《双重身份视角下平台自治与反垄断监管的界限》，载《竞争政策研究》2020 年第 4 期。

③ 参见曹辉、潘悦：《“校园贷”的违规乱象、规制体系与高校应对》，载《山西财经大学学报》2019 年第 S1 期。

分，应尊重市场的一般规律和原则，但当出现市场失灵，乱象、风险频发时，就需要政府监管有所作为。目前，我国校园贷的监管理念、体制机制存在明显不足，监管体系亟待完善。

一方面，对校园贷采取“一刀切”的叫停方式背离了监管规范与促进发展并重的理念。近年来，我国监管部门多次下发文件，试图叫停校园贷。例如，要求“现阶段，一律暂停网贷机构开展在校大学生网贷业务，逐步消化存量业务”；[①]“严格规范网络小额贷款业务管理……禁止发放‘校园贷’”；[②]“小额贷款公司要加强贷款客户身份的实质性核验，不得将大学生设定为互联网消费贷款的目标客户群体，不得针对大学生群体精准营销，不得向大学生发放互联网消费贷款”。[③] 但是这些要求的落实情况并不理想，反复采取“一刀切”的叫停方式，反而“造成校园贷在异化中的畸形发展，花样不断翻新，形式越来越隐蔽，其顽强求生折射出校园贷市场监管的‘不作为’嫌疑”。[④] 如前所述，校园贷业务有助于推进普惠金融，使长期被排斥在金融体系之外或者不被正规金融机构重视的大学生享有更均等的金融服务，给予很多自控能力好、有兼职收入的大学生特别是研究生一个很好的“缓冲区”。因此，校园贷的负面案例“不应该成为“一刀切”禁止校园贷款、普惠金融的理由”。[⑤] 监管应当有所为、有所不为，其宗旨是切实防范风险，促进校园网贷业务规范有序、创新健康发展。

另一方面，校园贷的监管体制机制不健全。其一，校园贷的主管部门不明确，实践中也缺少协同监管机制。校园贷涉及的领域和场景广泛，产生的风险具有跨部门性、跨区域性的特点，金融、网信、工信、公安、教育、人社、商务、市场监管等部门都担负一定的监管职责，但相互之间的分工不甚明确，缺少协同监管机制，未能形成监管合力，反而容易造成监管盲区，引发监管套利

---

① 前中国银监会、教育部、人力资源社会保障部：《关于进一步加强校园贷规范管理工作的通知》（银监发〔2017〕26号），2017年5月27日。

② 互联网金融风险专项整治工作领导小组办公室、P2P网络借贷风险专项整治工作领导小组办公室：《关于规范整顿“现金贷”业务的通知》（整治办函〔2017〕141号），2017年12月1日。

③ 前中国银保监会办公厅、中央网信办秘书局、教育部办公厅、公安部办公厅、中国人民银行办公厅：《关于进一步规范大学生互联网消费贷款监督管理工作的通知》，2021年2月24日。

④ 席月民：《构建司法主导的校园贷多元治理》，载《经济参考报》2020年9月1日，第8版。

⑤ 聂日明：《校园贷不能一刀切但高利贷得有人管》，载人民网，http://money.people.com.cn/BIG5/n1/2016/0617/c392426-28454435.html。

和监管规避。其二，校园贷准入监管机制不完善。从事金融活动、防范金融风险，持牌经营是前提，应实行市场准入管理，这对于校园贷业务也不能例外。但是目前，诸如蚂蚁花呗、京东白条等小额贷款公司的牌照均源自地方，所依据的地方规定在准入条件的设置上参差不齐，也没有关于校园贷的专门规定。此外，《网络借贷信息中介机构业务活动管理暂行办法》未将校园网贷信息中介平台与普通网贷信息中介平台作出区分，许多校园贷类 P2P 平台在领取营业执照后，只需向工商登记注册地地方金融监管部门备案，再研发或购买一个 P2P 软件系统就可以运营，实际上处于无准入门槛状态。其三，校园贷运营监管措施松散。突出表现在放贷门槛刚性约束不足，审批程序缺乏严格要求，费率、费用、逾期违约金等缺少透明性方面的规范设置，对采取恐吓、侮辱、骚扰、暴力等非法催收手段亦缺少有力制约。其四，大学生征信体系建设滞后。大学生信用体系是社会信用体系的重要组成部分，但建立覆盖全国大学生的征信体系面临不少阻碍。最主要的，大学生信用信息比较分散、信用记录较少，信用数据的全面性、准确性、及时性和活跃度不足，且表现出与父母相关性高的特点。尤其是大学生信用卡被“叫停”后，传统银行业金融机构为大学生提供的服务主要是生活费和学费的存取，因而接入央行征信系统的大学生信用信息十分有限。

3. 校园贷风险治理结构不均衡。治理的概念是 20 世纪 90 年代在全球范围内逐渐兴起的。治理的本质在于“它所要创造的结构或秩序不能由外部强加，而是多种统治过程和互相影响的行为体的互动带来的结果”。① 在治理网络中，不同主体有着不同的立场、知识、信息、资源和能力，有着自己的优势与不足，治理网络强调多元主体的合作与参与，通过共享、动员和聚合分散的资源，协调利益和行动，来实现治理目标和任务。② 所谓校园贷治理就是立法机关、行政机关、司法机关、企业（网贷平台、征信机构等）、学校、家庭、大学生、社会公众等主体共同参与，以正式的规则制度或非正式制度安排的方式来化解相关风险的相互协调和持续互动的过程。目前，我国校园贷风险治理存在结构

① ［英］格里·斯托克：《作为理论的治理：五个论点》，华夏风译，载《国际社会科学杂志（中文版）》2019 年第 3 期。

② 参见宋华琳：《论政府规制中的合作治理》，载《政治与法律》2016 年第 8 期。

不均衡、体系不完善的问题且制约了治理实效。其一，我国近年来对校园贷的治理，一直采用的是行政主导的模式，过度依赖政策工具，反复叫停校园贷，给校园贷的多元治理带来了信任危机。其二，司法机关在校园贷治理中的作用未得到充分发挥，其通过裁判定纷止争、归纳类案、形塑规则等优势未能彰显。其三，高校教育、管理存在短板、家长示范引导存在误区，这些因素与大学生某些不成熟、不健全的心理或观念以及淡薄的财商金融法律意识叠加在一起，加剧了校园贷风险治理结构的失衡。其四，民间借贷、网络借贷以及校园贷的相关立法长期滞后于社会实践，导致校园贷治理的规则体系不完备。①

（二）校园贷异变的内部原因

校园贷乱象频仍、风险丛生的内部原因，主要涉及两方面：一是大学生存在某些不成熟、不健全的心理与观念；二是大学生在财商、金融、法律等方面的意识和知识匮乏。

一方面，大学生尚未完全跨越青春期，难免存在某些不成熟、不健全的心理与观念。主要表现在以下方面：（1）大学生具有从众、攀比、虚荣心理。所谓从众心理，即大学生在作出消费决定时，通常把身边同学的情况作为参照，不考虑自己的真实需求，为了所谓的“面子”，通过借贷购买远远超过自身消费能力的非必需品。（2）大学生具有强烈的好奇心理及超前消费观念。当下的大学生多是95后，是经典意义的互联网“原住民”。这种新型媒介环境为大学生提供了接触新知识、新信息、新事物的快捷渠道，也带来了更多诱惑。不断迭代的时尚电子产品、网络竞技游戏、年轻化的奢侈品牌等诱发了大学生强烈的好奇心和超前消费冲动，为不良校园贷提供了心理上存在的温床。②（3）大学生具有不易克服的即时体验或满足欲望。延迟满足是心理成熟的表现，“指一种个体甘愿为更有价值的长远结果而放弃即时满足的抉择取向，属于人格中自我控制的一个部分”。③面对物质欲望、体验快感、宣传诱惑，一些大学生不是以专注学业、夯实基础等长远价值为重，而是宁愿及时行乐，在短暂的满足后

---

① 参见席月民：《我国当前民间借贷的特点、问题及其法律对策》，载《政法论丛》2012年第3期。

② 参见苏婵娟：《校园网贷背景下大学生畸形消费心理剖析及教育引导》，载《广西社会科学》2017年第7期。

③ 郝春东、刘晓燕：《延迟满足的研究方法、理论及现状》，载《心理发展与教学》2006年第3期。

落入校园贷陷阱。（4）有些大学生具有潜在的自卑心理。自卑是自我情绪体验的一种形式，心理学将其视为性格上的缺陷。著名心理学家阿德勒认为，由于人不能长期忍受自卑感，他一定会采取某种补偿的心理防御机制，以克服并超越这种自卑状态。① 其中，校园贷以及与之相伴的地位消费、炫耀性消费，可以起到通过商品的符号价值来彰显自我，实现缓解自卑感的补偿作用。

另一方面，大学生缺乏财商、金融、法律等方面的意识和知识。主要体现在以下方面：（1）大学生的财商普遍偏低。一般认为，财商是一个人认识金钱和驾驭金钱的能力，是与智商、情商并列的现代社会能力三大不可欠缺的素质之一。② 我国大学生存在财商偏低的结构特点，加之财商教育落后，致使大学生对校园贷心存侥幸，对逾期不能还款引起的严重后果缺乏审慎考虑。（2）大学生对个人信用认知不健全。大学生身在象牙塔，缺少个人信誉价值的切身体会，对个人信用的重要性不够了解与重视。由中国人民大学信用管理研究中心发布的《2020 年全国大学生信用认知调研报告》显示，超 80% 大学生没有听说过个人征信报告，且近 40% 的学生曾经出现过逾期还款的现象。（3）大学生的金融知识不足，风险防范意识不强。由于大学生的经济行为主要依靠家庭“兜底”，不具备较强的金融理财意识，很难使自身的经济及金融行为合理化。加之大学生风险防范意识不强，轻信贷款平台的虚假宣传，对贷款合同条款没有深入了解，对校园贷的各种套路识别不清。（4）大学生个人信息保护意识淡薄、对于“高利贷”的法律界定缺乏认识。其一，尽管《个人信息保护法》等多部法律对个人信息保护作出规定，但大学生对自身及家人、老师、同学等的个人信息与隐私权益缺乏重视。面对放贷平台违法收集处理个人信息的行为，不仅不加制止，反而积极“配合”提供。其二，大学生对“高利贷”在法律上的界定缺乏认识——“对利率超过合同成立时一年期贷款市场报价利率四倍的部分（法律）不予保护”，③ 不免给自己和家庭造成巨大损失。

---

① 参见翟贤亮、徐莉、孟维杰：《自卑的他人补偿探究——阿德勒自卑补偿理论的补充与完善》，载《心理研究》2012 年第 2 期。

② 参见钱雅文、石成奎：《青少年学生财商教育的现状与对策》，载《教学与管理》，2009 年第 3 期。

③ 《最高人民法院关于审理民间借贷案件适用法律若干问题的规定》（2020 年第二次修正）第 25 条。

三、校园贷的治理完善

防范校园贷异变风险，促进校园网贷业务规范有序、创新健康发展，须健全政府监管体系，引入多元治理工具，形成多方参与的公共治理格局，同时要加强对大学生的教育引导和相关知识普及。

（一）健全校园贷政府监管体系

如前文所述，对校园贷一味地堵截叫停，“最终只能导致网贷平台转向地下，不仅不能减少不良平台的威胁，反而会加大监管的难度”。[①] 对于校园贷的政府监管，有必要重树规范与发展并重的理念，贯彻依法、适度、分类、创新等监管原则，健全监管体系、堵塞监管漏洞，形成制度合力和监管实效。

1. 严格校园网贷业务的准入标准。从事校园网贷业务的平台或公司，其市场准入应当严格遵守以下底线标准：（1）目的和功能限定标准。校园网贷业务应当遵循小额、分散、高效、应急、精准等原则，发挥数字普惠金融功能，重在保障大学生特别是高年级大学生及研究生（硕士生、博士生）在创业、求职、培训、学习等方面的合理资金需求[②]以及适度的消费需求。（2）资本信用标准。校园网贷平台须具备较大的自有资本金，满足“高门槛”的法定注册资本要求。实行注册资本制，旨在确保信用的相对确定性和商事交易安全。相较于线下借贷和普通网贷，校园网贷领域的风险更具复杂性、隐蔽性、突发性、涉众性、传染性。因此，为适应高标准的信用和交易安全的需要，应对其采取较高的法定注册资本门槛，建议采取不低于城市商业银行的最低注册资本限额，即10亿元。（3）场景信用和大数据风控标准，即从事校园网贷业务的平台须具备其他关联业务、场景或平台，譬如兼营网络销售、生活服务、社交娱乐、信息资讯等互联网业务，其核心在于有能力在《个人信息保护法》《数据安全法》《消费者权益保护法》《电子商务法》等法律法规允许的范围内，利用大数据、云计算、人工智能等信息技术手段，运用关联业务场景的内生数据信息以及通

---

① 杨京橙、鲍夏悦：《校园贷乱象的原因分析与监管建议》，载《经营与管理》2017年第6期。

② 国务院办公厅于2021年9月22日印发的《关于进一步支持大学生创新创业的指导意见》（国办发〔2021〕35号），明确提出“鼓励金融机构按照市场化、商业可持续原则对大学生创业项目提供金融服务，解决大学生创业融资难题”。这为校园贷遵循规范有序、可持续原则发展提供了政策指引。

过合法渠道获取的其他数据信息，基于个人同意或法定情形，公平、公正地分析评定大学生客户的信用风险，确定贷款方式和额度，降低不良贷款率，形成良好的数字化普惠金融能力。[①] 基于上述标准，阿里小贷（花呗、借呗）、腾讯小贷（微粒贷）、京东小贷（京东白条）等依托电商平台及社交场景的小额贷款公司以及依托趣分期、乐分期等分期购物平台的消费金融公司，具备进入校园网贷市场的基本条件；而 P2P 网贷平台[②]、民间借贷平台则不符合准入标准，[③] 应予以重点排查整顿。

2. 校园网贷业务的运营监管。完善校园网贷业务的运营监管，应重点明确以下事项：（1）明确主管部门，构建监管协调机制。应当明确国家金融监管总局是校园网贷业务的主管部门，由其制定、细化校园网贷业务的监督管理制度和经营管理规则，并督促指导省、自治区、直辖市人民政府确定的金融监管部门对当地校园网贷业务进行监督管理和风险处置。同时，在中央和地方层面，可以设立"校园贷监督管理部门联席会议"机制，由金融监管部门的领导作为召集人，协调网信、工信、公安、教育、人社、商务、市场监管等部门的监管职责和具体分工。（2）综合资金成本监管。校园网贷平台以利率和各种费用形式对大学生收取的综合资金成本，应符合最高人民法院关于民间借贷利率的规定即不高于合同成立时一年期贷款市场报价利率的四倍。（3）融资渠道和杠杆比例监管。校园网贷平台发放的贷款，除源于自有资本金外，只能来自正规银行贷款、股东借款，或者通过发行债券、资产证券化产品等标准化形式融入资金，而绝不能通过高息揽储或刚性兑付向网民借款或"众筹"。并且，总债务杠杆比例应当限定在适当范围，比如明确"资本金和融入资金余额总量的杠杆比应控制在 1∶10"，[④] 不能无限次数、过高比例地向外融资，以防止泡沫风险。

① 参见姚佳：《征信的准公共性与大数据运用》，载《银行家》2018 年第 12 期。

② 实际上，从 P2P 网络借贷平台备案工作的一再推迟，到《关于网络借贷信息中介机构转型为小额贷款公司试点的指导意见》（整治办函〔2019〕83 号），再到 2020 年 9 月 P2P 网络借贷平台的"鼻祖"拍拍贷向助贷平台转型，意味着 P2P 网络借贷平台已经走向末路。更进一步，2020 年 11 月中旬全国实际运营 P2P 网络借贷平台的完全归零，则在实质上宣告了 P2P 网络借贷平台模式的失败。

③ 参见盛学军：《互联网信贷监管新规的缘起与逻辑》，载《政法论丛》2021 年第 1 期。

④ 黄奇帆：《互联网金融发展中的原则、特征和发展路径》，载《第一财经日报》2019 年 6 月 10 日，第 A11 版。

（4）贷款用途和金额监管。校园网贷平台发放信贷，应主要用于支持大学生学习、创业、求职、培训等正当活动，在风险高度可控的情况下可适度发放消费信贷，但不能用于从事炒股、期货等高风险活动。同时，应当根据大学生信用状况、总体负债、资产状况等因素，合理确定贷款金额和期限，保证每期还款额不超过其还款能力。（5）负面清单与从业限制相结合的监管。应当严禁校园网贷平台设立资金池、自融、发行或者代理销售理财产品、大规模线下营销、误导性宣传、虚构借款人及标的、采取暴力等非法催收方式，一旦违反“负面清单”管理要求，即可施加从业限制的行政处罚。

3. 融汇各方数据构建大学生征信体系。校园网贷平台依托各自的供应链或业务链场景，累积了许多有助于评估大学生信用状况的“替代数据”，如消费行为、上网痕迹、交易记录等，但是这些关联业务场景的内生数据信息对于真实呈现大学生信用状况，仍存在全面性、及时性、准确性等方面的不足。因为平台各自构建的业务闭环，客观上分割了市场的数据和信息链，使征信数据和信息处于封闭的“孤岛”。也就是说，根据各平台掌握的有限数据和信息进行不同形式的信用评估，不仅存在数据和信息误采误用问题，而且可能导致得出的信用风险失真失准。因此，构建大学生征信体系应多措并举，着力打通数据壁垒，形成市场化个人征信机构、央行征信系统、高校等多方数据融汇互补的发展格局。具体包含以下三点：（1）各校园网贷平台或者其控股股东可以合资申请批准设立主要面向大学生的个人征信机构，由该机构对网络销售、生活服务、社交娱乐、信息资讯等平台场景中大学生的相关信用数据进行采集、整理、保存、加工，并向校园网贷平台等信息使用者依法提供。（2）作为一项强制性要求，校园网贷平台应当统一接入中国人民银行的金融信用信息基础数据库，同时也鼓励其接入中国人民银行批准设立的个人征信机构，依法报送、查询、使用相关信用信息。（3）积极探索高校、个人征信机构、央行征信系统的多方征信合作机制。实际上，大学生征信数据具有直接信息少、间接信息多的特点，诸如在校期间考试作弊、学术造假、不履行助学贷款承诺等不端行为都可以作为间接性或替代性征信数据，用以依法评估大学生信用状况，为防范不良贷款风险构筑又一层屏障。

（二）构建多方协同的公共治理格局

“治理网络是对传统政府规制的有益补充，而非替代”。① 引入多元治理工具，通过搭建更具参与性的多方协同治理体系，能够更有效地实现校园贷风险治理的目标。为此，在政府的监督管理之外，还应激活立法引领、平台自律、学校管理、家庭协同、司法助力、社会支撑的共治作用。

1. 加强立法引领、健全治理规则体系。其一，尽快制定互联网信贷业务条例或管理办法，明确校园网贷业务的法律地位，规定其所适用的一般及特别监督管理制度、经营管理规则和法律责任。其二，深入推广普惠金融，应当加快制定普惠金融促进法或条例，在整体上“将普惠金融确立为与商业性金融、政策性金融并列的中国特色社会主义现代金融体系的三大支柱之一”，② 同时将大学生创业创新、求职就业等纳入普惠金融服务范围，明确普惠金融服务供给、需求、监管三方的权利、义务、责任。

2. 落实平台自律、强化风控合规建设。其一，校园网贷平台应遵循公开透明原则，充分履行告知义务，使大学生明确了解贷款金额、期限、价格、还款方式等内容，并在合同中载明。其二，校园网贷平台不得以任何方式诱导大学生过度借款，陷入债务陷阱。应全面持续评估大学生的信用情况、偿付能力、贷款用途等，审慎确定贷款金额上限、贷款期限、贷款展期限制等。其三，校园网贷平台应落实客户信息安全保护，加强风险数据来源、风险模型设计的管理能力和水平，健全基于数据驱动的风险识别、风险监测、风险处置等风险防控机制。其四，校园网贷平台应设置债务违约、争议解决等相关处置机制，不得通过暴力、恐吓、侮辱、诽谤、骚扰等方式催收贷款。

3. 优化学校管理、切实防范处置风险。其一，高校应建立不良校园贷日常监测机制，定期开展校园贷集中排查，畅通举报渠道，加强校园秩序管理；重视网络流量监测在不良校园贷预警中的应用；③ 借助大数据技术，从用户画像的视角描绘不良校园贷用户的群体行为特征，设置预警信号。其二，高校应建

---

① 宋华琳：《迈向规制与治理的法律前沿——评科林·斯科特新著〈规制、治理与法律：前沿问题研究〉》，载《法治现代化研究》2017 年第 6 期。

② 李国辉：《普惠金融应是人的基本权利》，载《金融时报》2018 年 3 月 20 日，第 5 版。

③ 参见何亚南、袁建明、朵云峰等：《网络流量监测在高校“校园贷”预警中的应用研究》，载《电脑知识与技术》2021 年第 16 期。

立不良校园贷应急处置机制，发现不良校园贷应及时告知学生家长，并与监管执法部门保持联系协作，将负面影响控制在最小范围。其三，高校应建立不良校园贷责任追究机制，对校内有关部门和院系开展校园贷教育、警示、排查、处置等情况进行定期检查，凡责任落实不到位的，要追究有关部门、院系和相关人员责任。其四，高校应完善学生资助体系、切实做好学生帮扶工作，确保各项学生资助政策落实到位，提高学生资助帮扶工作管理水平。

4. 强化家庭协同、筑牢风险源头防线。其一，正如习近平总书记所指出的，“家庭是人生的第一个课堂，父母是孩子的第一任老师”，要“帮助孩子扣好人生的第一粒扣子，迈好人生的第一个台阶”，广大家长都应重言传、重身教，教知识、育品德，身体力行、耳濡目染，帮助孩子形成正确的人生观、价值观、消费观。其二，家庭与学校是大学生接受教育和人格形塑的两个重要阵地，双方应建立常态化的信息交流、意见反馈、协同教育机制。其三，在不良校园贷已经发生且造成不利后果的情况下，家长不能采取简单粗暴的批评训诫，也不能一味地“乖乖买单”、为孩子兜底，而应当与学校同步跟进，做好心理疏导，积极寻求法律援助。

5. 激活司法功能、丰富规制治理维度。单纯依靠行政主导的监管模式，无法审查具体的校园贷合同，发挥司法裁判的治理作用可以有效弥补这一不足。一方面，法院通过合同审查和具体案件裁判，可以及时解决个案纠纷。另一方面，法院可以归纳和列出同类校园贷案件的问题清单，对内形成审判纪要和司法解释以统一裁判标准；对外可以利用司法建议的信息传递和反馈机制，提醒和敦促市场监管者、学校和家长认真履职履责、及时介入校园贷治理。

6. 加强社会支撑、拓宽融资帮扶渠道。其一，政策性银行、商业银行等金融机构不应把面向大学生的信贷服务简单地视作“鸡肋”，而应建立大学生金融服务信任机制，着力化解供需错配，通过金融科技和业务模式创新，为大学生提供定制化、规范化的金融服务。其二，鼓励建立校友融资贷款模式，降低借贷中的不信任因素和风险程度，同时帮助校友相互拓展社会关系，分享助学、求职、创业等富有价值的经验。[1] 其三，教育主管部门和高校应完善特殊困难救助机制，设立专项资助资金，对家庭出现重大变故的学生进行心理安抚和紧

① 参见郑春梅、贾珊珊：《国内外校园贷平台比较及规制分析》，载《财经界》2016年第26期。

急救助，解决学生的临时性、紧急性资金需求。

（三）加强教育引导和相关知识普及

外因是事物发展变化的条件，内因是事物发展变化的根据。治理校园贷乱象，还应着力加强教育引导和相关知识普及，帮助大学生树立正确的价值观、消费观，提升大学生综合素养。

1. 强化思想政治教育、创新宣传教学形式。习近平总书记强调，“要坚持把立德树人作为中心环节，把思想政治工作贯穿教育教学全过程”。一是要加强社会主义核心价值观的学习教育，培养选树勤俭节约、自立自强方面的先进典型，营造崇尚节约的校园文化环境。二是加强中华优秀传统文化和革命文化、社会主义先进文化教育，引导大学生做社会主义核心价值观的坚定信仰者、积极传播者、模范践行者。三是教育引导大学生树立科学、理性的消费观，关注学生消费心理。四是鼓励大学生利用业余时间开展勤工俭学，通过劳动创造财富，培养节俭自立意识。

习近平总书记指出，“要运用新媒体新技术使工作活起来，推动思想政治工作传统优势同信息技术高度融合，增强时代感和吸引力”。高校要善于借助现代信息技术、拓宽媒体渠道、巩固网络教育阵地，将校园贷可能包含的风险、危害以短视频、情景剧、漫画等能够吸引学生点击量的方式，从多个渠道和平台向学生宣传。此外，高校教师和管理人员要善于借助大数据技术，挖掘、分析大学生思想政治教育中的相关数据，从中洞察大学生思想、观念、行为等发展动态，使抽象的大学生思政教育有据可依，深化、落实思政教育成效。① 高校还可以与企业或技术部门合作开发“模拟校园贷”App，创新实践教学。根据真实的校园贷平台进行利率、还款期限设置，让学生全程参与其中，更直观地了解借款后应还款的表面利息、实际支付利息、实际支付总金额等，让大学生更深刻地认识到校园贷隐藏的风险和陷阱。

2. 加强大学生财商和网络素养教育。加强大学生的财商教育，核心在于帮助大学生形成正确的金钱观、理性的消费观、科学的理财观、健全的金融意识、内化的诚信意识、清晰的法律意识。为此，高校可从以下几方面开展工作。其

---

① 参见李静、沈书生、刘芳铭等：《大数据视阈下当代大学生消费行为新特征的调查研究》，载《中国电化教育》2017 年第 12 期。

一，优化高校课程体系，将财商教育引进课堂。教育主管部门应当会同相关高校，加快财商教育教材的规划、建设和出版，使财商教育工作系统化和规范化。高校教务部门应将财商教育课程设置为公共课或必修课，同时为所有专业的大学生开设金融和法律基础方面的选修课程，帮助学生了解逾期滞纳金、违约金、单利与复利、个人信息权益保护、侵权救济等基本常识。其二，拓宽财商教育的途径。首先，高校可以加强与金融监管部门、银行业金融机构的合作，将实务专家请进校园，组建财商教育专家团队，定期开展财商教育讲座。其次，高校应重视校外财商教育实践，可以与银行、企业等共建财商教育基地，组织学生实习、参观，在实践中增强财商意识。最后，还可以通过开展社团活动，组织模拟创业大赛、应聘大赛等全方面提高大学生综合素质。其三，强化大学生网络素养教育。互联网在推动经济社会进步的同时，"所构建的新的媒介环境在很大程度上引发了当代大学生的价值错乱，阻碍了其构建有效的自我认同"。[①] 对此，高校应建立正规化、体系化、渐进化的网络安全与网络素养教育课程，促进大学生科学理性上网用网，防止过度"沉迷"网络，增强网络安全意识。

① 吴鹤群、成晓越：《风险社会视域下"校园贷"问题的生成及应对》，载《当代青年研究》2018年第1期。

第六章

我国电子商务业发展及其法律保护

电子商务模式与业态的迭代创新加速演进，在培育壮大新型消费、促进数字经济与实体经济深度融合、推动国际贸易合作等方面优势明显。本章选取电子商务业为例，集中研究我国电子商务发展中出现的新问题，重点探讨科技、规划与数字经济法，电商快递业持续低价竞争的危害、成因与法律防治，电商商品与快递服务分离定价机制的困境与出路，以及电商平台自治规则体系的反思与重构等问题，依法推动我国电商平台健康发展，有效促进数字经济高质量发展。

第一节　科技、规划与数字经济法

一、科技强国的法治根基

习近平总书记深刻指出，科技兴则民族兴，科技强则国家强。对任何一个现代化国家而言，科技创新能力的高低是衡量其是否迈入科技强国的重要标尺，决定着其现代化水平与社会福祉。党的二十大报告指出，要加快建设科技强国，完善科技创新体系，坚持创新在我国现代化建设全局中的核心地位，健全新的举国体制，强化国家战略科技力量，提升国家创新体系整体效能，形成具有全球竞争力的开放创新生态。进入 2023 年，国家科技政策按照 2022 年 12 月中央经济工作会议精神聚焦于自立自强。当前，加快实施创新驱动发展战略，需要深刻认识我国科技法律体系的重要性，持续发挥法治在科技改革、科技创新、科技发展、科技转化、科技保护等领域的基础性保障作用，为各类创新主体营造良好的科技法治环境。

（一）科技法律体系日益完善，为创新提供重要法律依据

改革开放以来，我国科技立法成果引人注目。2011 年 10 月，国务院新闻办发布了《中国特色社会主义法律体系》白皮书，当时我国制定的宪法和有效法律共 240 部。经过 10 余年的发展，如今这一数字已升至 305 部（截至 2024 年 11 月 8 日），可以说立法数量大幅增加，法律体系进一步完善。其中，重要领域的基础性、综合性、统领性法律相继制定出台，之前出台的重要领域法律也得到了全面修订。中国特色社会主义法律体系的形成、发展与完善，为考察我国科技立法的体系化成果提供了宏大叙事背景。

2015 年党中央和国务院在《关于深化体制机制改革加快实施创新驱动发展战略的若干意见》提出，到 2020 年，基本形成适应创新驱动发展要求的制度环境和政策法律体系，为进入创新型国家行列提供有力保障。如今，这一目标任务已经如期顺利完成。当前，我国科技法律体系规模庞大，形成了在《宪法》统帅之下的“1 + 3 + N”有机体系。

首先，《宪法》是国家的根本大法，不但为我国科技发展进步、科技创新奖励、科技人才培养等确立了基本准则，而且鲜明地伸张了公民的科学研究自由。例如，其第 20 条规定，国家发展自然科学和社会科学事业，普及科学和技术知识，奖励科学研究成果和技术发明创造。又如，其第 47 条规定，中华人民共和国公民有进行科学研究、文学艺术创作和其他文化活动的自由。国家对于从事教育、科学、技术、文学、艺术和其他文化事业的公民的有益于人民的创造性工作，给以鼓励和帮助。

其次，在科技法律领域，以《科学技术进步法》《科学技术普及法》《促进科技成果转化法》《农业技术推广法》为主干的科技专门立法群，通过“1 + 3”模式，形成了当前科技法制发展的重要支柱。其中的“1”，即《科学技术进步法》，其地位处于科学技术基本法；“3”分别是指《科学技术普及法》《促进科技成果转化法》和《农业技术推广法》。这些立法成果坚持点面结合，集中反映了国家对科技事业发展和科技进步的总体任务部署，对科技在现代化经济体系、生态环境保护以及中国式现代化中的作用方式等作出了各类综合制度供给安排。这四部法律，一边与《宪法》的原则性规定相承接，一边与国民经济与

社会发展中的权利性、规制性、发展性、产业性、社会性立法相呼应，分别承担着科技创新、科技普及、科技成果转化以及农业技术推广方面的保护与促进功能，共同维护着从科技开发到科技造福社会的主体性活动，促进各类创新主体紧密合作、创新要素有序流动、创新成果有效转化，在日益完善的体系化形塑中为科技改革与创新发展提供重要法律依据和法律保护。

最后，"N"所指代的其他法律所涉范围甚广，散布于民商法、经济法、社会法、刑法等不同法律部门之中。以《民法典》《专利法》等为代表的权利保护性民商事立法，针对科技成果的权利归属、权利性质、权利行使、权利流转、权利救济等问题作出了体系性规定。《证券法》在鼓励和保障科技开发研究及其成果共享方面发挥出重要作用，为一大批科技型企业上市提供了制度支撑。以《反不正当竞争法》《反垄断法》《电子商务法》《网络安全法》《数据安全法》《生物安全法》《循环经济促进法》《节约能源法》《清洁生产促进法》《农业机械化促进法》《可再生能源法》《能源法》《种子法》等为代表的规制性、发展性、产业性经济立法，为科技创新发展及其实际应用提供了市场规则、合规标准与激励保障措施。以《公益事业捐赠法》《慈善法》《劳动法》等为代表的社会立法，为拓宽科技创新与成果转化的经费来源和创新智力报偿提供了社会化支持和基本规定。《刑法》中也设立了诸多罪名，如非法利用信息网络罪、破坏计算机信息系统罪、侵犯商业秘密罪、伪造货币罪等，织密了针对科技犯罪的刑罚网络。

随着近年来疫情管控政策的放开和经济的逐步恢复，以科技自立自强为核心的创新驱动政策必将奏响时代最强音，与财政、金融、产业政策等一起谱出和谐共鸣曲。只有厉行更严格的科技创新法治保护，广泛动员全社会力量勇于投入到大众创业、万众创新之中，并在数字经济发展中进一步强化科技与经济对接、创新成果同产业对接、创新项目同现实生产力对接、研发人员创新劳动同其利益收入对接，才能以法治方式打通科技创新的体制机制壁垒与实践堵点，消除科学家、科技人员、企业家、创业者创新的顾虑，营造良好的勇于探索、鼓励创新、宽容失败的科技文化氛围。

（二）新《科学技术进步法》实施，成为科技法治发展的重要风向标

《科学技术进步法》是我国科技领域的基本法，其内容覆盖了基础研究、

应用研究与成果转化、企业科技创新、科学技术研究开发机构、科学技术人员、区域科技创新、国际科学技术合作、保障措施、监督管理、法律责任等诸多方面。该法全方位勾勒了我国科技监督管理与科技激励保障制度体系，全面构建了面向新时代发展我国所需要的科技创新治理架构，把科技创新摆在国家发展全局的核心位置，把科技自立自强作为国家发展的战略支撑，强调了坚持中国共产党对科学技术事业的全面领导，积极回应了全球科技发展新趋势所带来的现实挑战，坚定了坚持新发展理念、走中国特色自主创新道路、建设科技强国的民族自信。

从1993年制定到2007年第一次修订，再到2021年第二次修订，《科学技术进步法》的每一次进步都有目共睹，真实展示了日新月异的科技创新发展实践与形形色色的多重法律命题。自2022年1月1日起，新《科学技术进步法》的全面深入实施正在成为科技法治发展的重要风向标，对塑造良好的科技法治环境影响深远。

一是基础研究受到越来越多的重视。基础研究是科技创新的源头，加强基础研究是实现科技自立自强的必然要求，也是提升原始创新能力的基本前提条件，与国家财政投入的多少关系密切，体现着如何更好发挥政府作用。新《科学技术进步法》新增了基础研究一章，其第20条规定，国家财政建立稳定支持基础研究的投入机制。国家鼓励有条件的地方人民政府结合本地区经济社会发展需要，合理确定基础研究财政投入，加强对基础研究的支持。国家引导企业加大基础研究投入，鼓励社会力量通过捐赠、设立基金等方式多渠道投入基础研究，给予财政、金融、税收等政策支持。逐步提高基础研究经费在全社会科学技术研究开发经费总额中的比例，与创新型国家和科技强国建设相适应。这些内容生动体现了十八大以来党和国家加大科技投入的鼓励政策。从实践看，国家统计局、科技部和财政部2022年8月31日联合发布的《2021年全国科技经费投入统计公报》显示，2021年全国共投入研究与试验发展（R&D）经费27,956.3亿元，其中全国基础研究经费1817.0元，占比为6.5%。与2012年相比，全国共投入研究与试验发展（R&D）经费实际增幅为171.5%，其中全国基础研究经费增幅高达264.3%。从结构上看，基础研究所占比重上升了1.7%，应用研究比重保持不变，试验发展等比例减少，基础研究投入不足问题正在向好改变。

二是区域科技创新发挥以点带面的集聚与示范带动作用。新《科学技术进步法》新增了区域科技创新一章。其第71条规定，国家统筹科学技术资源区域空间布局，推动中央科学技术资源与地方发展需求紧密衔接，采取多种方式支持区域科技创新。其第74条规定，国务院可以根据需要批准建立国家高新技术产业开发区、国家自主创新示范区等科技园区，并对科技园区的建设、发展给予引导和扶持，使其形成特色和优势，发挥集聚和示范带动效应。中国科学技术发展战略研究院发布的《中国区域科技创新评价报告2022》显示，2022年全国综合科技创新水平指数得分为75.42分，比2012年提高了15.14分，区域科技创新水平普遍提升，重大战略区域科技创新发展成效显著，多层次、各具特色的区域创新体系更加完善，有力支撑我国创新型国家和科技强国建设。实践中，区域科技创新合作，正在打破行政边界的限制，推动了科学仪器设备、科技基础设施、科学项目工程以及科技信息资源的开放共享，促进了人才、技术、资金等要素的自由流动，为国家重大战略区域的科技创新一体化奠定基础。无论是京津冀协同创新共同体建设，还是长三角科技创新共同体建设，抑或粤港澳大湾区建设等，都在有序推进并成为具有重要国际影响力的科技产业集群。

三是依法推动科技伦理治理。20世纪中期以来，有关基因编辑、辅助生育、克隆等生物医学科技带来关于生命本质、家庭关系等方面强烈的道德冲击。随着数字技术向经济社会和产业发展各领域的广泛渗透，科技伦理治理问题日益突出，信息隐私、分配公平、决策公正等议题不断引发广泛关注，进而加剧价值观念与利益冲突。新《科学技术进步法》中共有6个条文11次提到了“科技伦理”，这表明科技治理的关注重点已从“物理影响”转向“价值影响”。其第103条规定，国家建立科技伦理委员会，完善科技伦理制度规范，加强科技伦理教育和研究，健全审查、评估、监管体系。科学技术研究开发机构、高等学校、企业事业单位等应当履行科技伦理管理主体责任，按照国家有关规定建立健全科技伦理审查机制，对科学技术活动开展科技伦理审查。新《科学技术进步法》确立了我国科技伦理管理体制，压实了创新主体科技伦理管理主体责任，建立了科技伦理审查、监管、标准等制度，对提高科技伦理治理法治化水平意义重大。2022年3月，党中央和国务院在《关于加强科技伦理治理的意见》中又系统提出了当前我国科技伦理治理的政策框架，锁定了科技伦理的五大原则，即增进人类福祉、尊重生命权利、坚持公平公正、合理控制风险以及保持公开透明。实践中，我们需要构建秩序化的科技伦理反思机制，并基于反思形成制度化的伦理商谈体系，重点加强生命科学、医学、人工智能等领域的科技伦理立法研究，制定和完善科技伦理规范标准，严肃查处各类科技伦理违法违规行为，在引导负责任的科技向善中，依法保护社会安全、公共安全、生物安全和生态安全，保护人的生命安全、身心健康和人格尊严。

进入新发展阶段以来，我国社会主要矛盾转化在科技进步领域的一个突出表现，就是高质量发展需要与科技创新能力不足之间的矛盾。《科学技术进步法》的修订和实施，完成了面向世界科技前沿、面向经济主战场、面向国家重大需求以及面向人民生命健康的重大方向调整，积极应对和解决原始创新能力不足、一些关键核心技术受制于人等现实紧迫问题。我们既要看到科技对法治国家、法治政府、法治社会一体建设所产生的信息支撑、心理支撑与方法支撑作用，更要看到法治对科技创新活动、科技创新成果、科技创新机制、科技创新人才的指引、激励、保护和促进作用。我们只有坚持以习近平法治思想为指导，以更宽容、更开放、更人性化的法律制度来促进和引领科技创新与发展，才能使国家科技创新发展继往开来、行稳致远。

二、以科学规划激发数字经济发展新动能

2021 年 10 月 18 日，在主持十九届中央政治局第三十四次集体学习时的讲话中，习近平总书记指出："数字经济事关国家发展大局。"2021 年 12 月12 日，国务院印发了《"十四五"数字经济发展规划》，标志着我国数字经济正迎来深化应用、规范发展、普惠共享的新阶段。以专项规划形式深入推进数字经济发展，是我国立足新发展阶段、贯彻新发展理念、构建新发展格局的重要举措，对进一步深化供给侧结构性改革、建设现代化经济体系、解决发展不平衡不充分问题有着重大现实意义，有利于实现国民经济与社会发展规划体系的综合性与专业性、全局性与示范性、连续性与正当性的有机统一，在数字中国建设中真正做强做优做大我国数字经济。

（一）"十一个"专项数字工程引人注目

党的十八大以来，我国深入实施数字经济发展战略，数字经济已成为我国经济发展过程中最具创新活力、增速最快、影响最广泛的领域。《"十四五"数

字经济发展规划》明确了“十四五”时期推动数字经济健康发展的指导思想、基本原则、发展目标、重点任务以及保障措施。该规划明确提出，到2025年，数字经济迈向全面扩展期，数字经济核心产业增加值占GDP比重达到10%，数字化创新引领发展能力大幅提升，智能化水平明显增强，数字技术与实体经济融合取得显著成效，数字经济治理体系更加完善，我国数字经济竞争力和影响力稳步提升。

为实现上述目标，《“十四五”数字经济发展规划》提出了“十一个”专项数字工程计划，包括信息网络基础设施优化升级工程、数据质量提升工程、数据要素市场培育试点工程、重点行业数字化转型提升工程、数字化转型支撑服务生态培育工程、数字技术创新突破工程、数字经济新业态培育工程、社会服务数字化提升工程、新型智慧城市和数字乡村建设工程、数字经济治理能力提升工程以及多元协同治理能力提升工程等。

习近平总书记强调：“发展数字经济是把握新一轮科技革命和产业变革新机遇的战略选择，是新一轮国际竞争重点领域，我们一定要抓住先机，抢占未来发展制高点。”深度参与新一轮科技革命，牢牢把握产业变革新机遇，发展数字经济都是重要的战略选择。习近平总书记指出：“数字经济具有高创新性、强渗透性、广覆盖性，不仅是新的经济增长点，而且是改造提升传统产业的支点，可以成为构建现代化经济体系的重要引擎。”数字经济高质量发展，有利于推动构建新发展格局、推动建设现代化经济体系、推动构筑国家竞争新优势。通过激发和释放创新动能，积极打造数字时代的竞争新优势，不断夯实数字技术的产业渗透及其各种应用场景覆盖，协同推进技术、模式、业态与制度创新，有利于在促进经济增长的同时，保障数字经济的开放、普惠、共享、公平与正义。

（二）“八大”总体任务部署切中要害

《“十四五”数字经济发展规划》集中提出了“八大”总体任务部署，把传统产业的数字化转型与新兴数字产业的竞争力提升有机结合，深入推进数据资源和数据要素市场的体系化建设，在推动数字经济转型中重构政府主导、多元共治的协同治理体系，通过“靶向疗法”纠正市场偏误，激励并影响数据市场研发、生产、流通、服务、消费的全价值链贯通。

一是把数字基础设施的优化升级放在首要位置。数字基础设施是数据市场发展的基础与保障，这既需要加快建设天地一体、高速泛在、安全可控、智能环保的信息网络基础设施，也需要推进云网融合协同和算网融合发展的全国数据中心集群布局，有序推进城乡各地基础设施的智能技术应用和数字资源升级。

二是突出强调充分发挥数据要素作用。我国已经颁行《数据安全法》，以专门立法形式寻求破解数据安全治理困局，依法促进数据开发利用。该规划直指高质量的数据要素供给保障，强调积极培育和发展数据要素市场，并借助成熟市场经济体的规制经验，提出探索建立多样化的数据开发利用机制，把促进数据、技术、场景的深度融合作为完善市场机制的基本导向。

三是大力推进产业数字化转型。数字化转型是适应数字经济发展的必然要求，从研发设计到生产加工，从经营管理到销售服务，传统企业的所有数字个案发现与创新必然会围绕各项业务活动而展开，数字化转型的不断投入与应用必将在新技术革命下的生存哲学中成为企业的必选出路。

四是加快推动数字产业化。数字经济的快速发展催生了新型数字产业，如电商、直播、网购、线上会议等新业态新模式层出不穷，数字化服务为人民群众的工作、学习、生活带来了极大方便，及时满足了现代社会开放性、多样化的个性需求。加快推动数字产业化，应有序引导和培育数字经济领域不断涌现的新业态新模式，通过“放管服”改革充分释放市场动能，积极抢占数字经济未来发展的制高点。

五是聚焦公共服务数字化水平的持续提升。数字基础设施广泛融入生产生活，对政务服务、公共服务、民生保障、社会治理的支撑作用进一步凸显。该规划统筹政府的监管、调控与服务三大经济职能，坚持发展与监管两手抓，突出竞争政策基础地位，既注重提高“互联网＋政务服务”效能，又致力于提升社会服务数字化普惠水平。

六是健全完善数字经济治理体系。进入数字经济时代，治理主体已不限于国家，而是涉及政府主体之外的各种非政府主体，治理更为强调政府与非政府主体之间的相互作用，并指向新的治理过程和治理规则。该规划在增强政府数字化治理能力的同时，强化了协同治理和监管机制的重要性，并对完善多元共治新格局、形成治理合力提出了明确要求。

七是着力强化数字经济安全体系。在发达的现代化经济体系中，财富的社会化生产与风险的社会化生产如影随形，风险的内涵并不止于已经发生的影响和损害。该规划同样重视数字经济安全问题，不但强调要增强网络安全防护和应急处置能力，而且要提升数据安全保障水平，牢牢守住安全底线，切实有效防范各类风险。

八是有效拓展数字经济国际合作。该规划把加快贸易数字化发展与推动“数字丝绸之路”深入发展相融合，倡导发展跨境电商，支持我国数字经济企业“走出去”。同时，该规划把研究制定符合我国国情的数字经济相关标准和治理规则与构建和平、安全、开放、合作、有序的网络空间命运共同体有机统一起来，在数据赋能和融合发展中及时提出中国方案，发出中国声音。

（三）在规划实施中正确处理好“四对”关系

不断做强做优做大我国数字经济，是实施我国网络强国战略和数字经济发展战略的必由之路。《“十四五”数字经济发展规划》的出台，对不断做强做优做大我国数字经济意义深远。如何把数字经济转化为未来发展的关键增量，我们认为需要在规划实施过程中，注意处理好以下“四对”关系。

一是处理好“专项规划”与“总体规划”的关系。党的十八大以来，党中央、国务院高度重视发展数字经济。从党的十八届五中全会到党的十九大、再到党的十九届五中全会，实施网络强国战略和国家大数据战略成为共识，成为推进国家治理体系和治理能力现代化的重要抓手。《“十四五”数字经济发展规划》有效衔接了《国家信息化发展战略纲要》和《数字乡村发展战略纲要》等战略纲要，是《国民经济和社会发展第十四个五年规划和 2035 年远景目标纲要》中有关加快数字化发展和数字中国建设这一“总体规划”的具体化，是“十四五”时期从国家层面推动数字经济发展的“专项规划”，故而构成“总体规划”指导下的我国数字经济发展的科学指引。实践中，需要注意防止用“专项规划”简单否定“总体规划”或者用“总体规划”简单代替“专项规划”的错误倾向。

二是处理好“地方规划”与“国家规划”的关系。在发展数字经济过程中，京、沪、浙、粤等地纷纷制定各自的“地方规划”和地方性法规。以北京为例，2021 年北京市数字经济增加值达 1.6 万亿元，占 GDP 比重达 40.4%，北京市数字经济规模和竞争力都处于全国领先水平，与此同时，地方立法工作也在紧紧跟上。2022 年 7 月 27 日，北京市十五届人大常委会第四十一次会议对

《北京市数字经济促进条例（草案）》进行了首次审议。同年11月25日，北京市十五届人大常委会四十五次会议正式通过了《北京市数字经济促进条例》。数字经济促进条例立法，将北京行之有效的政策举措上升为法规制度，通过制度创新为数字经济发展注入强劲动力，也为加快建设全球数字经济标杆城市提供法治保障。该条例以企业需求为导向，加大对数字经济企业扶持力度。同时，该条例强调：要依法有序对企业开放公共数据资源；鼓励平台企业加强自治，维护行业生态；审慎与包容并举，保障新业态、新模式的发展活力；发挥企业在社会公共事务中的技术力量。《“十四五”数字经济发展规划》作为“国家规划”，对各地政府而言同样具有法律效力，需要各地政府认真跟进并推动落地，一旦遇有重大事项需要及时向国务院报告处理。

三是处理好“政策”与“法律”的关系。2022年国务院《政府工作报告》首次以“单独成段”的方式对数字经济发展进行了工作部署，强调要深入实施创新驱动发展战略，巩固壮大实体经济根基。为此，应促进数字经济发展，完善数字经济治理，加强数字中国建设整体布局。当前，数字经济加速发展，正成为重组全球要素资源、重塑全球经济结构、改变全球竞争格局的关键力量。实践证明，只有在法治下推进改革，在改革中完善法治，才能辩证处理好二者关系。应进一步建立健全有关数据安全的检测认证评估、数据权利确认保护、数据交易和跨境传输管理、公共数据开放共享等基础制度和标准规范，推动数字经济立法不断完善，科学建立全国统一大市场的数据流通规则体系，依法打造统一的数据要素市场，打破各种制约全国统一大市场建设的显性和隐性壁垒，持续推动国内数据要素市场的高效畅通和规模拓展。

四是处理好“数据安全”与“个人信息保护”的关系。数字经济发展需要充分调动和发挥数据要素作用，一方面要提升数据要素的交易效率，另一方面还要保障数据要素的交易安全。在实施数字经济发展规划中，对“数据安全”与“个人信息保护”问题需要给予同等重视。国际经验表明，数字技术在数字全球化中可以天然地链接起海量的数据和用户，企业数据合规程度与个人信息保护程度，正成为衡量各国数字经济发展质量的重要因素。正确处理好“数据安全”与“个人信息保护”的关系，就是要明确区分企业的数据权益和个人的信息权益，依法维护企业的数据权与个人的信息权，严格执行这些法律所确立的数据分类分级保护制度以及数据安全与个人信息保护的检测、评估、认证制度等。

第二节 电商快递业持续低价竞争的危害、成因与法律防治

一、问题缘起：走向失控的价格战

电子商务是网络化的新型经济活动，是数字经济最活跃、最集中的表现形式之一。快递业则是现代服务业的重要组成部分，是推动流通方式转型、促进消费升级的现代化先导性产业。[①] 自 2014 年以来，我国快递市场按业务量计一直是全球最大的市场。2019 年，我国快递企业日均快递处理量超 1.7 亿件，最高日处理量达到 5.4 亿件，全年快递业务量累计 635.2 亿件，是第二名美国的 3.67 倍，占全球十三个主要国家业务量的 62%。[②] 从细分市场来看，我国快递行业大致分为商务件和电商件两大类。在商务件市场，顺丰作为中高端快递的龙头企业，致力于为企业客户和价格敏感度低但注重及时性、安全性的客户提供服务，依靠闭环网络和直营化严控服务质量，形成了自身的品牌特色和强大的溢价能力。[③] 事实上，我国快递业的蓬勃发展，离不开电子商务的强劲驱动，截至 2019 年底，电商件占快递总件量的比重接近 80%。[④] 过去十多年，随着我国网购渗透率快速上升，为了承接淘宝等电商平台的爆发式单量，中通、韵达、圆通、申通、百世等头部快递企业（以下简称通达系快递企业）以创新的加盟制架构来应对需求的迅猛增长，缓解了物流重资产属性与商流爆发式扩张的矛盾。截至 2020 年底，通达系快递企业按业务量计的市占率分别为中通 20.4%、韵达 17%、圆通 15.2%、百世 11%、申通 10.6%，合计 74.2%，而顺丰为

① 参见《国务院关于促进快递行业发展的若干意见》，载中国政府网，http://www.gov.cn/zhengce/content/2015-10/26/content_10256.htm。

② 参见《2019 年中国快递发展指数报告》，载国家邮政局，http://www.spb.gov.cn/xw/dtxx_15079/202003/t20200327_2068989.html。

③ 参见黄伟、蔡远游著：《中国快递史话》，厦门大学出版社 2019 年版，第 111－112 页。

④ 参见吴劲草：《阿里京东拼多多：卖流量还是卖货》，载未来智库，https://www.vzkoo.com/doc/8346.html。

9.8%，京东、邮政、德邦、苏宁等其他企业合计16%。[①]

电商快递业在实现模式创新、规模扩张的同时，也暴露出一些问题，例如发展方式粗放、基础设施滞后、国际竞争力不强等，然而相较于这些问题，持续性的低价竞争乃至低于成本的倾销和掠夺,[②] 给行业的健康发展蒙上了厚重的阴影。[③] 2020年之前，通达系快递企业就时常爆发激烈的价格战，但价格战尚能通过规模效应之下的单位成本下降基本对冲，从而使得单件利润相对稳定。不同的是，进入2020年，通达系快递企业的价格战走向失控，价格战幅度明显超越规模效应的贡献，导致单件利润显著下降，甚至出现阶段性亏损，通达系快递企业的平均单价同比降幅约为20%，其中中通降幅为18.4%、韵达降幅为33.7%、圆通降幅为23%、申通降幅为20.3%、百世降幅为20.7%；由此导致单件利润承压，中通0.26元，韵达0.07元，圆通0.09元，申通-0.03元，百世-0.26元。[④] 愈演愈烈的低价竞争，致使电商快递业陷入“内卷化”困境、扭曲公平竞争机制、损害消费者利益、挤压快递员劳动收入、带来倒退性的财富再分配、加剧经济不平等、背离包容性增长的社会经济目标。剖析造成持续低价竞争的深层次结构性原因，有助于形成合理有效的法律防治对策。

二、电商快递业持续低价竞争的危害

充分的价格竞争能够促进资源有效配置、形成兼容的激励机制、推动技术创新和经济增长、增进消费者利益。然而，过度、无序的价格竞争却可能埋下毁灭市场的种子。当前，电商快递业愈演愈烈甚至走向失控的价格战，对行业、企业、消费者、从业者等都有着不容忽视的负面影响。

---

① 参见陈照林：《商流加持下的物流巨头：菜鸟VS京东物流》，载未来智库，https://www.vzkoo.com/doc/30594.html。

② 2021年4月9日，由于低价倾销，百世快递、极兔速递被义乌邮政管理局整治，主要措施是停运部分分拨中心。实际上，在2020年，甚至有快递企业在义乌打出“8毛起”发全国的市场最低价，导致多家快递企业不得不跟进应对。极兔速递在2020年3月才进入中国市场，但目前日均件量已达到2000万件，以“低价换规模”成为这只黑马的重要市场策略。在2021年4月6日，极兔速递又获得了18亿美元融资，其资金流储备充足，不惧价格战。

③ 参见许可：《政策底出现：快递行业将去向何方》，载未来智库，https://www.vzkoo.com/doc/37610.html。

④ 参见明兴、孙延：《快递行业专题报告：从龙头迈向寡头竞争》，载未来智库，https://www.vzkoo.com/doc/27651.html。

（一）价格战导致电商快递业陷入内卷化困境

"内卷化"一词，原本是人类学家基尔兹用来描述一种社会或文化模式发展到某一阶段后就停滞不前、无法转化为另一种高级模式的现象，现在多用于泛指非理性内部竞争、内部消耗或停滞不前的现象。① 实际上，电商快递业存在着严重的内卷化问题。无论是通达系快递企业还是新入局的众邮、丰网、极兔等快递企业，其加盟制的轴辐式网络布局都高度重合，服务同质化倾向严重，为寻求电商平台导入更多商流，竞相加大融资力度和资本开支，以补贴甚至亏损来换取、稳固或增大件量规模，最终陷入"资本开支→产能过剩→价格战→新一轮资本开支"的恶性循环。② 毫无疑问，内卷化带来了严重的资源浪费和错配。一方面，商流和资本驱动下的"烧钱"大战，仅仅是在苦力支撑"多网林立"的囚徒困局，无法破解网络布局重合以及同质化竞争的难题，而且使快递企业实现规模经济所需付出的代价被极大拔高；另一方面，快递企业将宝贵资源过多投入到价格方面的竞争，必然导致服务质量弱化、研发资金短缺、技术创新能力不足，长此以往，难以形成差异化竞争优势和高品质服务水平。这种资源的错配，不仅不利于电商快递业的提质增效和转型升级，也不利于改善快递企业在产业链和价值链中的整体性弱势地位。

（二）价格战损害公平竞争机制和消费者利益

竞争是市场经济的核心机制，是现代国家获得经济增长与繁荣的最有效手段。③ 公平竞争是中国特色社会主义市场经济的内在要求、基本原则和核心秩序。过度的低价竞争，乃至低于成本的倾销和掠夺，会妨碍公平竞争机制，扭曲市场信号，造成经济福利损失和消费者利益减损。事实上，作为通达系后进者的百世快递，几乎是依靠不间断的资本支出和补贴策略才"烧出"了现今11%的市场份额。④ 从2007年成立开始，百世快递就不断获得阿里巴巴等国内外资本的投资，到首次公开募股（IPO）为止累计募集资金近20亿美元，而从

---

① 参见刘世定、邱泽奇：《"内卷化"概念辨析》，载《社会学研究》2004年第5期。

② 参见沈晓峰、袁钉：《快递行业前瞻：加盟制如何破局》，载未来智库，https://www.vzkoo.com/doc/27725.htm。

③ 参见金善明：《竞争治理的逻辑体系及其法治化》，载《法制与社会发展》2020年第6期。

④ 参见曹奕丰、李蔚：《通达系快递竞争格局分析》，载未来智库，https://www.vzkoo.com/doc/17393.htm。

2014 年至今，为抢占市场份额，百世快递连年实施低价补贴战略，累计亏损超过 50 亿元。[①] 相较而言，2020 年 3 月才进入中国市场的极兔速递，在践行“烧钱”战略方面更为凶猛。极兔速递现已达到日均 2000 万件的规模，实现了对通达系企业的跨越式追赶，但这一切的背后是比百世快递更具侵略性的低价，以及博裕、红杉、高瓴等大牌资本的强力加持。持续性的低价倾销和掠夺，不仅破坏行业公平竞争秩序，而且使经历十多年辛苦耕耘才逐渐站稳脚跟的中通、韵达、圆通等企业疲于应对，消耗更多资源，却无益于行业转型升级，反而加重行业的内卷化。同时，低于成本的价格看似没有给消费者造成直接危害，反而给消费者带来短暂的利益，但在掠夺者挤垮在位竞争对手并建立起“掠夺者”的威望后，潜在竞争者进入市场的动机和能力皆被削弱，消费者将蒙受由于选择不足和价格上涨所导致的更大利益损失。[②]

（三）价格战加剧倒退性的财富再分配和经济不平等

一般来说，产业链不同环节的企业在获取利润的能力和水平上是存在差异的，决定性的因素之一是企业面向上下游交易对手的议价势力，而议价势力的强弱则主要取决于两个方面的因素：一是企业所在层级或环节的市场集中度，包括绝对意义上的集中度和相对于交易对手的集中度，集中度越高，议价势力越强，越有助于获得更多利润；二是企业相对于交易对手的外部选择和转换成本，外部选择更多、转换成本更小，则议价势力越强，越有助于获得更多利润。[③] 由此来看，在加盟制快递企业所嵌入的产业链关系中，议价势力和获取利润的能力由强到弱依次为：高度集中的电商巨头——中度集中的快递企业及其分散的加盟商——无数的收件和派件快递员。这种差异性的利润分配格局，是由产业链各方的集中度、外部选择及转换成本所决定的，本身无可厚非。但快递企业及其加盟商持续陷入激烈的价格战，严重削弱了内部协同性，这种相互敌对所导致的集体行动障碍，加剧了其相对于阿里、拼多多、京东等电商巨头的议价劣势，从而使更多利润向电商层面转移，挤压了快递企业及其加盟商

---

① 参见余飞：《半路杀出的极兔速递》，载《中国储运》2020 年第 12 期。

② 参见时建中主编：《反垄断法——法典释评与学理探源》，中国人民大学出版社 2008 年版，第 210 页。

③ 参见郝俊淇：《经营者竞争约束的来源与市场支配地位的认定》，载《中国市场监管研究》2019 年第 11 期。

的利润空间，甚至出现快递企业占用加盟商资金的现象。[①] 最终，这种利润压榨必然会传递到末端快递员身上，即加盟商向快递企业总部支付运单费、中转操作费、运输费后，为保留自身一定的利润，只能加大快递员的工作量并减少快递员的派费。[②] 派费的减少也造成快递员大量流失，且时常出现快递员因被拖欠工资而拒绝派件，网点快递件堆积如山的情况。[③] 由此可见，价格战的成本最终需要快递员来分摊，快递员的高负荷甚至超负荷工作以及收入的减少，本质上是倒退性的财富再分配，加剧了经济不平等，严重背离了包容性增长的社会经济目标。

三、电商快递业持续低价竞争的成因

导致通达系快递企业持续且激烈价格战的原因是多方面的。从外因来看，2020 年初，新冠疫情的暴发一度中断快递企业生产，造成产能闲置和冗余，复工复产后，快递企业急需通过“杀价抢量”来消化产能；再者，疫情期间高速公路收费和企业税费的减免带来成本下降，促使快递企业加速让利；此外，疫情催生出“宅经济”，加速了线下购物向线上网购的转化，线上消费渗透率大幅提升，受此驱动，快递行业增速超预期，头部企业竞相削价来争夺市场份额。尽管如此，疫情更多只是价格战的导火索和催化剂，通达系快递企业的价格战之所以走向失控，根本上是由深层结构性因素所驱动的。

（一）内部因素：通达系快递服务严重同质化

通达系快递服务整体偏同质化，是引发价格战的重要诱因。快递的本质是物品的位移，很容易形成趋同性较强的服务。要形成差异化竞争优势，关键取决于网络、时效、成本、品质、服务五大核心竞争力。如果这五大要素都高度竞合，那么价格就成为主要的竞争维度，因而容易引发价格战。

---

① 参见明兴、孙延：《快递行业专题报告：从龙头迈向寡头竞争》，载未来智库，https://www.vzkoo.com/doc/27651.html。

② 快递加盟商的收入主要来自快递揽收费用、派送费用和总部的奖励。其中，快递揽收费用是最主要的收入来源，派费则来自于快递总部从揽收端费用中的划拨。一般来说，价格战导致包裹揽收端费用低，包裹到派送端的费用也会相应降低。一些快递企业正是在降低揽收费、派送费的情况下，靠总部奖励来维持加盟商体系的稳定。但是，总部奖励的费用又不是来自于快递业务的收入，而是在烧钱搞补贴。参见韩冰：《实探深圳极兔网点：“我们的价格肯定是最低的”》，参见《证券时报》2021 年 4 月 15 日，第 A08 版。

③ 参见李小白：《义乌快递再次击穿 1 元！这次搅局者是拼多多和极兔》，载百度网，https://baijiahao.baidu.com/s?id=1696167352173924392。

从网络来看，通达系快递企业都属于典型的加盟制快递企业，网络布局高度重合。加盟制与直营制是相对的快递模式，在诸多方面存在差异（见表6－1）。[①] 在加盟制模式下，快递企业专注于分拣和转运业务，将品牌授权加盟商，由加盟商负责取件、派件等服务。事实上，通达系快递企业普遍采取辐轴式的网络布局：以转运中心为核心物流节点（轴），核心物流节点之间连接形成干线运输网络；各核心物流节点发散出支线运输网络（辐）并连接到各加盟商网点以及更末端的终端网点。由于通达系快递企业都对国内进行了全方位网络布局，覆盖98%以上的县级和乡级行政区，其干线运输网络、支线运输网络以及加盟商网点之间存在高度重合，导致其相互之间的竞争不受地域限制。也就是说，除非企业集体共谋涨价，[②] 在全国任何一个区域、任一企业的提价行为和提价能力，都受到其他企业的密切关注和有力制约。

表6－1 加盟制模式与直营制模式比较

模式	典型企业	运营方式	收入与成本	优势	劣势
加盟制	中通、韵达、圆通、申通、百世、极兔、众邮等	企业仅负责分拣和转运过程；加盟商负责取件和派件并承担建设和运营取派件服务站的费用	企业向加盟商收取运单费及转运费，并承担分拣与运输过程产生的成本	较少资本需求，充分整合外部资源，运营成本较低，易于快速扩张	服务时效性较弱，管理和服务趋于同质化，溢价能力有限
直营制	顺丰、京东、邮政、德邦、苏宁等	企业控制从取件到派件的整个快递过程，并需要建立完整的基础设施网络，包括购置土地和厂房、自建仓储，并招募快递团队和采购运输工具	企业取得所有收入并承担所有成本	服务时效性较强，质量控制更好，融资能力更强，溢价能力明显	较多资本需求，组织运营成本高昂，扩张缓慢

① 参见沈家超、黄筱婷、王颖：《中国快递行业蓝皮书2020》，载东西智库，https://www.dx2025.com/archives/80405.html。

② 2019年以来，浙江省共受理快递行业投诉举报79起，涉嫌垄断的行为主要表现在一些快递企业协同涨价：如2019年9月以来，圆通、中通、申通、百世、韵达等快递企业先后进行较大幅度提价，由原来的首重2.6元/公斤上涨至4元/公斤，续重由1~2元/公斤上涨至4元/公斤，同时对涨价前已经签订合同的商家，快递企业予以单方毁约。参见《浙江省市场监管局召开全省快递行业涉嫌垄断行为告诫会》，载新浪财经，http://finance.sina.com.cn/stock/relnews/cn/2019-11-07/doc-iicezuev7840044.shtml。

从时效来看，相较于顺丰、京东等直营制快递企业，加盟制的通达系快递企业长期存在时效短板的共同问题。尽管近年来通达系快递企业竞相推出时效件产品，如中通的“星辰时效件”、圆通的“承诺达特快”、韵达的“韵达准”和“韵达特快”、申通的“隔日达”等，但仍难以保证大规模件量稳定在48小时内送达。整体上看，通达系快递全网快递服务的平均时效均保持在50小时左右，相互之间未能拉开差距。[①]

从成本来看，加盟制快递企业的成本主要包括三个部分：面单成本、中转成本、运输成本。随着物流协同平台菜鸟网络先后入股通达系快递企业，通过推广电子面单、优化流程、整合运力、强化监督（菜鸟指数）等方式，使通达系快递服务的成本逐年下降。从2020年第三季度的单件成本数据来看，中通0.82元、韵达0.81元、圆通0.79元、申通0.91元、百世1.01元，[②] 其相互间的成本差异很小，未出现具有明显成本优势的企业。

从品质来看，衡量快递品质的一项关键指标是快递物品破损率，近年来通达系快递服务的有效申诉率大幅下降，整体不到百万分之一，2019年仅为百万分之零点五，[③] 标志着防止快递物品破损方面实现了持续进步，这也使得通达系快递服务的品质在消费者层面变得很难区分。

从服务来看，通达系快递服务主要面向电商件，即承载电商交易衍生的物流需求。相较于商务件依赖于消费端客户，更注重服务，电商件的物流发起者几乎都是平台商家（商家的包邮策略），更注重性价比和实用性，即只要物品能如期完好地发生位移，快递服务的过程对平台商家来讲并不重要。因而，特定于电商的物流需求，通达系快递服务的有效供给很大程度上被单一化、同质化为物品的位移，而它们可能提供的上门取件、代收货款、到付件、保价、签单返还、服务管家等增值服务对于平台商家而言并不必要也不重要。

（二）纵向因素：通达系快递高度依赖平台商流

我国快递业的蓬勃发展，离不开电子商务强大商流的驱动和加持。截至

---

① 参见闫海、汪家豪：《即时配送对仓配、全网快递行业影响探讨》，载未来智库，https://www.vzkoo.com/doc/16384.html。

② 参见明兴、孙延：《快递行业专题报告：从龙头迈向寡头竞争》，载未来智库，https://www.vzkoo.com/doc/27651.html。

③ 参见《2019年中国快递发展指数报告》，载国家邮政局，http://www.spb.gov.cn/xw/dtxx_15079/202003/t20200327_2068989.html。

2019 年底，电商件占快递业务量的比重接近 80% 。[①] 通达系快递服务主要面向电商件。电商与快递是相互依存的关系，网络购物的发展带动快递业务的扩张，快递服务的质量则制约电商履约的能力。[②] 虽然电商与快递相互关联、彼此互补，但二者在供应链和价值链中的位置却不同。在我国，阿里（淘宝、天猫）、京东、拼多多等电商巨头占据着供应链和价值链的核心地位，所承载的庞大商流直接影响快递物流的发展趋势和竞争格局。电商与快递之间的非对称依赖关系，是导致通达系快递企业持续低价竞争的又一重要原因。

一方面，电商平台掌握用户流量入口，其背后衍生出的物流需求直接影响通达系快递企业的业务规模。电商平台商家的包邮策略使商家替代消费者成为真正参与议价的一方，在面对通达系快递企业提供相对同质化的服务时，它们的外部选择更多、转换成本较低，因而具有强大的议价能力。通达系快递企业为争夺市场，不得不给予大型商家价格优惠，以薄利多销的方式获得稳定的客户及利润，以低价格换取件量规模。如 2005 年圆通与淘宝签约，为后者提供电商件快递服务，单件价格直接被砍掉近一半（起步价从 20 元调低至 12 元），首次掀起行业性的价格战。不过，削价换来了庞大的电商件量，在 2005 年到 2008 年，借助淘宝日益壮大的商流，圆通的淘宝日均件量从 2000 件暴增到 28 万件，年均件量从 72 万件暴增到 1.02 亿件，占圆通总件量的 47% 。[③]

另一方面，电商平台的竞争格局影响甚至决定快递行业的竞争格局。目前，我国网络零售市场形成阿里、京东、拼多多三大巨头激烈竞争的格局。在人口红利、流量红利逐渐衰减的情况下，电商行业年交易额与年度活跃买家数量增速日趋放缓。2019 年，阿里、京东平台上的商品交易总额（GMV）增速已下滑至 20% 左右，年度活跃用户增速也已换挡至 10% ~20% 。拼多多异军突起，在经历前期迅猛增长后，2020 年的商品交易总额（GMV）整体增速放缓，活

① 参见吴劲草：《阿里京东拼多多：卖流量还是卖货》，载未来智库，https://www.vzkoo.com/doc/8346.html。

② 参见孙学琴、王宝义：《中国电商与快递协同发展的影响因素及未来趋势》，载《中国流通经济》2015 年第 7 期。

③ 参见吴一凡：《阿里巴巴物流战略解析：能否求得行业最优解》，载未来智库，https://www.vzkoo.com/doc/3715.html。

跃买家增速仅为20%。[①] 三大电商进入激烈的存量竞争阶段，竞争的重心从获客转向留客，因而更加重视对物流网络和快递服务的把控，目的是确保快递企业持续以较低的成本和价格，输出更稳定、更高质量的服务来保证自身订单履约能力。[②] 如阿里不仅通过菜鸟网络对通达系快递企业进行数字化赋能，而且通过股权投资深度介入通达系快递企业，提升自身的物流话语权（见表6－2）。[③] 由此带来的结果是，快递企业的产业链合力得以增强，但面对电商巨头强大的议价能力，盈利水平被极大压制，单件快递成本在客单价中占比较低。[④]

表6－2　阿里在通达系企业的入股情况（截至2020年底）

企业名称	入股比例/%	备注
百世快递	33	第一大股东
申通快递	25	第二大股东；若阿里行权完毕，将获得46%股权，成为第一大股东
圆通快递	22.5	第二大股东
中通快递	8.7	第三大股东
韵达快递	2	第七大股东

（三）横向因素：众邮、丰网、极兔强势入局

2020年以来，电商快递业的价格战走向失控，除与通达系快递服务的同质化及其对平台商流的高度依赖有关外，还与众邮、丰网、极兔等新进入者的强势挑战密不可分。与通达系快递企业的主体架构类似，此三者同样采取轻资产的加盟制模式，面向中低端的电商快递市场，但背靠的主要平台及商

---

① 参见曹奕丰、李蔚：《通达系快递竞争格局分析》，载未来智库，https://www.vzkoo.com/doc/17393.htm。

② 参见陈照林：《商流加持下的物流巨头：菜鸟VS京东物流》，载未来智库，https://www.vzkoo.com/doc/30594.html。

③ 参见曹奕丰、李蔚：《通达系快递竞争格局分析》，载未来智库，https://www.vzkoo.com/doc/17393.htm。

④ 以“双11”包裹为例，阿里近年来客单价在200元以上，单件快递成本在5~6元，订单履约费用率（快递成本/客单价）不足3%。参见陈照林：《商流加持下的物流巨头：菜鸟VS京东物流》，载未来智库，https://www.vzkoo.com/doc/30594.html。

流有所不同。

众邮快递依托于京东电商平台的商流支撑，旨在完善京东快递在中低端电商件市场的布局，服务京东集团旗下的社交电商平台京喜（众邮快递并入京喜事业部后更名为京喜快递）和京东平台的第三方卖家，消化平台内部的物流需求，逐步降低平台卖家对通达系快递的依赖。根据京东披露的数据，众邮快递已拥有分拨中心 180 余个，三方协作网点 1 万个，实现全国 99% 的四级地域覆盖，2020 年“双 11”当天，众邮快递件量接近 1500 万单。①

顺丰虽然在国内商务件快递市场具有显著的品牌优势和溢价能力，但却错失电商件快递市场的增长红利。2013 年至 2020 年，顺丰市场占有率从 11.9% 萎缩至 9.8%，市场份额被通达系不断挤压。为丰富产品布局、创造新的增长点，2019 年 5 月起，针对电商大客户，顺丰推出单件价格 5 ~ 9 元的特惠专配，下沉到通达系快递的业务领域展开竞争。经过一年多的时间，特惠专配已经达到日均 1000 万件的规模。同时在 2020 年下半年，顺丰开启丰网加盟试点，计划打造出一张面向中低端电商件市场的低价、加盟制快递网络。② 丰网的进一步下沉，势必冲击通达系快递企业的市场份额，引发激烈的价格战。

极兔速递是一家印度尼西亚企业，在东南亚快递市场处于领先地位，2020 年进入我国市场，如今已拥有 78 个大型转运中心，服务网络覆盖全国，网点密度高，日件量稳定在 2000 万单左右——通达系快递企业实现这一件量均用了十多年时间。③ 极兔速递之所以能够在我国迅速起网，实现规模扩张，一方面离不开电商巨头拼多多的流量“哺育”及其物流战略扶持，极兔速递 90% 的件量源于拼多多的商流（2020 年前三季度拼多多产生的快递件量占行业总量约 32%）；④ 另一方面，极兔速递借助加盟商的资金实力及其在资本市场的强大融资能力，惯常以低于成本的价格补贴平台商家，不惜亏损来换取件量和规模，

---

① 参见明兴、孙延：《快递行业专题报告：从龙头迈向寡头竞争》，载未来智库，https://www.vzkoo.com/doc/27651.html。

② 参见陈照林：《商流加持下的物流巨头：菜鸟 VS 京东物流》，载未来智库，https://www.vzkoo.com/doc/30594.html。

③ 参见余飞：《半路杀出的极兔速递》，载《中国储运》2020 年第 12 期。

④ 参见王品辉、张晓云、郭军：《踏遍荆棘见远方——2021 年快递行业趋势研判》，载未来智库，https://www.vzkoo.com/doc/30261.html。

在短期内获得爆发式增长。①

四、电商快递业持续低价竞争的法律防治：困境与出路

电商快递业持续低价竞争造成的危害不仅使行业深陷内卷化困境、浪费生产资源，而且扭曲公平竞争机制，损害消费者利益，挤压快递员劳动收入，加剧经济不平等，背离包容性增长的社会经济目标。因此，对其采取有效的治理措施特别是法治化措施，具有迫切的必要性。② 同时，考虑到激烈的价格战以及不当的低价竞争不仅是由电商快递业内在的结构性因素所诱发，也是由某些企业的倾销、掠夺等策略所驱动，对其形成体系化、长效性的法律防治措施，需要协同并用两类法律规范：一类是促进型法律规范，另一类是限禁型法律规范。③ 促进型法律规范旨在引导和推进电商快递业不断优化供给侧结构，消除行业持续低价竞争的结构性根源；限禁型法律规范旨在预防和制止快递企业策略性的低价倾销、不正当竞争、价格垄断等违法行为，确保公平竞争、规范有序的市场环境。然而，当前我国电商快递业的治理状况和法治化程度，离上述目标还存在很大差距。当务之急是找准问题和不足，以两类法律规范的建构为导向，积极探索电商快递业持续低价竞争的法律防治之道。

（一）防治电商快递业持续低价竞争的法治状况及困境

基于促进型和限禁型两类法律规范的目标模式，不难发现，当前应对电商快递业持续低价竞争的法治举措存在某些短板和困境，其中较突出的问题是法制供给不足与法制功能衰退。

所谓法制供给不足，主要是针对促进型法律规范的建设来讲的。在法律法规的层面看，我国在1986年制定颁布《邮政法》，此后经过多次修订（最近一次是在2015年）。2018年，国务院颁布《快递暂行条例》，但其中关于快递行

---

① 极兔速递不做淘宝单，只做拼多多、抖音、快手的单子，主要的业务来自拼多多。如果商家一次发3000～5000票，均重100克的快件，中通的价格是1.5元发全国，圆通是1.2元，申通是1.35元，百世是1.3元，而极兔则可以低至1元以下。极兔速递进入中国市场上补贴的金额已经超过100亿元，在新一轮18亿美元的融资到来之前，用以补贴的费用几近耗尽了。参见韩冰：《实探深圳极兔网点："我们的价格肯定是最低的"》，载《证券时报》2021年4月15日，第A08版。

② 参见莫纪宏：《国家治理体系和治理能力现代化与法治化》，载《法学杂志》2014年第4期。

③ 参见焦海涛：《论"促进型"经济法的功能与结构》，载《政治与法律》2009年第8期。

业尤其是电商快递业的促进型规范却十分有限，仅在《快递暂行条例》“发展保障”部分用两个条文（第12条和第15条）规定了促进快递产业发展的方针。相较于《中小企业促进法》《循环经济促进法》《电影产业促进法》等法律所提供的多元配套、环环相扣的促进措施，《邮政法》和《快递暂行条例》对快递业尤其是电商快递业，无论在产业的结构、布局、组织、技术、创新等促进引导方面，还是在企业的合规经营、劳动者和消费者的权益保护以及监督检查方面，几乎都付诸阙如，对造成快递企业持续低价竞争的深层结构因素的消解更是力所不及，凸显了加快制定快递业促进法或条例的必要性和迫切性。

所谓法制功能衰退，主要是针对限禁型法律规范的配置状况和运转实效来讲的。事实上，我国是世界上对价格竞争行为立法较多的国家，曾形成了不同层次、不同向度的法律法规体系。既有法律层面的《价格法》[①]《反不正当竞争法》[②]《反垄断法》[③]，也有法规规章层面的《反价格垄断规定》《关于制止低价倾销行为的规定》《价格违法行为行政处罚规定》等。然而，近十年来，这些调整价格竞争行为的法律规范，无论在生存状况还是现实功效上，都表现出明显的衰退迹象。其一，自由市场理念的传播，使人们片面地认为低价竞争等同于自主定价权和市场的美德，因而主张原则上不规制企业的低价行为。这使《价格法》等法律的实施受到极大的观念阻碍。[④] 其二，2017年《反不正当竞争法》的修订，更是直接删除了第11条的“不正当低价竞争行为”规制条款，[⑤] 以至于作为市场竞争主要形式的价格竞争失去了反不正当竞争法规范的法制基础，这种立法模式显然是一种倒退，不利于维护公平的市场竞争秩序。[⑥]

---

① 《价格法》第14条规定：经营者不得有下列不正当价格行为：……（二）在依法降价处理鲜活商品、季节性商品、积压商品等商品外，为了排挤竞争对手或者独占市场，以低于成本的价格倾销，扰乱正常的生产经营秩序，损害国家利益或者其他经营者的合法权益。

② 2017年修订前的《反不正当竞争法》第11条规定：经营者不得以排挤竞争对手为目的，以低于成本的价格销售商品。有下列情形之一的，不属于不正当竞争行为：（1）销售鲜活商品；（2）处理有效期限即将到期的商品或者其他积压的商品；（3）季节性降价；（4）因清偿债务、转产、歇业降价销售商品。

③ 《反垄断法》第22条第1款规定：禁止具有市场支配地位的经营者从事下列滥用市场支配地位的行为：……（二）没有正当理由，以低于成本的价格销售商品。

④ 参见董成惠：《低价竞争的反思》，载《南华大学学报（社会科学版）》2020年第4期。

⑤ 参见宁立志：《〈反不正当竞争法〉修订的得与失》，载《法商研究》2018年第4期。

⑥ 参见董成惠：《低价竞争的立法刍议——兼评〈反不正当竞争法〉新规定》，载《时代法学》2019年第1期。

其三，《反垄断法》自2008年实施至今，执法机构没有查处过任何一起掠夺性定价案件。[①] 这既是受到规制理念的束缚，也与市场支配地位及其滥用行为的证明难度相关。[②] 与上述情况形成鲜明反差的是，尽管邮政主管部门对快递企业不当低价竞争行为的监管意愿很强，但其可用的执法手段和法律资源非常有限，以至于面对百世快递、极兔速递实施的低价倾销行为，义乌邮政管理局只能采取要求其停运部分分拨中心的整治措施。这样的行政整治措施对于持续低价竞争的防治来讲，无疑仅仅是杯水车薪。[③] 为扭转上述规范困局，切实有效地监管和规制快递企业的不当低价行为，有必要完善限禁型法律规范的配置格局和运转实效。

（二）制定快递业促进法：推动供给侧结构转型

供给侧结构性改革，是我国经济从高速增长转向中高速增长新常态背景下党中央做出的重大战略部署。其核心目标是减少无效和低端供给，扩大有效和中高端供给，增强供给结构对需求结构的适应性和灵活性，提高全要素生产率。[④] 加强促进型法律规范的制度供给，可以考虑制定《快递业促进法》[⑤]，以此引导电商快递业供给侧结构优化转型，消解致使快递企业持续陷入低价竞争的结构性诱因。

在立法层级和形式上，考虑到快递业属于推动流通方式转型、促进消费升级的现代化先导性产业，对于构建我国现代化经济体系具有重要支撑作用。因此，建议由全国人大常委会制定《快递业促进法》。如果立法时机还不成熟，则可由国务院先行制定《快递业促进条例》，待时机成熟后再上升为法律。此

---

① 参见时建中、焦海涛、戴龙主编：《反垄断行政执法：典型案件分析与解读（2008－2018）》，中国政法大学出版社2018年版，第273页。

② 参见钟刚：《平台经济领域滥用市场支配地位认定的证据规则思考》，载《法治研究》2021年第2期。

③ 参见王品辉、张晓云、郭军：《踏遍荆棘见远方——2021年快递行业趋势研判》，载未来智库，https://www.vzkoo.com/doc/30261.html。

④ 参见冯志峰：《供给侧结构性改革的理论逻辑与实践路径》，载《经济问题》2016年第2期。

⑤ 2021年4月22日，浙江省政府第70次常务会议审议通过了《浙江省快递业促进条例（草案）》，后续将以法规案形式提请省人大常委会审议。草案规定，“快递经营者不得以低于成本的价格提供快递服务；电子商务平台经营者不得利用技术等手段阻断快递经营者正常服务；平台型快递经营者不得禁止或者附加不合理条件限制其他快递经营者进入”。参见浙江省人民政府：《如何促进快递业发展？浙江将专门立法》，http://www.zj.gov.cn/art/2021/4/23/art_1229514368_59098327.html。

外，电商快递业发达的省份，如浙江、广东、江苏、福建、上海等，也可以结合自身状况制定相应的地方性法规。

在立法体例和内容上，应突出问题导向，着重规定快递业在产业结构、产业组织、产业布局、产业关联、产业技术、产业数字化等方面的促进措施，辅以规定政府在财税、金融、创业、创新、就业、市场开拓、市场服务等方面的激励和保障机制，以及规定快递企业的合规经营义务、对劳动者和消费者的权益保护及监督检查措施等内容。如此，可以期待从根本上扭转电商快递业内卷化困境，提升资源配置效率，推动快递业的转型升级和提质增效，同时使消费者和劳动者利益得到切实保障。

在立法资源上，国务院及其部门近年来发布了许多促进快递业发展的政策文件，如《关于促进快递业发展的若干意见》(国发〔2015〕61号)、《关于进一步推进物流降本增效促进实体经济发展的意见》(国办公发〔2017〕73号)、《关于推进电子商务与快递物流协同发展的意见》(国办发〔2018〕1号)等。其中不乏许多有助于根除电商快递业持续低价竞争的结构性诱因的有效措施，如支持快递企业开展资源要素整合，通过合作、收购、交叉持股等方式实现兼并重组，提升全要素生产率和全行业规模效应；引导品牌化差异化发展，打破单一、同质、低质化现状，向多元、规范、精细化转型；鼓励扩大供给范畴，拓宽产业关联范围，推动快递业与先进制造业、现代农业、信息技术等产业的协同融合发展，改善快递业与电子商务业失衡的依存关系等。这些合理的政策引导措施无疑是《快递业促进法》的重要立法资源，[①] 经提炼、加工与整合后，可以将其提升并写进《快递业促进法》中。

（三）协同治理：优化低价竞争行为的法律规制制度

应对电商快递业的持续低价竞争问题，应综合运用促进型和限禁型法律规范，二者不能偏废。换言之，除应尽快制定《快递业促进法》，推动供给侧结构转型，还需要着眼低价竞争行为法律规制制度的整体功能衰退问题，优化规范配置，激活制度功能，强化协同治理，建立针对恶性低价竞争行为的行业监管、价格监管、不正当竞争规制、垄断规制等限禁型法律防治体系。

① 参见周旺生：《重新研究法的渊源》，载《比较法研究》2005年第4期。

1. 邮政主管部门虽然不具有价格执法、竞争执法的职权，但这并不意味着其丧失了参与到电商快递业低价竞争行为防治体系的可能和路径。事实上，相较于价格主管部门和市场监管部门，邮政主管部门拥有无可比拟的行业信息优势、知识优势、数据优势、机构组织优势，其更贴近电商快递市场，是与快递企业互动最频繁的公权力主体，因而易于发现问题并及时响应。因此，国务院以及浙江、广东等电商快递业大省的政府，可以尝试建立“快递业监管工作部门联席会议制度”，由主管邮政部门的交通运输部门的领导作为召集人，市场监管部门及价格主管部门的有关负责人作为副召集人，统筹协调快递行业监管工作，有效遏制快递企业的不当低价竞争行为。此外，邮政主管部门还应加强对快递行业协会的工作指导，建立公共事务管理上的合作机制，其中包括针对快递企业不当价格竞争行为的柔性共治机制。如邮政主管部门可以指导快递行业协会出台行业自律公约，强化快递企业主体责任与合规意识，鼓励其签署不从事非法低价竞争行为的自律承诺书，促进行业健康发展。又如，邮政管理部门可以会同行业协会、价格、商务、市场监管等部门，加快建设快递行业信用信息平台，建立快递企业、加盟商的电子信用档案，设计与不当低价竞争相关的信用评价指标，定期开展信用评定，加强信用信息公开，健全“守信激励、失信惩戒”机制，营造诚实守信的市场环境。

2. 价格主管部门一方面应切实担负起制止不当低价倾销行为的重大职责，另一方面应创新价格监管的方式，尝试推动建立电商平台商品与快递服务的定价分离机制。就前者而言，我国《价格法》第 14 条规定，“经营者不得有下列不正当价格行为：……（二）在依法降价处理鲜活商品、季节性商品、积压商品等商品外，为了排挤竞争对手或者独占市场，以低于成本的价格倾销，扰乱正常的生产经营秩序，损害国家利益或者其他经营者的合法权益。”鉴于《反不正当竞争法》在 2017 年修订时删除了“不正当低价竞争行为”规制条款，短期内难以通过修法予以纠正，《价格法》的上述规定成为了规制不正当低价竞争行为或倾销行为的重要规范基础，价格主管部门应切实担负起打击不当低价倾销行为的重大职责。在具体的案件调查和处理中，法律适用的难点在于价格低于成本的认定。对此，价格主管部门应会同邮政主管部门做好价格监测工作，强化与成本核算有关的基础数据统计，同时充分运用大数据技术改进快递行业监测预测分析。就后者而言，由于电商平台及大型商家普遍推行的包邮策略，不仅使消费者丧失了选择多样化、高品质快递服务的权利，而且使本就处于议价劣势的快递企业，过分关注价格层面的竞争，纷纷陷入“杀价取量”的恶性循环，因此建议价格、商务、邮政主管部门推动建立电商平台商品与快递服务的定价分离机制，增强快递企业的经营自主性，使其能够从价格、质量、选择、便捷、时效等方面打造多样化的产品服务及增值服务，丰富消费者选择，提升消费者福利。

3. 强化反垄断和防止资本无序扩张，提升监管能力，坚决反对垄断行为。我国《反垄断法》第22条禁止经营者“没有正当理由，以低于成本的价格销售商品”，此即滥用市场支配地位的掠夺性定价行为。该规定的适用具有极为严格的前提，即经营者具有市场支配地位。[①] 然而，对于那些暂不具有市场支配地位但具有财力、融资、交叉补贴等显著优势的经营者，企图以掠夺性定价来驱逐竞争对手并获取垄断性地位或市场支配地位，该规定无法适用，暴露出法律漏洞。鉴于此，建议拓宽掠夺性定价暨滥用市场支配地位的主体范围，将具有相对市场优势地位的经营者纳入进来，有效规范快递行业的掠夺性定价行为，形成必要的反垄断震慑。[②] 此外，考虑到一些快递企业持续低于成本的掠夺是得到了大量金融资本、股权投资的加持，因而在掠夺性定价的违法分析中，应将“产融结合”作为重要考虑因素，即判断产融结合是以做强实物网络和服务能力为基础，还是仅仅服务于掠夺性定价策略。同时，还有必要借助反垄断执法的穿透式监管和事前预防功能，加强对产融结合反竞争影响的预判和关注，如果产融结合可能导致快递企业控制权发生变化，且符合一定的规模标准，那么该产融结合就应接受经营者集中反垄断审查。[③] 这样做是防止资本无序扩张的必然要求，也是应对某些快递企业在电商股权投资以及大牌资本加持下不惧“烧钱”的关键举措。

总之，电商与快递是紧密共生的关系，二者关联互补、彼此支撑。过去十

---

① 参见郝俊淇：《市场支配地位与实质性市场势力之辨析——兼及〈反垄断法〉》第17条第2款的修改》，载《当代法学》2020年第3期。

② 参见郝俊淇：《基于不同成因的市场支配地位及其反垄断法关注与应对》，载《岭南学刊》2020年第4期。

③ 参见孙晋：《产融结合之经营者集中的反垄断法分析》，载《武汉理工大学学报（社会科学版）》2009年第4期。

多年，随着我国网购渗透率快速上升，为承接淘宝等电商平台的爆发式单量，通达系快递企业以创新的加盟制架构来应对需求的迅猛增长。然而，在实现模式创新、规模扩张的同时，电商快递业也暴露出持续低价竞争乃至倾销和掠夺等制约行业健康发展的突出问题。持续低价竞争的危害和成因是多方面的，对其形成体系化、长效性的法律防治措施具有迫切的必要性。为此，应协同并用促进型法律规范与限禁型法律规范，针对法制供给不足和法制功能衰退的问题，以制定《快递业促进法》和优化行业监管、价格监管、不正当竞争规制、反垄断规制等法律制度为重点，积极探索电商快递业持续低价竞争的法律防治之道。

第三节 电商商品与快递服务定价分离机制的困境与出路

一、问题缘起：定价分离机制的初步考察

电子商务是网络化的新型经济活动，是数字经济最活跃、最集中的表现形式之一。快递业则是推动流通方式转型、促进消费升级的现代化先导性产业。电商业与快递业同属现代服务业的重要组成部分，二者紧密共生、关联互补、彼此支撑。一方面，电子商务是带动快递业务量增长的“第一动力源泉”,[①] 网络购物的庞大商流驱动快递物流的急速扩张，深刻影响快递业的发展趋势和竞争格局；另一方面，快递服务的及时性、安全性、高效性不仅有助于保障电商经营者的履约能力，而且影响消费者的购物体验及其在电商平台的留存率和复购率，因而成为电商经济规模扩张和高质量发展的制约因素。因此，如何促进电商业与快递业良性互动、协同发展，是中国现代化经济体系建设过程中不容忽视的重要问题。[②]

从近年来的情况看，电商业与快递业在协同发展方面暴露出一些突出问题，比如基础设施不配套、配送车辆通行难、数据交换共享不畅、快递末端服务能

---

① 参见黄伟、蔡远游著：《中国快递史话》，厦门大学出版社2019年版，第97页。

② 参见孙学琴、王宝义：《中国电商与快递协同发展的影响因素及未来趋势》，载《中国流通经济》2015年第7期。

力不足、非对称的依存关系引发产业链挤压，等等。对此，国务院办公厅发布《关于推进电子商务与快递物流协同发展的意见》（国办发〔2018〕1号），提出了一系列提升协同发展水平的举措。其中颇具亮点的一项要求是，“创新价格监管方式，引导电子商务平台逐步实现商品定价与快递服务定价相分离，促进快递企业发展面向消费者的增值服务”（以下简称“定价分离机制”）。[①] 那么，建立定价分离机制的意义和考虑何在？直观地看，定价分离机制的矛头所向，乃是电商经营者的包邮策略。所谓包邮，“是指由网商承担商品的全部邮费，网购者所拍商品价格即为最终支付价格，不用再向网商补交邮费差价的一种吸引客户购买的网商促销行为”。[②] 事实上，“网购包邮是电商平台的常见销售模式，从淘宝、天猫、京东、拼多多等电商平台可以看出，有一半以上数量的商品采用的都是网购包邮模式，无论商品价值的高低，包邮模式都是商家主要选择的方式”。[③] 一般认为，提出定价分离机制的主要考虑在于：一方面，定价分离能够“增加快递行业的定价主动权”，是“政府对解决目前快递行业利润过低问题的一种尝试”，因为“电商处于较为强势的地位，一些电商卖家实际上是以成本价在售卖商品，其利润主要来源于对快递企业的压价”，即榨取“快递差价”；另一方面，定价分离有助于保障消费者选择权，因为“在分离定价后，对于快递的选择权从卖家手中转移到了消费者手中，这意味着消费者能够更直观地依照自己的需求选择不同价位的快递服务，同时，一些高附加值的业务也更易推广”。[④]

尽管建立定价分离机制是中央政府的明确要求，但从近年来的落实情况看，电商商品定价与快递服务定价并未实现分离，相反，网购包邮模式从“江浙沪”衍及“珠三角”“京津冀”“成渝经济圈”等地，大有方兴未艾、席卷国土之势。[⑤] 换言之，定价分离机制还停留在中央政策层面，没有落地；选择快递品牌、服务种类、服务价格的权利仍主要掌控在电商经营者手中。这种状况

① 《关于推进电子商务与快递物流协同发展的意见》，载中国政府网，http://www.gov.cn/zhengce/content/2018-01/23/content_5259695.htm。

② 黄敏学、綦欣德：《“亲，包邮哦”是明智的促销策略吗》，载《清华管理评论》2013年第6期。

③ 管静怡、张琳：《电商服务链博弈视阈下的网购包邮悖论分析》，载《财富时代》2021年第3期。

④ 宋笛：《电商、快递“蛋糕”怎么分？看国办1号文这么说》，载《经济观察报》2018年1月29日第1版。

⑤ 参见卫星吉：《“江浙沪”包邮的影响因素分析》，载《改革与开放》2018年第19期。

引发了快递加盟商及快递从业人员的强烈不满。[①] 但这种不满似乎只是“茶杯里的风暴”，因为网购用户普遍热衷于包邮模式，并直觉地认为包邮是对消费者的利好。[②] 实际上，网购包邮具有多重经济效应，其虽然在一定程度上造成了产业链挤压，稀释了快递业的利润，冲击了快递加盟商和快递员的利益，但对于发展和繁荣电商经济来说，却可能是一种见效快、收益高的手段，因而受到电商经营者和一些地方政府的青睐。有学者研究指出，“区域性无条件包邮对相应地区的电商经济发展具有重要的促进作用”，因而“西部地区地方政府可通过精确的包邮补贴助推本地电商经济发展”。[③] 这样一来，定价分离机制恐怕就更难落地施行了。

鉴于定价分离机制落实不到位，快递企业、加盟商、快递员长期以来承受着较大程度的产业链挤压，而包邮模式对于助推电商经济发展又具有一定的合理性。本节将结合当前电商快递业的发展状况和快递企业恶性低价竞争的顽疾，检视定价分离机制的意义及作用，对其作出更恰当的定位和完善，以期缓解人们日益增长的对高品质快递服务的需要同电商业与快递业不平衡不充分发展的矛盾，促进电商业与快递业协同健康高质量发展。

二、定价分离机制的意义：防治快递业恶性低价竞争的必要举措

市场经济条件下，产业链不同环节的企业获取利润的能力及多寡存在差异，实属正常现象。定价分离机制虽然不是对电商企业和快递企业之间利润的直接转移和分配，但此举提升了快递企业的定价自主权和议价优势，间接起到了利润重新分配的作用，因而具有“政府干预”属性。鉴于“市场经济的基本逻辑要求凡干预均须证成”，[④] 故而需要对定价分离机制的正当性予以检视。

（一）干预的现实基础：快递业走向失控的价格战之殇

价格战是我国快递业由来已久的问题。2005 年圆通与淘宝签约，为后者提供电商件快递服务，单件价格直接被砍掉近一半，起步价从 20 元调低至 12 元，

---

① 参见《一个快递网点老板的来信》，载搜狐网，https://www.sohu.com/a/391816881_100180367。

② 参见张砥：《京津冀“包邮”折射出的协同进度》，载《北京日报》2017 年 6 月 9 日，第 5 版。

③ 黄湛冰、马晓：《基于包邮效应的西部地区电商经济发展助推研究》，载《重庆工商大学学报（社会科学版）》2017 年第 1 期。

④ 兰磊：《论垄断行为分析模式的配置逻辑》，载《经贸法律评论》2021 年第 2 期。

首次掀起行业性的价格战。[①] 2019 年 6 月，为了抢占市场份额，申通率先将单件价格降至 9 毛，一度打到弹尽粮绝；通达系各家流血应战到当年 7 月，才通过谈判将价格升回到 2.5 元左右。[②] 愈演愈烈的价格战，在 2020 年彻底走向失控，通达系企业的平均单价同比降幅超 20%，其中中通为 –18.4%、韵达为 –33.7%、圆通为 –23%、申通为 –20.3%、百世为 –20.7%；由此导致单件利润承压，中通 0.26 元，韵达 0.07 元，圆通 0.09 元，申通 –0.03 元，百世 –0.26 元。[③] 2021 年 3 月，在快递业务量长期居全国首位的浙江义乌，收件的最低价格再次被打穿到 1 元以下。这一次，“搅局者”是极兔速递。极兔速递的总部对义乌的许多拼多多平台商家给予了运费补贴，即每天超过一定单量，总部有每单 0.5 元的返点奖励，“超万件的大单小件可做到 1 元发货，轻飘飘像纸一样的快递，看情况最低可做到 8 毛”。[④] 这也是极兔速递被义乌邮政管理局整治的原因。实际上，即便具有显著品牌优势和溢价能力的顺丰，也不免受到价格战的影响。2021 年第一季度，顺丰的单件收入同比降幅 12.4%，归属于上市公司股东的净利润亏损约为 9.89 亿元，同比下滑 209.01%。[⑤]

（二）干预的必要性：持续恶性低价竞争的危害

快递业持续的恶性低价竞争，乃至低于成本的倾销和掠夺，其危害是显而易见的。首先，价格战导致快递业深陷内卷化困境。所谓内卷化，通俗地讲，即非理性内部竞争、内部消耗或停滞不前的现象。[⑥] 无论是通达系快递企业，还是新入局的众邮、丰网、极兔等快递企业，其加盟制的轴辐式网络布局都高度重合，产品体系和服务的同质化倾向严重。为了寻求电商平台导入更多商流，竞相加大融资力度和资本开支，不惜以补贴甚至亏损来换取件量规模，最终陷

---

① 参见吴一凡、刘阳：《阿里巴巴物流战略解析：能否求得行业最优解》，载未来智库，https://www.vzkoo.com/doc/3715.html。

② 参见沈晓峰、袁钉：《快递高质量发展渐行渐近》，载微信公众平台，https://mp.weixin.qq.com/s/PA5-_8bp4D30QtufOOIXAA。

③ 参见明兴、孙延：《快递行业专题报告：从龙头迈向寡头竞争》，载未来智库，https://www.vzkoo.com/doc/27651.html。

④ 沈晓峰、袁钉：《快递高质量发展渐行渐近》，载微信公众平台，https://mp.weixin.qq.com/s/PA5-_8bp4D30QtufOOIXAA。

⑤ 参见钟鸣：《快递行业一季度激斗 顺丰申通亏损 圆通下滑 中通圆通盈利》，载搜狐网，https://www.sohu.com/a/467730346_440624。

⑥ 参见刘世定、邱泽奇：《“内卷化”概念辨析》，载《社会学研究》2004 年第 5 期。

入“资本开支→产能过剩→价格战→新一轮资本开支”的恶性循环。然而，这些开支仅仅是在苦力支撑“多网林立”的囚徒困局。将宝贵的资源过多投入到价格方面的竞争，必然导致服务质量弱化、研发资金短缺、技术创新能力不足，长期来看，难以形成差异化竞争优势和高品质服务水平，不利于快递业提质增效和转型升级。

其次，价格战使快递加盟商的经营难以为继，快递员的派件费及合法权益饱受压榨。快递加盟网点的收入来源主要包含收件和派件两个方面，价格战导致收件价格下降，而这最终也会影响派件收入。在价格战的影响下，源头的收件价格越来越低，末端的派件收入也就愈发稀薄。派件费一降再降，导致很多快递加盟网点生存艰难。据估算，基层快递加盟网点有 60% 以上都是亏损的，只不过是由于前期投入的资金太多，不愿意轻易放弃，在苦苦支撑而已。派件费的减少也造成快递员大量流失，且时常出现快递员因被拖欠工资而拒绝派件，网点快递件堆积如山的情况。如前所述，价格战的代价最终需要快递员来分摊，其遭受的高负荷甚至超负荷工作和劳动收入减少，本质上是倒退性的财富再分配，加剧了经济不平等，背离了包容性增长的社会经济目标。

最后，过度的低价竞争，乃至低于成本的倾销和掠夺，会妨碍公平竞争机制，扭曲市场信号，不利于快递业的持续健康发展。低于成本的价格看似没有给消费者造成直接危害，反而给消费者带来短暂的利益，但在掠夺者挤垮在位竞争对手并建立起“掠夺者”的威望后，潜在竞争者进入市场的动机和能力皆被削弱，消费者将蒙受由于选择不足和价格上涨所导致的更大利益损失。①

（三）干预的重要路径：定价分离有助于消解价格战的结构性诱因

2020 年以来，快递业的价格战走向失控，这是多种原因共同作用的结果。如前所述，新冠疫情的暴发一度中断快递企业生产，造成产能闲置和冗余，复工复产后，快递企业急需通过“杀价抢量”来消化产能。此外，疫情催生出“宅经济”，线上消费渗透率大幅提升，受此驱动，快递行业增速超预期，头部快递企业竞相削价来争夺市场份额。不过，疫情至多起着催化作用。快递业持

---

① 参见时建中主编：《反垄断法——法典释评与学理探源》，中国人民大学出版社 2008 年版，第 210 页。

续的恶性低价竞争，是由包括网购包邮模式在内的诸多结构性因素所驱动的。[①] 对此，我们可以用波特的“五力模型”来予以考察。在波特看来，存在五种不同的力量制约着某一行业的竞争强度和赢利能力。这五种力量分别是：现有竞争者之间的竞争、新进入者的威胁、替代产品或服务的威胁、供应商的议价能力、买方的议价能力。[②] 具体到电商快递领域，这五种力量及其相互关系可用图 6－1 加以呈现。

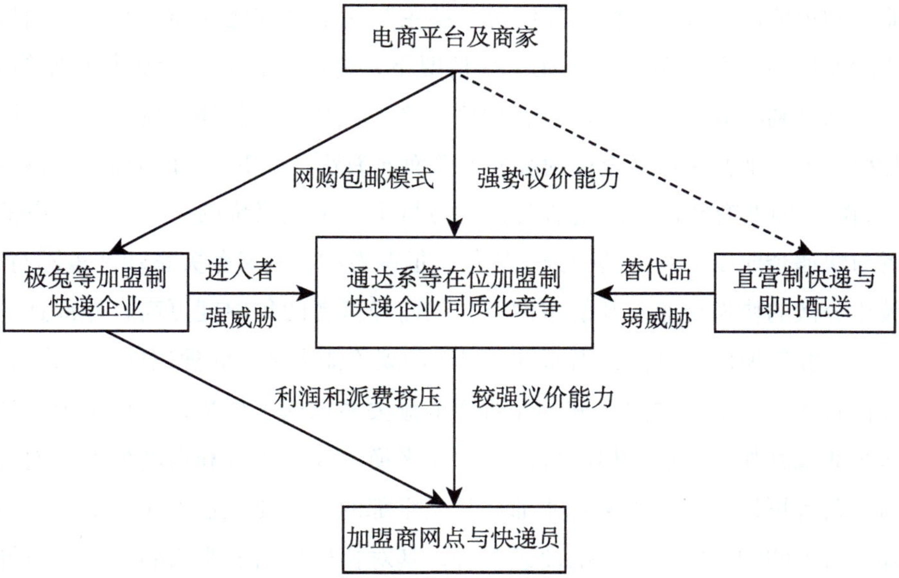

图 6－1　网购包邮加剧产业链挤压与快递企业价格战

从横向竞争的内部层面看，通达系等在位加盟制快递企业，偏重于同质化竞争，即在网络、时效、成本、品质、服务等核心竞争力上较为类似，未形成差异化竞争优势，由此导致“价格”成为激烈竞争的焦点，稀释了行业利润。从横向竞争的外部层面看，顺丰、京东、苏宁等直营制快递服务，以及美团配送、蜂鸟、点我达等同城即时配送服务，都不是全域电商物流需求的主要承接者，虽然它们在长期可能对加盟制全网快递服务形成一定的替代效应，但在短期更多是作为加盟制全网快递服务的补充运力，因而对加盟制快递企业价格战

① 参见郝俊淇：《电商快递业持续低价竞争的危害、成因与法律防治》，载《中国流通经济》2021 年第 7 期。

② 参见［美］迈克尔·波特著：《竞争战略》，陈丽芳译，中信出版社 2014 年版，第 4 页。

的诱发作用并不明显。[①] 相反，极兔、众邮、丰网等加盟制快递企业的强势入局，以及其背靠不同的平台商流和大牌资本的加持，才是引发价格战的关键因素。据报道，极兔速递90%的件量源于拼多多的商流，而2020年前三季度拼多多产生的快递件量占行业总量约32%；[②] 极兔速递进入中国市场上补贴的金额已经超过100亿元，在新一轮的融资到来之前，用以补贴的费用几近耗尽。[③]

从纵向产业链关系看，淘宝、天猫、拼多多、京东等电商巨头本就占据着产业链和价值链的核心地位，其作为“链主”所承载的庞大商流直接影响快递物流的发展趋势和竞争格局。在这种情况下，电商经营者广泛施行包邮策略，进一步助推利润向“链主”转移，加剧了产业链挤压。具体来说：其一，网购包邮模式下，加盟制快递企业的服务不是面向消费者（2C）而是面向电商经营者（2B），即电商经营者替代消费者成为与快递企业议价的一方。尽管电商经营者与快递企业以合约为基础分工协作，但两者的权利义务关系却严重不对等。相较于分散的快递企业及其加盟网点，电商经营者的集中度更高，外部选择更多、搜寻和转换成本更低，因而具有强势的议价能力和利润攫取能力。换言之，包邮模式将“电商—快递”间的非对称依赖关系推向了极端，不仅更容易诱发快递企业及其加盟网点竞相削价甚至亏损来换取件量规模和市场份额，而且使电商经营者更易于获取快递企业部分甚至全部的专业化收益增量。其二，由于包邮模式下的物流发起者是电商经营者，其对快递价格非常敏感，更注重性价比和实用性，即只要物品能如期完好地发生位移，快递服务的过程对电商经营者来讲并不十分重要。这样一来，加盟制快递企业的“有效供给”很大程度上被单一化、同质化为物品的位移。

基于以上分析可见，解决快递业持续低价竞争的顽疾，除了需要加强对不当低价倾销行为和掠夺性定价行为的执法查处力度，[④] 也需要着力根除导致快

---

① 参见闫海、汪家豪：《即时配送对仓配、全网快递行业影响探讨：即时配送会替代全网快递吗?》，载未来智库，https://www. vzkoo. com/doc/16384. html。

② 参见王品辉、张晓云、郭军：《踏遍荆棘见远方——2021年快递行业趋势研判》，载未来智库，https://www. vzkoo. com/doc/30261. html。

③ 参见韩冰：《实探深圳极兔网点：“我们的价格肯定是最低的”》，载《证券时报》2021年4月15日，第A08版。

④ 参见《如何促进快递业发展？浙江将专门立法》，载浙江省人民政府，http://www. zj. gov. cn/art/2021/4/23/art_1229514368_59098327. html。

递企业陷入恶性低价竞争的深层结构性诱因。对此，政府应当支持快递业拓展服务范围、开辟产业关联融合发展的新领域，缓解快递业对电商业的过度依赖；政府还应当促进快递业的组织结构优化，支持快递企业通过收购、交叉持股等方式实现兼并重组，提升全要素生产率和全行业规模效应，改善其在产业链和价值链中的弱势地位。此外，建立电商商品与快递服务的定价分离机制，无疑也是一项至为重要的“结构性救济措施”。因为，网购包邮模式下，电商商品定价与快递服务定价并未分离，选择快递品牌、服务种类、服务价格的权利掌控在电商经营者手中，而建立定价分离机制，将改变产业链的结构关系，使加盟制快递企业的服务转而面向消费者（2C）而非面向电商经营者（2B）。服务面向的整体性转变，有助于缓和包邮模式下“电商—快递”之间极端的非对称依赖关系，缓解快递业恶性价格战的结构性诱因，消解快递企业“杀价换量”的无序竞争冲动，增强快递企业的自主经营权和定价权，防止电商经营者对快递企业专业化收益增量的榨取，保障加盟商网点的营业利益和快递员的合法权益，同时有利于快递企业打破单一、同质、低质化现状并向多元、规范、精细化转型，通过打造多样化的产品服务及增值服务，丰富消费者选择，提升消费者福利。

正是基于上述考虑，对于中央政府提出的定价分离机制，许多地方政府纷纷予以响应。例如，广东省政府提出：“引导电子商务平台逐步实现商品定价与快递服务定价相分离，推动服务品类扩展，大力发展特殊物品寄递、逆向物流、代收货款、快递保险等服务，促进快递企业发展面向消费者的增值服务。”① 河北省政府要求：“加快推进电商平台实现商品定价与快递服务定价相分离，开放消费者自由选择快递服务的权限，支持快递企业开展面向电子商务消费者的增值服务，实现价格与服务相匹配，释放配送环节利润空间。”② 内蒙古自治区政府强调：“引导电子商务平台逐步实现商品定价与快递服务定价相分离，促进快递企业根据消费者需求提供不同时效、不同价格的增值服务，开放消费者自由

① 《广东省人民政府办公厅关于印发广东省推进电子商务与快递物流协同发展实施方案的通知》，载广东省人民政府，http://www.gd.gov.cn/gkmlpt/content/0/147/post_147159.html#7。

② 《河北省人民政府办公厅关于推进电子商务与快递物流协同发展的实施意见》，载河北省人民政府，http://info.hebei.gov.cn//eportal/ui?pageId=6809997&articleKey=6812109&columnId=6810079。

选择快递服务的权限，实现价格与服务相匹配。"①

三、定价分离机制的限度：网购包邮模式对发展电商经济的积极意义

上文分析表明，为了防治快递业持续恶性低价竞争、促进快递业规范有序健康发展，变革网购包邮模式而确立定价分离机制，是必要和合理的举措。也就是说，这种"政府干预"具有正当性。然而怪异的是，尽管定价分离机制是中央政府和许多地方政府的明确要求，但其始终没有落地实施，相反，网购包邮模式却方兴未艾、大行其道。目前，淘宝、天猫、京东平台上的大多数商品仍实行包邮，拼多多平台的所有商品更是默认包邮（全场包邮）。由此，需要反思为什么定价分离机制落实不下去？一种直觉的判断是：网购包邮模式承载着电商经营者的既得利益，定价分离机制与电商经济的发展利益存在冲突，因而不仅电商经营者不会轻易接受这样的政策，而且他们还可能采取措施请愿或俘获地方政府，使这样的政策不被落实。直觉判断虽然重要，但不能压过逻辑分析。下文将阐明，网购包邮模式并非毫无合理性，定价分离机制亦有其功能限度。

（一）包邮是电商经营者必要的营销策略和竞争手段

我国电子商务业从无到有，经历20多年的发展，取得了举世瞩目的成就。目前，国内网络零售市场形成了阿里（淘宝、天猫）、京东、拼多多三大巨头激烈竞争的格局。在这些电商平台的搜索引擎中随意输入一种商品，匹配结果显示，"包邮"占据了绝大部分。包邮已然成为网购标配。包邮意味着买家只需支付商品售价，物流运输费用由商家支付。包邮一般分为两种类型：有条件包邮和无条件包邮。有条件包邮是对达到一定购买数额的消费者提供包邮服务，例如"满99元包邮""满两件包邮"等。② 无条件包邮，也称普遍包邮，即不论购买什么、购买多少都包邮，例如拼多多平台上的默认包邮模式。③ 许多经

---

① 《内蒙古自治区人民政府办公厅关于推进电子商务与快递物流协同发展的实施意见》，载内蒙古自治区人民政府，http://www.nmg.gov.cn/zwgk/zfxxgk/zfxxgkml/gzxzgfxwj/xzgfxwj/202012/t20201208_313634.html。

② 参见汪文品：《电商"包邮"门槛普遍抬高或因减少配送压力》，载《广西质量监督导报》2015年第7期。

③ 参见张凤玲：《拼多多的"拼"和"刀"》，载《中国品牌》2021年第2期。

济学、管理学的研究表明，网购包邮模式对于平台经营者获取竞争优势、扩大市场份额、繁荣电商经济，具有积极作用。平台经营者之所以愿意包邮，乃至把包邮作为至关重要的营销策略和竞争手段，主要是基于以下三种原因。

第一种原因是，平台经营者通过商品的网购包邮达到吸引买家用户进入店铺的目的，即当期以包邮为主要策略，辅之以商品折扣、返券等低位定价方式吸引买家用户，满足买家的优惠感、培养顾客的忠诚度，以此构建网购用户“安装基础”或需求侧网络效应，后期再以较高定价弥补前期损失，实现多阶段、跨期的总体收益最大化。[①] 我们可将这种包邮理解为旨在构建网购用户基础或需求侧网络效应的“引流包邮”。

第二种原因是，平台经营者所售商品已经具有一定的品牌优势，目标消费群对该商品的忠诚度较高，经营者的利润空间较大，此时，经营者不介意以包邮的方式让出一部分利润给消费者（经营者通常会选择高品质快递服务，比如“顺丰包邮”），这样不仅有助于实现薄利多销、提升销售额的目标，而且能优化消费者的购物体验，进一步强化其品牌忠诚度以及在平台商家的留存和复购。[②] 我们可将这种包邮理解为旨在维系网购用户基础或巩固需求侧网络效应的“让利包邮”。

第三种原因是，在电商经济进入存量竞争的新阶段，电商平台具有强化供应链管控的迫切需要，而网购包邮模式是顺应这种趋势的结果。事实上，近年来国内网络零售市场的人口红利、流量红利日趋衰减，阿里、京东、拼多多等电商巨头进入了激烈的存量竞争阶段，竞争的重心从“流量获取”转向“供应链管理”，更加重视对物流网络和快递服务的把控，目的是确保快递企业持续以较低的成本和价格，输出更稳定、更高质量的服务来保证自身订单履约能力。换言之，“快递意味着供应链基础设施和履约能力，其战略价值甚至超过通常意义上的流量入口”。[③] 实际上，无论是近年来阿里巴巴通过股权投资深度介入通

① 参见管静怡、张琳：《电商服务链博弈视阈下的网购包邮悖论分析》，载《财富时代》2021 年第 3 期。

② 参见夏德建、王勇：《电商服务链博弈视阈下的网购包邮悖论与解析》，载《成都大学学报（社会科学版）》2019 年第 5 期。

③ 沈晓峰、袁钉：《快递高质量发展渐行渐近》，载微信公众平台，https://mp. weixin. qq. com/s/PA5 - _8bp4D30QtufOOIXAA。

达系快递企业并借助菜鸟网络对它们进行科技赋能，还是网购包邮模式的范围不断扩大乃至拼多多平台上的商品默认“全场包邮”，都是电商平台强化供应链管理的举措。股权投资与包邮模式的叠加，淡化了电商企业与快递企业的边界，在一定程度上使“物流公司在产业链中的价值创造活动被商家‘内生化’了”。[①] 我们可以将这种包邮理解为服务于电商平台生态体系建设的“战略性包邮”。

（二）网购包邮模式契合消费者的情感价值

现实中，人们在作出经济决策或消费决策时，并不是完全基于理性考量，而是夹杂着许多情绪因素或情感价值。神经学的研究表明，如果没有关于价格合理或不合理的情绪因素，消费者无法作出购买某一商品的决定。换句话说，价格会深刻影响消费者的情绪，“如果企业掌握了情绪因素在价格制定上所起的作用，那么企业将会受益匪浅”。[②]

在网购活动中，快递费用由谁承担即商品是否包邮，对消费者的网购决策具有重要影响。一些行为经济学的研究发现，消费者选择在哪家电商购买商品时，受商品的基本价格和快递费用两个因素的影响，并且对这两个因素的敏感度明显不同：相较于商品价格，消费者对快递费用更为敏感。大量的经验研究结果也支持这一观点，调查发现：当网购用户结算时发现还需要支付快递费，60%的人会放弃购物车中商品，支付快递费成为消费者放弃购物车中商品的直接原因。甚至，一些消费者在心理上认为，附加快递费是商家用来赚取额外利润的卑鄙手段和不公平策略。而根据 Walker Sands Communications 公司于2014年的调查，发现如果免快递费，80%的人将更愿意通过网购买东西。[③] 究其原因，包邮对网购用户的消费决策具有心理按摩作用。一方面，网络消费者会认为商品是否带有包邮性质不会对商品本身的质量或性能带来任何影响，因此订购商品时能少付或不付邮费必然会减少这部分的花费；另一方面，网络消费者会认为商品包邮之后，邮费就会由网络商家来支付，这就相当于通过减少商家

---

① 王海兵、杨蕙馨：《网购中商家“包邮”行为的经济分析——基于双寡头竞争模型》，载《山东大学学报（哲学社会科学版）》2014年第2期。

② ［美］莎拉·马克斯韦尔著：《如何正确定价》，陈汝燕等译，电子工业出版社2009年版，第11页。

③ 参见黄湛冰、马晓：《基于包邮效应的西部地区电商经济发展助推研究》，载《重庆工商大学学报（社会科学版）》2017年第1期。

的销售利润来提高了商品的性价比。尽管消费者有时候也明白"羊毛出在羊身上"的道理，但是不应据此否认"包邮"对消费者情感价值的契合。也就是说，"包邮"不仅仅具有经济意义，而且具有不可估量的情感意义，它能调动消费者的情绪，是促进网购和提升线上消费渗透率的有效途径。

（三）网购包邮模式对带动地方电商经济的积极作用

上文分别从经管营销（竞争）策略和消费者情感价值层面，说明了网购包邮模式对电商经济的带动促进作用。这实际上解释了为什么网购包邮模式能够经久不衰，也解释了为什么定价分离机制难以落地实施。基于网购包邮模式所具有的合理性，地方政府从发展壮大本地电商经济的角度考虑，可能会默许或支持电商经营者的网购包邮策略，从而有意或无意地回避中央政府所倡导的定价分离机制。例如，浙江省的电商经济（以阿里巴巴为代表）在全国处于领先地位，在浙江省人民政府办公厅发布的《关于推进电子商务与快递物流协同发展的实施意见》（浙政办发〔2018〕120 号）中，就没有提及"定价分离机制"。实际上，落实这一机制，可能对浙江的电商经济利益以及阿里巴巴的利益造成负面影响，因而无论是当地政府还是电商经营者，对定价分离机制都存在实施动力不足的问题，即倾向于回避中央政府的顶层设计和指示要求。

不可否认，相较于快递经济，电商经济属于地方经济的"大头"。"商流决定物流"意味着，快递物流业在和电子商务业的博弈中居于弱势，它们对于经济的贡献程度也远非一个量级。这一点，从电商巨头与快递企业盈利规模对比可见端倪。2020 年，仅阿里巴巴的盈利就是全国主要快递企业盈利之和的 13 倍。① 因此，某地政府如果彻底废除网购包邮模式而推行定价分离机制，虽然使本地快递业的利润空间得以改善、产业链挤压的问题得到缓解，但此举可能使本地电商经营者在与外地电商经营者的竞争中处于劣势，不仅抑制本地电商经济的发展，而且阻碍本地实体经济的增长，这反过来又减少了地方政府的税收，最终造成"因小失大"的后果。正因为这样，地方政府往往乐于网购包邮模式下廉价快递服务的外部性，因为廉价的快递服务至少在当期能为本地电

① 沈晓峰、袁钉：《快递高质量发展渐行渐近》，载微信公众平台，https://mp.weixin.qq.com/s/PA5－_8bp4D30QtufOOIXAA。

商带来比较优势，更有利于提振本地电商经济。

四、电商业与快递业的利益平衡：定价分离机制的实施改进

行文至此，我们可以看到，定价分离机制具有两种不同乃至相互抵触的经济效应：一方面，变革网购包邮模式而确立定价分离机制，有助于消解快递企业持续恶性低价竞争的结构性诱因，增强快递企业的自主定价权，改善其利润空间，缓解产业链挤压问题，保障快递加盟网点和快递员的合法权益；另一方面，彻底否弃网购包邮模式而推行定价分离机制，可能会忽视包邮作为促销策略和竞争手段的属性，一定程度上减损电商经营者的发展利益，背离消费者的情感价值。因此，建立定价分离机制虽具有现实必要性，但囿于该机制本身的功能限度，故而在认识、评价、实施或改进定价分离机制时，不能单向地站在快递业及其利益相关者的角度进行考虑。正所谓“公道不公道，打个颠倒”，电商业及其利益相关者的状况和诉求，也应当被统筹考虑。也就是说，中央政府以及地方政府在提出定价分离机制的同时，还要切实考虑其可施行性，即需要平衡各方利益，找到促使这一机制得以落实的激励相容的条件。为此，我们尝试提出以下完善建议。

（一）推行定价分离机制应采取渐进的变革模式

从本质上看，定价分离机制不仅仅凸显对电商业和快递业利益格局的调整，而且更加注重对电商业和快递业利益关系的平衡，目的是促进二者协同健康高质量发展。

实际上，纯粹依靠政府权威或强制力来推动定价分离机制落地实施，强行终结或禁止网购包邮模式，不仅存在极大的施行难度，而且由此导致的利益抵触可能威胁到政府的治理合法性和有效性。因为，这样做等同于“革命”，即用强制手段将利润从“电商人”手里转移到“快递人”手里。“革命中一定有人受损，有人受益，所以革命不会是一个帕累托改进（即没有人受损但至少有一个人受益）。即使受益者是多数，受损者是少数，革命也不一定增加社会总财富，所以革命甚至不是卡尔多－希克斯改进（即受益者所得大于受损者所失）”。[①]

---

① 张维迎著：《市场的逻辑》，上海人民出版社2012年版，第143页。

有鉴于此，定价分离机制的施行不应采取激进的“革命模式”，而应采取渐进的“变革模式”。变革与革命不同，变革并非在当期彻底废除网购包邮模式，不是把利润从“电商人”手中无偿地转移到“快递人”手中，而是在承认网购包邮模式合理性因素以及既定利益的前提下，通过权利和制度的优化安排，调动“电商人”和“快递人”的积极性，平衡兼顾二者的利益，增加社会总财富，实现帕累托改进。定价分离机制变革模式的具体构造，可以侧重于以下两个方面予以设计。

一方面，该机制不是在当期“一刀切”地强行要求所有电商商品定价与快递服务定价相分离，而是变通地对定价分离附加特定条件，即对包邮设置一定的门槛。当条件未满足（未达到包邮门槛）时，电商经营者应当明确区分商品价格与快递服务价格；当条件满足（达到包邮门槛）时，电商经营者才可以选择将快递服务价格包含于商品价格，即实行包邮。例如，政府可以引导电商平台制定相关平台规则，将网购消费满 129 元作为包邮的起始门槛。应当说，设定网购包邮门槛的优点是十分明显的，不仅保留了网购包邮模式本身的促销功能及其对消费者情感价值的满足，而且在较大程度上兼顾了快递企业的定价自主权和利润空间，同时有助于抑制消费者对单价较低的日用百货用品的“过度购买”或“非理性消费”乱象，进而有助于减轻快递包装和物流运输过程造成的环境污染成本。① 不过，设定合理的包邮门槛，需要依赖政府、平台、商家、消费者的沟通协商机制，注重不同主体之间的知识分享、信息交流、利益互动与分歧收敛。也就是说，包邮门槛的设定属于多方主体合作商谈和协同共治的事项。

另一方面，即便在符合包邮门槛的情况下，快递服务不应是单一、同质的“铁板一块”，电商经营者应当在网购页面的“快递”栏中，显示多样化的“时效快递”“增值服务”等备选项，供网购消费者勾选，满足其不同的快递服务需求（见图 6 –2）。如此，不仅有助于保障消费者的选择权，优化消费者的购物体验，而且从长远来看，有利于培养网购用户在快递服务消费方面的成熟心智，摆脱过分依赖“包邮”的网购情结，回归理性购物，为“电商—快递”的整体消费升级铺垫基础。与此同时，这样做能够更有效地激励快递企业提质增

① 参见宋杨：《包邮背后隐藏啥?》，载《中国环境报》2018 年 12 月 12 日，第 3 版。

效、转型升级，使其更多开展“面向消费者”的高质量竞争，从而促进快递服务业从单一、同质、低质化现状向多元、规范、精细化转型。

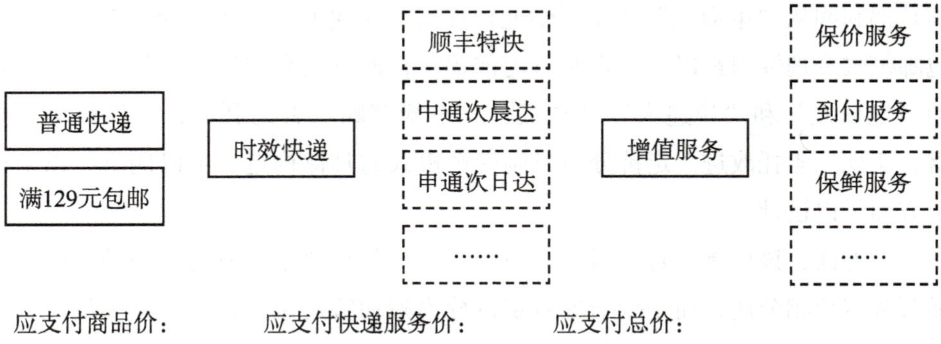

图 6-2　分离定价机制变革模式的具体构造

（二）推行定价分离机制应注重“产粮区”政策的协同性

不同于航空、铁路等网络系统，面向电商物流需求的快递网络系统有着极为特殊的地方，即义乌、广州、深圳、上海、杭州等少数几个地区把持着全网绝大多数的业务量。快递行业内将这些收件的重点区域称作“产粮区”。其实，“产粮区”不仅仅是一个客观描述，其本身蕴含着丰富的策略和政策含义。从竞争策略上看，快递企业及其加盟网点只要在这几个地区降价，就能带来全网业务量的显著提升。对于需要规模件量来摊低成本和志在抢占市场份额的快递企业来说，“产粮区”无疑是战略重镇，是不惜压缩利润空间甚至亏损也要奋力争夺的诱人蛋糕（见表 6-3）①。

表 6-3　2020 年快递业务量前十的“产粮区”城市

城市	业务量/万件	占全国份额/%	业务量同比/%	单价/元/件	单价同比/%
金华（义乌）	792, 533	11	52	3	-16
广州	683, 194	9	19	9	-9
深圳	488, 715	7	30	12	-10
上海	300, 580	4	5	12	5

① 参见王品辉、张晓云、郭军：《踏遍荆棘见远方——2021 年快递行业趋势研判》，载未来智库，https://www.vzkoo.com/doc/30261.html。

续表

城市	业务量/万件	占全国份额/%	业务量同比/%	单价/元/件	单价同比/%
杭州	267,496	4	12	12	2
北京	217,595	3	6	14	-7
东莞	188,031	3	28	12	-7
苏州	187,375	3	22	11	-11
泉州	151,410	2	40	7	-15
成都	127,820	2	12	10	-11

另外，从政策安排上看，鉴于“产粮区”的特殊地位，其对国内电商业与快递业发展不协调、不均衡等问题，起着主导性的诱发作用，因而促进电商业与快递业协同发展的各种政策包括定价分离政策，应当突出“产粮区”这一重点靶向，并且须强化定价分离机制在“产粮区”建立和施行的协同性。否则，各地政策不一致、或松或紧、各行其是，不仅会造成政策洼地、资源要素错配，而且会加剧电商业与快递业发展不协调、不均衡等问题。进一步讲，落实定价分离机制，应切实贯彻“坚持中央统筹与地方负责相结合”的基本原则，[①] 着重发挥“产粮区”的牵引作用，明确“产粮区”政府的实施主体责任，确保其相关政策措施协同一致。具体可以采取如下推行模式：其一，短期来看，“产粮区”政府以及相关平台、商家、消费者应当加强信息分享、政策互鉴、沟通协商，力求收敛利益分歧，形成“产粮区”定价分离机制在具体构造上的协同性，以及在落实施行上的同步性。“产粮区”政府可以考虑通过协同发文或共同发文（联合发文）的方式，确立定价分离政策的一般要求和施行方式，促导和规范电子商务平台实现商品定价与快递服务定价相分离。其二，长期来看，随着我国经济发展和消费迭代升级，消费者的网购心智日益成熟，对快递服务的需求不断多元化和精细化，定价分离机制不仅更加符合电商业与快递业高质量协同发展的客观规律，而且更加契合网购用户的情感价值及其对高品质快递

① 参见《中共中央国务院关于建立更加有效的区域协调发展新机制的意见》，载中国政府网，http://www.gov.cn/zhengce/2018-11/29/content_5344537.htm。

服务的内在需要。彼时，定价分离机制的这种合规律性和合需要性，将为该机制从“政策措施”向“法律制度”的升华奠定坚实基础。[①] 也就是说，长远来看，定价分离机制应当得到立法确认，成为一项正式的法律制度。对此，可以借鉴区域协同立法的相关模式和经验，[②] 由“产粮区”立法主体协同制定或共同制定“×省/市电商业与快递业协同发展促进条例”，并在其中明确规定定价分离制度的具体内容。区域协同立法的过程也是一种通过协商达成一致、追求共同利益的过程，区域法制的统一和定价分离制度的协同实施，可以调和不同区域尤其是“产粮区”各种错综复杂的利益关系，促进地区之间生产要素的自由流动和公共问题的顺利解决，有助于缓解人们日益增长的对高品质快递服务的需要同电商业与快递业不平衡不充分发展的矛盾。

（三）推行定价分离机制应加强激励引导和利益补偿

正如前文所述，定价分离机制在本质上是对电商业与快递业利益格局的重新调整，旨在实现二者的利益均衡和协同发展。但是，由于网购包邮模式下地方政府和电商经营者享有较大程度的既得利益，因而存在利益动机不足而不愿推行定价分离机制的实施困局。换言之，如果不对地方政府尤其是“产粮区”政府和电商经营者做出有效的激励引导和利益补偿，增强其推行定价分离机制的动机，那么定价分离机制就很难得到落实，也就很可能驻足于文件层面的宣传口号。事实上，上文所主张推行定价分离机制应采取渐进的变革模式，应注重“产粮区”政策的协同性，都是强化定价分离机制实施激励的关键举措。除此以外，还可以采取以下两项激励引导和利益补偿措施，以期进一步助推定价分离机制的落地实施。

一是声誉激励和声誉利益补偿。国务院及其商务主管部门、邮政主管部门、市场监管部门可以定期联合开展“电商快递协同发展示范城市”评定。评定所涉及的指标或因素，除包括“电子商务快递物流基础设施建设”“电子商务配送通行管理”“智能投递设施和快递末端服务能力”“标准化智能化协同运行效率”“绿色生态链”等以外，尤其需要纳入“协同发展政策法规环境”，其中应

① 参见谢晖：《论法律效力》，载《江苏社会科学》2003 年第 5 期。

② 参见席月民：《“十四五”时期京津冀协同立法系统转型升级研究》，载《价格理论与实践》2020 年第 11 期。

当涵盖“定价分离机制（制度）的建立和实施”这个二级指标，将此作为评定“电商快递协同发展示范城市”的一项重要因素。“电商快递协同发展示范城市”是一项无形的声誉资产和符号资本，它能给地方政府及其电商经营者带来更多元、更开放的发展利益，是对其在网购包邮模式下既得利益的补偿，有助于调动其推行定价分离机制的积极性。

二是财税激励与财税利益补偿。一方面，国务院可以设立定价分离机制专项奖励资金，通过财政转移支付的方式对积极推行定价分离机制的地方政府进行奖励；另一方面，对于积极通过电商平台规则等方式落实定价分离机制的电商经营者，可以按照相关规定给予企业所得税、增值税等方面的税收优惠。实行定价分离机制专项奖励资金与税收优惠等激励措施之所以必要，原因在于，变革网购包邮模式而推行定价分离机制，涉及对地方政府和电商经营者既得利益的调整和转移，对它们进行更直接的财务利益补偿，有助于强化地方政府和电商经营者实施定价分离机制的动机，助推该机制落地实施。

总之，作为中国经济的一匹“黑马”，快递业在稳增长、调结构、惠民生等方面扮演着日益重要的角色，其蓬勃发展离不开电子商务的强劲驱动。电商与快递是紧密共生的关系，二者关联互补、彼此支撑。然而，近年来电商业与快递业在协同发展方面暴露出一些突出问题，其中包括电商与快递严重非对称的依存关系以及网购包邮模式所引发的产业链挤压和快递企业持续恶性低价竞争。实行电商商品与快递服务定价分离机制，有助于增强快递企业的自主定价权，改善其利润空间，缓解产业链挤压问题，保障快递加盟网点和快递员的合法权益。为避免定价分离机制停留于文件层面，推动其在地方落地实施，一方面，不能漠视网购包邮模式作为有效促销策略和竞争手段的属性，应顾及网购包邮模式对带动电商经济发展的积极意义；另一方面，应着力平衡各方利益，找到能使定价分离机制得以落实的激励相容的条件。故此，定价分离机制的推行应采取渐进的变革模式，应注重“产粮区”政策制度的协同性，应加强声誉、财税等方面的激励引导和利益补偿。唯其如此，方能期待定价分离机制发挥现实功效，缓解人们日益增长的对高品质快递服务的需要同电商业与快递业不平衡不充分发展的矛盾，促进电商业与快递业协同健康高质量发展。

第四节 电商平台自治规制体系的反思与重构

一、问题的提出

电商平台已成为现代经济社会不可或缺的一部分，以此为支撑的平台经济更是发展为不容忽视的新经济模式。平台经济是一种基于数字技术，由数据驱动、平台支撑、网络协同的经济活动单元所构成的新经济系统，是基于数字平台的各种经济关系的总称。[①] 电子商务是这一经济模式下典型的商业活动和新兴的产业组织形式，在国家促进平台经济发展、加快数字化发展等政策规划的推动下正成为高质量发展的新动力。电子商务是信息技术与商务活动融合的产物，以在线化、数字化、智能化为主要特征，具有开放、低成本和高效率等优势，代表着新的生产力和发展方向。[②] 相较于传统产业而言，电子商务更具双边市场特征，平台是其具体营运活动的主角和功能承载者。从这个意义上说，电子商务产业的兴起，实际上就是电商平台的兴起。"平台主导了互联网和我们的经济"，"平台已经成为一种全球性现象"。[③] 电商平台治理问题，遂成为我国平台经济发展中不可回避的重要课题。治理本身不是目的，其目的在于营造和维护能够促进和保障电商平台健康有序发展的制度环境和市场秩序，以充分发挥电商平台在提高经济运行效率、促进经济增长和提升社会福利中的积极作用。

不难看出，平台治理是项系统化的工程，不仅要对电商平台自身的违法行为进行矫治和规范，以消解其负外部性，同时还要塑造利于平台运行的内部治理结构和外部环境，以激发其积极性。就此来说，平台治理不能简单等同于规制，除了以公权力介入的方式来矫治、规范和约束电商平台的经营行为外，更要通过鼓励、引导、服务等公权力一体化运行的机制和路径来实现和保障电商

---

① 赵昌文：《高度重视平台经济健康发展》，载《学习时报》2019 年 8 月 14 日，第 1 版。

② 电子商务法起草组编著：《中华人民共和国电子商务法条文研析与适用指引》，中国法制出版社 2018 年版，第 29 页。

③ 参见［美］亚历克斯·莫塞德、［美］尼古拉斯·L. 约翰逊著：《平台垄断——主导 21 世纪经济的力量》，杨菲译，机械工业出版社 2018 年版，第 2－3 页。

平台运行的帕累托最优。然而，电商平台的实际运行不可能教科书式地完美无瑕，相反在实践中往往采取有利于自身利益最大化的经营策略或行为，其结果不可避免地侵害其他相关利害关系人的利益、扰乱正常的交易秩序和市场竞争秩序，有悖市场逻辑、有损法治精神，因而应更多地以法治思维和法治方式来寻求平台治理的方案和推进平台治理体系的完善。2018 年颁布的《电子商务法》是我国推动互联网经济治理法治化的重要之举，也是对我国互联网经济发展中客观诉求的制度回应。

作为电子商务领域的综合性、基础性法律，[①]《电子商务法》对我国电子商务发展中的突出矛盾和问题[②]作了较为系统的规定，旨在实现促进发展、规范秩序、保障权益的立法目标。《电子商务法》通过自身制度设计企求从宏观层面建立开放、共享、诚信、安全的电子商务发展环境，同时试图从微观层面对电子商务行为予以规范和规制，从而在良性有序的宏观秩序之下激发和释放作为市场主体的电商平台的积极性和创造性，实现电子商务产业的高效和可持续发展。值得注意的是，在电子商务活动中，电商平台不仅发挥着一般经营者的营运功能，而且具有一定的基础设施效用，因而备受《电子商务法》的关注并成为其重点规范对象。《电子商务法》对电商平台积极赋权的同时，也对其行为边界予以规范，这集中体现在该法第 35 条规定之中，即电商平台可以依法制定服务协议、交易规则等来实现自身的平台管理和服务，但不得附加不合理条件。[③] 然而，这一规定在实践中却引起了不小争议，肯定者有之，否定者亦有之。那么，究竟如何理解和适用这一条规定，值得重点关注和深入研究。事实上，这一规定背后折射的是，平台经济环境下如何规制电商平台自治行为的问题，这需要在考虑我国电子商务立法的同时更应将其置于整个法律体系之中来

---

① 参见全国人大财经委电子商务法起草小组：《制定电子商务法 促进电子商务健康有序可持续发展》，载电子商务法起草组编著：《中华人民共和国电子商务法条文研析与适用指引》，中国法制出版社 2018 年版，第 5 页。

② 参见吕祖善：《关于〈中华人民共和国电子商务法（草案）〉的说明——2016 年 12 月 19 日在第十二届全国人民代表大会常务委员会第二十五次会议上》，载电子商务法起草组编著：《中华人民共和国电子商务法条文研析与适用指引》，中国法制出版社 2018 年版，第 428 页。

③ 《电子商务法》第 35 条规定要求“电子商务平台经营者”“不得”对平台内经营者进行“不合理限制”或者“附加不合理条件”，或者“向平台内经营者收取不合理费用”。在此，我们为了行文方便统称为“不合理条件”。

进行反思和完善。

二、电商平台自治规制的制度表达

电商平台是电子商务活动的重要载体，“为他人从事电子商务活动而搭建了一个电子化的网络空间”。[①] 故电商平台不应被简单地理解为传统交易模式下的经营者，而应将其交易场景相应地转化为更具立体性的三方交易之中，配置与其市场功能相匹配的权利与义务，以法治思维和法治方式来保障其规范运行、促进电子商务健康发展。

（一）电商平台自治的市场逻辑

平台经济之下，平台的地位和作用无法否定也不容否定，因而必须给予其充分发展的空间，唯有激发和释放平台作为市场要素所蕴含的经济力，方能实现平台设立和运营的初衷。但电商平台究其本质来说仍是运行于市场之中的经营者，享有蕴含于《宪法》所确立的市场经济体制之中的营业自由。营业自由通常是指“以营业为目的从事自主活动的自由”，[②] “从事经营活动的权利（行商权）并非源自于授予，而是一项代表了自由意志的基本权利”。[③]“营业自由”具有主观权利与客观法的内涵，既能在一定程度上排除国家的妨碍与侵害，亦要求国家应当负有积极的义务，为营业自由提供制度性的保障，为营业自由的实现提供组织与程序的保障，同时也应当保护营业自由不为第三人所侵害。[④] 强调电商平台依法享有自治的权利，并非是要夸大电商平台所享有的权利，而是基于电商平台和平台经济健康发展所作的制度设计和权利安排，同时也是平台经济治理法治化的基本要求和必然选择。治理是“秩序得以完成的手段”，[⑤] 电商平台治理也正是从秩序角度展开，在既有的制度安排和逻辑体系下受“权利—权力”博弈与平衡的影响而呈现为平台自治与国家治理两个维度：

---

① 电子商务法起草组编著：《中华人民共和国电子商务法条文研析与适用指引》，中国法制出版社2018年版，第52页。

② 参见吴越著：《经济宪法学导论：转型中国经济权利与权力之博弈》，法律出版社2007年版，第141页。

③ 《〈中华人民共和国商事主体登记管理条例（草案）〉起草说明》，载国家市场监督管理总局，http://www.samr.gov.cn/hd/zjdc/202006/t20200615_317040.html。

④ 参见潘昀：《作为宪法权利的营业自由》，载《浙江社会科学》2016年第7期。

⑤ ［美］奥利弗·E. 威廉姆森著：《治理机制》，石烁译，机械工业出版社2016年版，第11页。

一方面，平台自治是市场经济条件下作为市场主体的电商平台所应享有的权利，这种权利源自传统的私法制度，而非新经济形态中衍生的权利或营运模式。自治是私法的核心理念，是私法赖以生成和型塑之根基。① 私法自治的核心是尊重当事人的选择，由其根据自己的判断而行为。② 平台自治意味着不仅可以依法构建相应的平台组织及其治理结构，建立和完善契合新经济需要的平台，为潜在经营者进入该平台经营提供具有准公共属性的“基础设施”。在此基础上，平台治理结构和机制成为平台自治的重要组成部分，其外在表现集中体现为平台治理规则。相对于电商平台运行秩序来说，平台治理规则不仅包括发挥着市场准入功能的平台准入制度，而且包含着能够矫治和维持平台内经营者正常交易活动的平台监管规则。这实际上是要求电商平台在私法框架下充分发挥自身主观能动性，不断地改善平台及其组织结构的经营管理、提升运营技术水平，以求电商平台在获得自身利益最大化的同时实现社会福利的总提升。

另一方面，国家治理是电商平台良性发展的外在保障。平台经济的良性发展从根本上来说需要电商平台能够健康发展，这是前提也是基础；否则，皮之不存毛将焉附？尽管强调应基于私法充分赋予并保障电商平台自治权，但任由其发展可能会出现事与愿违的情形或结果，导致市场机制失灵，从而偏离了组建平台、发展电子商务的初衷。事实上，基于意思自由的平台自治本身并不是立法目标之所在，而通过确保平台能够意思自由来实现平台经济的效率优化方是其根本追求。意思自由并不是私法自治的简单形式化和外在化，而是诚如苏永钦所言“只是在国家设定的高低不同的栅栏中流动私法自治的领域，事实上自始充满了各种国家强制”。③ 平台发展确实需要国家治理的保障，但公权力对平台治理的介入必须限定在必要范畴之内，市场机制能够发挥作用的地方就无需公权力介入，以防出现不作为、乱作为的现象。这就需要国家治理坚持“包容审慎”原则，④ 为平台成长和发展提供空间，为平台营造发展新动能的环境，

① 参见钟瑞栋著：《民法中的强制性规范——公法与私法“接轨”的规范配置问题》，法律出版社2009年版，第5页。

② 参见李建华、许中缘：《论私法自治与我国民法典——兼评〈中华人民共和国民法（草案）〉第4条的规定》，载《法制与社会发展》2003年第3期。

③ 苏永钦著：《私法自治中的国家强制》，中国法制出版社2005年版，第24页。

④ 参见《李克强详解为何对新业态实施“包容审慎”监管？》，载中国政府网，http://www.gov.cn/xinwen/2018-09/12/content_5321209.htm?_zbs_baidu_bk。

坚持公平的准入、公正的监管，依靠市场引导和促进平台发展。[①]

由此可见，合理的平台治理体系，不仅是电商平台有序运行的制度保障，更是互联网经济健康发展的制度诉求。电商平台在行为规制方面受到诸多关注的同时理应在对内治理、对外交易方面享有更为充分的意思自治。对电商平台自治的规制也必然走向法治化，以法治思维和法治方式对电商平台展开治理。

（二）电商平台自治规制的制度安排

电商平台确实是个经营者，但并非传统产业中的普通经营者，因创建能够聚合不同电子商务经营者并组织其从事经营活动的虚拟空间而实际成为电子商务活动的组织者、协调者和控制者。但此空间可能“存在着很多行为的外部性，可能会使平台的价值增加或减少，因而平台需要制定若干规则，以便确保参与平台的人们和商家都规规矩矩。”[②] 电商平台须对在此虚拟空间内发生的相关电子商务行为承担相应的监管义务，其核心在权力分配，包括与网络平台相关的各种规则的制定与实施中的权力分配，以及与之相伴而生的义务与责任的分配。[③]

我国电子商务立法对此给予了积极回应并进行了较为系统的规范。《电子商务法》以专节的形式对“电子商务平台经营者”作了规范，并从权利、义务和责任等维度对其主体制度进行体系化的设计和安排，彰显了立法对电商平台作为市场主体的共同性和特殊性的考虑和尊重。《电子商务法》将电商平台视为市场主体但意识到其特殊性而赋予其相应的规则制定权，并从积极和消极两个维度对该规则制定权进行框定：一方面，基于公开、公平、公正原则，有权制定诸如“平台服务协议”“交易规则”等平台对内治理、对外交易的契约条款和交易制度。这是电商平台作为市场主体依私法所享有的意思自治之积极展开，有利于电商平台充分发挥自身主观能动性，根据市场需要来决定构建何种类型的平台、如何治理平台以及提供何种平台服务等经营活动，从而使得意思自治与市场机制达到良性互动。另一方面，根据权利义务相一致原则，电商平台基于意思自治而享有的积极规则制定权同时还应保护其交易相对人合法权益的消

---

① 参见《李克强：以包容审慎的原则对待新业态、新模式》，载新华网，http://www.xinhuanet.com/politics/2019lh/2019-03/15/c_1210083405.htm。

② ［美］戴维·S. 埃文斯、［美］理查德·施马兰奇著：《连接：多边平台经济学》，张昕译，中信出版社2018年版，第154页。

③ 参见周学峰、李平主编：《网络平台治理与法律责任》，中国法制出版社2018年版，第34页。

极权利，即不得滥用自身依法享有的规则制定权①而导致交易双方权利义务失衡、扰乱市场交易规则，从而有损交易效率、有违电商平台经营的初衷。

这一制度安排要求电商平台在享受意思自由的同时，应当注意自身治理和经营行为的合法性边界，若越界侵害他人合法权益、扰乱市场交易秩序，就要承担与之相应的不利后果。自治越过合理边界，就意味着不再是意思自由范畴内的事，继而为以行政权力为依托的规制提供切入的基础和正当性。这实际成为电商平台治理体系中自治与规制的分水岭：一方面，电子商务立法尊重电商平台意思自由并保障其自治权合理运行，即通过服务协议、交易规则以及技术等手段来优化自身平台服务质量和平台运行效率，以规范和维护电子商务交易秩序、提高平台经济运行效率；另一方面，电子商务立法对电商平台的意思自由设置了相应的红线，一旦出现越线而损害平台内经营者合法权益、破坏公平交易秩序的，则需要通过规制来予以矫治违法行为、恢复正常交易秩序、维护市场竞争。唯有将平台自治与国家治理有机地结合起来，方能实现电商平台的优化发展，以法治化的规制方式实现平台经济有序运行，确保电商平台在公权力介入前能够进行自我监管、自我矫治，从而降低经济治理成本、提高互联网经济中平台运行效率。

三、电商平台自治规制的逻辑冲突

《电子商务法》第35条对电商平台自治行为作出约束性规定，要求电商平台在享有营业自由的同时不得滥用其自治权利，以免破坏交易秩序、损害交易相对人合法权益。这既是内嵌于市场经济的固有规律之必然要求，也是市场经

① 值得注意的是，“服务协议”、“交易规则”或“技术”等手段与市场优势地位并非一回事或者等同。因为“服务协议”、“交易规则”或“技术”等手段并不能必然形成“市场优势地位”，但并不能排除“服务协议”、“交易规则”或“技术”等手段确实可能造成与滥用“市场优势地位”相同的结果，即妨碍或破坏正常的交易秩序，但“服务协议”、“交易规则”或“技术”等手段本身并不构成市场优势地位。两者之间既没有必然的因果关系，也非一一对应的关系，两者不具有必然的可解释性，因而实践中断章取义式的解释或理解值得商榷，将该第35条仅仅理解为旨在规制滥用市场优势地位行为，实际是一种误读。这可以从国家市场监督管理总局对第35条的规范性解释演化看出，即《网络交易监督管理办法（征求意见稿）》第31条（网址：http://www.samr.gov.cn/hd/zjdc/202010/t20201020_322434.html，最后访问日期：2020年11月17日）明确导入了“优势地位”这个概念，但正式发布的《网络交易监督管理办法》并未保留这一规定而仅对电商平台不当经营行为作了相应列举（载http://www.samr.gov.cn/xw/zj/202103/t20210315_326928.html，最后访问日期：2020年11月17日），可见两者不可混同。

济在法治逻辑维度的客观体现。然而，这一规定在实践中时常出现解释分歧甚至在个案实施中暴露其潜在的制度性缺陷。

（一）电商平台自治规制的冲突表现

从形式上看，《电子商务法》第35条仅是要求“电子商务平台经营者”不得向交易相对人平台内经营者附加不合理条件，但从规范适用角度来看其中却潜藏着诸多逻辑冲突和制度风险：

一方面，强化规制而忽视私法保障机制。电商平台是平台经济高质量发展的关键，也是决定力量，因而与之相匹配的治理便成为平台经济发展的重要保障。治理相对于传统的行政管理来说被赋予了更多内容，不仅仅是依托于行政权力的简单干预和严厉处罚，更是强调政府自身的职责和义务，即应为经济发展营造良好的营商环境、提供优质的政务服务。这从客观上要求平台经济治理必须“创新监管理念和方式”,[①] 创新监管意味着不能墨守成规而要守正革新，相应的监管制度和机制亦应着力于电商平台的积极性、创造性的释放而不是扼制甚至扼杀电商平台发展，因而简单规制不是平台经济治理的最佳路径选择。但强调不宜简单规制并不是不要规制，而是以非必要不干预为前提和原则，在用尽既有制度的基础上方可考虑导入新的制度或机制。事实上，既有的私法制度依旧是电商平台治理的基础，不仅是维护电商平台意思自由并开展自我治理的制度保障，也是电商平台依法经营并保护自身合法权益的制度依据，因而在导入对电商平台的规制机制时理应评估既有制度对电商平台治理或经营行为负外部性的抑制和消除能力。无论是业已实施的《民法典》还是我国电子商务立法时的《合同法》《侵权责任法》等民事法律制度，无不强调意思自由并依此构建相应的主体、契约以及侵权责任等制度，在不同程度上明确了作为民事主体的电商平台相应的权利义务，为电商平台治理提供了法律依据。就此而言，《电子商务法》第35条所规定的情形，并非都溢出了既有的制度范畴而逃脱了现行法律的规范和约束，因而可结合个案具体情况予以定性分析并将其涵摄于相应的规范之中，即第35条所述情形都可回归为市场交易行为，即本质上来说属于合同行为，因而电商平台遵守《民法典》相关规定理所应当。之所以强调

① 参见《国务院办公厅关于促进平台经济规范健康发展的指导意见》（国办发〔2019〕38号），载中国政府网，http://www.gov.cn/zhengce/content/2019-08/08/content_5419761.htm。

用尽既有制度规范，一是尽量以既有的制度机制来规范和保障平台经济发展，以减少制度规范之间的冲突、提高治理效率；二是力图在不改变或者增加既有制度的情况下能够以最低的治理成本获得平台经济高质量发展。

另一方面，规制泛化易诱发规范适用冲突。尽管强调对电商平台自治的规制应建立在用尽既有制度规范的基础上，但对于电商平台与平台内经营者之间发生的交易问题也并非都能由合同制度得以解决。在具体交易中，彼此双方因实力悬殊而处于实质上不平等地位时难以有效达成平等主体之间协商一致的意思表示，因而出现了传统私法规范难以解决的问题，但即便如此，也并不意味着现行法律规范无法救济，只是需要将规范的视角进一步拓展，更多地转向特别法律。除一般意义上的《民法典》外，第35条规定的情形在现行法律体系中依然存在着制度选择，通过个案分析可将其涵摄至《反不正当竞争法》。值得注意的是，通过第35条预设的情形在《反不正当竞争法》中也非易见行为，需要在考察《反不正当竞争法》第二章列举的具体行为基础上进一步寻求解决方案，相应的规范适用逻辑大致包含三个层次，即：首先分析确定能否将第35条预设情形涵摄于《反不正当竞争法》第二章所明确列举的行为规范之中；如果前述方案无法定性预设的情形性质，继而可将分析的目光和思维转向《反不正当竞争法》第12条第2款第（四）项规定的“兜底条款”，并依此来进行相应的处罚；如果前述“兜底条款”也无法适用于第35条规定的情形，那么就需要进一步考虑如何启动《反不正当竞争法》第2条“一般条款”的适用。[①] 当然，如果电商平台在特定相关市场中具有市场支配地位，那么第35条规定情形的规范依据则变得更为清晰，即须按照《反垄断法》相关规定进行分析认定。如此可见，第35条规定情形并没有逃脱了现行法律规范的调整范畴，可以从法律解释操作层面得以解决，而无须更新的条款。[②] 我国法治实践中长期以来确实存

---

① 对我国《反不正当竞争法》第2条“一般条款”的启动和适用，无论是理论研究还是司法实践都有诸多探讨和应用，尤其是在最高人民法院的指导性案例中明确了适用条件。

② 这一点，从我国《电子商务法》第22条的规定就可以看出其中的端倪。我们认为，《电子商务法》第22条实际上也并无立法必要，因为该条强调的是具有市场支配地位的电子商务经营者不得滥用市场支配地位排除、限制竞争。因为即便《电子商务法》没有这一规定，作为保护市场竞争的基础性法律规范，《反垄断法》也当然适用于电子商务领域；更何况，《电子商务法》第85条也明确规定“电子商务经营者违反本法规定，……滥用市场支配地位……等行为的，依照有关法律的规定处罚”。质言之，《电子商务法》就电子商务领域的垄断行为作出的规定，只是援引性条款，最终都需要依据《反垄断法》规定来处理。

在着遇到问题就立法的惯性思维，立法对处于法律体系尚不完善的治理阶段来说确有必要，但当我国法律体系基本建成并转向全面推进依法治国方略时科学合理地适用法律规范就显得更为重要；否则，一旦遇到问题就试图立法或修法，实际上是种“偷懒”的做法。因为问题并没有从根本上得以解决，相反可能引起更多的新问题，至少从规范适用层面上来说会引起规范矛盾或适用冲突的问题。

众所周知，任何规制都应建立在必需之上和合理限度之内，否则规制本身的合理性和正当性就值得存疑。《电子商务法》第35条通过否定性评价的方式对电商平台自治行为进行规约，强调不得对其交易相对人附加“不合理交易条件”。单从条文本身来看，这一规定似乎并无不妥，但将其置于整个法律体系中并结合电子商务特点进行考量，其存在的必要性和合理性则需要重新审视。

（二）电商平台自治规制的效果担忧

经济治理从来不排斥规制，但规制也仅在合理限度内方能发挥出预期效用，而规制的必要性则在于作为市场主体的经营者意思自由产生负外部性，尤其是体现为超过合理范围对他人合法权益或者竞争秩序造成损害。《电子商务法》第35条规定的情形在实践中确实是个风险点，因而导入此等规制必须谨慎且在实践中确有必要；否则，规制的正当性就存有瑕疵。对电商平台治理作适当规制，本质上来说是，国家针对电商平台治理行为可能诱发的侵害市场机制、破坏交易秩序的潜在风险所进行的事先预警或事中监管，作为一种重要机制，体现了现代经济治理中规制主动积极的一面，即在防范风险方面以其行政主导的制度优势更为高效地介入电商平台治理和市场运行，从而减少事后损害和效率减损。从这一角度来说，对电商平台依法予以规制是平台经济高质量发展的必要举措之一，但合理规制的前提是拥有良好的制度设计，即意味着为规制提供制度保障的规范安排本身，不仅要符合平台经济发展的需求，而且符合平台经济发展的规律；否则，规制则可能束缚平台进而影响平台经济的健康发展。

平台经济是以智能技术为支撑，以数据化的数字平台为基石，以聚合器为利器，聚合数量众多且零散的资源，连接具有相互依赖的多方主体，促进彼此互动与交易，形成健壮的、多样化的数字平台生态系统。[①] 在此生态下，电商

① 参见赵昌文等著：《平台经济的发展与规制研究》，中国发展出版社2019年版，第89页。

平台可能会利用其规模经济形成的聚合效应，在交易过程中对平台内经营者施加不合理条件，扰乱正常交易秩序、损害相关市场竞争、恶化电子商务营运环境，扭曲互联网经济所必需的发展机制和创新机制，因而可以说，对此类行为进行规制确有必要，但此类规制应有必要限度；否则，会造成过度规制，对平台自治和平台经济造成不必要的干扰甚至是破坏。理论上的担忧主要是，《电子商务法》第35条规定的存在，事实上不仅无法消解电商平台自治行为风险，相反会产生更多制度风险和理论误解。如这一规定是“《电子商务法》中通过设立专门适用于互联网行业竞争的条款”,[①] 能够“站在数字经济、平台经济规范发展的框架下进行全方位、综合性地规范，并通过这一规定实现对整个平台经济的有效规制”。[②] 就竞争在创新和互联网经济发展中的地位和作用来说，我们认为，怎么强调规制电子商务领域限制竞争行为规范的重要性都不为过。然而，倘若文本规范中相应的制度设计未能解决法律干预的理论依据，也没有提供公权力干预的有效手段，那么该规定很可能沦为执法机构肆意干预电子商务市场运营的理由，或者成为经营者提起恶意诉讼，干扰正常市场经营活动的借口。[③]

问题在于，我国当初的电子商务立法过分强调电子商务的特殊性而忽视了电子商务的市场经济一般属性，在对既有法律规范适用情况未作充分评估的情况下导入第35条规定的规制机制貌似必要、实质上会引发冲突。第35条实质上确立了范围极度宽泛的对滥用相对优势地位行为的规制，要么可能侵入《反不正当竞争法》的规制领域，要么可能侵入《反垄断法》的规制领域，导致体系逻辑的混乱，势必破坏已经形成的竞争法规制体系。[④]《电子商务法》对滥用市场优势地位并未明确规定，实践中易导致打击面过宽的风险，也易引发反垄断法关于滥用市场支配地位的规定在电子商务领域有被架空的现实风险，极易导致行政权力对电子商务领域或市场干预过多，最终损害电子商务产业的健康发展，因而这一否定性态度和评价背后隐含的担忧不无道理。

---

① 参见戴龙：《关于〈电子商务法〉对滥用优势地位规制的适用研究》，载《价格理论与实践》2019年第2期。

② 参见杨东：《〈电子商务法〉也是平台经济竞争法》，载《法制日报》2019年9月4日，第11版。

③ 参见戴龙：《关于〈电子商务法〉对滥用优势地位规制的适用研究》，载《价格理论与实践》2019年第2期。

④ 参见朱理、曾友林：《电子商务法与竞争法的衔接：体系逻辑与执法展望》，载《中国社会科学院研究生院学报》2019年第2期。

（三）电商平台自治规制的制度检讨

《电子商务法》第二章“电子商务经营者”本应属于主体制度立法，但第35条却体现为规制性立法。这一规定实际是对电商平台创制服务协议、交易规则或技术应用等平台治理结构的权限作了相应的限制性规定，对维护电子商务秩序、促进电子商务发展具有现实意义，最终能否实现这一立法初衷仍有待实践验证，但从电商平台治理及相应制度完善来说需要从理论上予以检讨和反思。

一是《电子商务法》第35条立法定位存在偏差。尽管说我国《电子商务法》是综合性立法，但作为第二章“电子商务经营者”的重要条款，第35条性质上应该隶属于主体制度，理应从组织法的角度对电商平台权利义务进行设置，以最大限度保障电商平台作为市场主体的权利、激发其积极性和创造性。为此，这一规定的本意并不是促使国家渗透到经济活动之中，而是应对现代经济演化进程中相关利害关系人之间权利义务的再配置和再平衡，以确保参与市场活动的各方之间权责效相一致。在此权义配置架构下，组织法和契约法都会从各自角度对行为主体的权利作出相应的约束，以防权利的肆意扩张和蔓延导致具体交易活动中权利不对等、责任不相称的问题。也正是因为此，“组织法中的合同不会太自由，法律就是这样根据社会需求，不断游离在私法与公法、自由与规制的两极之间。”[①] 然而，当立法转向规制时，相应的规范设计则意味着应为国家公权力介入电子商务领域，尤其是电商平台治理活动寻求正当性并提供法定依据，其目的在于约束和规范国家公权力行为，而不在于对作为市场主体的电商平台权利义务进行分配和保障。立法性质不同，对电商平台的态度和要求也有所差别，故而两者不可混同，否则会导致相应的规范适用困难。

二是第35条规制性立法的正当性不足。就平台经济治理而言，《电子商务法》第35条规定的情形并不鲜见，也确有治理必要，但倘若未经充分评估论证而仓促导入规制条款继而诱发规范冲突，则需要进行反思，以改善电商平台治理行为的规制机制、促进平台经济高质量发展。尽管这一规定的规制初衷是防止电商平台通过附加不合理条件的方式干涉平台内经营者与其交易相对人之间的交易，因而其本质上旨在恢复和维护平台内交易秩序，确保平台的活力和效

---

① 蒋大兴：《公司法中的合同空间——从契约法到组织法的逻辑》，载《法学》2017年第4期。

率。诚如部分学者所言，这一规定对规范电商平台电子商务行为具有积极意义，通过设置相应的责任条款可以预防和制止电商平台向其交易对象“平台内经营者”附加不合理条件，因而被视为电商平台“量身打造的义务性规定”。① 具体来说，电商平台营业自由的边界、自主决策的范畴以及自我负担的能力等核心要素能否依据第 35 条规定获得相应的保障和救济支撑，是考量这一规定正当性和合理性的重要指标。尽管第 35 条试图适用的范畴较广，即但凡电商平台不当“利用服务协议、交易规则以及技术等手段”增加交易相对人不合理负担的情形，皆可成为第 35 条的调整对象，但第 35 条最终能否胜任这一规制目标则并非易事，其预设的规制功能从文本转向实践仍面临诸多不确定性甚至是挑战。

三是第 35 条规定的适用范围貌似明确但实际上难以界定。第 35 条规范性质应隶属于组织法范畴，但最终体现为规制性立法。在我国现行法律体系下，规制性立法的实施最终将启动行政执法，与之相应的要求便是严格依法行政，必须具备法定依据、遵循法定程序，因而明确作为规制依据的相关概念和规范内涵则甚为重要。电商平台在日常经营活动中根据自身平台特点和提供服务的属性来设计相应的“服务协议”、“交易规则”或采取“技术”手段，是电商平台日常经营活动的范畴，也是电商平台作为市场主体所享有的经营自由权体现，但这种自由并非漫无边际，而应依据权责效相一致原则来予以设计和框定。无论是“服务协议”、“交易规则”还是“技术”应用，都只是电商平台自我治理的工具选择，其本身是中性的，并不天然具有损害市场竞争或侵害交易秩序的倾向，只是在特定情境中被滥用了方才触发法律对其作否定性评价和禁止性规定，可见廓清规制条款的适用范围是第一步。紧随其后的是，不得利用的“服务协议”、“交易规则”或“技术”等核心要件范畴需要明确；同时，“不合理交易条件”的合理限度何在，也要得以厘清。否则，这对于规制性立法或规范的适用来说是难以逾越的制度挑战，将导致相应的制度设计成为摆设。

综上来看，第 35 条规定在实践中时常被定性为电商平台滥用市场优势地位行为的规制条款，并强调这是对我国《反垄断法》和《反不正当竞争法》规制

① 戴龙：《关于〈电子商务法〉对滥用优势地位规制的适用研究》，载《价格理论与实践》2019 年第 2 期。

电子商务领域限制竞争行为的补充性规范。① 这既是我国电子商务立法试图对电商平台治理予以规制存有的缺陷之处，也是因对该规定理解和解释异化所致，使得原本就错综复杂而又充满不确定性的电商平台治理行为规制问题变得越发扑朔迷离，因而有必要对电商平台自治规制进行体系性优化，以更好地维护电商平台自治效率与外部交易秩序之间的平衡、实现电商平台最优化运行。

四、电商平台自治规制的体系重构

电商平台的有无与优劣，直接关涉着平台经济运行质量和数字经济发展走向，因而平台治理显得尤为重要。电商平台治理并不简单等同于规制，规制也不意味着要当然地创设“新”制度，唯有在平台自治行为超越必要限度时方应从法律体系整体角度进行考虑，以寻求能够进一步完善旨在保障平台自治权的规制体系。

（一）电商平台自治规制的理念重申

无论是就电商平台自治来说还是国家对电商平台的规制来说，其最终目的都是基本一致的，就是要恢复和维护电商平台的意思自由，营造公平有序的竞争环境和平等合理的交易秩序，以激发和释放电商平台的积极性和创造性。意思自治是私法的精髓所在，对电商平台来说则意味着可以依据自身意思而行使相应的自治权：对内，能够通过制定、修改交易规则来不断完善平台治理，提高平台运营质量和市场地位；对外，能够通过格式化的平台服务协议来增加自身平台内经营者数量、增强平台市场地位。现行私法体系既是电商平台享有自治权的法定依据，也是电商平台行使自治权、实行自我治理的制度空间，其初衷在于通过赋权促使电商平台在互联网经济环境下成为具有主体性、自主性和自律性的市场主体，因而此等制度背后的逻辑要求是电商平台在依法享有意思自治、行使自治权的同时必须坚持私法的基本原则，在该原则的支撑和规范下能够形成电商平台自我治理、自我发展的自发秩序体系。

---

① 参见戴龙：《关于〈电子商务法〉对滥用优势地位规制的适用研究》，载《价格理论与实践》2019 年第 2 期；朱理、曾友林：《电子商务法与竞争法的衔接：体系逻辑与执法展望》，载《中国社会科学院研究生院学报》2019 年第 2 期；杨东：《〈电子商务法〉也是平台经济竞争法》，载《法制日报》2019 年 9 月 4 日，第 11 版。

《电子商务法》在重申前述原则的同时更是强调电商平台“应当遵循公开、公平、公正的原则”，对电商平台的治理更多地衍生出的是监管或者规制，即试图通过诸如行政权力等公权力的作用来塑造和维护电商平台正常运行的外部秩序。事实上，以行政权力为主导的监管制度或规制工具，对转型经济或互联网经济初期电商平台生成与发展确实能够起到塑造和推动作用，但仅有外力作用而无内生秩序保障下的电商平台并非真正的市场主体，无法适应市场机制的作用或者说难以在市场经济体制下求得生存和长远发展，因而以私法来培育和催生电商平台的市场主体意识并促使其自觉遵守法律、尊重市场规律显得尤为重要。这就要求，电商平台应结合私法品性和市场规律来明确其行使自治权所应坚持的原则。因此，无论是电商平台自治还是对电商平台自治的规制，都应遵循以下两方面的原则：

一方面是透明度原则，即电商平台在治理实践中应及时将对内治理规则和对外交易协议等内容公布于众，以便相关交易主体知晓相应的游戏规则与结果。具体来说，为了确保电商平台治理与交易的透明性，首先应做到其规则透明，平台治理规则、平台服务协议、争议纠纷解决等规则应保持公开状态且对其作相应修改时亦应及时告知并保证公开可查。此外，电商平台应对其运营中的搜索结果予以公开标明，以明确是算法生成、付费排名还是与该平台的关联关系而备受关注等情形。但值得注意的是，尽管强调电商平台应该坚持透明度原则，但实践中这一原则无法从根本上解决平台运营中相关主体之间的待遇公平问题，因而导入平等原则就实有必要。

另一方面是平等原则，即电商平台对潜在的平台内经营者准入机会均等、准入条件平等，对平台内经营者的运营待遇平等。但这种平等并非简单的形式上或外在条件简单等同，而是要求在方法论上应更多地导入个案分析、实现实质公平，从而更好地激励平台及平台内经营者的主动性和积极性，提高平台运行效率和经济效益。之所以一再强调电商平台应坚持透明度原则和平等原则，是因为力图通过私法制度体系来引导、规范和保障电商平台能够最大限度地实现意思自治，充分发挥其自治的积极性和有效性。因此，以私法保障平台实现自我治理并促进其优化发展，就要求有与之相适应的私法作保障；否则，就可能出现私法不健全、私权利不彰的问题，也就无法为电商平台的健康发展营造良好的内生秩序保障。

（二）电商平台自治规制体系的重构进路

通过私法赋予和保障电商平台优化发展，与“市场经济是法治经济”的信条是一致的，即将作为市场主体的电商平台融入市场竞争机制之中并通过私法规范与竞争规律共同作用来实现平台经济繁荣的初衷。然而，这并不意味着电商平台行使自治权不受限制，其意思自治的外在行为理应有相应的边界，而此边界性规范内含于现行的制度框架之内并呈阶梯性约束。因此，为确保电商平台自治权有效行使、促进互联网经济健康发展，需要通过运用法律操作技术对现行制度框架下的自治规范进行合理的解释和相应的适用优化。

一是传统私法理念及其制度机制要求电商平台必须理性行为，对自身的治理行为予以自我约束。私法旨在促进主体意识觉醒，培育和发展权利并以此来实现个体自身利益最优化，这与市场经济条件下有限理性人的假设相契合，能够从制度层面塑造和保护现代经济增长中个体的权利意识和利益诉求。生成于市场经济条件下并依私法获得权利保障的电商平台，虽有别于传统个体的组织结构和经济功能，但其底层的制度诉求依然是作为市场主体的基本权利能够得到保障。电商平台作为市场经济的新生事物，在享有传统私法所保障的基本权利同时，更应遵守私法所内嵌的基本原则，以使其能够在符合法治逻辑和经济规律的情形下获得有效发展。平等自愿、诚实信用等原则要求电商平台在自身治理过程中依法经营和管理好平台设施，确保潜在平台内经营者进入平台从事经营获得的条件，保障平台内经营者各方面待遇相对公平的竞争生态和营商环境。在此原则规范和约束之下，作为体系化的私法制度对电商平台的保护和约束也随之展开，一方面赋予电商平台积极权利，以鼓励、引导和保护电商平台健康发展，为平台内经营者营造良好的竞争秩序和市场环境；另一方面，同样应强调电商平台的消极权利，其本质则是要求电商平台依法承担相应的义务，平台服务协议、交易规则等治理规则应当公开透明、平等而无歧视，且对前述规则应承担解释说明义务并承受不利后果。这是源自传统私法对电商平台的规约要求，以确保其在获得充分发展空间的同时能够有效保护其他经营者尤其是平台内经营者的合法权益，从而营造良好的自我治理、自我发展的制度环境和平台生态。

二是竞争立法对电商平台自治行为的秩序规制。平台经济健康发展，离不开电商平台有效运行；而电商平台有效运行，需以自身意思自由得到保障为前提。意思自由，不仅需要传统的私法制度进行维护和规范，同时也需要竞争法来营造意思自由赖以存在的外部秩序环境。电商平台享有私法保障的意思自治并根据市场机制设计对内、对外治理规则或交易规则，但这并不意味着电商平台治理行为不受规制；相反，如果电商平台没有正当理由“利用服务协议、交易规则以及技术等手段，对平台内经营者在平台内的交易、交易价格以及与其他经营者的交易等进行不合理限制或者附加不合理条件，或者向平台内经营者收取不合理费用”，则需要依据个案情况展开具体分析并适用相应的法律规范。对此，前文已经作出具体分析，强调应根据电商平台的市场力量情况来考虑援引相应的法律制度并作相应的规制和救济：若电商平台具有市场支配地位，则当然适用反垄断法；若电商平台未形成市场支配地位，则转向适用反不正当竞争法，尤其是《反不正当竞争法》第 12 条第 2 款第（四）项的兜底条款或者是《反不正当竞争法》第 2 条的一般条款。但由于电子商务领域被认为是平台经济的重要体现，具有诸多迥异于传统经济之处，因而在是否应当援引兜底条款或一般条款来规制电商平台自治行为这一点上存有分歧。我们认为，这种分歧只是对既有法律制度作浅层理解的结果，实际上通过法律解释操作机制来合理解释《反垄断法》《反不正当竞争法》等制度规范，即可克服规制此类行为规范上的不足。可见，对电商平台行为规制的思路，需要更新，应更多地转向法律解释和规范适用层面的机制和技术完善，而不是动辄通过立法来创制所谓新制度来解决。

三是积极倡导私人诉讼制度在电子商务领域的应用。尽管电商平台较传统经济中的经营者有诸多不同，甚至不少学者强调其具有“私权力”[①]，但这并没有改变其仍是参与市场活动的私主体这一属性，因而因其行为造成他人损失的，私人诉讼制度应是首选机制。其理由主要有两方面：一方面是无救济便无权利，每个人都是自身利益的最佳判断者和维护者，平台内经营者也不例外。当遭受电商平台附加不合理交易条件时，平台内经营者可以在既有制度机制框架内提

---

① 参见许多奇：《Libra：超级平台私权力的本质与监管》，载《探索与争鸣》2019 年第 11 期；周辉：《算法权力及其规制》，载《法制与社会发展》2019 年第 6 期；刘权：《网络平台的公共性及其实现——以电商平台的法律规制为视角》，载《法学研究》2020 年第 2 期。

起诉讼维护自身权益，在个案救济中矫正不合理行为、优化自身利益，可以弥补规制着眼于宏观整体利益或秩序而留下的对私主体权益救济不足的遗憾。另一方面是平台经济尚处于不断发展演化之中，仍面临诸多不确性。私人诉讼通过双方当事人之间的博弈和平衡可以为平台经济的发展塑造利益导向和营造外部环境，而不至于像规制那样惩罚性更强，从而给电商平台更多的自我纠错机会、获取更好的发展空间。当然，强调在平台经济中倡导私人诉讼机制并不是要否定规制的作用，但相应的规制机制应当从法律体系整体角度出发，结合电商平台行为的特点援引相关制度、完善相应机制，而非凡事“另辟蹊径”、特别立法，其最终浪费公共资源，效果不彰。

总之，电商平台在互联网经济中通常发挥着基础设施功能，具有一定的公共产品属性，因而对互联网经济至关重要。尽管我国互联网经济取得了引人注目的发展，但我国电商平台存在基础技术薄弱、技术依赖性强等不足，且难以在短期内得以克服，因而我国互联网经济发展前景并不容乐观。互联网平台经济是生产力新的组织方式，是经济发展新动能。① 这就要求通过充分发挥市场机制和法治体系双重作用来激励电商平台健康有序发展，在现行法律框架下既要对电商平台充分赋权、确保其意思自治，实现平台优化发展，同时应将其置于整个法治体系中予以考量、规范，对其超越权利边界而扰乱市场秩序、侵害其他经营者和消费者合法权益的行为依法予以规制。这是市场经济应有之义，但规制本身不是目的，而是为电商平台自我治理、自我发展营造良好的制度秩序和营商环境，因而对电商平台自治行为的规制应持包容审慎态度，依法监管，给予电商平台自我治理、自主决策、独立经营以适当的空间，以使电商平台能够形成内生发展机制、促使互联网经济实现高质量发展。

---

① 参见《国务院办公厅关于促进平台经济规范健康发展的指导意见》（国办发〔2019〕38号）。

参考文献

著作类

安健主编：《中华人民共和国反垄断法释义》，法律出版社 2007 年版。

蔡建春等：《中国 REITs 市场建设》，中信出版社 2020 年版。

陈金钊：《法律解释的哲理》，山东人民出版社 1999 年版。

种明钊主编：《竞争法》，法律出版社 2016 年版。

电子商务法起草组：《中华人民共和国电子商务法条文研析与适用指引》，中国法制出版社 2018 年版。

丁晓东：《个人信息保护：原理与实践》，法律出版社 2021 年版。

高富平：《信息财产——数字内容产业的法律基础》，法律出版社 2009 年版。

高鸿钧：《现代法治的出路》，清华大学出版社 2003 年版。

顾功耘、罗培新主编：《经济法前沿问题》，北京大学出版社 2007 年版。

管斌：《金融法的风险逻辑》，法律出版社 2015 年版。

郭斌：《混合所有制改革下国有企业控制权的合理配置》，经济管理出版社 2021 年版。

郭雳：《中国银行业创新与发展的法律思考》，北京大学出版社 2006 年版。

国家市场监督管理总局反垄断局编：《中国反垄断执法年度报告（2020）》，法律出版社 2021 年版。

韩伟主编：《数字市场竞争政策研究》，法律出版社 2017 年版。

郝俊淇：《滥用市场支配地位的反垄断法原理》，中国社会科学出版社 2022 年版。

黄伟、蔡远游编著：《中国快递史话》，厦门大学出版社 2019 年版。

蒋悟真：《论竞争法的基本精神》，上海三联书店 2008 年版。

金善明：《反垄断法法益研究：范式与路径》，中国社会科学出版社 2013 年版。

金善明：《反垄断法解释：规范、历史与体系》，中国社会科学出版社 2018 年版。

赖源河编审：《公平交易法新论》，中国政法大学出版社 2002 年版。

赖源河、王志诚：《现代信托法论》，中国政法大学出版社 2002 年版。

李爱君、苏桂梅主编：《国际数据保护规则要览》，法律出版社 2018 年版。

李昌麒主编：《中国改革发展成果分享法律机制研究》，人民出版社 2011 年版。

李国平、陈红霞：《协调发展与区域治理：京津冀地区的实践》，北京大学出版社 2012 年版。

李洪雷主编：《中华人民共和国行政处罚法评注》，中国法制出版社 2021 年版。

李青云：《信托税收政策与制度研究》，中国税务出版社 2006 年版。

刘继峰：《竞争法学》，北京大学出版社 2016 年版。

刘剑文、熊伟：《税法基础理论》，北京大学出版社 2004 年版。

刘瑞复：《经济法学原理》，北京大学出版社 2000 年版。

刘文华：《中国经济法基础理论》，法律出版社 2012 年版。

刘洋：《消费金融论》，北京大学出版社 2018 年版。

陆小华：《信息财产权——民法视角中的新财富保护模式》，法律出版社 2009 年版。

吕明瑜：《竞争法教程》，中国人民大学出版社 2015 年版。

马怀德主编：《法制现代化与法治政府》，知识产权出版社 2010 年版。

孟雁北：《反垄断法》，北京大学出版社 2017 年版。

莫纪宏：《现代宪法的逻辑基础》，法律出版社 2001 年版。

漆多俊：《经济法基础理论》，法律出版社 2008 年版。

齐爱民著：《捍卫信息社会中的财产——信息财产法原理》，北京大学出版社 2009 年版。

强力：《金融法》，法律出版社 2004 年版。

屈茂辉：《中国国有资产法研究》，人民法院出版社 2002 年版。

全国人大常委会法制工作委员会经济法室编：《中华人民共和国反垄断法：条文说明、立法理由及相关规定》，北京大学出版社 2007 年版。

单飞跃：《经济法理念与范畴的解析》，中国检察出版社 2002 年版。

尚明主编：《主要国家（地区）反垄断法律汇编》，法律出版社 2004 年版。

沈志先主编：《法律方法论》，法律出版社 2014 年版。

时建中主编：《三十一国竞争法典》，中国政法大学出版社 2009 年版。

时建中、焦海涛、戴龙主编：《反垄断行政执法：典型案件分析与解读（2008 – 2018）》，中国政法大学出版社 2018 年版。

史际春、邓峰：《经济法总论》，法律出版社 1998 年版。

舒国滢主编：《法理学导论》，北京大学出版社 2006 年版。

汤洁茵：《金融创新的税法规制》，法律出版社 2010 年版。

陶红亮编著：《校园贷知识读本》，应急管理出版社 2019 年版。

汪习根主编：《发展权全球法治机制研究》，中国社会科学出版社 2008 年版。

王保树主编：《经济法原理》，社会科学文献出版社 1999 年版。

王洛林主编：《全球化背景下的中国法治建设》，经济管理出版社 2010 年版。

王全兴：《经济法基础理论专题研究》，中国检察出版社 2002 年版。

王先林：《竞争法学》，中国人民大学出版社 2009 年版。

王晓晔主编：《经济法学》，社会科学文献出版社 2005 年版。

王晓晔主编：《中华人民共和国反垄断法详解》，知识产权出版社 2008 年版。

王振铎、郑运通：《编辑学原理论》，中国书籍出版社 1997 年版。

吴越：《经济宪法学导论——转型中国经济权利与权力之博弈》，法律出版社 2007 年版。

吴振国：《〈中华人民共和国反垄断法〉解读》，人民法院出版社 2007 年版。

习近平：《论把握新发展阶段、贯彻新发展理念、构建新发展格局》，中央文献出版社 2021 年版。

习近平：《论坚持全面深化改革》，中央文献出版社 2018 年版。

习近平：《习近平谈治国理政》（第 1 卷），外文出版社 2018 年版。

习近平：《习近平谈治国理政》（第 2 卷），外文出版社 2017 年版。

习近平：《习近平谈治国理政》（第 3 卷），外文出版社 2020 年版。

习近平：《习近平著作选读》（第 1 卷），人民出版社 2023 年版。

习近平：《在民营企业座谈会上的讲话》，人民出版社 2018 年版。

席月民主编：《金融法学的新发展》，中国社会科学出版社 2013 年版。

席月民：《经济变革中的经济法》，中国社会科学出版社 2019 年版。

席月民：《中国信托业法研究》，中国社会科学出版社 2016 年版。

向新民：《金融系统的脆弱性与稳定性研究》，中国经济出版社 2005 年版。

谢次昌：《国有资产法》，法律出版社 1997 年版。

谢晖：《法律的意义追问——诠释学视野中的法哲学》，商务印书馆 2003 年版。

徐孟洲等：《财税法律制度改革与完善》，法律出版社 2009 年版。

徐孟洲等：《金融监管法研究》，中国法制出版社 2008 年版。

徐孟洲：《耦合经济法论》，中国人民大学出版社 2010 年版。

徐孟洲主编：《信托法学》，中国金融出版社 2004 年版。

许光耀主编：《欧共体竞争立法》，武汉大学出版社 2006 年版。

薛克鹏：《经济法基本范畴研究》，北京大学出版社 2013 年版。

杨海：《风险社会：批判与超越》，人民出版社 2017 年版。

杨仁寿：《法学方法论》，中国政法大学出版社 1999 年版。

杨紫烜：《国家协调论》，北京大学出版社 2009 年版。

阳建勋：《风险社会中的法律责任制度改变：以经济法为中心》，厦门大学出版社 2014 年版。

姚佳：《消费者法理念与技术的重构》，法律出版社 2019 年版。

叶明：《经济法实质化研究》，法律出版社 2005 年版。

叶姗：《税收利益的分配法则》，法律出版社 2018 年版。

易继明：《技术理性、社会发展与自由——科技法学导论》，北京大学出版社 2005 年版。

俞可平：《论国家治理现代化》，社会科学文献出版社 2014 年版。

岳彩申：《论经济法的形式理性》，法律出版社 2004 年版。

张淳：《信托法原论》，南京大学出版社 1994 年版。

张恒山、李林、刘永艳、封丽霞等：《法治与党的执政方式研究》，法律出版社 2004 年版。

张明楷：《刑法学》，法律出版社 2011 年版。

张守文主编：《经济法学》，高等教育出版社 2018 年版。

张守文：《财税法疏议》，北京大学出版社 2005 年版。

张守文：《发展法学：经济法维度的解析》，中国人民大学出版社 2021 年版。

张守文：《经济法理论的重构》，人民出版社 2004 年版。

张守文：《经济法总论》，中国人民大学出版社 2009 年版。

张天民：《失去衡平法的信托——信托观念的扩张与中国〈信托法〉的机遇和挑战》，中信出版社 2004 年版。

张维迎：《市场的逻辑》，上海人民出版社 2012 年版。

张文显主编：《法理学》，法律出版社 2007 年版。

张文显：《法哲学范畴研究》，中国政法大学出版社 2001 年版。

张志铭：《法律解释操作分析》，中国政法大学出版社 1998 年版。

张琢：《中国现代化的历程及前瞻》，社会科学文献出版社 2017 年版。

赵昌文等：《平台经济的发展与规制研究》，中国发展出版社 2019 年版。

赵大华：《经济法中权力主体法律责任研究》，中国政法大学出版社 2016 年版。

赵宏中、董玉明：《产业法的经济学分析》，武汉理工大学出版社 2015 年版。

赵廉慧：《信托法解释论》，中国法制出版社 2015 年版。

郑少华主编：《数字法治评论》（第 1 辑），中国社会科学出版社 2022 年版。

中国网络空间研究院：《中国互联网 20 年发展报告》，人民出版社 2017 年版。

钟瑞栋：《民法中的强制性规范——公法与私法“接轨”的规范配置问题》，法律出版社 2009 年版。

周汉华：《现实主义法律运动与中国法制改革》，山东人民出版社 2002 年版。

周辉、徐玖玖、朱悦、张心宇：《人工智能治理：场景、原则与规则》，中国社会科学出版社 2021 年版。

周学峰、李平主编：《网络平台治理与法律责任》，中国法制出版社 2018

年版。

朱大旗：《金融法》，中国人民大学出版社 2015 年版。

刘鸣炜：《信托制度的经济结构》，汪其昌译，上海远东出版社，2015 年版。

译著类

［奥］恩斯特·A. 克莱默：《法律方法论》，周万里译，法律出版社 2018 年版。

［奥］凯尔森：《法与国家的一般理论》，沈宗灵译，中国大百科全书出版社 1996 年版。

［澳］皮特·凯恩：《法律与道德中的责任》，罗李华译，商务印书馆 2008 年版。

［澳］琳达·维斯、［澳］约翰·M. 霍布森：《国家与经济发展——一个比较及历史性的分析》，黄兆辉、廖志强译，吉林出版集团有限责任公司 2009 年版。

［比］保罗·尼豪尔、［比］彼得·范·克莱恩布吕格尔主编：《创新在竞争法分析中的角色》，韩伟等译，法律出版社 2020 年版。

［德］阿尔弗雷德·比勒斯巴赫等编：《简明欧洲信息技术法》，吴峻译，商务印书馆 2019 年版。

［德］哈贝马斯：《在事实与规范之间：关于法律与民主法治国的商谈理论》，童世骏译，生活·读书·新知三联书店 2003 年版。

［德］卡尔·拉伦茨：《法学方法论》，黄家镇译，商务印书馆 2020 年版。

［德］柯武刚、［德］史漫飞：《制度经济学：社会秩序与公共政策》，韩朝华译，商务印书馆 2000 年版。

［德］罗尔夫·施托贝尔：《经济宪法与经济行政法》，谢立斌译，商务印书馆 2008 年版。

［德］马克斯·韦伯：《经济与社会》（上卷），林荣远译，商务印书馆 1997 年版。

［德］乌尔里希·贝克：《风险社会：新的现代性之路》，郭文杰等译，译林出版社 2018 年版。

［德］亚图·考夫曼：《类推与事物本质——兼论类型理论》，吴从周译，新学林出版股份有限公司 2016 年版。

［德］尤尔根·哈贝马斯：《交往行为理论：第一卷 行为合理性与社会合理化》，曹卫东译，上海人民出版社 2004 年版。

［法］阿莱克西·雅克曼、［法］居伊·施朗斯：《经济法》，宇泉译，商务印书馆 1997 年版。

［法］让·梯若尔：《产业组织理论》，张维迎译，中国人民大学出版社 2014 年版。

［韩］权五乘：《韩国经济法》，崔吉子译，北京大学出版社 2009 年版。

［美］安德鲁·芬伯格：《技术批判理论》，韩连庆、曹观法译，北京大学出版社 2005 年版。

［美］安东尼·唐斯：《官僚制内幕》，郭小聪等译，中国人民大学出版社 2006 年版。

［美］奥利弗·E. 威廉姆森：《治理机制》，石烁译，机械工业出版社 2016 年版。

［美］拜瑞·J. 内勒巴夫、［美］亚当·M. 布兰登勃格：《合作竞争》，王煜昆、王煜全译，安徽人民出版社 2000 年版。

［美］查尔斯·P. 金德尔伯格、罗伯特·Z. 阿利伯：《疯狂、惊恐和崩溃——金融危机史》，朱隽、叶翔、李伟杰译，中国金融出版社 2017 年版。

［美］戴维·J. 格伯尔：《二十世纪欧洲的法律与竞争》，冯克利、魏志梅译，中国社会科学出版社 2004 年版。

［美］戴维·S. 埃文斯、［美］理查德·施马兰奇：《连接：多边平台经济学》，张昕译，中信出版社 2018 年版。

［美］丹尼斯·朗：《权力论》，陆震纶、郑明哲译，中国社会科学出版社 2001 年版。

［美］道格拉斯·C. 诺思：《经济史中的结构与变迁》，陈郁、罗华平译，上海三联书店、上海人民出版社 1994 年版。

［美］E. 博登海默：《法理学：法律哲学与法律方法》，邓正来译，中国政法大学出版社 1999 年版。

［美］赫伯特·霍温坎普：《反垄断事业——原理与执行》，吴绪亮、张兴、

刘慷译，东北财经大学出版社 2011 年版。

［美］杰克·奈特：《制度与社会冲突》，周伟林译，上海人民出版社 2009 年版。

［美］杰伊·皮尔·乔伊：《反垄断研究新进展：理论与证据》，张嫚、崔文杰等译，东北财经大学出版社 2008 年版。

［美］卡尔·夏皮罗、［美］哈尔·R. 范里安：《信息规则：网络经济的策略指导》，孟昭莉、牛露晴译，中国人民大学出版社 2017 年版。

［美］克里斯托弗·L. 萨格尔斯：《反托拉斯法：案例与解析》，谭袁译，商务印书馆 2021 年版。

［美］拉尔夫·L. 布洛克：《REITs：房地产投资信托基金》，宋光辉、田金华、屈子晖译，机械工业出版社 2015 年版。

［美］斯图亚特·R. 林恩：《发展经济学》，王乃辉、倪凤佳、范静译，格致出版社 2009 年版。

［美］罗伯特·C. 马歇尔、［美］莱斯利·M. 马克思：《共谋经济学——卡特尔与串谋竞标》，蒲艳、张志奇译，人民出版社 2015 年版。

［美］罗斯科·庞德：《通过法律的社会控制》，沈宗灵译，商务印书馆 2010 年版。

［美］马丁·L. 威茨曼：《分享经济——用分享制代替工资制》，林青松、何家成、华生译，中国经济出版社 1986 年版。

［美］莫里斯·E. 斯图克、［美］艾伦·P. 格鲁内斯：《大数据与竞争政策》，兰磊译，法律出版社 2019 年版。

［美］欧内斯特·盖尔霍恩、［美］威廉姆·科瓦契奇、［美］斯蒂芬·卡尔金斯：《反垄断法与经济学》，任勇、邓志松、尹建平译，法律出版社 2009 年版。

［美］R. M. 昂格尔：《现代社会中的法律》，吴玉章、周汉华译，译林出版社 2001 年版。

［美］莎拉·马克斯韦尔：《如何正确定价》，陈汝燕、张玲、李巧兰译，电子工业出版社 2009 年版。

［美］托马斯·H. 科尔曼：《算法基础——打开算法之门》，王宏志译，机械工业出版社 2018 年版。

[美] 亚历克斯·莫塞德、尼古拉斯·L. 约翰逊：《平台垄断——主导21世纪经济的力量》，杨菲译，机械工业出版社2018年版。

[美] 约翰·罗尔斯：《正义论》，何怀宏、何包钢、廖申白译，中国社会科学出版社1988年版。

[日] 丹宗昭信、[日] 伊从宽：《经济法总论》，[日] 吉田庆子译，中国法制出版社2010年版。

[日] 渡边智子、[日] 岡村忠生：《日本信托银行年报与信托税制》，姜雪莲等译，中国金融出版社2018年版。

[日] 金泽良雄：《经济法概论》，满达人译，中国法制出版社2005年版。

[日] 植草益：《微观规制经济学》，朱绍文等译，中国发展出版社1992年版。

[意] 卢西亚诺·弗洛里迪：《第四次革命：人工智能如何重塑人类现实》，王文革译，浙江人民出版社2016年版。

[印] 阿马蒂亚·森：《理性与自由》，李风华译，中国人民大学出版社2012年版。

[英] 阿里尔·扎拉奇、[美] 莫里斯·E. 斯图克：《算法的陷阱：超级平台、算法垄断与场景欺骗》，余潇译，中信出版社2018年版。

[英] 弗里德利希·冯·哈耶克：《自由秩序原理》，邓正来译，生活·读书·新知三联书店1997年版。

[英] 卡尔·波普尔：《猜想与反驳——科学知识的增长》，傅季重、纪树立、周昌平等译，上海译文出版社1986年版。

[英] 科林·斯科特：《规制、治理与法律：前沿问题研究》，安永康译，清华大学出版社2018年版。

[英] 迈克·费恩塔克：《规制中的公共利益》，戴昕译，中国人民大学出版社2014年版。

[英] 亚当·斯密：《国民财富的性质和原因的研究》，郭大力、王亚南译，商务印书馆1974年版。

论文类

曹辉、潘悦：《"校园贷"的违规乱象、规制体系与高校应对》，载《山西财经大学学报》2019年第S1期。

陈兵、赵青：《〈反不正当竞争法〉下互联网平台“封禁”行为考辨——以消费者（用户）合法权益保护为中心》，载《中国应用法学》2020 年第 4 期。

陈璟、刘俊生：《四维度政绩考核促“亲”“清”型政商关系的建立》，载《中国党政干部论坛》2016 年第 6 期。

陈享光：《金融化与现代金融资本的积累》，载《当代经济研究》2016 年第 1 期。

陈甦：《商法机制中政府与市场的功能定位》，载《中国法学》2014 年第 5 期。

陈升、李兆洋、唐雲：《清单治理的创新：市场准入负面清单制度》，载《中国行政管理》2020 年第 4 期。

褚敏、靳涛：《民营经济发展存在体制内阻力吗？——基于政府主导和国企垄断双重影响下的发展检验》，载《南京社会科学》2015 年第 8 期。

戴龙：《关于〈电子商务法〉对滥用优势地位规制的适用研究》，载《价格理论与实践》2019 年第 2 期。

邓峰：《传导、杠杆与中国反垄断法的定位——以可口可乐并购汇源反垄断法审查案为例》，载《中国法学》2011 年第 1 期。

丁利：《制度激励、博弈均衡与社会正义》，载《中国社会科学》2016 年第 4 期。

丁茂中：《互联网领域的反垄断规制：守正与变革》，载《社会科学研究》2021 年第 4 期。

董成惠：《低价竞争的立法刍议——兼评〈反不正当竞争法〉新规定》，载《时代法学》2019 年第 1 期。

范进学：《习近平“人类命运共同体”思想下的美好生活权论》，载《法学》2021 年第 5 期。

冯果、薛亦飒：《从“权利规范模式”走向“行为控制模式”的数据信托——数据主体权利保护机制构建的另一种思路》，载《法学评论》2020 年第 3 期。

冯平、汪行福、王金林等：《“复杂现代性”框架下的核心价值建构》，载《中国社会科学》2013 年第 7 期。

冯志峰：《供给侧结构性改革的理论逻辑与实践路径》，载《经济问题》

2016 年第 2 期。

高重迎、李晔：《数据平台价格歧视行为的反垄断规制问题分析》，载《中国价格监管与反垄断》2020 年第 7 期。

高薇：《平台监管的新公用事业理论》，载《法学研究》2021 年第 3 期。

高一飞：《数字时代的人权何以重要：论作为价值系统的数字人权》，载《现代法学》2022 年第 3 期。

高志宏：《隐私、个人信息、数据三元分治的法理逻辑与优化路径》，载《法制与社会发展》2022 年第 2 期。

郭春镇：《数字人权时代人脸识别技术应用的治理》，载《现代法学》2020 年第 4 期。

郭俊：《如何做好"促进型立法"工作》，载《人大研究》2008 年第 2 期。

郭周明、裘莹：《数字经济时代全球价值链的重构：典型事实、理论机制与中国策略》，载《改革》2020 年第 10 期。

韩复龄：《设置资本"红绿灯"需破解的当前难点》，载《国家治理》2022 年第 14 期。

韩伟：《算法合谋反垄断初探——OECD〈算法与合谋〉报告介评（上）》，载《竞争政策研究》2017 年第 5 期。

郝俊淇：《经营者竞争约束的来源与市场支配地位的认定》，载《中国市场监管研究》2019 年第 11 期。

郝俊淇：《救济制度适用于事后调查类垄断案件研究——兼议新〈反垄断法〉的遗留问题》，载《经贸法律评论》2022 年第 5 期。

郝俊淇：《平台经济领域差别待遇行为的反垄断法分析》，载《法治研究》2021 年第 4 期。

郝俊淇：《市场支配地位与实质性市场势力之辨析——兼及〈反垄断法〉第 17 条第 2 款的修改》，载《当代法学》2020 年第 3 期。

何波：《中国数字经济的法律监管与完善》，载《国际经济合作》2020 年第 5 期。

何大安、许一帆：《数字经济运行与供给侧结构重塑》，载《经济学家》2020 年第 4 期。

何德旭、娄峰：《中国金融稳定指数的构建及测度分析》，载《中国社会科学院研究生院学报》2011 年第 4 期。

何文炯：《共同富裕视角下的基本公共服务制度优化》，载《中国人口科学》2022 年第 1 期。

何渊：《美国的区域法制协调——从州际协定到行政协议的制度变迁》，载《环球法律评论》2009 年第 6 期。

贺俊：《新兴技术产业赶超中的政府作用：产业政策研究的新视角》，载《中国社会科学》2022 年第 11 期。

侯利阳：《平台反垄断的中国抉择：强化反垄断法抑或引入行业规制?》，载《比较法研究》2023 年第 1 期。

胡凤乔、叶杰：《新时代的政商关系研究：进展与前瞻》，载《浙江工商大学学报》2018 年第 3 期。

胡玉鸿：《"以权利制约权力"辨》，载《法学》2000 年第 9 期。

虎剑刚：《论我国公平竞争审查制度的完善——基于间断平衡理论》，载《价格理论与实践》2018 年第 9 期。

黄武双、谭宇航：《电子商务平台"二选一"行为的反不正当竞争法规制》，载《电子知识产权》2021 年第 5 期。

黄勇：《论我国竞争政策法治保障的体系及其实现机制》，载《清华法学》2022 年第 4 期。

黄湛冰、马晓：《基于包邮效应的西部地区电商经济发展助推研究》，载《重庆工商大学学报（社会科学版）》2017 年第 1 期。

纪荣荣：《关于地方立法权限与立法规模控制》，载《人大研究》2018 年第 1 期。

江山：《美国数字市场反垄断监管的方法与观念反思》，载《国际经济评论》2021 年第 6 期。

江小涓、靳景：《中国数字经济发展的回顾与展望》，载《中共中央党校（国家行政学院）学报》2022 年第 1 期。

蒋大兴：《公司法中的合同空间——从契约法到组织法的逻辑》，载《法学》2017 年第 4 期。

蒋悟真：《反垄断法中的公共利益及其实现》，载《中外法学》2010 年第 4 期。

焦海涛：《不正当竞争行为认定中的实用主义批判》，载《中国法学》2017年第1期。

焦洪昌、席志文：《京津冀人大协同立法的路径》，载《法学》2016年第3期。

金善明：《反垄断法解释中经济学分析的限度》，载《环球法律评论》2018年第6期。

金善明：《〈反垄断法〉文本的优化及其路径选择——以〈反垄断法〉修订为背景》，载《法商研究》2019年第2期。

金善明：《公平竞争审查机制的制度检讨及路径优化》，载《法学》2019年第12期。

金善明：《竞争治理的逻辑体系及其法治化》，载《法制与社会发展》2020年第6期。

靳文辉：《数字金融公平价值的实现路径研究》，载《中国法学》2023年第4期。

鞠丽华：《习近平总体国家安全观探析》，载《山东社会科学》2018年第9期。

孔庆江、于华溢：《数据立法域外适用现象及中国因应策略》，载《法学杂志》2020年第8期。

孔祥俊：《论互联网平台反垄断的宏观定位——基于政治、政策和法律的分析》，载《比较法研究》2021年第2期。

兰磊：《反垄断法唯效率论质疑》，载《华东政法大学学报》2014年第4期。

黎四奇：《数据科技伦理法律化问题探究》，载《中国法学》2022年第4期。

李丹：《算法歧视消费者：行为机制、损益界定与协同规制》，载《上海财经大学学报》2021年第2期。

李芬莲：《虚假宣传不当竞争行为判定的新思考——从广药集团诉加多宝虚假宣传案谈起》，载《法学杂志》2013年第5期。

李洪雷：《营商环境优化的行政法治保障》，载《重庆社会科学》2019年第2期。

李剑：《中国反垄断法实施中的体系冲突与化解》，载《中国法学》2014 年第 6 期。

李建华、许中缘：《论私法自治与我国民法典——兼评〈中华人民共和国民法（草案）〉第 4 条的规定》，载《法制与社会发展》2003 年第 3 期。

李林：《论习近平法治思想的制度逻辑》，载《中国法学》2022 年第 4 期。

李妍：《宏观审慎监管与金融稳定》，载《金融研究》2009 年第 8 期。

李延吉：《地方人大主导立法的目标与限度》，载《人大研究》2020 年第 9 期。

李艳芳：《"促进型立法"研究》，载《法学评论》2005 年第 3 期。

李拥军：《法律责任概念的反思与重构》，载《中国法学》2022 年第 3 期。

李友根：《经济法规的合宪性审查标准——基于对美国联邦最高法院判例的考察》，载《法学评论》2020 年第 1 期。

梁平、律磊：《京津冀协同立法：立法技术、机制构建与模式创新》，载《河北大学学报（哲学社会科学版）》2019 年第 2 期。

刘大洪：《市场主体规则平等的理论阐释与法律制度构建》，载《中国法学》2019 年第 6 期。

刘继峰：《再论垄断协议的概念问题》，载《法学家》2020 年第 6 期。

刘剑文、侯卓：《事权划分法治化的中国路径》，载《中国社会科学》2017 年第 2 期。

刘权：《网络平台的公共性及其实现——以电商平台的法律规制为视角》，载《法学研究》2020 年第 2 期。

刘世定、邱泽奇：《"内卷化"概念辨析》，载《社会学研究》2004 年第 5 期。

刘淑春：《中国数字经济高质量发展的靶向路径与政策供给》，载《经济学家》2019 年第 6 期。

刘水林：《经济法责任体系的二元结构及二重性》，载《政法论坛》2005 年第 2 期。

刘锡良、罗得志：《金融制度变迁与金融稳定》，载《财贸经济》2000 年第 3 期。

刘燕、楼建波：《金融衍生交易的法律解释——以合同为中心》，载《法学研究》2012 年第 1 期。

刘志强：《论“数字人权”不构成第四代人权》，载《法学研究》2021年第1期。

刘志云：《新发展理念与中国金融机构社会责任立法的互动》，载《现代法学》2019年第2期。

娄丙录：《论行政垄断的可豁免性》，载《河南社会科学》2010年第5期。

马长山：《智慧社会背景下的“第四代人权”及其保障》，载《中国法学》2019年第5期。

马俊驹：《国家所有权的基本理论和立法结构探讨》，载《中国法学》2011年第4期。

马玲：《对“和谐权”的几点反思》，载《法学杂志》2009年第6期。

马伟、余菁：《各国（地区）房地产投资信托税收待遇比较及借鉴》，载《国际税收》2016年第4期。

马秀贞：《产业政策立法的逻辑进路》，载《行政与法》2021年第4期。

马一德：《虚假宣传构成欺诈之认定》，载《法律科学（西北政法大学学报）》2014年第6期。

马宇飞：《企业数据权利与用户信息权利的冲突与协调——以数据安全保护为背景》，载《法学杂志》2021年第7期。

梅德平、洪霞：《论“亲”“清”新型政商关系的构建》，载《江汉论坛》2018年第8期。

梅宏：《大数据与数字经济》，载《求是》2022年第2期。

梅夏英：《数据的法律属性及其民法定位》，载《中国社会科学》2016年第9期。

孟庆瑜：《论京津冀协同发展的立法保障》，载《学习与探索》2017年第10期。

莫纪宏：《国家治理体系和治理能力现代化与法治化》，载《法学杂志》2014年第4期。

莫纪宏：《在法治轨道上全面建设社会主义现代化国家的法理意蕴》，载《广东社会科学》2023年第1期。

倪楠：《区块链技术赋能下个人征信体系的法律重构》，载《法律科学（西北政法大学学报）》2022年第4期。

宁立志：《〈反不正当竞争法〉修订的得与失》，载《法商研究》2018 年第 4 期。

欧阳康：《中国式现代化视域中的国家制度和国家治理现代化》，载《中国社会科学》2023 年第 4 期。

欧阳日辉：《怎样为互联网资本设置“红绿灯”》，载《中国党政干部论坛》2022 年第 4 期。

邱本：《论和谐权的基础》，载《社会科学家》2017 年第 1 期。

王礼鹏、石玉：《智能化治理：国内外实践与经验启示》，载《国家治理》2017 年第 37 期。

任超：《网上支付金融消费者权益保护制度的完善》，载《法学》2015 年第 5 期。

沈岿：《监控者与管理者可否合一：行政法学体系转型的基础问题》，载《中国法学》2016 年第 1 期。

盛学军：《互联网信贷监管新规的缘起与逻辑》，载《政法论丛》2021 年第 1 期。

施正文：《论程序法治与税收正义》，载《法学家》2004 年第 5 期。

刘继峰：《论公平竞争审查制度中的问题与解决》，载《价格理论与实践》2016 年第 11 期。

石平：《构建“亲”“清”的新型政商关系》，载《求是》2017 年第 16 期。

石勇：《数字经济的发展与未来》，载《中国科学院院刊》2022 年第 1 期。

时建中：《数据概念的解构与数据法律制度的构建——兼论数据法学的学科内涵与体系》，载《中外法学》2023 年第 1 期。

史际春、冯辉：《“问责制”研究——兼论问责制在中国经济法中的地位》，载《政治与法律》2009 年第 1 期。

史际春、赵忠龙：《竞争政策：经验与文本的交织进化》，载《法学研究》2010 年第 5 期。

宋华琳：《论政府规制中的合作治理》，载《政治与法律》2016 年第 8 期。

苏婵娟：《校园网贷背景下大学生畸形消费心理剖析及教育引导》，载《广西社会科学》2017 年第 7 期。

孙晋：《数字平台的反垄断监管》，载《中国社会科学》2021 年第 5 期。

孙正聿：《“现实的历史”：〈资本论〉的存在论》，载《中国社会科学》2010年第2期。

汪诚、戈岐明：《房地产投资信托基金的税收问题探究》，载《税务研究》2015年第7期。

汪习根：《论习近平法治思想的时代精神》，载《中国法学》2021年第1期。

王柏荣：《地方立法评估标准探微——功能、路径与框架》，载《中国社会科学院研究生院学报》2015年第6期。

王国刚、潘登：《完善制度抑制资本无序扩张》，载《中国金融》2021年第3期。

王海兵、杨蕙馨：《网购中商家“包邮”行为的经济分析——基于双寡头竞争模型》，载《山东大学学报（哲学社会科学版）》2014年第2期。

王健：《产业政策法若干问题研究》，载《法律科学（西北政法学院学报）》2002年第1期。

王韶兴：《现代化国家与强大政党建设逻辑》，载《中国社会科学》2021年第3期。

王雯：《弘扬企业家精神　构建“亲”“清”政商关系》，载《人民论坛》2018年第14期。

王锡锌：《个人信息可携权与数据治理的分配正义》，载《环球法律评论》2021年第6期。

王先林：《垄断行业监管与反垄断执法之协调》，载《法学》2014年第2期。

王晓晔：《〈中华人民共和国反垄断法〉析评》，载《法学研究》2008年第4期。

王旭：《数字经济立法的概念选择》，载《广西政法管理干部学院学报》2021年第5期。

吴弘：《诚信价值观融入信用立法研究》，载《东方法学》2018年第1期。

吴峻：《反不正当竞争法架构下的区别性原则》，载《法学研究》2022年第2期。

吴峻：《反不正当竞争法一般条款的司法适用模式》，载《法学研究》2016

年第2期。

吴楷文、王承堂：《利用平台内经营者数据优待自营业务的竞争法规制》，载《行政与法》2021年第6期。

吴忠民：《论中国共产党的现代化观》，载《中国社会科学》2022年第7期。

习近平：《不断做强做优做大我国数字经济》，载《求是》2022年第2期。

习近平：《当前经济工作的几个重大问题》，载《求是》2023年第4期。

习近平：《高举中国特色社会主义伟大旗帜　为全面建设社会主义现代化国家而团结奋斗——在中国共产党第二十次全国代表大会上的报告》，载《求是》2022年第21期。

习近平：《坚持历史唯物主义不断开辟当代中国马克思主义发展新境界》，载《求是》2020年第2期。

习近平：《坚持走中国特色社会主义法治道路　更好推进中国特色社会主义法治体系建设》，载《求是》2022年第4期。

习近平：《深化党和国家机构改革　推进国家治理体系和治理能力现代化》，载《求是》2023年第14期。

习近平：《扎实推动共同富裕》，载《求是》2021年第20期。

习近平：《正确认识和把握我国发展重大理论和实践问题》，载《求是》2022年第10期。

习近平：《正确认识和把握中长期经济社会发展重大问题》，载《求是》2021年第2期。

席涛：《立法评估：评估什么和如何评估（上）——以中国立法评估为例》，载《政法论坛》2012年第5期。

席月民：《分类推进新时代亲清政商关系的法治化》，载《政法论坛》2023年第6期。

席月民：《社会资本下乡的风险处置研究》，载《人民论坛》2022年第2期。

席月民：《数据安全：数据信托目的及其实现机制》，载《法学杂志》2021年第9期。

席月民：《我国需要制定统一的〈数字经济促进法〉》，载《法学杂志》

2022年第5期。

席月民：《以科学规划激发数字经济发展新动能》，载《人民论坛》2022年第19期。

向立力：《中国公平竞争审查制度的理论梳理、制度基础与机制完善》，载《法治研究》2017年第3期。

肖江平：《滥用市场支配地位行为认定中的“正当理由”》，载《法商研究》2009年第5期。

谢富胜、王松：《在协同竞争中推动公有制经济与非公有制经济共同发展》，载《教学与研究》2020年第12期。

谢晖：《论法律效力》，载《江苏社会科学》2003年第5期。

邢会强：《数据控制者的信义义务理论质疑》，载《法制与社会发展》2021年第4期。

熊伟：《法治视野下清理规范税收优惠政策研究》，载《中国法学》2014年第6期。

徐澜波：《我国宏观调控权配置论辨正——兼论宏观调控手段体系的规范化》，载《法学》2014年第5期。

徐孟洲、谢增毅：《论消费者及消费者保护在经济法中的地位——“以人为本”理念与经济法主体和体系的新思考》，载《现代法学》2005年第4期。

徐士英：《行业协会限制竞争行为的法律调整——解读〈反垄断法〉对行业协会的规制》，载《法学》2007年第12期。

徐显明：《和谐权：第四代人权》，载《人权》2006年第2期。

徐晓松：《国家股权及其制度价值——兼论国有资产管理体制改革的走向》，载《政法论坛》2018年第1期。

徐越倩、宋淑溶：《数字技术对政商关系的影响机制研究——以杭州市“亲清在线”平台为例》，载《电子政务》2021年第7期。

许多奇：《从监管走向治理——数字货币规制的全球格局与实践共识》，载《法律科学》2021年第2期。

杨东：《论反垄断法的重构：应对数字经济的挑战》，载《中国法学》2020年第3期。

杨利敏：《论现代政府体系的理性》，载《学习与探索》2012年第10期。

杨松：《新金融监管体制下央地监管权关系再审思》，载《法学评论》2022年第6期。

杨学科：《第四代人权：数字时代的数字权利总纲》，载《山东科技大学学报（社会科学版）》2022年第2期。

杨紫烜：《对产业政策和产业法的若干理论问题的认识》，载《法学》2010年第9期。

姚海放：《网络平台经营者民事责任配置研究——以连带责任法理为基础》，载《中国人民大学学报》2019年第6期。

姚佳：《企业数据的利用准则》，载《清华法学》2019年第3期。

叶必丰：《区域经济一体化的法律治理》，载《中国社会科学》2012年第8期。

叶静：《中央财政策略与地方政商关系》，载《上海交通大学学报（哲学社会科学版）》2014年第1期。

叶卫平：《反垄断法分析模式的中国选择》，载《中国社会科学》2017年第3期。

殷继国：《互联网平台封禁行为的反垄断法规制》，载《现代法学》2021年第4期。

喻玲：《算法消费者价格歧视反垄断法属性的误读及辨明》，载《法学》2020年第9期。

袁波：《电子商务领域"二选一"行为竞争法规制的困境及出路》，载《法学》2020年第8期。

袁达松：《数字经济规则和治理体系的包容性构建》，载《人民论坛》2022年第4期。

袁红英：《新时代中国现代化的理论范式、框架体系与实践方略》，载《改革》2021年第5期。

袁嘉：《德国数字经济反垄断监管的实践与启示》，载《国际经济评论》2021年第6期。

翟志勇：《论数据信托：一种数据治理的新方案》，载《东方法学》2021年第4期。

张晨颖：《公共性视角下的互联网平台反垄断规制》，载《法学研究》2021

年第 4 期。

张洪涛、段小茜：《金融稳定有关问题研究综述》，载《国际金融研究》2006 年第 5 期。

张守文：《经济法中的法理及其类型化》，载《法制与社会发展》2020 年第 3 期。

张守文：《经济法的立法路径选择》，载《现代法学》2023 年第 1 期。

张守文：《数字经济与经济法的理论拓展》，载《地方立法研究》2021 年第 1 期。

张守文：《税制变迁与税收法治现代化》，载《中国社会科学》2015 年第 2 期。

张守文：《要素市场化配置的经济法调整》，载《当代法学》2022 年第 5 期。

张文显：《习近平法治思想的基本精神和核心要义》，载《东方法学》2021 年第 1 期。

张新宝：《侵权行为的一般条款》，载《法学研究》2001 年第 4 期。

张翔：《我国国家权力配置原则的功能主义解释》，载《中外法学》2018 年第 2 期。

张学琴、王宝义：《中国电商与快递协同发展的影响因素及未来趋势》，载《中国流通经济》2015 年第 7 期。

张卓元：《提出市场在资源配置中起决定性作用的重大意义》，载《财贸经济》2013 年第 12 期。

赵磊：《数据产权类型化的法律意义》，载《中国政法大学学报》2021 年第 3 期。

郑永流：《实践法律观要义——以转型中的中国为出发点》，载《中国法学》2010 年第 3 期。

支振锋：《构建数据安全综合治理体系》，载《中国党政干部论坛》2021 年第 8 期。

周汉华：《论平台经济反垄断与监管的二元分治》，载《中国法学》2023 年第 1 期。

周围：《算法共谋的反垄断法规制》，载《法学》2020 年第 1 期。

周辉：《算法权力及其规制》，载《法制与社会发展》2019 年第 6 期。

朱大旗：《新形势下中国财税体制改革与财税法制建设的应有理念》，载《法学家》2004 年第 5 期。

朱理、曾友林：《电子商务法与竞争法的衔接：体系逻辑与执法展望》，载《中国社会科学院研究生院学报》2019 年第 2 期。

朱贞、关庆华：《“躺平式”干部的实践样态、生成逻辑与治理策略——基于自我决定理论的分析》，载《领导科学》2023 年第 1 期。

外文类

A. Douglas Melamed, *Afterword*: *The Purposes of Antitrust Remedies*, Antitrust Law Journal, Vol. 76, No. 1, (2009).

Aleksandra Gebicka, Andreas Heinemann, *Social Media & Competition Law*, World Competition, Vol. 37, (2014).

Akcay, Selcuk, *Corruption and Human Development*, Cato Journal, Vol. 26, (2006).

Anne C. Witt, *Excessive Data Collection as a Form of Anticompetitive Conduct*: *The German Facebook Case*, Antitrust Bulletin, Vol. 66, (2021).

Arno R. Lodder, Nina Lodder, *Chapter* 3: *Electronic Commerce Directive*, in Serge Gijrath*et al.* (ed.), *Concise European Data Protection*, *E – Commerce and IT Law*, 3rd ed., Alphen a/d Rijn: Kluwer Law International B. V., (2018).

Bartosz W. Wojdynski, Nathaniel J. Evans, *Going Native*: *Effects of Disclosure Position and Language on the Recognition and Evaluation of Online Native Advertising*, J. Advert., Vol. 45, (2016).

Bert Keirsbilck, *The New European Law of Unfair Commercial Practices and Competition Law*, Oxford and Portland, Oregon: Hart Publishing, 2011.

BPE Solicitors, Pinsent Masons, and Chris Reed, *Data Trusts*: *Legal and Governance Considerations*, April 2019.

C. Scott Hemphill, Tim Wu, *Parallel Exclusion*, Yale Law Journal, Vol. 22, No. 1, (2013).

Cyril Ritter, *How Far Can the Commission Go When Imposing Remedies for*

Antitrust Infringements?, Journal of European Competition Law & Practice, Vol. 9, (2016).

Edward Cavanagh, *Antitrust Remedies Revisited*, Oregon Law Review, Vol. 84, (2005).

Edward Glaeser, Wei Huang, Yueran Ma, Andrei Shleifer, *A Real Estate Boom with Chinese Characteristics*, Journal of Economic Perspectives, Vol. 31, No. 1, (2017).

Ellen P. Goodman, *Stealth Marketing and Editorial Integrity*, Texas Law Review, Vol. 85, (2006).

Eleanor M. Fox, *Monopolization and Abuse of Dominance: Why Europe Is Different*, Antitrust Bulletin, Vol. 59, (2014).

Erika M. Douglas, *Monopolization Remedies and Data Privacy*, Virginia Journal of Law & Technology, Vol. 24, (2020).

Fan Ruguo, "*World Risk Society*" *Governance: the Paradigm of Complexity and Chinese Participation*, Social Sciences in China, Vol. 39, (2018).

Federico Etro, Cristina Caffarra, *On the economics of the Android case*, European Competition Journal, Vol. 13, No. 2 - 3, (2017).

Stefan Holzweber, *Tying and Bundling in the Digital Era*, European Competition Journal, Vol. 14 , No. 2 - 3, (2018).

Frank H. Easterbrook, *The Limits of Antitrust*, Texas Law Review, Vol. 63, No. 1, (1984).

Frank H. Easterbrook, *Workable Antitrust Policy*, Michigan Law Review, Vol. 84, (1986).

FrisoBostoen, Daniel Mândrescu, *Assessing Abuse of Dominance in the Platform Economy: a Case Study of App Stores*, European Competition Journal, Vol. 16 , No. 2 - 3, (2020).

FrisoBostoen, *Online Platforms and Pricing: Adapting Abuse of Dominance Assessments to the Economic Reality of Free Products*, Computer Law & Security Review, Vol. 35, (2019).

FrisoBostoen, *Online Platforms and Vertical Integration: the Return of Margin*

Squeeze? Journal of Antitrust Enforcement, Vol. 6, (2018).

Gary C. Sanger, C. F. Sirmans, Geoffrey K. Turnbull, *The Effects of Tax Reform on Real Estate: Some Empirical Results*, Land Economics, Vol. 66, No. 4, (1990).

George J. Stigler, *A theory of Oligopoly*, The Journal of Political Economy, Vol. 72, No. 1, (1964).

Geraint Howells, Hans - W. Micklitz, Thomas Wilhelmsson, *European Fair Trading Law*, Hampshire and Burlington: Ashgate Publishing Company, 2006.

Greg Sivinski, Alex Okuliar, Lars Kjolbye, *Is big data a big deal? A Competition Law Approach to Big Data*, European Competition Journal, Vol. 13, No. 2 - 3, (2017).

Gregory J. Werden, *Demand Elasticites in Antitrust Analysis*, Antitrust Law Journal, Vol. 66, (1998).

H. L. A. Hart, *Varieties of Responsibility*, Law Quarterly Review, Vol. 83, (1967).

Howard A. Shelanski, *Information, Innovation, and Competition Policy for the Internet*, University of Pennsylvania Law Review, Vol. 161, (2015).

Hugh C. Hansen, *Robinson - Patman Law: A Review and Analysis*, Fordham Law Review, Vol. 51, (1983).

Jack M. Balkin, *Information Fiduciaries and the First Amendment*, UC Davis Law Review, Vol. 4, (2016).

James Calder et al., *A review of similarities and contrasts between American Antitrust and European Union Competition Law*, Columbia Business Law Review, (2004).

Jared Schroeder, *The Press Clause and Digital Technology's Fourth Wave*, New York and London: Rutledge, 2018.

J. E. Penner, *The Law of Trusts*, Butterworths lexisNexis, 2002.

Jeffrey Ritter, Anna Mayer, *Regulating Data as Property: A New Construct for Moving Forward*, Duke Law & Technology Review, Vol. 6, (2018).

Jonathan A. Friedman & Francis M. Buono, *Limiting Tort Liability for Online*

Third – party Content Under Section 230 *of the Communications Act*, Federal Communications Law Journal, Vol. 52, No. 3, (2000).

Joseph Gyourko, Todd Sinai: *The REIT Vehicle*: *Its Value Today and in the Future*, Journal of Real Estate Research, Vol. 18, No. 2, (1999).

Keith N. Hylton, *Remedies*, *Antitrust Law*, *and Microsoft*: *Comment on Shapiro*, Antitrust Law Journal, Vol. 75, (2009).

Kenneth A. Bamberger, OrlyLobel, *Platform Market Power*, Berkeley Technology Law Journal, Vol. 32, (2017).

Lina M. Khan, *Amazon's Antitrust Paradox*, Yale Law Journal, Vol. 126, (2017).

Lina M. Khan, *The Separation of Platforms and Commerce*, Columbia Law Review, Vol. 119, (2019).

Lionel Smith, *The Duties of Trustees in Comparative Perspective*, European Review of Private Law, Vol. 6, (2016).

Lior Frank, *Boundedly Rational Users and the Fable of Break – Ups*: *Why Breaking – Up Big Tech Companies Probably Will Not Promote Competition from Behavioral Economics Perspective*, *World Competition*, Vol. 46, (2020).

Masahiko Aoki, Hyung – ki Kim, Masahiro Okuno – Fujiwara, *The Role of Government in East Asian EconomicDevelopmemt*: *Comparative Institutional Analysis*, Oxford: Clarendon Press, 1996.

Marco Botta, Klaus Wiedemann, *Exploitative Conducts in Digital Markets*: *Time for a Discussion after the Facebook Decision*, Journal of European Competition Law & Practice, Vol. 10, (2019).

Marina Lao, *Search*, *Essential Facilities*, *and the Antitrust Duty to Deal*, Northwestern Journal of Technology and Intellectual Property, Vol. 11, (2013).

Mark Bunting, Suzannah Lansdell, *Designing Decision Making Processes for Data Trusts*: *Lessons from Three Pilots*, April 2019.

Mary Steffel, Elanor F. Williams, Ruth Pogacar, *Ethically Deployed Defaults*: *Transparency and Consumer Protection through Disclosure and Preference Articulation*, Journal of Marketing Research, Vol. 53, (2016).

Maurice E. Stucke, *Should We Be Concerned about Data – Opolies?* Georgetown Law Technology Review, Vol. 2, (2018).

Michal Gal, *Abuse of Dominance – Exploitative Abuses*, in Lianos and Geradin eds., *Handbook on EuropeanCompetition Law*, Edward Elgar, 2013.

Michael L. Katz, *Multisided Platforms, Big Data, and a Little Antitrust Policy*, Review of Industrial Organization, Vol. 54, (2019).

Moritz Godel, Ashiwini Natraj, *Independent assessment of the Open Data Institute's work on data trusts and on the concept of data trusts*, London Economics, April 2019.

Neal L., White E. N. *The Glass – Steagall Act in Historical Perspective*, The Quarterly Review of Economics and Finance, Vol. 52, No. 2, (2012).

Pablo Ibáñez Colomo, *Self – Preferencing: Yet Another Epithet in Need of Limiting Principles*, World Competition, Vol. 43, (2020).

Remy Chavannes, Oliver Castendyk, *Comments on AVMSD Art.* 1, in Castendyk, Dommering&Scheuer, *European Media Law*, Alphen a/d Rijn: Kluwer Law International, 2008.

Richard Kielbowicz, Linda Lawson, *Unmasking Hidden Commercials in Broadcasting: Origins of the Sponsorship Identification Regulations, 1927 – 1963*, Fed. Comm. L. J., Vol. 56, (2004).

R. O' Donoghue, J. Padilla, *The Law and Economics of Article* 82 *EC*, Hart Publishing, 2006.

Rupprecht Podszun, Philipp Bongartz, Sarah Langenstein, *The Digital Markets Act: Moving from Competition Law to Regulation for Large Gatekeepers*, Journal of European Consumer and Market Law, Vol. 10, (2021).

Sean F. Ennis, Pedro Gonzaga, Chris Pike, *The Effects of Market Power on Inequality*, CPI Journal Fall, 2017.

Stephen Fraidin, *Dissolution and Reconstitution: A Structural Remedy, and Alternatives*, George Washington Law Review, Vol. 33, (1964).

Thomas E. Sullivan, *Antitrust Remedies in the U. S. and EU: Advancing a Standard of Proportionality*, Antitrust Bulletin, Vol. 48, (2003).

Thomas Eisenmann, *Geoffrey Parker*, *Marshall Van Alstyne*, *Platform Envelopment*, Strategic Management Journal, Vol. 32, (2011).

Thomas G. Krattenmaker, Steven C. Salop, *Anticompetitive Exclusion: Raising Rivals' Costs to Achieve Power over Price*, Yale Law Journal, Vol. 96, No. 4, (1987).

William Kovacic, *Designing Antitrust Remedies for Dominant Firm Misconduct*, Connecticut Law Review, Vol. 31, (1999).

YishuangXu, Chung YimYiu: *The Impacts of Tax Reforms on REITs, An International Empirical Study*, Academic Journal of Economic Studies, Vol. 3, No. 1, (2017).